中国农产品加工业
发展报告（2023）

● 王凤忠 主编

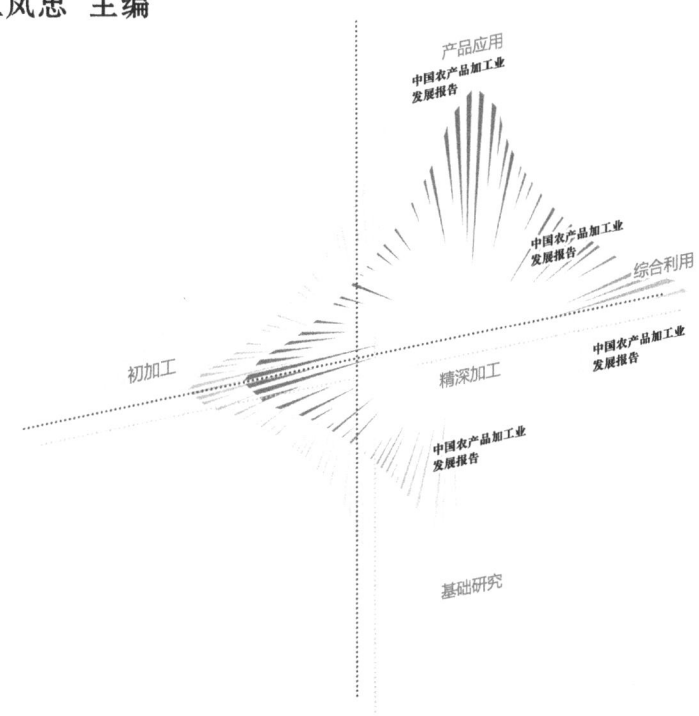

国家农产品加工技术研发体系
中国农业科学院农产品加工研究所

中国农业科学技术出版社

图书在版编目(CIP)数据

中国农产品加工业发展报告 . 2023 / 王凤忠主编 . 北京：中国农业科学技术出版社，2024.11. --ISBN 978-7-5116-7178-3

Ⅰ. F326.5

中国国家版本馆 CIP 数据核字第 20247RA028 号

责任编辑　张志花
责任校对　王　彦
责任印制　姜义伟　王思文

出 版 者	中国农业科学技术出版社
	北京市中关村南大街 12 号　　邮编：100081
电　　话	（010）82106636（编辑室）　　（010）82106624（发行部）
	（010）82109709（读者服务部）
网　　址	https://castp.caas.cn
经 销 者	各地新华书店
印 刷 者	北京捷迅佳彩印刷有限公司
开　　本	170 mm×240 mm　1/16
印　　张	20.25
字　　数	378 千字
版　　次	2024 年 11 月第 1 版　2024 年 11 月第 1 次印刷
定　　价	298.00 元

―――――― 版权所有・翻印必究 ――――――

《中国农产品加工业发展报告（2023）》编辑委员会

主　编　王凤忠
副主编　范　蓓　董一威
编　委　（按姓氏笔画排序）

丁胜华　万丽娜　马美湖　马晓杰　马璐璐
王　强　王小斐　王世光　王守伟　王筠钠
牛琳茹　邓媛元　石爱民　卢　聪　田　芳
付佳宁　兰　图　曲　超　吕加平　刘昌盛
朱玲娇　江用文　许　典　劳　菲　杜昊澜
李　龙　李　明　李　欣　李文林　李华杰
李述刚　李春梅　李淑英　杨　平　杨延辰
岑剑伟　佟立涛　宋健宇　张书文　张名位
张春晖　张娜娜　张影全　张德权　陈　丽
陈胜军　金卫斌　周　伟　周金慧　周海军
单　杨　赵　丹　赵　玉　赵志浩　逄晓阳
姜　宁　祝振洲　袁海波　俸春红　徐　莹
郭　芹　郭波莉　陶　亮　陶　然　陶　翠
陶金龙　黄凤洪　黄志成　董　捷　程小梅
蔡朝霞　廖小军　霍　达　魏文松

序 言

2024年中央一号文件指出："推进中国式现代化，必须坚持不懈夯实农业基础，推进乡村全面振兴。"产业振兴是乡村振兴的重中之重。农产品加工业是乡村产业振兴的核心力量，是连接"一产"和"三产"的唯一载体，对促进农业提质增效、农民就业增收和一二三产业融合发展具有重要意义。

2023年，全国规模以上农产品加工业企业实现营业收入20.3万亿元，农产品加工产值与农业总产值的比值提高到2.59∶1，农产品加工转化率达到74%。在产业带动、就业拉动下，2023年农村居民人均可支配收入达到21 691元，实际增长7.6%，进一步夯实了乡村产业振兴的基础。农产品加工业呈现稳中向好的发展态势，为保障国家粮食安全和重要农副产品有效供给、推动乡村产业振兴高质量发展提供了有力支撑。

为全面了解和掌握2023年我国农产品加工业发展情况，在农业农村部乡村产业发展司的指导下，国家农产品加工技术研发体系依托各专业委员会，编制了《中国农产品加工业发展报告（2023）》（简称《报告》）。《报告》包含粮食加工、油料加工、果品加工、蔬菜加工、畜禽加工等9个产业发展子报告及若干专题，以翔实的数据总结了2023年度农产品加工产业发展现状，梳理出了重大科技进展，分析了头部企业发展情况，研判提出了重大发展趋势，旨在为政府部门、科研院所、龙头企业等掌握农产品加工业发展动态和制定决策提供参考。

Contents 目 录

第一部分 产业发展篇

第一章 2023年农产品加工业科技创新情况 ·· 3

第二章 2023年粮食加工产业发展情况 ·· 4

    第一节 产业现状与发展成效 ··· 4

    第二节 重要技术发展情况 ··· 9

    第三节 头部企业分析 ··· 10

    第四节 产业发展存在的问题 ·· 12

    第五节 产业发展趋势 ··· 13

第三章 2023年油料加工产业发展情况 ·· 15

    第一节 产业现状与发展成效 ··· 15

    第二节 重要技术发展情况 ·· 21

    第三节 头部企业分析 ··· 24

    第四节 产业发展存在的问题 ·· 25

    第五节 产业发展趋势 ··· 27

第四章 2023年果品加工产业发展情况 ·· 29

    第一节 产业现状与发展成效 ··· 29

  第二节 重要技术发展情况 ································· 34

  第三节 头部企业分析 ····································· 39

  第四节 产业发展存在的问题 ····························· 42

  第五节 产业发展趋势 ····································· 44

第五章 2023 年蔬菜加工产业发展情况 ························ 47

  第一节 产业现状与发展成效 ····························· 47

  第二节 重要技术发展情况 ································· 57

  第三节 头部企业分析 ····································· 58

  第四节 产业发展存在的问题 ····························· 61

  第五节 产业发展趋势 ····································· 63

第六章 2023 年畜禽加工产业发展情况 ························ 66

  第一节 产业现状与发展成效 ····························· 66

  第二节 重要技术发展情况 ································· 73

  第三节 头部企业分析 ····································· 75

  第四节 产业发展存在的问题 ····························· 77

  第五节 产业发展趋势 ····································· 78

第七章 2023 年茶叶加工产业发展情况 ························ 80

  第一节 产业现状与发展成效 ····························· 80

  第二节 重要技术发展情况 ································· 86

  第三节 头部企业分析 ····································· 90

  第四节 产业发展存在的问题 ····························· 93

  第五节 产业发展趋势 ····································· 94

第八章 2023 年水产品加工产业发展情况 ······················ 96

  第一节 产业现状与发展成效 ····························· 96

第二节　重要技术发展情况 …………………………………………… 100
　　第三节　头部企业分析 …………………………………………………… 101
　　第四节　产业发展存在的问题 …………………………………………… 106
　　第五节　产业发展趋势 …………………………………………………… 107

第九章　2023年特色农产品加工产业发展情况　109
　　第一节　产业现状与发展成效 …………………………………………… 109
　　第二节　重要技术发展情况 ……………………………………………… 119
　　第三节　头部企业分析 …………………………………………………… 122
　　第四节　产业发展存在的问题 …………………………………………… 126
　　第五节　产业发展趋势 …………………………………………………… 128

第十章　2023年农产品加工装备产业发展情况　130
　　第一节　产业现状与发展成效 …………………………………………… 130
　　第二节　重要技术发展情况 ……………………………………………… 136
　　第三节　头部企业分析 …………………………………………………… 138
　　第四节　产业发展存在的问题 …………………………………………… 141
　　第五节　产业发展趋势 …………………………………………………… 143

第二部分　专题篇

专题一　2023年大米加工产业发展情况　147
　　第一节　产业现状与发展成效 …………………………………………… 147
　　第二节　重要技术发展情况 ……………………………………………… 155
　　第三节　头部企业分析 …………………………………………………… 156
　　第四节　产业发展存在的问题 …………………………………………… 157
　　第五节　产业发展趋势 …………………………………………………… 158

专题二 2023年小麦加工产业发展情况 ················· 161

第一节 产业现状与发展成效 ··················· 161
第二节 重要技术发展情况 ··················· 165
第三节 头部企业分析 ······················· 168
第四节 产业发展存在的问题 ················· 170
第五节 产业发展趋势 ······················· 171

专题三 2023年玉米加工产业发展情况 ················· 173

第一节 产业现状与发展成效 ··················· 173
第二节 重要技术发展情况 ··················· 177
第三节 头部企业分析 ······················· 180
第四节 产业发展存在的问题 ················· 182
第五节 产业发展趋势 ······················· 184

专题四 2023年大豆加工产业发展情况 ················· 186

第一节 产业现状与发展成效 ··················· 186
第二节 重要技术发展情况 ··················· 190
第三节 头部企业分析 ······················· 194
第四节 产业发展存在的问题 ················· 195
第五节 产业发展趋势 ······················· 197

专题五 2023年花生加工产业发展情况 ················· 199

第一节 产业现状与发展成效 ··················· 199
第二节 重要技术发展情况 ··················· 204
第三节 头部企业分析 ······················· 205
第四节 产业发展存在的问题 ················· 207
第五节 产业发展趋势 ······················· 208

专题六　2023年油菜加工产业发展情况 ………………………………… 211
第一节　产业现状与发展成效 ……………………………………… 211
第二节　重要技术发展情况 ………………………………………… 223
第三节　头部企业分析 ……………………………………………… 225
第四节　产业发展存在的问题 ……………………………………… 227
第五节　产业发展趋势 ……………………………………………… 229

专题七　2023年肉品加工产业发展情况 ………………………………… 230
第一节　产业现状与发展成效 ……………………………………… 230
第二节　重要技术发展情况 ………………………………………… 233
第三节　头部企业分析 ……………………………………………… 236
第四节　产业发展存在的问题 ……………………………………… 239
第五节　产业发展趋势 ……………………………………………… 240

专题八　2023年蛋制品加工产业发展情况 ……………………………… 243
第一节　产业现状与发展成效 ……………………………………… 243
第二节　重要技术发展情况 ………………………………………… 245
第三节　头部企业分析 ……………………………………………… 250
第四节　产业发展存在的问题 ……………………………………… 253
第五节　产业发展趋势 ……………………………………………… 254

专题九　2023年乳制品加工产业发展情况 ……………………………… 256
第一节　产业现状与发展成效 ……………………………………… 256
第二节　重要技术发展情况 ………………………………………… 264
第三节　头部企业分析 ……………………………………………… 266
第四节　产业发展存在的问题 ……………………………………… 270
第五节　产业发展趋势 ……………………………………………… 272

专题十　2023年中央厨房产业发展情况 ············ 274
第一节　产业现状与发展成效 ············ 274
第二节　重要技术发展情况 ············ 279
第三节　头部企业分析 ············ 281
第四节　产业发展存在的问题 ············ 284
第五节　产业发展趋势 ············ 285

专题十一　2023年天然橡胶加工产业发展情况 ············ 287
第一节　产业现状与发展成效 ············ 287
第二节　重要技术发展情况 ············ 290
第三节　头部企业分析 ············ 291
第四节　产业发展存在的问题 ············ 293
第五节　产业发展趋势 ············ 294

专题十二　2023年智能化加工装备产业发展情况 ············ 295
第一节　产业现状与发展成效 ············ 295
第二节　重要技术发展情况 ············ 303
第三节　头部企业分析 ············ 305
第四节　产业发展存在的问题 ············ 307
第五节　产业发展趋势 ············ 308

第一部分

产业发展篇

第一章 2023年农产品加工业科技创新情况

"十三五"以来，我国农产品加工领域自主创新能力明显增强。累计建设41个部级农产品加工学科群重点实验室、43个农产品加工技术科研试验基地、265个国家农产品加工技术研发中心及其专业分中心，立项农产品加工相关国家重点研发计划专项超400项、农产品加工标准超200项，为我国农产品加工行业发展提供重要支撑。

2023年，全国规模以上农产品加工企业达9万家，营业收入超17万亿元，农产品加工转化率达73%，农产品加工业与农业产值比达2.59∶1。截至2023年底，全国县级以上农业产业化龙头企业9万多家，其中，国家重点龙头企业1 952家，省级重点龙头企业1.9万家，市级以上龙头企业7.6万家。国家重点龙头企业中，以农产品加工为主业的企业1 604家，约占82.2%；以种植、养殖为主业的企业203家，约占10.4%；以流通销售为主业的企业145家，约占7.4%。培育农业产业化联合体9 000多个，其中，省级农业产业化联合体4 000多个，主要是由农产品加工龙头企业牵头组建，合作社、家庭农场、农户共同参与。

科技创新是推动农产品加工业发展的核心要素。种子、耕地固然重要，产后加工在现代农业发展中更为关键，以科技创新赋能未来农产品精深加工，提升农产品附加值是未来真正实现农业绿色高质高效和可持续发展的关键一环。科技对农产品加工业发展的贡献率达到63%，预计到2035年，科技对产业发展的贡献率将超过75%，产业水平达到国际领先。因此，农产品加工亟须构建新一代信息技术、人工智能、生物技术、新能源、新材料等增长引擎，培育新动能，加快发展新质生产力，促进农产品加工业高质量发展。

第二章 2023年粮食加工产业发展情况

第一节 产业现状与发展成效

2023年是贯彻党的二十大精神、加快建设农业强国的开局之年。党中央、国务院对粮食生产工作给予了高度重视,明确要求各地区、各部门严格履行耕地保护及粮食安全的相关责任,持续加大政策支持力度,科学有效地应对了黄淮罕见"烂场雨"、华北东北局部强降雨、西北局部干旱等极端气候挑战,全年粮食产量再创历史新高,充分展现了我国在保障国家粮食安全方面的坚实基础。

2023年,全国粮食播种面积118 969 khm²(178 453万亩),比2022年增加636 khm²(955万亩),增长0.5%(表2-1)。其中,谷物播种面积99 926 khm²(149 890万亩),比2022年增加658 khm²(986万亩),增长0.7%。全国粮食单位面积产量5 845 kg/hm²(390 kg/亩),比2022年增加43.6 kg/hm²(2.9 kg/亩),

表2-1 2023年我国粮食播种面积、总产量和单位面积产量

分类	播种面积/khm²	总产量/万 t	单位面积产量/(kg/hm²)
全年粮食	118 968.5	69 541.0	5 845.3
分季节			
夏粮	26 608.6	14 615.2	5 492.7
早稻	4 733.1	2 833.7	5 987.0
秋粮	87 626.8	52 092.0	5 944.8
分品种			
谷物	99 926.4	64 143.0	6 419.0
稻谷	28 949.1	20 660.3	7 136.8
小麦	23 627.2	13 659.0	5 781.0
玉米	44 218.9	28 884.2	6 532.1
豆类	11 994.2	2 384.1	1 987.7
薯类	7 048.0	3 013.9	4 276.2

注:为与国家统计局公布的数据保持一致,本书未对以 khm² 为单位的数据作改动。

增长 0.8%。其中，谷物单位面积产量 6 419 kg/hm² （428 kg/亩），比 2022 年增加 40.0 kg/hm² （2.7 kg/亩），增长 0.6%。全国粮食总产量 69 541 万 t（13 908 亿斤），比 2022 年增加 888 万 t（178 亿斤），增长 1.3%（图 2-1）。其中谷物产量 64 143 万 t（12 829 亿斤），比 2022 年增加 819 万 t（164 亿斤），增长 1.3%。在此基础上，全国粮食加工业克服地缘政治紧张局势和贸易保护主义抬头等不利因素，总体保持稳定发展势头。

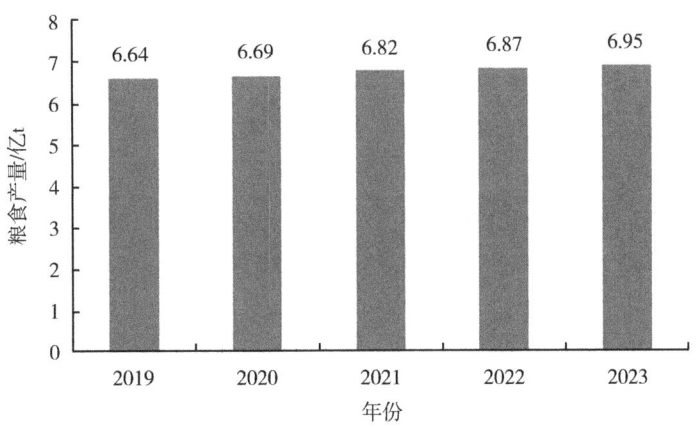

图 2-1　2019—2023 年我国粮食产量

一、2023 年粮食加工产业发展概况

1. 大米加工业

2023 年，全国水稻播种面积为 4.34 亿亩，比 2022 年减少 751.6 万亩，下降 1.7%；稻谷单产为 475.8 kg/亩，比 2022 年增加 3.8 kg/亩，增长 0.8%；稻谷总产量 2.07 亿 t，比上年减少 18.9 万 t，下降 0.9%（其中早稻产量为 283.35 万 t，比上年增加 2.15 万 t，增长 0.8%）。国内稻米市场从新冠疫情逐渐回归基本面，由季节性规律主导，受供求状况、最低收购价政策等因素的影响，价格总体稳中有涨。综合相关数据测算，2023 年，国内稻谷总消费量为 20 221 万 t，同比下降 171 万 t，降幅 0.8%。其中，食用消费量为 15 800 万 t，同比下降 100 万 t，降幅 0.6%。饲用、种用和工业用稻谷消费 4 421 万 t，同比下降 71 万 t，降幅 1.6%。由于居民主食消费多样化，人均传统主食消费呈下降趋势，结合人口下降和老龄化趋势持续加剧，全国稻谷食用消费量较上年度有所下降，大米加工企业开机率

维持较低水平、产能过剩现象依旧突出。上年度结转的饲用稻谷继续在本年度使用，饲料用粮同比小幅下降。随着米制品加工和酿酒、酿醋等行业的发展，稻谷工业消费量小幅增长。据统计，2023年，我国大米深加工产品产量1 584.1万t，较2022年增长57.8万t；市场规模1 463.7亿元，较2022年增长66.7亿元；总产值1 511.7亿元，较2022年增长67.3亿元。随着政策支持和市场需求的不断增加，未来大米深加工行业将继续保持良好的发展势头。

2. 小麦加工业

2023年，全国小麦播种面积3.54亿亩，比上年增加163.2万亩，增长0.5%；小麦单位面积产量385.4 kg/亩，每亩产量比上年减少5.0 kg；小麦总产量1.37亿t，比上年减少11.35万t，下降0.8%。小麦生产受黄淮地区罕见"烂场雨"等不利气候影响，产量和品质均有不同程度下降。受宏观形势影响，我国小麦制粉消费有所下降，但饲用消费大幅提升；小麦进口量连续5年增长，达到千万吨水平（图2-2）。年内小麦价格波动幅度较大，上半年跌幅一度超过18%，新麦上市后至集中收购期结束，麦价逐渐回升，但四季度后麦价震荡走低。

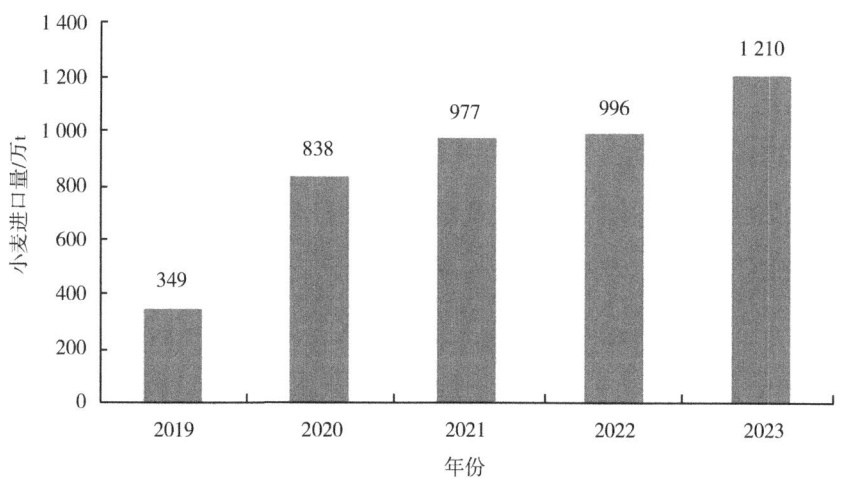

图2-2 2019—2023年我国小麦进口量

2023年，全国总体小麦产需呈紧平衡格局，主要原因是小麦口粮消费有所下降，饲用消费显著增加。综合相关数据测算，全年小麦消费总量约13 490万t，同比增长1 130万t。其中，制粉消费8 400万t，同比减少100万t；饲用消费约3 500万t，同比增加1 200万t，主要原因是恶劣气候导致低价"芽麦"大量用于饲料加工；工业消费约980万t，同比增加30万t，主要原因是大量"芽麦"和毒素超标等低质量小麦进入工业酒精或制胶加工；种用量 610 万 t，同比持平。2023 年，全国面粉市场规模超过 3 000 亿元，同比增长 1.35%，其中通用面粉占比 53.53%，专用面粉占比 46.47%。2023 年，面粉行业仍然面临产能严重过剩的问题，竞争格局呈现明显的头部效应。目前，面粉企业年平均开机率约为 48%，头部企业开机率高于 80%，而小企业产能利用率不足 30%，甚至停机，结构性产能过剩、两极分化趋势明显。

3. 玉米加工业

2023 年，中国玉米种植面积达 6.63 亿亩，产量达 2.89 亿 t，单位面积产量达 435.47 kg/亩，同比分别增长了 2.67%、4.2%、1.49%。全国玉米规模化种植分布广泛，其中，黑龙江玉米种植面积和产量均稳居全国首位。2023 年，受小麦替代量上升及进口谷物价格持续低位等多重因素共同影响，国内玉米市场的消费需求相对较弱，呈现供过于求的明显态势。全年玉米价格整体维持震荡下行趋势。综合相关数据测算，全年玉米消费总量约为 2.78 亿 t，其中，饲料消费 1.88 亿 t，深加工消费 6 800 万 t，食用消费 1 200 万 t，其他消费 1 000 万 t。2023 年，玉米深加工企业开工率回升，其中，玉米淀粉（含淀粉糖）、酒精、赖氨酸、柠檬酸玉米用量均有提升，全年玉米深加工消费量 7 106 万 t，较 2022 年的 6 771 万 t 增加 4.95%。按照玉米消费量占比从高到低依次是玉米淀粉及淀粉糖（52%）、酒精（27%）、赖氨酸（8%）、味精（7%）、柠檬酸（3%）、其他（3%）。

二、粮食加工产业发展成效

2023 年，我国粮食加工产业发展总体平稳，稳中有进、进中提质，发展成效主要体现在三点：一是节粮减损技术水平显著提升；二是遏制食品浪费成效突出；三是加工企业规模化、自动化、智能化和节能化水平明显提高。

1. 节粮减损技术水平显著提升

降低粮食加工和消费过程中的损失及浪费，为粮食有效供给扩展了"无形良田"，对于保障粮食安全至关重要。近年来，国家有关部门相继实施了"粮安工程"和"粮库智能化升级改造"等项目，大力加强仓储物流设施建设，不断改善和提升我国粮食仓储设施条件。国家粮食和物资储备局深入推进"粮食绿色仓储提升行动"，加强旧仓升级改造和高标准粮仓建设，进一步提升粮仓的气密性、隔热性等关键性能。同时，指导各地因地制宜地推广和应用先进适用的绿色储粮技术。目前，全国粮食标准仓房的完好仓容接近 7 亿 t，包括粮情测控、机械通风、环流熏蒸和谷物冷却的"四合一"储粮技术已在大多数国有粮库中广泛应用。全国低温和准低温储粮仓容达到1.8亿t,气调储粮仓容超过4 600万t。诸如控温、气调、内环流和害虫综合防治等绿色储粮技术的应用比例不断提升。调查显示,我国粮库的粮食储藏周期内的综合损耗率已控制在1%以内,技术水平总体处于世界领先地位。

2. 遏制食品浪费成效突出

自党的十八大以来,习近平总书记多次就反对粮食和餐饮浪费作出重要指示,强调"厉行节约、反对浪费"。市场监管部门坚决贯彻落实习近平总书记的重要指示精神,以标准化为核心,全系统协作,落实各环节的责任,部署整治餐饮浪费专项行动。在既往工作基础上,2023年,新实施了包括GB/T 42966—2023《餐饮业反食品浪费管理通则》、GB/T 33497—2023《餐饮企业质量管理规范》、GB/T 42967—2023《机关食堂反食品浪费工作指南》等标准。据统计,目前我国各地区各部门反食品浪费标准总数达到308项,包括71项国家标准、20项行业标准、91项地方标准、109项团体标准和17项企业标准;归类于第一产业的标准59项,归类于第三产业的标准221项,跨产业的标准28项。在全国全社会的共同努力之下,我国遏制食品浪费成效突出。中国饭店协会发布的《2023中国餐饮业年度报告》显示,餐饮企业的餐厨垃圾量平均降低了11.2%,垃圾处理费平均降低了6.7%,打包餐盒使用量平均增长了11.7%。

3. 加工企业规模化、自动化、智能化和节能化水平明显提高

长期以来,我国粮食加工业虽然竞争企业较多,但企业规模以中小型为主,大型企业数量占比较低,同质化竞争现象突出,多数企业规模不大、销售渠道并不完善,企业产能过剩现象尤其严重。近年来,粮食加工业新入局企业有所减少,头部效应正加速形成,市场集中度有望提高。伴随高端优质产能不断提升、低端落后产能不断淘汰,我国粮食加工企业的自动化、智能化和节能化水平明显提高。随着智能制造和自动化技术的进步,粮食加工设备正逐步实现智能化操作、数字化控制和远程监控,从而提升生产效率和操作便利性。这一发展趋势有助于提高粮食的安全性和品质,以满足消费者对食品安全和质量的需求。粮食加工设备行业将继续推进绿色制造,采用环保材料和节能技术,以减少能源消耗和环境污染。伴随着中国粮食产业的发展,粮食加工设备行业在国际市场上将有机会拓展,并提升其国际竞争力。

第二节　重要技术发展情况

一、小麦粉适度加工关键技术

目前，我国粮食加工行业仍存在普遍的过度加工现象。资料显示，20世纪八九十年代，小麦粉加工业的平均出粉率约为85%，目前这一指标下降到73%左右。小麦粉过度加工不仅造成资源浪费，而且会增加生产过程中的能源消耗、降低产品的营养价值。河南工业大学联合国家粮食和物资储备局科学研究院、江南大学和面机企业等单位实施全产业链协同创新，研发的小麦粉适度加工关键技术显著提升了小麦粉的品质和加工效率，使小麦资源利用率提高3%以上，每年增加小麦粉产量277万t以上，按年人均消费量折算，能够满足3 900万人一年的小麦粉消费。研发团队首创了"智能粉师系统"，该系统利用在线粒度检测仪通过激光衍射、图像识别等核心技术，在线精准检测研磨后小麦粉的粒度，并将结果自动反馈给控制系统，系统再自动调节磨粉机的轧距；近红外在线品质分析仪进一步根据光谱数学模型，对小麦粉品质进行自动检测，并对不同粉管生产的小麦粉进行自动混合搭配。基于"智能粉师系统"，研发团队建立了首个数字化小麦制粉工厂。该技术不仅有助于保障国家粮食安全，在保证小麦粉食用安全性前提下，还保留了更多的维生素、矿物质等营养成分。该技术获得2023年河南省科学技术进步奖一等奖。

二、传统面条智能化加工关键技术

面条在我国具有近4 000年的悠久历史，因其便捷、营养和美味受到消费者的青睐，在各类面制品中消费量排名第一。我国面条行业在迅猛发展的同时，也面临加工技术水平不高、装备自动化水平低、产品质量不稳定、同质化严重、营养和风味不足等一系列发展瓶颈。传统面条作为非标准化产品，其质地和风味在很大程度上取决于制作技艺，利用智能化生产手段实现其标准化和预制化成为该行业亟待解决的关键技术难题。由江苏大学、陈克明食品股份有限公司和青岛海科佳智能科技股份有限公司共同完成的传统面条智能化加工关键技术，创新了旋擀仿生揉面、片絮复合压延、渐缩压延分条等工艺，实现了手延空心面、拉面等传统面条制品的全自动智能化生产。该技术获 2023 年度中国粮油学会科学技术奖一等奖。在 2023 年 9 月 5 日召开的第二十三届方便食品大会上，青岛海科佳智能科技股份有限公司自主研发的米面制品自动化智能生产线亮相，并获评"创新产品奖"。其中，"片絮复合压延机""仿生手工拉面智能化生产线"经鉴定达到国际领先水平。

三、阿洛酮糖酶法生产技术

阿洛酮糖是一种存在于无花果、葡萄干、小麦、玉米等植物中的天然低热量甜味剂，其甜度是蔗糖的 70%，而热量仅为蔗糖的 10%。由于阿洛酮糖口感柔和细致，具有与高纯度蔗糖极为相似的纯甜味，又具有与蔗糖相近的容积特性及加工特性，方便应用于各种营养成分丰富、原料来源复杂的食品中。此外，阿洛酮糖不容易被人体吸收，不会显著增加血糖水平，是糖尿病患者等需要控制血糖人群的理想甜味剂。因此，阿洛酮糖近年来在食品工业中逐渐受到关注，被视为最具潜力的蔗糖替代品。中粮生物科技股份有限公司联合中粮营养健康研究院历经多年自主攻关，成功开发出以玉米淀粉糖为原料的阿洛酮糖酶法生产技术，该技术已申请了多项专利，达到国际先进水平。2023 年 5 月，国家卫健委发布公告，正式批准中粮集团旗下中粮生物科技股份有限公司和中粮营养健康研究院联合研发的"D-阿洛酮糖-3-差向异构酶"作为食品工业用酶制剂。"D-阿洛酮糖-3-差向异构酶"打破了技术壁垒对阿洛酮糖产能的制约，对阿洛酮糖安全合规进入新资源食品领域具有里程碑意义。该酶制剂的获批在一定程度上也打破了国际大型酶制剂企业未来在该领域的市场垄断。

第三节　头部企业分析

一、中粮生物科技股份有限公司

中粮生物科技股份有限公司作为国内规模、技术领先的大型玉米深加工企业，主要经营领域包括食品及食品原料、生物能源和生物可降解材料等，主要产品包括淀粉、变性淀粉、淀粉糖、燃料乙醇、食用酒精、酒精消毒液、味精、柠檬酸、聚乳酸等。公司全年实现营业收入 203.79 亿元，同比增长 2.31%；归属于上市公司股东的净利润亏损 6.02 亿元，同比由盈转亏。公司在食品及食品原料领域，持续加大开发变性淀粉、专用淀粉、小包装糖、风味糖浆、调味糖浆、定制柠檬酸等差异化产品，同时，持续推进功能糖产业布局，自主研发的阿洛酮糖异构酶已获批国内首个食品工业用酶制剂，有力促进了阿洛酮糖项目实施；在生物能源领域，积极推进原料多元化，构建了以玉米为主，灵活使用木薯和不宜食用的水稻、小麦等的燃料乙醇生产线，已建成并持续优化纤维素燃料乙醇中试线，具备非粮生物质乙醇生产技术储备；在生物可降解材料领域，主要业务为基于聚乳酸（PLA）、聚羟基脂肪酸酯（PHA）的可再生材料及其制品的生产和开发，公司有序推进丙交酯（用于生产聚乳酸）项目的投资建设。同时，探索开发生物基材料前沿技术，已具备并持续优化高收率乳酸提取纯化工艺、PHA中试生产线工艺优化、PLA/PHA 共混改性等关键技术，致力于全面打通生物可降解材料全产业链。

二、陈克明食品股份有限公司

2023 年，公司实现营收 51.84 亿元，同比下滑 14.42%，归属于上市公司股东的净利润亏损 6 565.34 万元，同比下滑 138.98%。年度利润亏损主要受市场环境变化及行业周期性的影响，主营的米面制品销量有所减少，2023 年，新增的生猪销售价格持续低迷。公司的面条业务实现营收 27.34 亿元，同比下滑 12.7%；外销面粉实现营收 4.53 亿元，同比下滑 28.68%；方便食品实现营收 3.15 亿元，同比下滑 25.81%。公司以"小一体化"为主要生产模式，不断优化面粉−挂面/方便食品/外销面粉的联产结构，建立响应性的供应链，客户订单下达后，依据客户优先级排序，按最优发货模型分单到全国工厂，实现快速交付。公司 2023 年研发投入 3 548 万元，占营收比例为 0.68%，进行了 92 个研发项目，涵盖面粉、挂面、湿面、方便食品、米饭、调料包六大板块，分别与江南大学、江苏大学、中南林业科技大学等高校就生鲜面保鲜、挂面提质、冷冻产品品质稳定等项目展开合作，提升了企业的科学技术水平。

三、金健米业股份有限公司

2023 年，公司累计实现营业收入 48.68 亿元，较上年度 64.12 亿元减少 15.44 亿元，同比上期降低了 24.08%。公司 2023 年度归属于上市公司股东的净利润为 2 865.94 万元，扣除非经常性损益后归属于上市公司股东的净利润为

1 758.92万元,同比上期实现扭亏为盈。公司大米的加工产能(含委托生产)为22.3万t,2023年,生产大米产量为14.5万t,产能利用率为65.02%;公司现有的面制品加工业务生产量相对较小,面制品的加工产能为5.3万t,2023年,生产面制品产量为3.5万t,产能利用率为66.04%。2023年度,公司大米产品成本构成项目中,直接材料成本占比86.29%,直接人工成本占比2.15%,包装成本占比3.72%,制造成本占比7.84%;面制品产品成本构成项目中,直接材料成本占比74.62%,直接人工成本占比7.16%,包装成本占比6.76%,制造成本占比11.46%。

第四节 产业发展存在的问题

一、产能总量过剩、结构不够均衡

长期以来,粮食加工业一直受到产能过剩的困扰,尤其是低端落后产能的过剩,严重制约了行业的高质量发展。截至2023年,主要加工企业的产能利用率仅为60%~70%。尽管近年来由于新冠疫情的持续反复和国内外形势的不稳定,客观上加速了部分落后产能的淘汰,但整个行业依然面临产能过剩和高端先进产能不足的挑战。低端产能通常采用传统的粗放型模式,加工工艺落后,能源消耗和损失率较高。

二、适度加工有待进一步发展

大多数消费者对"精米白面"的偏好根深蒂固,企业迎合这一偏好,导致过度加工现象依然存在。目前,我国稻谷的出米率约为65%,比日本低3%~5%;小麦粉的出粉率为74.3%,但去除全麦粉后,其他小麦粉的平均出粉率仅为71.6%。粮食加工的损失率为3%~15%,每年因过度加工损失的粮食超过750万t,这已成为影响国家粮食安全和限制粮食加工行业整体效益的重要因素。此外,过度加工还导致了营养成分的流失和能耗的增加,急需通过标准制定和消费引导等措施来扭转这一局面。

三、加工副产物的增值利用率较低

粮食深加工副产物利用率反映了农业现代化发展的水平。我国粮食精深加工水平得到初步提高，但同发达国家相比较仍存在相当程度的差距。调研发现，在湖北省 37 家稻谷加工企业中，仅有 2 家企业将米糠用于制取稻米油，其余企业将米糠作为饲料售卖。少数企业用稻壳燃烧发电，平均每 1 500 g 稻壳燃烧产生的蒸汽就可以取代 500 g 煤，这种生物质原料燃烧的环保程度相对较高，既节能环保，又实现了稻谷资源的充分利用。在碎米增值利用方面，少数企业通过酶解技术制备了淀粉糖产品，包括麦芽糖浆、果葡糖浆等产品。据了解，麦芽糖浆的售价在 3 000 元/t 左右，相较碎米的收购价 2 400 元/t 有所提高。糠麸、谷壳等加工副产物未能得到充分有效利用，缺乏高附加值产品，极大限制了粮食加工产业的高质量发展。在一些发达国家，稻谷副产物的综合利用与精深加工已形成产业化，开发出 20 余种产品，米糠的综合利用率可达 90%，稻谷加工业对稻谷资源的增值率约 4 倍。我国稻谷加工业对稻谷资源的增值率大约 1∶1.3，对比发达国家，我国稻谷深加工业还有广阔发展空间。

第五节　产业发展趋势

一、小包装日益火爆，中高端市场持续扩张

当前，中国家庭的人口规模呈现小型化趋势，同时，国家提倡节约粮食、反对浪费，并推行生活垃圾强制分类政策，推动粮食加工产品的包装向小巧精美的方向发展，中高端市场的量小质优产品不断扩张。消费者愈发关注健康，对加工产品的营养成分和功能的重视度持续上升。未来，加工企业将顺应市场需求，通过提升香气和强化营养等方面进行研发，注重产品的适口性和功能性，针对不同人群和场景，生产符合国人健康需求的优质粮食加工产品。

二、企业集团化、规模化、全产业链化发展趋势明朗

粮食加工行业经过十几年的大规模发展，近年来企业面临的经营和发展压力不断增加。为打破同质化竞争严重、增长乏力的发展瓶颈，行业逐渐呈现出以集团企业形式进行原料采购、产品营销和品牌包装的系统化、规模化管理趋势。发展粮食加工全产业链日益成为共识。传统的粮食加工往往从烘干、分装开始，忽视了前期种植环节的品种选择，导致品种混杂、品牌价值不足。未来，随着订单

农业的进一步发展，行业将通过选择优良种子，采用测土施肥、智能仓储、独立生产系统等技术进行全产业链品质控制，并通过深加工和副产物综合利用来提高产品附加值及企业综合竞争力。

三、饲料行业集团化整合加快、中小饲料企业生存困难

在我国三大主粮中，玉米是饲料产品的主要原料。"十四五"期间，饲料工业可能进入低速发展阶段，行业趋于饱和、整体增速放缓。制约我国饲料行业发展的因素依然存在，随着原料市场与国际接轨，未来 5 年原料成本压力仍然较大。高原料成本和下游养殖利润亏损对饲料企业的利润造成了挤压，饲料行业高利润、高增长的时期已结束。未来，行业内竞争将加剧，集团化企业通过不断扩大规模来增强市场占有率和行业影响力，在原料采购和生产成本控制方面拥有更强的议价能力和优势，养殖一体化程度进一步加深。对于中小型饲料企业而言，在激烈的市场竞争中面临来自大集团兼并和收购的风险，部分企业可能会转型为提供代加工服务。此外，面对市场品牌意识的减弱，一些中小型饲料企业将更加注重产品质量的提升，减少中间环节，倾向于采用直供到户的销售模式。行业未来将向规模化发展，产业集中度不断提高，整体上呈现出强弱差距扩大的局面。

第三章 2023年油料加工产业发展情况

第一节 产业现状与发展成效

在国家的重视和政策支持下，2023年，我国八大油料作物的总产量继续突破7 000万t以上，达7 324.5万t，同比增长8.63%，其中，大豆产量为2 084.0万t，较2022年的2 028.5万t增长2.74%。同年我国国产植物油总产量为1 376.0万t，较2022年的1 350.3万t增长1.90%。在食用油消费方面，2023年，我国国内食用油的食用消费为3 678.0万t，工业及其他消费为418.0万t，年度食用油的消费总量为4 096.0万t，人均年消费量为29.1 kg，均仅次于2021年的最高历史水平（2021年我国国内食用油的食用消费为3 708.0万t，工业及其他消费为546.5万t，年度食用油的消费总量为4 254.5万t，人均年消费量为30.1 kg）。2023年，我国进口油籽合计10 875.5万t，同比增长15.39%，其中，大豆为最主要的进口品种，占比91.41%；油菜籽次之，占比5.05%。同年我国进口食用植物油1 109.6万t，同比增长39.31%；出口量为20万t，同比增长11.11%。

2023年，发布了一系列油料油脂标准，主要包括NY/T 1991—2023《食用植物油料与产品　名词术语》、NY/T 4372—2023《食用油籽和食用植物油供需平衡表编制规范》、NY/T 4305—2023《植物油中2,6-二甲氧基-4-乙烯基苯酚的测定　高效液相色谱法》等农业标准，DB 43/T 2559—2023《油茶籽机械化烘干技术规程》、DB S61/ 0030—2023《食品安全地方标准　漆籽油》等地方标准，《紫苏籽油》《浙江山茶油》《泰山品质　压榨花生油》《亚麻籽油》《荆楚粮油优质油菜籽生产技术规程》《香山之品　菜籽油》《江西绿色生态　稻米油》《植物油 生育酚及生育三烯酚含量测定　反相高效液相色谱法》等团体标准。

一、2023年油料加工产业发展概况

在国家大力实施大豆和油料产能提升工程的推动下，2023年我国油料生产

再创历史新高。据国家粮油信息中心预测,2023年,我国主要油料生产总量为7 324.5万t,较2022年的7 185.9万t增长1.93%。其中,大豆生产量为2 084万t,较2022年的2 028.5万t增长2.74%;花生生产量为1 842万t,较2022年的1 832.9万t增长0.50%;菜籽生产量为1 672万t,较2022年的1 553.1万t增长7.66%;棉籽生产量为1 011.2万t,较2022年的1 076.4万t减少6.06%;油茶籽生产量为420万t,较2022年的410万t增长2.44%;葵花籽生产量为224万t,较2022年的214.2万t增长4.58%;芝麻生产量为47.2万t,较2022年的43.5万t增长8.51%;胡麻籽生产量为24.1万t,较2022年的27.3万t减少11.72%(图3-1)。

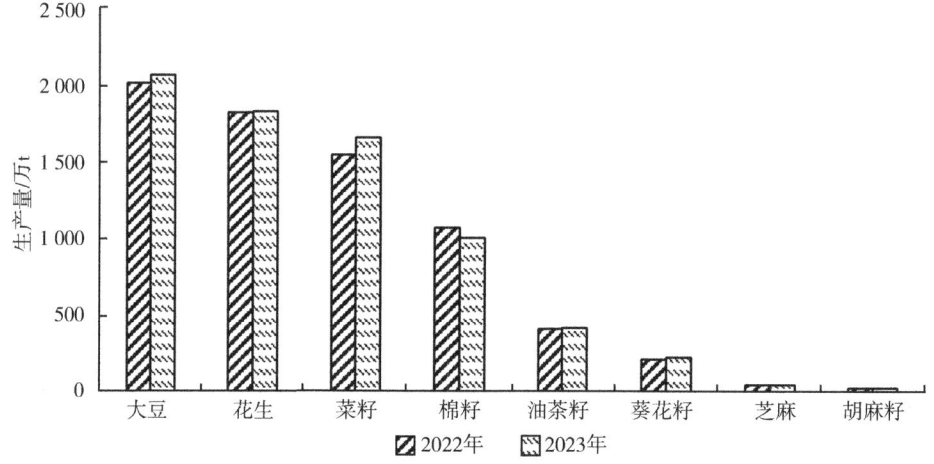

图3-1 2022—2023年我国主要油料生产量

(资料来源:国家粮油信息中心)

2023年,我国国产植物油总产量为1 376.0万t,较2022年的1 350.3万t增长1.90%。其中,菜籽油产量为527万t,较2022年的493万t增长6.90%;花生油产量为332.5万t,较2022年的322.0万t增长3.26%;油茶籽油产量为100万t,较2022年的97.5万t增长2.56%;米糠油产量为65万t,较2022年的60万t增长8.33%。同时,玉米油产量140.0万t,较2022年的150万t减少6.67%;棉籽油产量为104万t,较2022年的110.5万t减少5.88%;大豆油产量为66万t,较2022年的74.3万t减少11.2%;胡麻籽油产量为6万t,较2022年的7.5万t减少20%。另外,其他植物油脂合计产量为15万t、葵花籽油产量为12.5万t、芝麻油产量为8万t,三者相比于2022年均没有发生变化

(图3-2)。以上数据充分说明，2023年我国国产油料榨得的食用油数量创历史之最，以菜籽油增幅最显著。

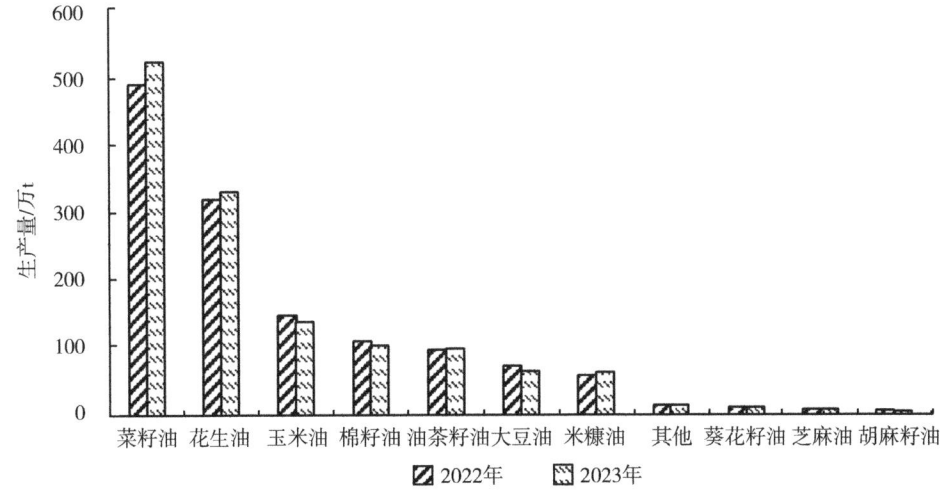

图3-2　2022—2023年国产植物油生产量

（资料来源：国家粮油信息中心）

2023年，我国进口各类油料合计为10 875.5万t，较2022年的9 425万t增长15.39%。其中，大豆进口量为9 940.9万t，较2022年的8 921.8万t增长11.42%；菜籽进口量为549.1万t，较2022年的196.1万t增长180.01%；亚麻籽进口量为119.4万t，较2022年的64.4万t增长85.40%；棉籽进口量为62.3万t，较2022年的45.4万t增长37.22%；葵花籽进口量为28.6万t，较2022年的19.6万t增长45.92%。另外，芝麻进口量为91.3万t，较2022年的107.1万t降低14.75%；花生进口量为66.1万t，较2022年的66.4万t降低0.45%（图3-3）。

2023年，我国进口各类植物油合计为1 109.6万t，较2022年的796.5万t增长39.31%。其中棕榈油进口量为563.7万t，较2022年的494.1万t增长14.09%；菜籽油进口量为235.6万t，较2022年的106.1万t增长122.05%；葵花籽油进口量为152.1万t，较2022年的60.5万t增长151.40%；棕榈仁油进口量为72.1万t，较2022年的52.5万t增长37.33%；大豆油进口量为40万t，较2022年的34.4万t增长16.28%；花生油进口量为24.8万t，较2022年的23.1万t增长7.36%；椰子油进口量为18.2万t，较2022年的21.9万t降低16.89%；亚麻籽油进口量为2.4万t，较2022年的2.6万t降低7.69%；橄榄油

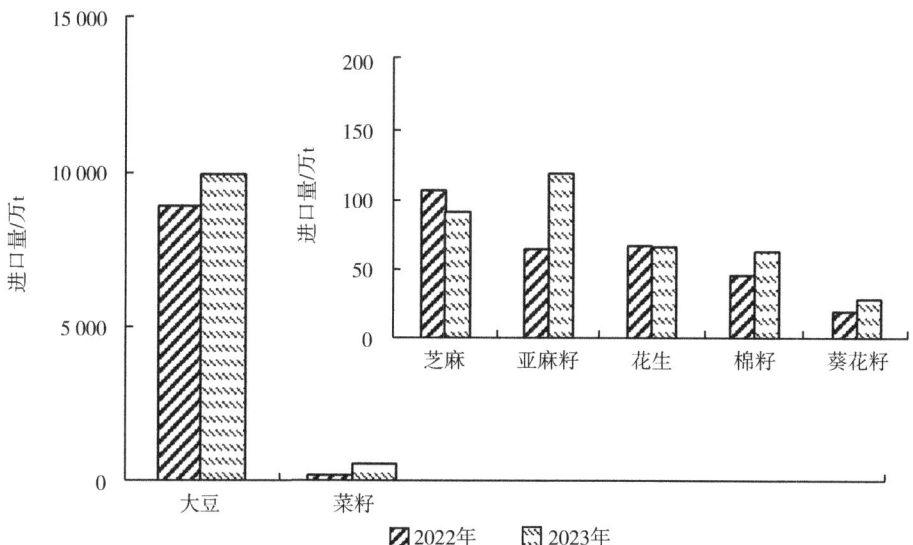

图 3-3 2022—2023 年我国油料进口量

（资料来源：国家粮油信息中心、海关总署）

注：2019—2022 年大豆进口量根据海关数据作了调整，花生进口量为花生仁和花生果相加。

进口量为 0.7 万 t，较 2022 年的 1.3 万 t 降低 46.15%（图 3-4）。

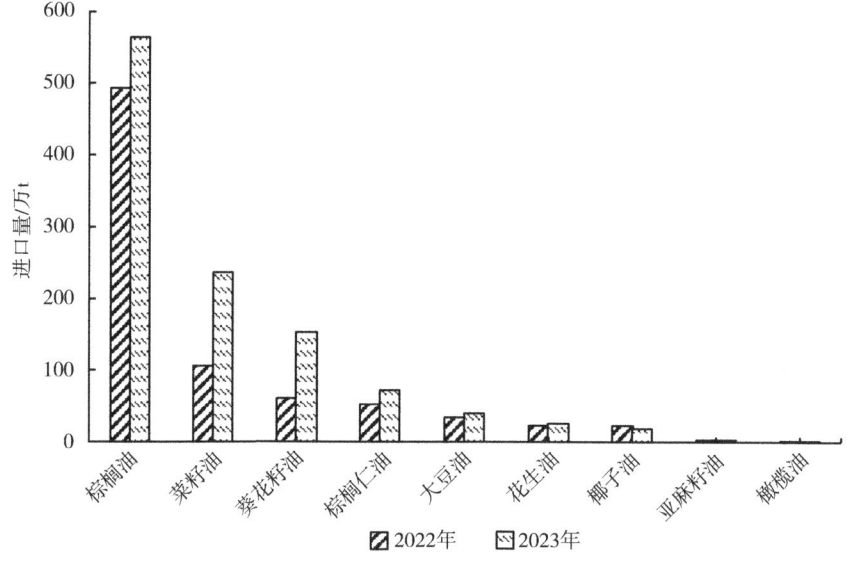

图 3-4 2022—2023 年我国植物油进口量

（资料来源：国家粮油信息中心、海关总署）

2023年，我国出口各类油料合计为101万t，较2022年的102万t降低0.98%。然而出口植物油脂合计20万t，较2022年的18万t增长11.11%。另外，2023年，我国还分别进口了豆粕4万t、菜粕237万t，并出口了豆粕89万t、菜粕2万t（图3-5）。

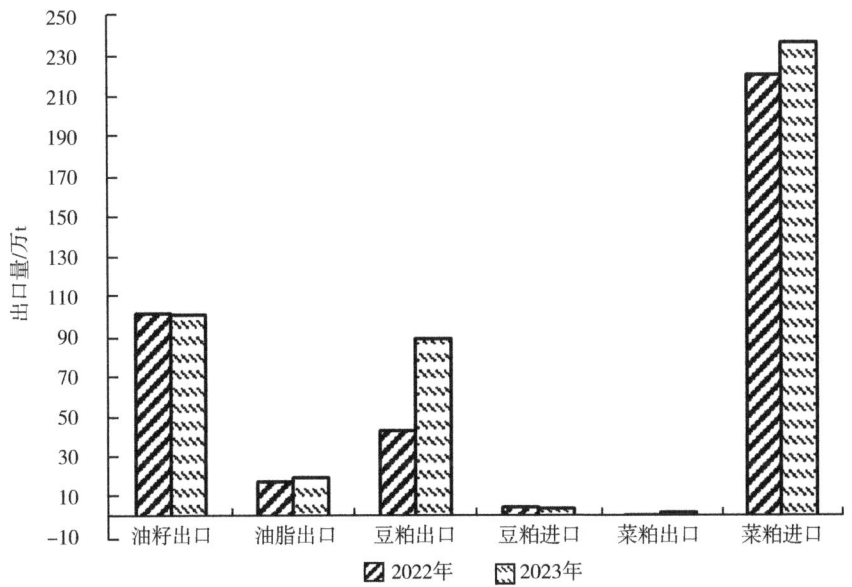

图3-5　2022—2023年我国油籽油脂与豆粕菜粕进出口量

（资料来源：国家粮油信息中心）

由表3-1可知，2022/2023年度，我国食用油市场的总供给量为4 232.7万t，

表3-1　2021—2023年度我国食用油市场综合平衡分析

项目	2021/2022年度	2022/2023年度
生产量总计/万t	3 106.3	3 228.8
进口量总计/万t	679.2	1 003.9
年度供给量总计/万t	3 695.5	4 232.7
国内食用消费量总计/万t	3 415.0	3 678.0
工业及其他消费量总计/万t	324.0	418.0
出口量总计/万t	16.5	15.6
年度需求量总计/万t	3 755.5	4 111.6
节余量总计/万t	-60.0	121.1
食用油消费总量/万t	3 758.0	4 096.0
人均年消费量/kg	26.6	29.1

资料来源：国家粮油信息中心。

其中，包括国产油料和进口油料合计生产的食用油产量3 228.8万t及直接进口的各类食用油合计1 003.9万t；相比于2021/2022年度食用油总供给量的3 695.5万t增长了14.54%。2022/2023年度，我国国内食用油的食用消费量为3 678.0万t，工业及其他消费量为418.0万t，出口量为15.6万t，合计年度需求总量为4 111.6万t，相比于2021/2022年度需求总量的3 755.5万t提高了9.48%。另外，2022/2023年度，我国食用油年度消费总量为4 096.0万t，人均年消费量为29.1 kg；两者相比于2021/2022年度分别提高了8.99%和9.40%。以上变化，反映了我国经济回升向好和战胜了新冠疫情后社会生产、生活秩序持续恢复的良好景象。

二、油料加工产业发展成效

1. 一系列油料油脂国家/行业/团体标准相继出台

2023年，农业农村部发布了一系列农业标准，其中，NY/T 1991—2023《食用植物油料与产品 名词术语》代替了NY/T 1991—2011《油料作物与产品名词术语》，除结构调整和编辑性改动外，文件名称和范围、规范性引用文件、部分术语和定义也发生部分更改；NY/T 4372—2023《食用油籽和食用植物油供需平衡表编制规范》于2023年8月1日有效实施，规定了中国食用油籽和食用植物油供需平衡表的术语和定义、编制原则、内容要素、平衡表样式、数据来源及处理等；《植物油中2,6-二甲氧基-4-乙烯基苯酚的测定 高效液相色谱法》的实施强化了植物油、植物调和油中2,6-二甲氧基-4-乙烯基苯酚含量的检测。此外，《油茶籽机械化烘干技术规程》《食品安全地方标准 漆籽油》等地方标准，《紫苏籽油》《浙江山茶油》《泰山品质 压榨花生油》《亚麻籽油》《荆楚粮油 优质油菜籽生产技术规程》《香山之品 菜籽油》《江西绿色生态 稻米油》《植物油 生育酚及生育三烯酚含量测定 反相高效液相色谱法》等团体标准也于2023年陆续正式实施。上述标准的发布与实施，为植物油产业高质量发展、公众高品质消费提供了指引。

2. 油料加工设备及工艺不断增强

中小规模油料预处理和榨油成套设备已达到国际先进水平。大型的轧坯机、卧式调质干燥机和中/大型螺旋榨油机等主要装备的制造能力可以满足国内所需并出口国外。基于电磁致热原理开发的自动化和智能控温的大型炒籽设备在浓香型油脂生产中获得应用。预处理车间控制一体化系统的操作更便捷、指标更可控，吨电耗处于国际领先水平。

在大宗油料方面，国产制油装备实现超大型化，自行设计制造的 5 000~6 000 t/d 大豆制油成套生产线打破了国外长期垄断局面，其生产稳定性、技术经济指标达到国际先进水平，性价比在国际上有较大优势。在特种油料方面，水酶法、水浸法新型技术已用于油茶籽制油，亚临界萃取技术和国产装备已成功应用于牡丹籽油、小麦胚芽油等油脂制取。

我国精炼工艺与设备已比较成熟和完善，但创新仍层出不穷。酶法脱胶替代传统脱胶技术应用已从大豆油拓展至米糠油、玉米胚芽油等，国内已经发展到近10家工厂；复合吸附剂脱色、干法脱酸、纳米中和脱酸、低温短时脱臭、填料塔板塔双温脱臭、馏出物两级捕集等新技术得到推广，实现了营养伴随物的精准调控，有效控制了反式脂肪酸、缩水甘油酯、3-氯丙醇酯的形成，并达到了节能减排、提高油脂得率的目的。

3. 特种油料和新油料资源的加工技术取得新突破

新油源开发力度进一步加大，以油茶籽、核桃、油橄榄为代表的木本油料，以玉米胚芽、米糠为代表的粮油加工副产物，以及 DHA/ARA 微藻的制油规模、工艺和专用装备的水平不断提高，其产品在食用油中的比例明显增加。根据国内藻油发酵罐规模和生产情况推算，目前，藻油产能近 1 万 t，产量约 4 000 t，可以满足我国婴幼儿配方奶粉应用所需。高油酸油料、油莎豆、沙棘果/籽、香榧籽、樟树籽等新油源开发利用已经兴起。我国已经培育出优质的高油酸花生、高油酸菜籽等品种，一些油脂加工企业推出了高油酸植物油产品，如浙江省农业科学院的高油酸菜籽油、鲁花集团和山东金胜粮油食品有限公司的高油酸花生油等，油酸含量达到 80% 左右，填补了国产高油酸食用植物油产品的空白。

第二节 重要技术发展情况

一、创制光响应生物合成功能脂质法

亚麻籽饼粕是亚麻籽制油后的主要副产品，蛋白质和必需氨基酸含量丰富，是一种优质蛋白资源，但亚麻籽蛋白存在溶解性低、乳化性差等难题，严重制约了在食品领域中的应用。中国农业科学院油料作物研究所油料品质化学与加工利用团队提出了一种新颖有效的紫外/可见光响应生物催化（PIB）体

系，通过紫外/可见光变化引发颗粒表面亲疏水性转变，创制出皮克林界面酶催化体系，有效实现乳化/破乳过程的智能调控。采用光致变色螺吡喃（SP-COOH）改性空心介孔二氧化硅纳米球（HMSS-N）作为光响应乳化剂和脂肪酶 CL（CL@HMSS-SP）载体，还详细研究了 PIB 体系的光响应性能和催化性能。因此，通过诱导紫外线或可见光改变智能乳化剂的表面润湿性，可以很容易地完成 O/W 乳液的破乳或乳化。该系统在正己醇酸和 1-己醇之间的模型酯化反应中表现出最高的催化活性［催化效率值为 80.9 mmol/（g/h）］，与传统的游离酶单相系统相比，提高了 12.6 倍，即使在 10 个循环后，该稳健的系统仍保持了高催化活性，平均产物为 148.2/g 生物催化剂。因此，紫外/可见光响应 PIB 为风味酯的生物催化合成提供了高效率和稳定的可重复使用性，并展现出未来绿色生产的巨大潜力。

二、创建弱碱同步膜分离大豆蛋白技术

中国农业科学院油料作物研究所油料品质化学与加工利用团队创建了弱碱同步膜分离绿色富集大豆蛋白技术（图 3-6），通过在提取过程中定向控制蛋白的组成、溶解状态及尺寸分布，实现了高功能性大豆蛋白粉的制备，弱碱同步膜分离技术（MS）提取显著降低了大豆分离蛋白（SPI）的二硫键含量，诱导了蛋白

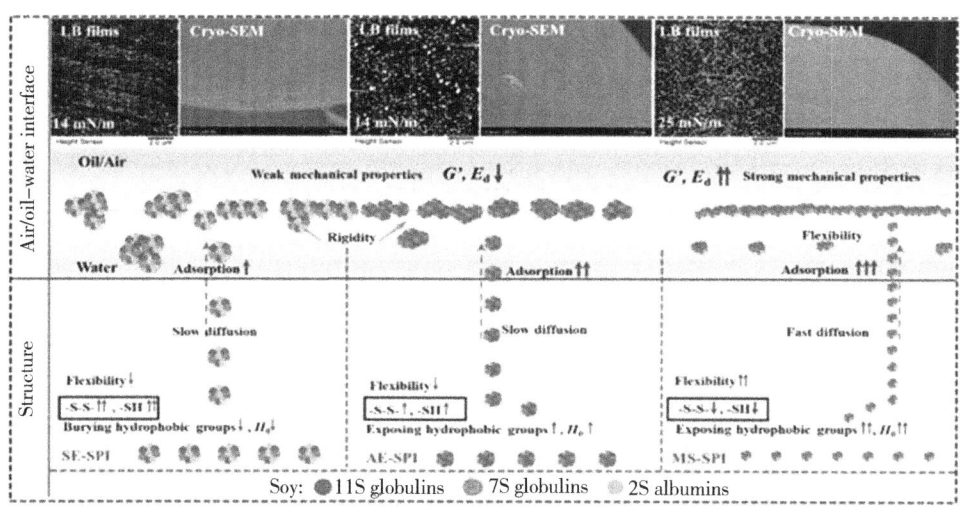

图 3-6 大豆分离蛋白在气/油-水界面上的结构特性和界面稳定机制概述

（资料来源：Shao et al., 2024, Food Hydrocolloids. https://doi.org/10.1016/j.foodhyd.2024.110110）

质的部分解聚，暴露了内部疏水基团，从而导致粒径减小，表面疏水性增加。通过 SPI 之间强烈的面内相互作用，形成了具有高力学性能的柔韧致密的界面层，可以有效防止油滴和气泡的破裂。因此，MS-SPI 的乳化稳定性和起泡性可以保持高达 252 min 和 232%，其乳化稳定性、起泡性相对工业碱溶酸沉法制备大豆蛋白分别提高了 2.4 倍和 1.7 倍，为提升大豆饼粕的资源利用率、开发高功能型大豆专用蛋白粉提供了重要的理论依据和技术支撑。

三、固相包埋法制备新型淀粉-脂质复合物

亚麻籽油含有高水平的 ω-3 多不饱和脂肪酸（PUFAs），这些功能性油中的多不饱和脂肪酸使它们在高温和暴露于氧气环境下容易氧化，形成异味和有毒反应产物。人体高效消化油脂的能力会导致脂质快速消化、吸收和体内脂肪的过度积累，从而增加肥胖和相关并发症风险。近年来，淀粉因其多羟基结构，通过形成界面屏障和降低脂肪分解程度来有效抑制脂质消化，并在与其他疏水性生物分子稳定 Pickering 乳液、防止乳液聚结方面表现突出。华南理工大学食品科学与工程学院采用固相包埋法制备了"V"形淀粉-月桂酸复合物（SLAC），以其作为乳化剂与亚麻籽油得到稳定乳液体系。评价实验证明，SLAC 有效提升了亚麻籽油的氧化稳定性，提高了初始氧化温度，降低了氧化产物的水平。在模拟胃肠道消化模型中，SLAC 乳液呈现出较低的脂肪酸释放速率和最终含量，同时，相较于商业 OSA 改性淀粉表现出更强的胆汁酸/消化酶抗性。优化干燥温度及反应时间有助于加强复合物两亲性，使其在稳定乳液体系、抑制油脂氧化和延缓脂质消化方面表现出巨大潜力。该研究提出了一种配制功能性淀粉颗粒乳化剂的可行性方法，从胶体角度改善了亚麻籽油氧化和肠道消化的调节。

四、纤维素纳米晶修饰花生分离蛋白制备 Pickering 乳液

花生分离蛋白（PPI）是一种天然的植物蛋白乳化剂，因其营养价值高、胆固醇含量低、供应稳定和成本低等特点而广泛应用于食品领域。但由于其刚性的球形构象，单独使用 PPI 作为 Pickering 乳化剂并未取得预期效果。西北农林科技大学食品科学与工程学院采用纤维素纳米晶与花生分离蛋白（PPI/CL-CNCs）制备了不同油/水比例的 Pickering 乳液，并采用 CLSM 和冷冻扫描电镜（cryo-SEM）对 Pickering 乳液的微观结构和 PPI/CL-CNCs 在油水界面的分布进

行了表征。结果表明，PPI/CL-CNCs 在油滴表面可形成厚而致密的界面层，有效保持乳液液滴之间的稳定性。流变学测试结果显示，Pickering 乳液具有弹性和凝胶质地，随着油水比的增加（调节油水比从 3∶7 到 7∶3），乳液液滴更紧密，液滴之间的凝胶网络结构增强。当贮存一个月后，所有乳液的乳化指数（EI）均保持在 92% 以上，无明显的相分离或破乳现象，这归因于 CL-CNCs 和 PPI 之间的静电和疏水相互作用。以上研究为开发高稳定性 Pickering 乳液提供了新思路，为食品级乳化剂在食品工业中的应用提供了理论基础。

第三节　头部企业分析

据国家粮油信息中心提供数据，2023 年，中国食用植物油产量约 3 228.8 万 t，同比上升 3.8%；年度食用油消费量约为 3 678 万 t，同比上升 7.7%。从代表性企业分布来看，行业代表性企业主要分布在上海、安徽、山东等华东地区，广东、湖南等中南地区，以及新疆、甘肃等西北地区。国家粮食和物资储备局数据显示，益海嘉里、中粮集团、鲁花集团、良友集团、长寿花食品股份有限公司市场规模占比分别为 39.0%、15.3%、6.7%、3.1%、2.6%，位居前五。

一、益海嘉里金龙鱼食品集团股份有限公司

益海嘉里金龙鱼食品集团股份有限公司（以下简称"益海嘉里"）是中国重要的农产品和食品加工企业，截至目前，拥有员工超 3 万人，在全国拥有 70 多个已投产生产基地，100 多家生产型企业，并新建多个生产基地，主要涉足油籽压榨、食用油精炼、专用油脂、油脂科技、水稻循环经济、玉米深加工、小麦深加工、大豆深加工、食品原辅料、中央厨房、粮油科技研发等产业。益海嘉里旗下拥有"金龙鱼""欧丽薇兰""胡姬花""香满园""海皇""金味""丰苑""锐龙""洁劲 100"等知名品牌，产品涵盖小包装食用油、大米、面粉、挂面、调味品、食品饮料、餐饮产品、食品原辅料、饲料原料、油脂科技等诸多领域。与此同时，集团在国内建立了网点广泛、点面结合、渠道畅通的营销网络，为广大消费者提供全方位服务。

2023 年，益海嘉里的整体营业总收入为 2 515 亿元，比 2022 年总收入 2 574 亿元同比下降 2.3%；利润总额为 25.53 亿元，比 2022 年的利润 30.11 亿元同比下降

15.21%，主要受到产品价格下跌、厨房食品利润下降及原材料价格波动等因素的影响。此外，市场竞争加剧、叠加消费疲软等因素严重影响公司中高端零售产品的销量；同时，随着报告期内国内新冠疫情得到有效控制，餐饮市场开始复苏，餐饮渠道逐步恢复，公司厨房食品的产品结构中，餐饮渠道产品的销量占比有所提升。目前，公司在全国有 70 多个生产基地，100 多家生产型企业，主要涉及油籽压榨、食用油精炼、专用油脂、油脂科技、水稻循环经济、玉米深加工、大豆深加工、小麦深加工、食品原辅料、粮油科技研发等产业。

二、山东鲁花集团有限公司

山东鲁花集团有限公司（以下简称"鲁花集团"）是一家大型的民营企业、中国民族品牌、农业产业化国家重点龙头企业，生产以花生油为主，低芥酸菜籽油、压榨葵花仁油、压榨玉米胚芽油、大豆油等多品类为辅的食用油产业链。食用油年生产能力 150 万 t，其中，花生油年生产水平 80 万 t，葵花仁油生产水平 10 万 t。近年来，鲁花集团积极推动花生良种更新换代，联合山东省花生研究所、河北花生研究所等科研机构创新培育了多个"高产、高含油、高油酸、高适应性"的花生新品种，如鲁花 19、鲁花 22、花育 51、花育 52 等。这些新品种不仅提升了花生的产量和质量，还增强了国内花生种业的国际竞争力。

2023 年，山东鲁花浓香花生油有限公司实施数字化改造提质扩能，项目总投资 3 亿元，是鲁花集团有限公司当年在全国 32 个生产基地中实施的唯一一个，也是迄今为止规模最大的数字化技改项目。项目总投资 3 亿元，包括压榨车间扩能改造、灌装车间智能化提升、第五保质车间建设及各生产环节数字化互联互通 4 项技改工程。通过全链条数字化改造，公司实现全流程数字化管控，各生产环节数字化互联互通。通过新上智能化管廊将公司 5 个保质车间、5 个各类油品生产车间互联互通，将所有涉及油品贮存、输送工序全部连接畅通，并进行数字化联网，实现各生产车间、保质车间、散油采购、销售作业区高效衔接、自动化输送。

第四节 产业发展存在的问题

一、进口依存度集中度高，供应链安全性和稳定性低

我国油料油脂进口量持续增加，对外依存度不断提高。进口来源地高度集

中，进口大豆97%以上来自巴西、美国和阿根廷；进口油菜籽90%以上来自加拿大和澳大利亚；99%以上的棕榈油来自印度尼西亚和马来西亚，很容易受出口国贸易政策牵制。随着国际农产品贸易不确定性和国际形势不稳定因素增加，油料油脂供应链的安全性和稳定性极易受国际市场环境变化和突发事件的影响。

二、政策扶持力度弱，科技支撑乏力

当前，我国实施的油料油脂政策主要集中在生产、贸易环节，在存储、运输、加工、科技创新方面缺乏具体明确的专项政策支持。胡麻、芝麻和向日葵等小宗油料作物在补贴政策、项目资金、信贷支持等方面投入严重不足，基本处于自力更生、靠天吃饭状态。国家近年来重点支持的油茶产业每年中央预算安排的资金有8亿元，与规划每年新造、改造油茶林的资金需求相差甚远。各地主要套用绿化造林的补贴政策，仅对木本油料造林（栽种）环节给予一次性补贴，补贴额度只占造林成本的10%~20%，大面积低产林改造缺乏资金支持。

科技创新能力低和产品技术容量差限制了油料油脂产业的高水平高质量发展。在育种过程中，新品种培育脱离了基础研究，致使种质创新能力严重不足，关键育种材料无法满足需求，技术储备无法实现现代化水平。在种植过程中，传统生产方式依旧是主流，现代化的种植栽培技术缺乏创新性和先进性。在加工过程中，油料的质量控制及高效加工缺乏创新性，未能融合蛋白加工领域的前沿技术，油脂和加工副产品难以实现梯次、循环、高值利用。

三、粮油争地矛盾突出，综合机械化水平低

粮食作物与油料作物在用地需求方面呈竞争关系，在确保"谷物基本自给、口粮绝对安全"的前提下，扩大油料作物种植面积的潜力有限。我国是大豆的原产地，而大豆产量占世界总产量却不到10%，自给率非常低，需求量和进口量都居世界首位，如果要满足大豆的自我供给，大豆种植面积要占接近国内耕地面积的一半。并且大豆单位面积产值低，比谷物低1/4。此外，大豆和花生等油料作物不宜连作，连作3年以上易造成减产，这也限制了油料作物种植面积的扩大。油料全程种植综合机械化水平偏低，特别是山地丘陵地区油料机械化生产问题更为突出。油茶等木本油料生产机械化作业程度更低，油茶果采摘基本靠手工，采摘成本逐年升高。木本油料产品的脱蒲、剥壳、榨油和精深加工等机械设备及加

工工艺亟待提升。总体上看，油料作物全程机械化水平还不高，不同作物、环节和地区间发展不平衡，农机农艺融合不够，机具适应性和可靠性有待提高，农机作业的基础设施建设滞后等短板亟待解决。

第五节 产业发展趋势

一、食用油的市场需求仍将保持一定的增长速度

随着我国人民生活水平的进一步提高和城镇化进程的加快，我国对食用油的需求将继续保持增长态势。但鉴于我国食用油的年人均消费量已达到 29.1 kg，已经超过世界人均食用油的消费水平，所以，增长速度将放缓。

二、国产油料自主生产能力将进一步提升

一是强政策。通过政策实施切实提高生产主体种植积极性。加大耕地轮作补贴和对产油大县的奖励力度，集中支持适宜区域、重点品种、经营服务主体。二是扩面积。高效利用耕地资源、积极开发边际土地，通过在长江流域开发冬闲田扩种油菜、开展盐碱地种植大豆示范，扩大油料和大豆种植面积。三是优模式。通过优化种植模式加快区域种植结构调整，增加油料种植面积，实现产能提升。具体来看，在黄淮海、西北、西南地区推广玉米大豆带状复合种植，在东北地区开展粮豆轮作，在黑龙江省部分地下水超采区、寒地井灌稻区推进水改旱、稻改豆试点。四是提效率。通过完善基础设施、推广高产优质品种、集成应用配套技术、提升机械化水平等措施，切实提高油料单产水平，降低生产成本，提高产业竞争力。

三、产业结构继续优化调整

根据优胜劣汰的原则，进一步培育壮大龙头企业和大型骨干企业，支持其做强做大，做优做精，引导和推动企业强强联合、跨地区跨行业跨所有制兼并重组，积极采用先进技术与装备，成为产品质量高、能耗物耗低、新产品开发能力强、经济效益好的国家级、省级大型骨干龙头企业；鼓励有地方特色、资源优势的中小企业积极提升技术装备水平和创新经营方式，主动扩展发展空间，形成

大、中、小型企业合理分工、协调发展的格局；对工艺落后、设备陈旧、卫生质量安全和环保不达标、能耗物耗高的落后产能，要依法依规加快淘汰；支持粮油加工产业园区或集群建设，促进优势互补。

四、发展现代农业，促进农旅融合

一是发展休闲农业。以油菜规模化种植为基础，围绕"产供储加销"一体化，建设油菜花特色庄园和文旅小镇，打造油菜花观赏旅游地，提高旅游品质和附加值。二是打造知名油菜花旅游节。坚持用旅游理念来打造油菜花海，将油菜种植作为旅游业态来培育，大力发展油菜花"花期旅游"，开发油菜花的观光价值，同时，在油菜籽成熟后及时收割加工，实现旅游经济和种植经济双丰收。

第四章　2023年果品加工产业发展情况

第一节　产业现状与发展成效

果品加工产业呈现持续健康发展态势，科技创新成果显著。"十四五"期间，秉持创新、协调、绿色、开放、共享的新发展理念，我国果品加工产业优化了产品结构和区域布局，推进了一系列绿色标准化生产，强化了果品加工技术创新驱动，促进了产业深度融合。目前，果业加工产业发展取得积极成效，供应能力明显增强，果品品种更加丰富，果品质量稳步提升，科技成果加快应用，产业素质不断增强，促进增收就业作用明显，为高质量发展奠定了基础。2023年，我国果品种植面积13 009.53 hm^2，果品年产量32 744.28万t，比上年分别增长1.58%和4.63%；果品科技成果登记93 406项；食用水果及坚果、甜瓜或柑橘属水果的果皮出口额达54.74亿美元。结构优化升级，以科技驱动发展，实现果品产业的持续健康发展，朝果业强、果农富、果乡美的乡村振兴美好发展蓝图迈进。

果品产业科技水平持续突破，产业结构优化升级。目前，轻简、绿色、优质、高效、可持续成为农业发展转型的大方向和主旋律，在推动果品加工产业绿色化转型，减少环境污染，提高产品可持续性方面取得显著成效；通过精准鉴定与优异种质创制、功能基因挖掘与分子标记开发、全基因组选择、转基因和基因编辑等科技创新，培育了一批高产优质、节本增效、高抗广适的突破性或重大果树新品种；突破了一系列果品采后保鲜减损与贮运、果品质量安全快速检测、果品质量安全风险评估与控制等科技创新，显著提升了果品及其加工品的商品品质、风味品质、营养品质和功能组分，推进果品的优质化、高值化和品牌化，加快果品一二三产业融合发展进程。

绿色可持续发展成为果品加工行业的主旋律。采用绿色安全的加工技术，如非热加工技术、低温保鲜技术等，最大程度地保留了果品的营养和风味，提高了产品品质和附加值。新型生物保鲜技术、智能化控制系统等，提高了果品加工效率和水平，为绿色可持续发展提供技术支撑；应用人工智能、大数据等技术，实现了果品采后保鲜、加工、销售的全过程智能化管理，提高了生产效率和产品质量，为果品产业的持续健康发展注入新的活力。推动果品产业从传统模式向现代化、智能化转型升级，让消费者享受到更优质、更安全的果品；聚焦健康、营养、特色等需求，开发出更多具有健康功效、附加值高的果品产品，例如，有机种植、创新包装和多元化产品等，也成为产业发展的重要方向，满足了消费者多元化需求。"十四五"期间，果品加工领域共启动两项国家重点研发计划，由中国农业大学牵头的"食品制造与农产品物流科技支撑"重点专项"果品高端基料制造关键技术研发及应用示范"项目，由湖南省农业科学院牵头的"大宗果品高值化加工与品质升级关键技术研发与产业化"项目。

一、2023年果品加工产业发展概况

1. 果品产业基本情况

2023年，我国果品种植面积13 009.53 hm^2，果品年产量32 744.28万t，比上年分别增长1.58%和4.63%。部分地区已经实现了产购销一体化经营，打造出果品行业的闭环生态圈。在国际贸易方面，2023年，我国水果及其制品的出口总额累计达到70.82亿美元，较去年同期增长了2.25%，呈稳定增长态势。2023年度内水果及制品的进口总额累计攀升至183.05亿美元，同比增长率高达15.78%，表明我国水果进口需求的强劲增长和国际贸易的活跃性。

2. 市场运行情况

随着消费者需求的多样化和个性化发展，2023年，果品加工行业在果品罐头、果汁、果酒、鲜切水果、脱水果品及冷冻果品等多个领域均呈现积极的发展态势。

（1）**果品罐头** 果品罐头是我国水果加工的主导产品和重要的传统出口产品，也是我国在国际果蔬加工品市场上最有竞争力的产品，目前，已进入一个以提高质量为目标的稳步发展时期。2023年数据显示，我国水果罐头出口总量57.37万t。与上年同期相比，数量减少10%。出口总量减少，但主要品种如橘子、桃、梨罐头仍占据市场重要份额，并以美国、日本为主要出口市场。随着科研领域的深入研究，节水工艺、酶法去皮及橘瓣速冻等技术的应用不仅提升了产品质量，而且促进了行业的可持续发展。尽管面临市场波动，我国果品罐头行业

通过技术创新与结构调整，正努力适应市场变化，保持其在国际果蔬加工品市场上的领先地位。

（2）果汁行业　我国果汁行业市场需求旺盛，产品类型多样，呈稳步增长态势，其中 NFC 果汁因高营养与优风味备受青睐。果汁行业在 2018 年经历行业标准短期调整后，其产量迅速恢复并持续增长，市场规模逐年扩大。地理分布上，生产集中于华东、西南与华中地区。在国际贸易中，浓缩苹果汁为我国出口主力，而橙汁则占据进口市场主导地位。技术进步是行业发展的核心驱动力，近年来，我国引进先进生产线与加工技术，实现了果汁加工的高效化、智能化，为行业持续发展奠定了坚实基础。

（3）果酒行业　近年来，我国果酒市场呈现多元化发展，涵盖发酵、蒸馏、配制及特种果酒等多种品类，可满足消费者的多样化需求。目前，果酒加工产业采用先进果汁处理、控温发酵及无菌灌装等技术，提升了果酒的品质与产量。伴随我国水果产量稳居世界前列，果酒行业迎来高速发展阶段，展现出广阔的发展空间。

（4）鲜切水果行业　鲜切水果凭借其新鲜营养、便捷卫生的优势，在欧、美、日等国家广受欢迎。随着我国消费升级与生活节奏加快，鲜切水果产业化发展潜力巨大。依托气调包装、活性包装等高新贮运保鲜技术的广泛应用，我国鲜切水果品质与保鲜能力显著提升。据调研测算分析，2021—2026 年，我国果切品类线上市场年复合增长率将高达 28.7%。

（5）脱水果品行业　我国脱水果品加工产业依托东南沿海省份及东北、西北、西南等水果主产区形成环形布局，尤其在"双优"模式下，发展迅速，增强了对国际市场的出口能力。尽管在干燥技术上与发达国家存在差距，但我国真空冻干技术设备已接近国际先进水平。随着消费者越来越重视食品安全与健康饮食，果干蜜饯作为高营养价值的休闲食品，市场需求持续增长。

（6）冷冻果品　我国速冻食品工业方面的相关研究起步较晚，特别是冷冻水果领域，但凭借强劲的市场需求和高效的生产效益，该行业迅速崛起。2023 年数据显示，冷冻水果出口量增而出口额略降，市场分布广泛，对俄、德出口显著增长，而对美出口大幅下滑。出口省份集中，河北、浙江等地表现突出，整体呈现区域集中、国际多元化趋势。同时，果品速冻技术取得重大进展，包装形式向小包装鲜切转变，冻结技术多样化且高效，制冷装置创新显著，如液态氮和液态二氧化碳速冻技术的应用，大幅提升了果品质量与生产效率。在设备方面，国内已开发出多种先进速冻机，满足行业需求，推动速冻工业持续健康发展。

3. 资源高值化利用情况

果品加工过程中往往会产生大量废弃物，如果皮、果渣等。这些废弃物处理不当，不仅会造成资源浪费，还会污染环境。

果皮中含有多种活性物质，如类黄酮、酚类化合物等。通过酶辅助提取、超声辅助提取等方法，可以从果皮中分离出有价值的活性物质。如柑橘果皮被用来提取香精油、果胶和纤维素。此外，果皮也可以用于制作果醋、果酒等传统食品。果渣可通过微生物发酵技术转化为优质生物原料，如脐橙渣和榴莲壳等废弃物具有较高的厌氧产沼气潜能，可以转化为清洁能源。果渣作为有机肥料使用时，可改善土壤结构并提供植物所需的养分。

4. 传统加工技术和最新技术

传统果品加工技术主要包括水果罐头、果汁、果酒、果醋、果干、蜜饯类、速冻制品及鲜切果品的加工。这些加工方法利用热能或其他能源排除物料中的水分，保持果品原有风味和营养，同时满足市场对水果制品的不同需求。

目前，我国已利用高新技术改造传统果品产业并实现产业升级。近年来，生物技术、膜分离技术、高温瞬时杀菌技术、真空浓缩技术、智能分拣技术、微胶囊技术、热泵干燥技术、微波技术、无菌贮存与包装技术、超微粉碎技术、超高压技术、超临界流体萃取技术、膨化与挤压等相关技术与装备设备等已在果品加工领域得到普遍应用。如综合运用无菌生产、高效榨汁、精密调配、无菌灌装、冷链贮运销等新技术生产高品质的鲜冷橙汁；利用膜分离、酶解、微波杀菌和生物覆膜剂技术加工水果罐头；采用超高压杀菌技术逐渐代替超高温瞬时杀菌技术，使维生素等热敏性营养物质几乎不产生损耗；利用果品智能分拣技术检测外观瑕疵和内部品质，提升果品处理能力；通过真空冷冻预干燥和变温压差膨化技术，提高杧果脆片脆度；在果品加工过程中，采用冷提取工艺、全程低温冷灌装及冷链贮存，最大程度地保持水果的天然品质和原有风味，与传统果汁存在明显差别；还包括构建高值化加工基础理论体系、研发低盐隔氧保藏技术、低糖型蜜饯和糖卤废水综合利用加工技术，以及研发芙蓉李多酚微胶囊、高花色苷全果粉、多酚休闲咀嚼片等高值化加工专利产品和新技术。这些高新技术与设备的应用，使我国果品加工减损增值能力得到明显提高。

5. 产品标准体系

目前，我国已基本形成涵盖全产业链的果品标准体系，主要包括基础标准、产品标准、检测标准、设施设备标准、生产技术规程标准、贮藏流通技术标准及环境管理标准等。据统计，我国现行有效的关于果品的国家标准和行业标准超过1 000项，其中产品类标准最多（约占30%），其次是生产技术类标准（约占25%），最后是检验检疫类标准（约占17%），贮藏流通类标准、基础通用标准、设施设备类标准和环境管理类标准均不多。果品加工企业普遍通过了ISO9000质量管理体系认证，实施科学的质量管理，采用GMP（良好生产操作规程）进行厂房、车间设计，同时，在加工过程实施HACCP规范（危害分析和关键控制点），使产品安全、卫生与质量受到严格的控制与保证。

二、果品加工产业发展成效

果品加工产业作为农业产业链中的重要一环，在近年来取得了显著的发展成效。"十三五"期间，我国果品产业在面临生产成本上涨、市场需求分化和新冠疫情冲击等挑战，但仍然保持着发展活力，经济指标稳步增长。

1. 产业规模扩大

果品加工产业作为农业产业链中的重要一环，近年来取得了显著的发展成效。"十三五"期间，我国果品产业在面临生产成本上涨、市场需求分化和新冠疫情冲击等挑战，仍然保持着发展活力，经济指标稳步增长。2023年，我国水果产量为32 744.28万t，人均水果占有量达232.28 kg。

2. 产业化经营水平越来越高

果品加工行业正逐步向规模化、标准化和品牌化方向发展，部分地区已实现果蔬产、加、销一体化经营，具有深加工产品多样化、原料基地化、资源利用合理化、质量体系标准化、生产管理科学化、加工技术先进及大公司规模化、网络化、信息化经营等特点。

3. 流通体系不断完善

目前，果品流通初步形成了以农产品批发市场为主导，同时大型商超、连锁超市、便利小店、生鲜电商等多渠道互相补充的格局，实现了线上线下的深度融合。冷链物流发展、信息化和智能化改造、公益性市场建设、产销对接机制、农产品供应链体系建设等保障我国果品加工产业的流通体系正向着更高效、更安全和更环保的方向发展。

4. 加工技术与设备智能化发展

近年来，生物技术、智能分选技术、膜分离技术、高温瞬时杀菌技术、真空浓缩技术、微胶囊技术、热泵干燥技术、微波技术、无菌贮存与包装技术、超微粉碎技术、超临界流体萃取技术、膨化与挤压等相关技术与装备设备等已在果品加工领域得到普遍应用。通过这些发展，我国果品加工行业的自动化和智能化水平得到了有效提升，使我国果品加工效率和产品品质得到明显提高。

5. 产品多样化

果品加工产品种类日益丰富，从传统的鲜果、罐头、果干、果脯、蜜饯等发展到功能性食品、NFC果汁、休闲果品等新型果品加工产品。注重在质量、档次、品种、功能及包装等各方面已能满足不同消费群体和不同消费层次的需求，尤其是营养健康导向的功能性休闲果品的绿色制造已经成为了果品加工行业新的经济增长点。

6. 资源综合利用高值化

在果品加工过程中，对废弃物（如生理落果、疏果、不合格果及大量的果皮、果核、种子、叶、茎、花、根等下脚料）的高值化应用越来越受到重视。例如，柑橘生理落果和疏果，被用来提取功能性成分辛弗林和圣草次苷，果皮被用来提取制备香精油和果胶，而种子被用来提取类柠檬苦素。这些废弃物的开发潜能巨大，不仅是在食品领域，积极关注它们的高值化应用将为进一步扩展果品加工的产业链和增加附加产值具有重要意义。

7. 产品标准体系和质量控制体系日益完善

我国正在加快完善特色水果产业的标准体系、生产过程中食品安全体系的建立和全程质量控制体系，形成了包括质量等级规格、产地收贮、采后商品化处理、冷链流通、电子商务流通标准、质量追溯等在内的标准体系。普遍通过了ISO9000质量管理体系认证，实施科学的质量管理，采用GMP（良好生产操作规程）进行厂房、车间设计，同时，在加工过程中实施了HACCP规范（危害分析和关键控制点），使产品的安全、卫生与质量得到了严格的控制与保证。逐步实现了涵盖生产资料、种植管理、流通销售全程的果品追溯管理，搭建了果品质量安全追溯管理系统，实现了果品领域跨部门、跨区域、互联互通的追溯平台，形成了互相补充与协调的标准体系，提高了标准的科学性、有效性。

第二节 重要技术发展情况

一、特色柑橘全果综合加工关键技术研究及产业化

该项目针对特色柑橘加工产业存在的全果健康效应机制不明确、加工比

例低、加工技术和装备水平不高、整体综合效益低等问题，表征了陈皮等特色柑橘全果主要活性成分，揭示了其营养健康效应及分子机制；探明了陈皮陈化机制，研创了陈皮现代加工、陈化、仓储和溯源等关键技术，突破了茶枝柑果肉高值化利用技术，创建了休闲食品自动化加工技术及装备，实现了传统产业转型升级和提质增效；创新了柑橘全果制汁、皮渣高效制备活性物质等关键技术，设计创制了系列新产品并实现产业化。相关成果在20多家企业、8个省级现代农业产业园及全国各地推广应用；科技支撑了新会陈皮产业快速发展，助力粤东西北和粤赣闽等地精准扶贫和农民致富，具有显著的社会和生态效益，为引领特色柑橘加工产业高质量发展和乡村振兴作出了重要贡献。

二、杧果保鲜与加工品质提升关键技术创新及应用

该项目针对杧果采后物流保鲜与加工中杧果品种混杂，鲜食加工适宜性不明，采后软化腐烂严重，果脯脆片等固态加工过程中长时高温干制使产品发硬失脆与营养大量流失，果浆、果汁等液态加工过程中香气损失极为严重，风味品质差等制约杧果产业发展的严重问题。研究团队构建了集"软化调控-绿色防腐-抗菌包装贮藏/移动气调冷链"为一体的杧果静态贮藏/动态物流精准调控标准化保鲜技术体系，制定并获颁布行业、地方标准等4项，建成广西首条杧果采后控软防腐保鲜处理标准化生产线，实现鲜果低温贮藏保鲜期延长10~24天的重大突破。研创了香气还原与定向增香的二元提香技术和复合酶解协同高静压香气还原技术，研制香气高保真杧果浆、汁新产品4个，建成广西首条杧果高静压工业化生产线，达到产业化。配套创制水囊酶解压榨一体机、控氧发酵罐新装备2套，研制出香气浓郁、风味丰富的杧果发酵饮料、果酒、果醋、果啤新产品4个。项目成果在广西、海南、云南、四川、广东、北京等地的38家单位示范推广，建立杧果保鲜与加工产业化示范生产线18条，近3年累计实现新增销售收入38.15亿元。项目开发的各类高品质杧果加工产品，在线下供应"家乐福""沃尔玛"等全球连锁大型超市，在线上打入天猫、京东、拼多多等互联网平台，销往国内31个省区市，出口美国、日本、越南、马来西亚等15个国家，得到了广大消费者的认可，对提高杧果产业的国际竞争力、促进我国"一带一路"的发展作出了贡献。项目成果为社会直接提供5 000多个工作岗位，直接安排1 000多个大中专毕业生和地方富余人员从事杧

果保鲜与加工工作,缓解了就业压力;间接带动10万多户农民参与杧果种植,带动广西左右江革命老区5 000多户贫困户脱贫,为农民增收起到良好的示范作用,对持续巩固广西老少边穷地区脱贫成果、促进杧果主产区乡村振兴具有重要意义。

三、岭南特色水果加工产业化关键技术创新与应用

岭南一年四季瓜果飘香,如今越来越多的水果跨越山海走向区外及海外。过去,由于保鲜时间短,不少水果因长距离运输或快递延迟,严重影响外观和口感,甚至会腐烂,导致果农损失率高。科研人员紧盯农业科技前沿,攻关果蔬保鲜与加工技术,助力岭南水果"走"得更远。①水果褐变的抑制。为了"锁住"水果鲜气,第一步排查搜寻导致水果褐变的基因,第二步通过研发环保绿色的保鲜剂调控该基因,延长保鲜期。研发低成本绿色保鲜剂的科学方法是从中药、植物中提取有效成分,并按照精准配比进行制备。通过近千次反复尝试和调配,使杧果、荔枝、龙眼等水果保鲜时间延长了1~2倍。②保鲜成本的降低。杧果属于典型的呼吸跃变型果实,采摘后果实容易变黄、变软,不耐贮、易腐烂。如果采用低温贮藏方式保鲜,杧果又极易受到冷害,导致果皮快速褐变,商品价值降低。研发延缓杧果软化腐烂的保鲜方法,在杧果采收后使用技术手段抑制病菌生长,延长贮藏时间。柑橘品种多,分布广,应市期长,除了优化种植管护、错峰上市采摘,延长"保鲜期"尤为重要。科研人员通过保鲜处理技术,让沃柑保鲜期达两个半月,其口感也不会发生变化,成为越来越多农户的"致富果"。在果蔬保鲜包装过程中,使用纳米包装袋能够调节包装内的气体成分和湿度,延长运输或贮藏时间并保持果蔬的风味不变,每千克果蔬成本仅增加0.3~0.5元。③水果附加值的提高。通过在加工新技术上寻求突破,提高了水果附加值。锚定发酵技术发力,将鲜果加工制成果酒。5年来,团队多次筛选、鉴定、优化发酵菌株,提高了鲜果发酵效率和产品品质。桑椹、荔枝、香蕉等水果加工制成风味独特、香醇甘甜的果酒,技术转化给企业,斩获首届中国果酒挑战大奖赛金奖和银奖。近年来,5项重大成果经专家鉴定评价为国际领先水平,2项成果入选农业农村部"全国100项重大农业科技成果"。5年来,该实验室通过技术转移和成果转化产生直接和间接经济效益近百亿元。

四、北方果蔬采后品控物流整装技术与设备研创及产业化应用

该项目针对山东果蔬采后物流存在的关键问题,以山东省典型果蔬(苹果、甜樱桃、桃、梨、辣椒、芹菜等)为重点,在科技部、国家自然科学基金委员会和山东省政府等项目支持下开展研究,从科学规律发现、关键技术创新、全产业链技术集成和设备配套的产业化推广应用等方面取得创新成果。①技术创新,突显精准调控与集成应用:利用对靶基因的精准操控,研发 1-MCP、二氧化氯、乳酸钙等外源物质调控果蔬衰老和品质维持新技术;研制纳他霉素、苧酸甲酯、ε-聚赖氨酸等绿色防控果蔬采后病害新技术;创制不同果蔬产品的物流多功能复合包装;制定果蔬采后冷链物流系列标准;建立温控物流集成工程技术体系及果蔬采后品控技术的集成应用。农药用量减少 30%~40%,采后腐烂率降低 20%~30%,果蔬保鲜期和货架期延长 1~2 倍。②设备创制,实现技术与设备配套应用:自主研制适合套袋苹果的低损伤、智能化、高性价比的清洗打蜡分级包装设备,市场占有率 67%;国内首创甜樱桃喷淋快速预冷、清洗杀菌、水包膜式分选专用设备,市场占有率达 95%;研制不同类型蔬菜采后商品化处理的低能耗、低成本专用设备 12 种/套;开发果蔬动态保鲜智能贮运一体化装备和双温保鲜库等配套设施;建立健全采后全产业链实时监控、数据溯源的智能化管理体系;实现技术与装备的整装配套和产业化应用,显著提升果蔬的商品质量,市场销售价提高了 1~3 倍。

五、果品采后商品化处理与贮藏物流技术

按照源头理论创新、技术研发到产业应用的全链条开展果品采后商品化处理与贮藏物流技术的一体化研发:揭示了低温冷链贮藏物流对果实质地和芳香风味品质调控的新认知,并基于采后生物学的新发现,突破了采后品质劣变控制技术瓶颈,研发了预冷预贮、防腐清洗、检测分选、减振包装等产地商品化处理技术及贮藏保鲜、冷链物流、监测追溯等贮藏物流技术,构建了"适时采收+产地处理+绿色保鲜+功能包装+精准贮藏+冷链流通"的一体化产业模式并应用。围绕研究成果获得了一批授权国家发明专利,制定、修订了系列国家、行业和地方标准。技术整体处于部分国际先进(并跑)水平,并出现点状国际领先(领跑)。果品采后商品化处理与贮藏物流技术已在国内大宗和特色果实主产区及消费区实

现较大范围的推广应用，包括建立了 10 余个成果示范推广基地及服务全国 20 余家大型龙头企业，累计经济效益已达数百亿元。采用新建产地商品化处理作业，实现了 20%~50% 的果实错季销售增值，商品率提高了 15%~20%，能耗降低 10%；采用精准贮藏物流技术，减少果实采后腐烂损失 10%~15%；自主创制装备规模化应用，部分实现进口替代，如研发出蒸发冷却式压差预冷装备，比常规风冷装备节能 10%，效率提升 30%，农产品冷链物流监测产品在浙江省的占有率约为 30%。先后获得国家科学技术进步奖二等奖 1 项，教育部自然科学奖一等奖 2 项，浙江省科学技术进步奖一等奖 2 项。在果蔬贮藏物流保质减损增效技术研创方面处于国内领先地位。

六、苹果多元化深加工技术创新及应用

该项目针对我国苹果行业面临的贮藏流通过程损失严重、加工利用率低、能耗高、高附加值产品少等问题，在苹果贮藏保鲜配套技术、低碳加工、资源高效利用及多元化产品开发等方面开展研究。利用现代化生物发酵技术，将苹果制成苹果醋、苹果白兰地等发酵食品，并以新鲜或脱水果蔬为原料，采用"微波-压差膨化"用于纯天然休闲果蔬脆片的生产，成为替代"高温油炸"食品的升级换代新产品。该项目获 2023 年度中国食品工业协会科学技术奖一等奖、2021 年度甘肃省科学技术进步奖三等奖。发表论文 64 篇（SCIE 期刊 3 篇），获国家授权发明专利、实用新型专利等 15 件。成果主要在甘肃省应用，利用其丰富的苹果资源产生良好的经济效益，带来较好的社会效益，具有广阔的推广应用前景。

七、生鲜果蔬供应链绿色防腐与品质调控关键技术及产业化

该成果针对我国生鲜果蔬产业面临的供应链绿色防腐和品质调控技术匮乏及其科学理论不明晰等突出问题，解析了化学诱抗剂和拮抗菌通过诱导抗病性和改善附生微生物群落控制生鲜果蔬供应链病害的机制，揭示了大宗水果果皮果肉品质劣变的生物学基础；构建了拮抗酵母菌和乳酸菌种质资源库，创制了系列果蔬生物及绿色化学保鲜剂，开创性研制了生鲜果蔬供应链绿色防腐的关键技术和品质劣变控制技术；创制了生鲜果蔬多功能纳米包装材料和缓释抗菌包装材料，研制了近冰点冷藏装备及配套技术，创建了"生物、物理、绿色化学三维联动"的生鲜果蔬供应

链绿色防腐和品质调控技术体系。获重庆市科学技术进步奖一等奖，发表论文 86 篇，授权专利 19 项；该成果有力保障了我国果蔬产业高质量发展和生鲜果蔬供应链减损，在重庆、四川和山东等果蔬主产区累计应用各类果蔬产品 501.4 万 t，累计新增销售额 92.524 亿元，新增效益 18.8415 亿元；有力促进了生鲜果蔬供应链绿色防腐和品质调控，取得了显著的社会、经济和生态效益。

八、百香果采后防皱保鲜及风味高保真加工关键技术应用

该项目研创百香果防皱保鲜技术 2 项，研制了纳米保鲜膜/袋保鲜、防皱保鲜剂等新产品，成套保鲜技术实现了百香果采后贮藏 58 天皱缩率为 0 的重大突破。同时，研创百香果风味高保真加工新技术 5 项，开发了高倍浓缩百香果汁、混合型百香果汁、百香果果酒等，该项目获 2023 农产品贮藏加工科技交流大会"技术创新奖"。该技术主要运用于广西、广东等岭南地区，对近年来国内外百香果采后贮藏保鲜技术现状进行梳理，为提升百香果保鲜品质、延长百香货架期提供借鉴和参考。

第三节　头部企业分析

习近平总书记在湖南考察时强调，坚持大农业观、大食物观，积极发展特色农业和农产品加工业，提升农业产业化水平。农业产业化头部企业作为构建现代农业产业体系的重要主体，是加快推进中国农业产业现代化、生产现代化和经营现代化的重要力量。

一、中国农业产业化头部企业发展分析

从地区企业数量分布来看，中国农业产业化头部企业呈现"东部、中部多，北部少"的特点（表 4-1）。

表 4-1　中国农业产业化企业分布情况

地域	省份	企业数量/家
东北地区	辽宁、吉林、黑龙江	4 135

(续表)

地域	省份	企业数量/家
华北地区	北京、天津、河北、山西、内蒙古	5 873
华东地区	上海、江苏、浙江、安徽、福建、江西、山东	20 639
华中、华南地区	河南、湖北、湖南、广东、广西、海南	13 697
西北地区	陕西、甘肃、青海、宁夏、新疆	5 770
西南地区	重庆、四川、贵州、云南、西藏	9 270

注：以上数据不包括港澳台地区，下同。

从地区行业分布来看，呈现"地区差异化发展"的特点。数据显示，种植及加工行业农业产业化头部企业所占比例最高的是西南地区，占比为65.2%；畜牧养殖及加工行业农业产业化头部企业所占比例最高的是华北地区，占比为30.9%；水产养殖及加工行业农业产业化头部企业所占比例最高的是华东地区，占比为6.7%；林业种植及加工行业农业产业化头部企业所占比例最高的是华东地区，占比为4.3%（表4-2）。

表4-2　按行业类别划分的地区农业产业化头部企业分布情况　　单位：%

地域	种植及加工	畜牧养殖及加工	水产养殖及加工	林业种植及加工	其他
东北地区	64.5	18.9	3.5	1.4	11.7
华北地区	53.4	30.9	2.2	1.9	11.5
华东地区	59.1	18.0	6.7	4.3	11.8
华中地区	62.9	18.9	4.7	3.3	10.3
西北地区	63.4	21.6	1.0	2.3	11.7
西南地区	65.2	20.5	1.8	3.2	9.4

注：数值均为该地区某类别企业数量占地区全部企业数量的百分比。

从农业行业市场集中度来看，农资供应、农产品加工环节集中度较高。在农业种植方面，由于我国仍以小规模分散种植为主，农业种植环节集约化程度极低，因此，品牌集中度仍较低。除此之外，由于农产品流通根据不同产品有所不同，总体集中度也较低（表4-3）。

表4-3　2023年中国现代农业产业区域市场集中度分析

环节	集中度
农资供应	商务部、国家发展改革委等部门联合发文鼓励现有品牌农资经营企业通过跨行业、跨地区、跨所有制的兼并、联合等形式，进行资产和业务重组，增强核心企业的活力，以培育大型农资流通企业。农资供应行业呈现出较明显的行业集中度提高的趋势，目前集中度排名前三的企业为中国农资、浙农集团和辉隆投资
农业种植	农业种植方面，由于我国仍以小规模分散种植为主，农业种植环节集约化程度极低，因此品牌集中度仍较低
农产品加工	根据中国农业产业化头部企业协会联合农民日报社、南方农村报社发布全国农产品加工业100强企业名单，"百强企业"总体呈现经营规模大、集中度高等特点。排名前三的企业为中粮集团有限公司、北大荒农垦集团有限公司及北京首农食品集团有限公司
农产品流通	农产品流通环节包括物流、批发和零售环节。集中度也根据不同产品具有不同的特点，总体来看，农产品流通环节集中度一般

目前，头部企业经营情况向好，整体实现扭亏为盈。2022年，500强企业的资产总额达到37 471.23亿元；平均总资产周转率高达144.97%，显示出良好的资产运营效率。其中，主营业务收入平均为84.37亿元，主营产品市场占有率达到20.01%。2023年，中粮集团有限公司、新希望控股集团有限公司作为现代农业领域的主要企业，在业务规模、业务范围方面，展现出了显著的增长态势和卓越的业绩成果。其中，新希望2023年销售额超过2 800亿元，与2022年相比，成功实现扭亏为盈，为公司的稳健发展奠定了坚实基础（表4-4）。

表4-4　2023年中国农业产业化头部企业营业收入前十名

企业名称	营业收入/亿元	省份
中粮集团有限公司	6 921	北京
新希望控股集团有限公司	2 800	四川
北大荒农垦集团有限公司	1 913.10	黑龙江
北京首农食品集团有限公司	1 619.71	北京
四川光明投资集团有限公司	1 327	四川
内蒙古伊利实业集团股份有限公司	1 261.79	内蒙古
牧原实业集团股份有限公司	1 108.61	河南
温氏食品集团股份有限公司	899	广东
中国蒙牛乳业有限公司	986.20	内蒙古
河南双汇投资发展股份有限公司	598.93	河南

二、中国农业产业化头部企业发展问题与改进思路

近年来，中国对农产品加工企业进行认定评级，对获得认定的国家、省、市级的头部企业将享受税收、金融和财政等政策扶持。在一系列强有力的政策扶持下，中国农业产业化头部企业得到快速发展，并取得明显成效。但目前中国农业产业化头部企业发展现状还存在不少矛盾与局限。首先，产业结构单一、加工程度低。虽然中国种养殖业头部企业数量众多，但生产的农副产品相似程度高，缺乏特色农业产业。其次，农产品电商虽已呈现发展上升的积极态势，但存在明显的地区差异。为了促进农业电子商务的全面发展，应鼓励和支持各地区农业企业积极参与电子商务交易，提升农产品流通效率和竞争力。最后，科技研发能力不断提升，需进一步强化科技创新主体地位。加大对农业科技研发的支持力度，推动科技成果转化和应用，促进科技与产业的深度融合，真正做到保护企业科技创新主体地位。

三、中国农业产业化头部企业分析

农业产业化头部企业作为推进农业农村现代化的重要引擎，可助力实现农业的规模化、标准化、集约化，是纵向延长产业链条，横向拓展产业形态的主要载体，是打造农业全产业链、构建现代乡村产业体系的中坚力量，是带动农民就业增收的重要主体。广大头部企业全面贯彻落实扩大内需、调整结构、提振信心、防范化解风险的要求，在保障粮食和重要农产品稳定安全供给、发展乡村特色产业、拓宽农民增收致富渠道、巩固拓展脱贫攻坚成果等领域作出了重要贡献，为全面建设社会主义现代化国家开好局、起好步打下了坚实基础。

第四节 产业发展存在的问题

一、绿色高效的果品加工技术亟待推广

尽管我国果品加工技术已取得显著进步，但实际生产中仍存在耗能高、产率低、不环保等问题。绿色高效加工技术能有效降低能耗、减少环境污染、提高果品加工的附加值、提升产品竞争力、保障食品安全、满足消费者对健康食品的需求。当前，我国果品行业绿色高效加工技术主要有超声波辅助提取、微波干燥、

真空冷冻干燥等。这些技术具有节能、环保、高效、安全等特点，有助于提高果品加工质量和效率。绿色高效的果品加工技术是果品行业转型升级的关键。推广绿色高效加工技术，不仅有助于提升果品行业的整体竞争力，还能为农业现代化贡献力量。因此，应加大关键核心技术的研发力度，推动绿色高效果品加工技术的广泛应用。

二、果品产业供应链不完善

我国果品行业产业链条存在一定程度的断裂。在生产环节，农户往往缺乏科学种植、管理的技术指导，导致产量不稳定、品质参差不齐。在流通环节，果品物流设施不完善，运输成本较高，果品在运输过程中损耗较大。这体现在供应链节点多、供应链稳定性差、供应链信息化水平低等方面。首先，果品物流供应链节点繁多。果品从生产者到消费者要经历多个供应商，造成物流供应耗时和运输成本增加，物流配送难度增加。其次，果品供应链稳定性较差。果品产业物流供应链无法形成闭环，单一的发展模式制约了果品产业的可持续发展。最后，供应链信息化程度较低，信息反馈不及时。我国果品产业物流供应链信息化程度较低的问题较为严重。

三、果品高值化利用率低

我国果品大都用于鲜食或贮藏后食用，仅有少量的果品副产物用于加工。大部分果品副产物都含有多种重要的活性成分，但却未被充分加工和利用，高值化产品较少。我国是世界柑橘大国，种植面积广泛，然而在加工过程中只利用了柑橘的果肉，剩余40%~50%的柑橘皮未能得到有效利用，只是将皮渣填埋或者加工成动物饲料。香蕉是世界上四大水果之一，也是世界上贸易量最大的水果，具有很高的食用和药用价值，也是我国的第四大水果。香蕉中香蕉皮占35%~40%，在香蕉食用后大量的香蕉皮作为废弃物被丢弃，既没有得到充分利用，还会对环境造成污染，给生产带来极大的负面影响。

四、质量安全监管体系有待进一步完善

随着社会的发展和消费者生活水平的日益提高，消费者更加偏爱于天然、营养安全、无污染的果品。然而滥用农药、土壤重金属、不合理使用生长激素、非

法使用添加剂,以及果品在贮存、运输过程中的污染问题,导致食品安全事故频发,直接影响果品的质量。我国果品种植面积辽阔,然而种植地点分散,虽然建立了质量管理体系,但也存在部分监管盲区,即使有所覆盖,也存在检测水平低、检测频次少、检测量小、时效性差等问题,很难适应当前果品质量安全监管工作的需要。针对现状,果品质量安全监管、监测体系亟须完善,强化体系建设,提升安全监管能力迫在眉睫。

第五节 产业发展趋势

在当今这个快速变化的时代,果品加工行业正在经历着前所未有的变革与升级,以满足消费者对健康、品质、多样化及便捷性的日益增长的需求。现从技术创新与升级、绿色环保方向、产品多样化与定制化、标准化与规范化、国际化拓展、健康与营养强化、供应链优化与整合、政策与法规支持8个方面,深入探讨果品加工行业的未来趋势。

一、技术创新与升级

技术创新是推动果品加工行业发展的核心动力。随着生物科技、纳米技术、物联网及大数据等前沿科技的融入,果品加工在保鲜、营养成分保留、风味提升及副产品综合利用等方面取得了显著进展。例如,通过酶解技术提高果汁的风味与稳定性,利用超高压处理延长产品保质期,以及采用智能包装技术监测并延长果品的货架期,不仅提升了产品品质,也增强了市场竞争力。

二、绿色环保方向

在全球环保意识日益增强的背景下,果品加工行业正积极向绿色、低碳、循环方向转型,包括采用清洁生产技术减少废水、废气、废渣的排放,开发可降解或回收的包装材料,以及推广有机果品加工,减少化学添加剂的使用。同时,废弃物资源化利用也正在成为行业关注的热点,如将果皮、果渣转化为肥料或饲料等。

三、产品多样化与定制化

随着消费者需求的多样化,果品加工企业越来越注重产品的创新与个性化定制。从传统的果汁、果干、果酱，到近年来兴起的鲜榨果汁、冻干果片、功能性果饮等，产品形态不断丰富。同时，利用大数据分析消费者偏好，提供定制化服务，如低糖、无添加、特殊口味等，以满足不同人群的需求。

四、标准化与规范化

标准化与规范化是提升果品加工行业整体水平的关键。通过建立完善的标准体系，对原料采购、生产加工、产品检测、包装贮存等环节进行严格把控，确保产品质量安全。此外，加强与国际标准接轨，有助于提升我国果品加工产品的国际竞争力。

五、国际化拓展

随着"一带一路"倡议的深入实施，果品加工企业的国际化步伐不断加快。通过参与国际展会、建立海外生产基地、拓展跨境电商渠道等方式，企业将产品销往全球，实现品牌与市场的双重提升。同时，加强与国外同行的技术交流与合作，引进先进技术和管理经验，促进产业升级。

六、健康与营养强化

健康意识的觉醒促使消费者对食品的营养价值提出更高要求。果品加工行业积极响应，通过添加益生菌、维生素、矿物质等营养成分，开发具有特定健康功能的果品制品，如增强免疫力、促进消化、美容养颜等，满足消费者对于健康生活的追求。

七、供应链优化与整合

优化供应链是提升果品加工企业运营效率和市场响应能力的重要途径。通过整合上下游资源，建立稳定的原料供应基地，缩短供应链条，减少中间环节，降低成本。同时，运用现代信息技术，如区块链技术，提升供应链的透明度和可追溯性，保障产品安全。

八、政策与法规支持

国家政策与法规的支持为果品加工行业的发展提供了坚实保障。从税收优惠、财政补贴到科技创新资金扶持，一系列政策措施激励着企业加大研发投入，提升产品竞争力。同时，严格的食品安全法规促使企业加强内部管理，确保产品质量安全，为消费者提供放心产品。

综上所述，果品加工行业正朝着技术创新、绿色环保、多样化定制、标准化规范、国际化拓展、健康营养、供应链优化及政策法规支持等方向全面发展，展现出蓬勃的生机与活力。未来，随着技术的不断进步和消费需求的持续升级，果品加工行业将迎来更加广阔的发展前景。

第五章 2023年蔬菜加工产业发展情况

第一节 产业现状与发展成效

我国既是蔬菜生产大国，又是蔬菜消费大国，保障"菜篮子"产品稳定安全供给一直是党中央关注的民生大事。近年来，我国蔬菜产业整体呈现播种面积持续增长，产量增速稳中有升的趋势。2023年，面对复杂严峻的国内外经济形势和多发、重发的自然灾害，我国蔬菜产品供应充足，市场运行总体平稳，蔬菜产业保持了稳中向好、稳中有进的发展势头，蔬菜品种不断丰富，蔬菜产品质量越来越高，市场销售渠道逐步完善，发展局面良好。

从生产上看，全国蔬菜播种面积和产量稳步增加，总产量更是达到了近10年的最高点，超8.28亿t（图5-1）。从产量地区分布来看，2023年我国蔬菜产

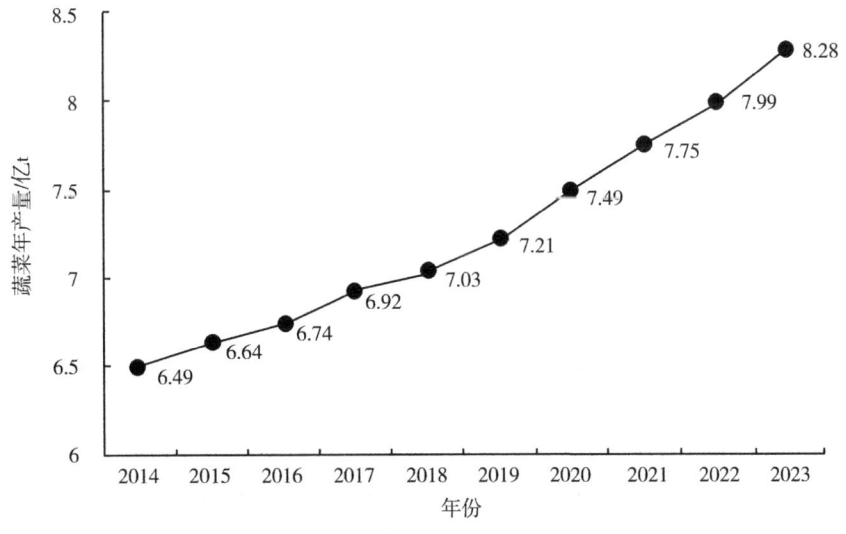

图5-1 2014—2023年我国蔬菜产量

量排名前三的省份分别为山东省、河南省、江苏省，产量分别为 9 272.41 万 t、8 045.56 万 t、6 135.61 万 t。其中，山东省作为全国重要蔬菜大省和蔬菜产出强省，蔬菜在田面积 642 万亩，比去年同期增加 1 万余亩，平均日产蔬菜 20 万 t 左右。

从蔬菜生产价格指数、居民消费价格指数上看，2019—2023 年，我国蔬菜生产价格指数在 86.9~117.8 波动（图 5-2）。2023 年第一季度价格指数为 96.3，第二季度增长至 98.8，至第四季度，蔬菜价格季节性上涨。目前，我国蔬菜生产整体上供大于求，但总的产销率较为健康，局部存在结构性、季节性、地域性过剩现象。农业农村部监测的 28 种蔬菜，如番茄、韭菜等，全国平均批发价 4.95 元/kg，同比涨 5.5%，整体涨幅处于可控范围内。

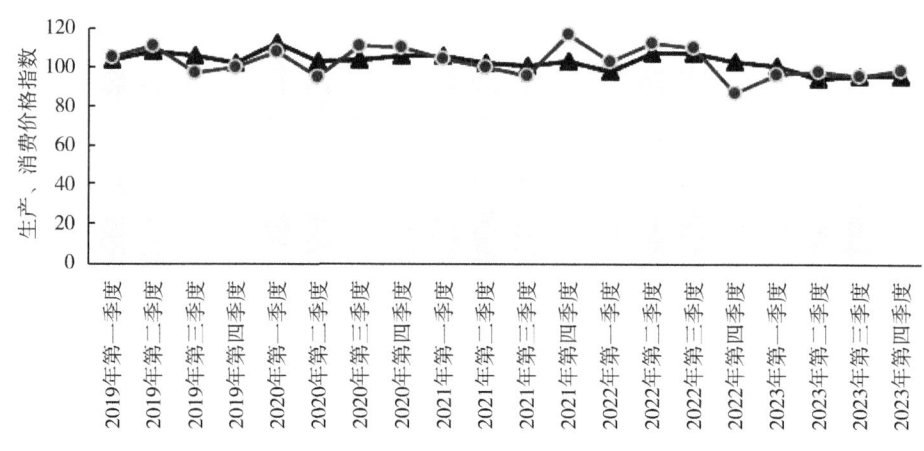

图 5-2 我国蔬菜生产价格指数、鲜菜类城市和农村居民消费价格指数

从出口数量及金额上看，目前，我国农产品进口额居世界第一位，成为世界农产品大市场；农产品出口额居世界第五位，蔬菜产品已"扬帆远航"进入国际市场。蔬菜是我国农产品出口量占比最大的品类，出口量占 2023 年我国农产品总出口量的 28.20%，贡献了我国农产品出口额的 18.52%。农业农村部数据

显示，2023 年 1—12 月我国累计蔬菜出口量为 1 326.21 万 t，蔬菜及制品累计出口额为 185.47 亿美元，同比增长 8.4%。我国蔬菜及制品出口额排名前十的国家/地区分别为日本、中国香港、越南、韩国、马来西亚、美国、泰国、印度尼西亚、俄罗斯、菲律宾，合计占我国该产品出口额的 70% 以上。主要出口国家或地区为越南、日本、韩国及马来西亚。贸易顺差 175 亿美元，同比增 1.5%。山东、福建、浙江、新疆、江苏、广东是我国蔬菜出口的主要省区。

进出口贸易的兴旺培育了一系列蔬菜知名品牌，百姓消费从"吃得够"向"吃得好"转变。商业品牌大数据平台品牌网根据业内口碑、知名度高、综合实力，评选出了 2024 年蔬菜产业的十大品牌：七彩庄园、乐义蔬菜、星辉蔬菜、晨农、多利农庄、绿富隆、银龙蔬菜、燎原、东升、四季绿。原料的供给丰富促进了蔬菜加工业的发展，以蔬菜为原料的特色酱菜、辣椒酱等调味品产业近年发展势头旺盛，六必居、玉堂酱菜、三和四美酱菜、槐茂酱菜、吉香居等分别入选商业品牌大数据平台品牌网的十大酱菜品牌；老干妈、李锦记、花桥牌、辣妹子、茂德公、饭扫光等入选辣椒酱十大品牌。这些品牌企业是我国蔬菜加工的领军者，为地方农业产业发展、促进农民致富增收和解决就业等作出了重要贡献。蔬菜加工产业的高速发展离不开我国农业科技的加持。数据显示，农业科技提升对农业总产值增长率的贡献已突破 60%。党的二十大报告指出，加快建设农业强国，在新的现代化征程上，应深入实施创新驱动发展战略，推动高水平农业科技自立自强，为加快建设农业强国提供坚实保障。

一、2023 年蔬菜加工产业发展概况

蔬菜加工产业是依据传统农业经验及先进现代管理方式、科技成果的具有较高经济效益的现代化农业产业，其上游是种业、蔬菜种植、加工设备等行业，下游包括经销商、销售流通企业和终端消费的餐饮业、家庭消费领域等。2023 年，我国蔬菜加工产业总体规模稳中有升，发展更注重提质增效，整体呈现稳步向好的发展趋势。这主要得益于两个方面。一是主要蔬菜生产规模趋于稳定。中共中央、国务院高度关注蔬菜行业发展，先后做出一系列重要部署。2021 年，提出"耕地应当优先用于粮食和棉、油、糖、蔬菜等农产品生产"；2022 年，提出"提高蔬菜应急保供能力"；2023 年，提出"集中连片推进老旧蔬菜设施改造提升"，发展蔬菜集约化育苗中心。从产业链上游来看，我国蔬菜行业播种面积和

产量整体保持稳步上升态势。国家统计局数据显示，2022年我国蔬菜播种面积22 434 khm²，蔬菜产量为7.99万t；2023年播种面积进一步提升至23 029 khm²，蔬菜产量为8.28万t。二是主要蔬菜品类区域分布日趋明显。我国蔬菜加工产业逐步向布局集中、产业集聚的方向发展。细分蔬菜加工产品品类区域分布明显，如西北番茄酱加工基地、东部及东南沿海干制、罐头、速冻和腌制蔬菜加工基地。速冻蔬菜加工产业主要分布在东部及东南沿海，酱菜加工主要集中在北京，榨菜加工主要集中在重庆、贵州、浙江，野菜加工如蕨菜主要集中在东北等地区，泡菜主要集中在山东、辽宁、四川等；蔬菜罐头加工产业主要分布在东部及东南沿海地区及西北地区。

1. 蔬菜初加工产业

蔬菜初加工主要围绕蔬菜产地集散、鲜食消费、精深加工的需求，依托农民合作社、家庭农场、加工流通企业、农村电商等主体，通过加强产地初加工设施装备条件建设，提升标准化初加工处理能力，完善后端精深加工和综合利用加工的服务功能，降低蔬菜产后损失，促进蔬菜保质增值。蔬菜的选拣、切分、清洗、分级、包装、预冷保鲜等技术是包括净菜加工、保鲜贮藏在内的蔬菜产地初加工的主要内容。为贯彻落实《"十四五"全国农业机械化发展规划》部署要求，加强蔬菜初加工机械化体系建设，2023年12月，农业农村部农业机械化总站遴选出8个蔬菜初加工生产机械化典型案例和3个蔬菜初加工社会化服务典型案例，为推进蔬菜初加工全程机械化提供了解决方案，为蔬菜初加工服务社会化提供了高水平示范应用场景。积极推动芽苗菜初加工机械化高质量发展的北京中禾清雅芽菜生产有限公司、打造蔬菜加工全程机械化"生产基地+加工企业+中央厨房+餐饮门店"发展新构架的浙江万好食品有限公司、通过建成菠菜和毛豆等自动化流水生产线设备打造蔬菜出口创汇龙头的泰安佳禾食品有限公司等蔬菜加工行业领军企业榜上有名。这些蔬菜初加工经营、服务主体，在推进蔬菜初加工机械化发展上有所突破、在贯通全产业链生产服务经营上有所创新，都积累了较为成功且可借鉴的经验做法，为提升农产品初加工机械化水平探索了有效路径，将有力推进农业机械化全程全面高质高效发展、助力乡村全面振兴、产业全面兴旺。

蔬菜初加工技术装备水平的提升，能够大大提高蔬菜产地商品化处理率，进一步促进我国蔬菜初加工产品品质和商品价值升级。我国鲜或冷藏蔬菜在国际市场上具有较高的竞争力。鲜或冷藏蔬菜是指经过采摘后，通过冷藏或保鲜技术处理，以延长其保鲜期限，满足远距离运输和销售的蔬菜产品，具有新鲜度高、口感好、营养价值丰富的特点。据海关总署数据，2023年，我国鲜或冷藏蔬菜出口数量为716万t，同比增长16.6%，分月度来看，2023年中国鲜或冷藏蔬菜出口数量于11月达到峰值，为76万t，相比2022年同期增长了14万t，同比增长24.6%；我国鲜或冷藏蔬菜出口金额为69.3亿美元，同比增长14.3%，分月度来看，2023年我国鲜或冷藏蔬菜出口金额于11月达到峰值，为7.41亿美元，相比2022年同期增长了1.73亿美元，同比增长31%（图5-3）。蔬菜中的水分和其他重要营养品质指标的提升提高了我国鲜或冷藏蔬菜出口均价，2023年我国鲜或冷藏蔬菜出口均价为967.86美元/t，2022年我国鲜或冷藏蔬菜出口均价为983.61美元/t，近3年均价整体平稳，有小幅走跌趋势（图5-4）。

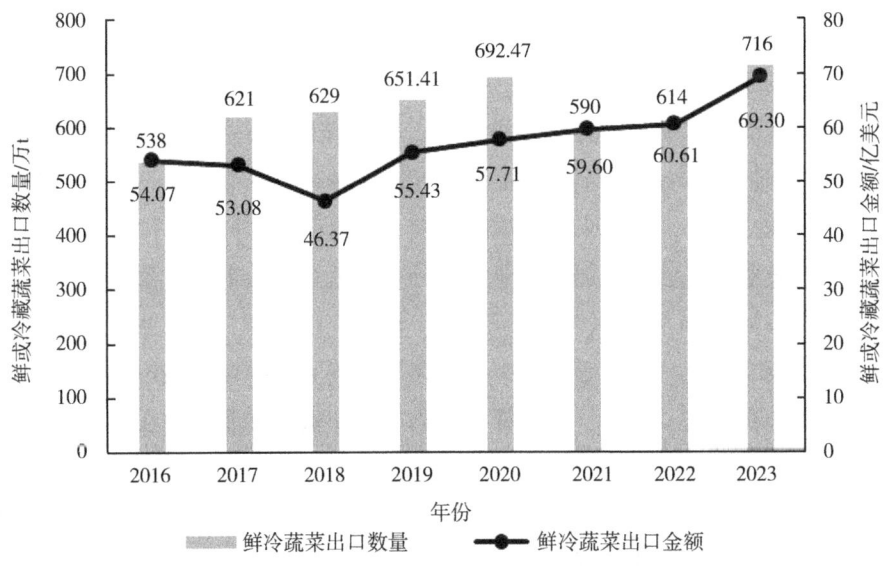

图5-3　2016—2023年我国鲜或冷藏蔬菜出口数量及金额

目前，我国鲜或冷藏蔬菜出口市场的主要生产企业包括一些大型的农业合作社、农产品加工企业及部分具有出口资质的蔬菜种植基地。这些企业拥有先进的种植技术、加工设备和冷链物流体系，能够确保产品的新鲜度和品质，满足国际市场的需求。

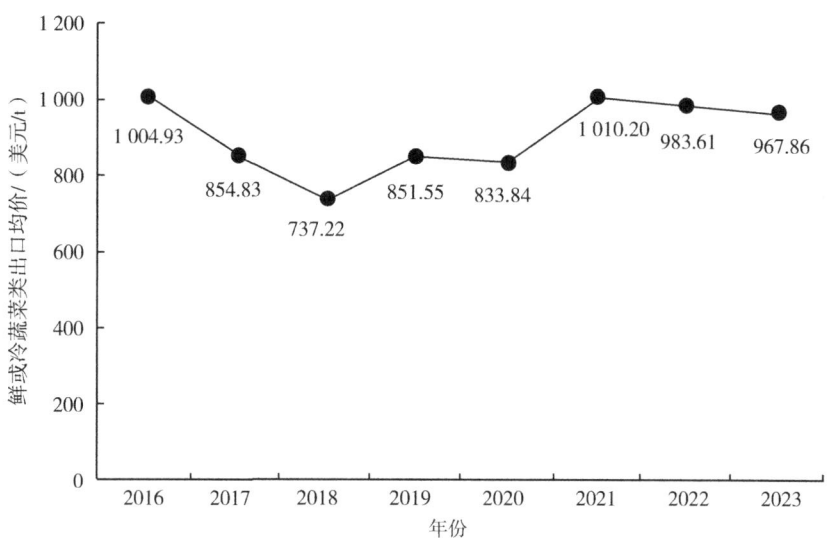

图 5-4　2016—2023 年我国鲜或冷藏蔬菜出口均价走势

2. 蔬菜精深加工产业

目前，蔬菜精深加工的方法多种多样，包括腌制、干制（包括热风、晒制、速冻等）、酱渍等，产品包括但不限于腌渍菜、罐头、蔬菜酱汁、脱水蔬菜、速冻蔬菜、调味品类等。近年来，我国蔬菜加工产业区域化分布格局日益明显，优势产业日益集中。速冻蔬菜加工产业主要分布在适宜四季生产蔬菜的东部及东南沿海产业带，如山东、江苏、浙江、上海、福建、广东等。腌制蔬菜加工产业包含酱菜、榨菜、野菜、泡菜等，其中，酱菜加工主要集中在大城市如北京，榨菜加工主要集中在重庆、贵州、浙江等，野菜加工如蕨菜主要集中在东北等地，泡菜主要集中在山东青岛、辽宁沈阳、四川成都等地，特别是川渝两地汇聚了国内诸多知名品牌，如以四川泡菜为主营产品的吉香居、李记、味聚特和以榨菜为主营产品的乌江榨菜、辣妹子等。蔬菜罐头加工产业主要分布在东部及东南沿海地区及西北地区，在山东、云南、陕西、福建等省集中了蘑菇、芦笋等罐头生产，其中福建出口的蘑菇罐头占全国蘑菇出口额的 70% 左右。

依托先进农业产业技术、提升管理水平是赋能蔬菜精深加工产业发展的必经之路。温岭市红日农业专业合作社通过引进国内领先、年产量达 1.5 万 t 的蔬菜精深加工配套流水线和全自动包装流水线（图 5-5），一次性解决了周边 1 万多亩、1.8 万 t 西蓝花和毛豆的销路问题，并且实现了温岭市蔬菜速冻农产品"零"

的突破，解决了季节难题，打开了出口销路。站位新时期，合作社70%的产品鲜销到国内市场，20%的产品通过速冻后出口，而还有10%"卖相"不行、品质不错的产品，温岭市红日农业专业合作社与国家级烹饪大师许李军共同研发创新即食食品，开发出了开胃糖蒜、原汁雪菜、香油贡菜、芥脆心、菜花梗、樱花萝卜等11种即食小吃，其中"一定要"牌白花脆在浙江农业博览会优质产品中荣获新产品金奖；"一定要"牌系列产品更是先后荣获了台州市最受欢迎"特色伴手礼"、台州市农合联十大网红农产品、浙江网上农博会优质奖产品等奖项。合作社成长为浙江省首批"品字标浙江农产"品牌企业、国家西蓝花良种重大科研联合攻关优秀科技示范单位、中国绿色食品认定主体。

图 5-5　温岭市红日供销有限公司 TX-IV-40 速冻前处理生产流水线及其配套

提升蔬菜精深加工，引导部分大型蔬菜加工企业开发营养均衡、养生保健、食药同源的优质优价加工食品，能够大大提升蔬菜加工转化增值空间。据海关总署数据，2023年，我国蔬菜精深加工产品出口金额为42.7亿美元（图5-6）。经过深加工和精加工的辣椒酱、番茄红素、脱水蔬菜等成为参展企业主要展示的产品，替代了往届广交会上堆满展台的大蒜、胡萝卜、生姜等蔬菜，足以说明传统的农产品贸易格局正在加速转变。

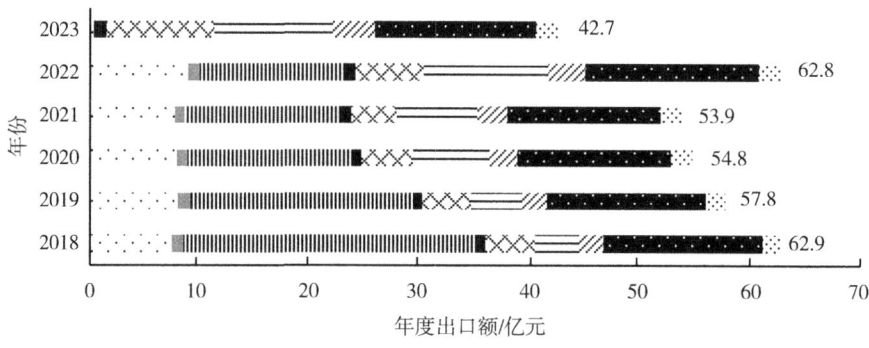

图 5-6　2018—2023 年我国蔬菜精深加工制品出口金额

3. 蔬菜综合利用加工产业

随着蔬菜初加工和精深加工产业的发展，其加工废料蔬菜副产物的产生量亦持续增加。蔬菜副产物普遍含水量高，一般为 75%~95%，总固体含量低、固体成分中或富含蛋白质、酚类物质、果胶、膳食纤维等，故保存周期短、极易腐烂，不宜长途运输。我国蔬菜采后加工过程中产生的副产物比例通常为 30%~40%，仅每年在采收、加工和流通环节产生的副产物就达数亿吨。籽用南瓜的副产物产生率达到 90%，通常直接作为饲料或废弃在田地里。

蔬菜的综合利用加工通常包括对蔬菜及其产品二次以上的加工，主要是对蛋白质资源、植物纤维资源、油脂资源、新营养资源及活性成分，以物理、化学或生物的办法来提取和利用，最大限度提升农产品附加值。据测算，副产物综合利用加工可使蔬菜增值 5~10 倍。目前，我国蔬菜副产物的综合加工利用主要体现在以下几个方面。一是食品化加工。番茄、辣椒、胡萝卜、香菇等在加工环节产生的副产物含有丰富的营养物质，可经预处理后进行活性成分的制备。如新疆托美托番茄科技开发有限公司以番茄酱生产企业的番茄皮籽渣为原料，番茄籽提取番茄籽油，番茄皮提取纯天然番茄红素，番茄籽粕用于饲料加工；年生产番茄籽油 50 t 和番茄红素 2 万瓶，实现产值 1 700 万元，利润 445 万元。邢台奥美菌业有限公司将香菇生产的菇柄，经熟制、烘干、粉碎，再配以谷物膨化制成菌类营养餐粉；年加工菌柄300 t，实现产值6 000万元。重庆市涪陵区洪丽食品有限责任公司以榨菜腌制液为原料，生产榨菜酱油；年利用榨菜腌制液8 000 t，生产榨菜酱油3 000 t。二是饲料化加工。蔬菜废弃物用作畜禽饲料在我国有着久远的历史。早期农村家庭的蔬菜废弃物经常会直接投喂家禽家畜，如猪。重庆市涪陵区洪丽食品有限责任公司以竹笋下脚料生产青贮饲料，年利用竹笋下脚料3 000 t，生产青贮饲料1 000 t，联合榨菜腌制液的酱油化加工，实现副产物加工产值3 800万元，产生利润340万元。三是肥料化加工。蔬菜副产物具有含水量高、有机质含量高、养分含量高等特点，故蔬菜作物残体、餐厨垃圾可作为堆肥原料，是蔬菜废弃物资源化高效利用的新途径。邢台奥美菌业有限公司将香菇生产后菌棒，经晾干、粉碎，再配以麸皮和棉籽壳等，加工成平菇、草菇等木腐菌的菌棒，二次利用出菇，最后作为生物菌肥用于大田施肥或花卉种植；加工废香菇菌棒1 000 t，实现产值1 500万元。四是能源化加工。陕西众兴高科生物科技有限公司利用农业废弃物生产食用菌，再利用废弃物菌渣生产生物质能源饱和蒸汽，饱和蒸汽用于食用菌工厂灭菌系统。年利用秸秆等原料4.32万t，年产36 000 t金针菇鲜品，产值为1.82亿元，利润为0.875亿元。

蔬菜产品及加工副产物营养丰富，直接废弃，既造成资源浪费，又产生环境污染。发展蔬菜副产物综合利用产业符合党中央、国务院提出的坚持走绿色发展道路、构建绿色生产体系的重大战略决策。采取先进的提取、分离与制备技术，采用经济高效的收集处理方式，将蔬菜副产物加工向能源产品转化的有机循环、向营养素功能成分提取的高值利用、向饲料肥料转化的梯次利用，吃干榨净蔬菜产品的价值，将有效助力农业增效、农村增绿、农民增收，推动乡村振兴、产业兴旺。

二、蔬菜加工产业发展成效

作为农业产业现代化的重要部分，受政策利好，蔬菜产业既面临产业规模化、标准化、品牌化的发展机遇，也面临市场需求升级带来的挑战。如今对蔬菜产业的消费需求，已从过去单纯注重保证量，逐渐向高品质、多样化转变，高附加值、高营养的浓缩菜汁、菜脯、蔬菜婴幼儿食品的需求正稳步上升，带动产业转型升级。近年来我国蔬菜产业发展取得以下成效。

一是传统蔬菜加工产业发展持续向好。脱水蔬菜、蔬菜罐头是传统蔬菜加工产业的重头。据保守估计，脱水蔬菜市场预计将以10%的年均复合增长率增长，预计到 2027 年我国脱水蔬菜产量将达到 79 万 t。随着人们对方便健康食品的关注和需求增加，为满足市场需求，脱水蔬菜的品种在逐渐扩大，除了传统的胡萝卜、食用菌、洋葱、白菜、甘蓝、豆角、黄瓜、青辣椒等，还涌现出如洋槐花、生姜、马铃薯、大蒜、竹笋、黄花菜等新品种，丰富市场选择。当前以胡萝卜、食用菌类、白菜等为主的脱水蔬菜远销日本、韩国、欧盟等多个国家和地区。脱水蔬菜也成为未来蔬菜加工多元化发展的一大细分方向。2023 年，新冠疫情防控政策优化调整后，物流顺畅，我国蔬菜类罐头出口量和出口额均创新高，蔬菜加工罐头产业发展前景广阔。其中，蔬菜、水果罐头占据最大的出口份额，即食类罐头和菌菇罐头明显增长。海关总署数据显示，2023 年 1—9 月我国蔬菜罐头出口数量为 136.6 万 t，同比增长 18.2%；出口金额为 27.3 亿美元，同比增长 23.3%。出口量和出口额均创下近年来新高。其中，番茄类罐头出口量为 36.5 万 t，出口额 4.1 亿美元，同比分别增长 56% 和 95%，主要出口国家为意大利、伊拉克、俄罗斯、菲律宾、沙特、南非等。食用菌类罐头延续 2022 年出口态势，稳步增长，共出口 9.28 万 t，出口额 6.5 亿美元，占整个罐头出口额的 33%。河南、福建、湖北为菌类罐头主要产区，主要出口到越南、马来西亚、俄罗斯等国家。

二是新兴蔬菜加工转型锚定健康升级。以酱渍、盐渍、酱油渍、糖渍、醋渍等为代表的我国腌制菜正在向无公害、绿色、保健食品方向发展，定位低盐、健康、有机化正在成为腌制菜创新口味的着力方向。蔬菜加工企业从产品加工技术、工艺流程上，探索研发符合现代消费者口味的低盐、低糖、清淡和营养的产品，根据消费者的需求配制成不同风味、不同口感的产品，满足不同层次人群的需求。如涪陵榨菜、吉香居等在内的多家酱、腌菜企业先后推出低盐产品以迎合消费升级，满足老人、小孩、健身等多种人群的消费需求。吉香居采用低盐工艺制作成的"红油豇豆"；涪陵榨菜通过"三洗三榨"工艺去除盐霜获得更清淡脆口的榨菜；海天味业明确提出了少添加、低盐、无亚硝酸盐等概念。此外，挖掘蔬菜功能成分的应用研究也相继转型落地，助力健康中国转型升级。广东省现代农业产业技术体系"农产品初加工与深加工"创新团队研发出苦味抑制结合微胶囊包埋的低苦味苦瓜全粉制备技术，解决高活性苦瓜粉苦度影响其应用的难题；以苦瓜全粉为基质，设计创制出适宜肠道损伤、糖代谢异常等人群食用的特医特膳食品新产品，在全国 1 000 多家医院实现临床应用，显著改善患者营养水平。

第二节　重要技术发展情况

一、设施蔬菜高湿病害绿色防控关键技术创新与应用

2023年中央一号文件将发展现代设施农业作为农产品稳产保供的重要任务。中国农业科学院蔬菜花卉研究所李宝聚研究员团队联合国内优势单位围绕赤峰山地温室、塑料大棚的设施结构优势，共同创建赤峰市松山区大庙镇、城子乡和喀喇沁旗王爷府镇"设施蔬菜绿色高效生产技术"综合示范基地，核心示范面积达1 500亩，开展高品质设施蔬菜绿色生产技术集成与推广工作。以推进技术装备升级、强化科技支撑为抓手，通过优型设施结构、种子处理、集约化育苗、宜机化栽培、土壤改良、精准施肥、天敌防控、弥粉法施药等技术，旨在解决设施蔬菜生产上机械化生产程度低、病虫害防治难等重大问题。设施番茄、辣椒的种传病害发生率降低了90%以上，土传病害的综合防治效果达85%以上。在赤峰大面积推广的生物农药微粉剂，显著提升了设施蔬菜高湿病害轻简化绿色防控的效果，降低施药人工95%以上。成果"设施蔬菜高湿病害绿色防控关键技术创新与应用"获2022—2023年度神农中华农业科技奖一等奖。

二、果蔬水溶性功能配料加工关键技术及应用

针对新茶饮、功能食品等多个千亿级新业态、新模式所需的果蔬水溶性功能配料加工关键技术与工艺缺失的问题，中国农业大学食品学院廖小军教授团队和中国农业科学院农业质量标准与检测技术研究所徐贞贞研究员团队历时10余年，攻克花色苷天然色素等三大类水溶性功能配料加工关键技术，实现高品质代表性配料的自主生产，赋能新兴产业的发展。针对传统法提取花色苷醇类溶剂残留、易降解等问题，创建了"CO_2-水-物料"三相提取体系，国际首创花色苷高压CO_2绿色提取技术，实现从紫甘蓝、紫薯等蔬菜提取花色苷的有机溶剂替代，对比醇水法，提取率提高24.6%、半衰期延长10.7倍；研发高品质花色苷浓缩液/粉态配料生产工艺，产品色价高出国家标准19倍、稳定性好。核心技术获授权PCT欧洲发明专利1件，并在全球最大花色苷天然色素配料生产企业推广应用。配料直供多家国内外知名企业，销往全球40多个国家和地区，引领了果蔬天然

色素绿色加工，助推了国产配料走向国际市场。有效衔接了上游农业生产与下游食品制造，带动了农民持续稳定增收，经济社会效益显著。成果"果蔬水溶性功能配料加工关键技术及应用"荣获2022—2023年度神农中华农业科技奖一等奖。

三、甜叶菊绿色高效加工关键技术创新及产业化

我国是世界上甜叶菊种植面积最广的国家，甜叶菊是甜菊糖苷的生产原料，我国甜菊糖苷产量约占全球市场的80%。传统的甜菊糖苷提取技术工艺流程长，废水、废渣处理难度大，生产成本高。晨光生物科技集团股份有限公司历经10多年技术攻关，首创甜叶菊短链醇混合溶液同步提取甜菊糖苷和绿原酸、异绿原酸关键技术，完成了高品质甜菊糖苷产品开发，带动了我国甜叶菊加工工艺全面升级。该技术使甜菊糖苷提取获得率从不足80%提高到95%，同步提取出新产品绿原酸2%、异绿原酸5%，原料利用率提高47%，节水80%；实现产业化后，3年新增销售收入2.5亿元，新增利润3 600万元。2023年已带动曲周县种植甜叶菊2万多亩，每亩地为农民增收3 000元左右。成果"甜叶菊绿色高效加工关键技术创新及产业化"入选2023中国农业农村重大新技术，荣获2022年度中国轻工业联合会科学技术进步奖一等奖。

第三节　头部企业分析

头部企业是打造蔬菜加工全产业链的中坚力量，也是带动农民增收的重要主体。农民日报社和全国农业企业发展联盟共同发布了2023中国农业企业500强名单，涉及蔬菜加工的中粮糖业控股股份有限公司、良品铺子股份有限公司、三全食品股份有限公司、济宁蔬菜批发市场有限责任公司、新疆冠农股份有限公司、晨光生物科技集团股份有限公司、金乡隆程果蔬有限公司、青岛万福集团股份有限公司、宏鸿农产品集团有限公司、山东省寿光蔬菜产业集团有限公司、江苏荷仙食品集团有限公司、山东省万兴食品有限公司、山东宏大生姜市场有限公司等蔬菜加工企业榜上有名。部分蔬菜加工头部企业2023年经营数据见表5-1。头部企业是推动乡村全面振兴和农业农村现代化的主力军，是联农带农、建设农业强国的重要力量。

表 5-1　部分蔬菜加工头部企业 2023 年经营数据

序号	企业名称	2023 年营业总收入/万元	2023 年营业总成本/万元	2023 年营业利润/万元	2022 年营业收入/万元
1	中粮糖业控股股份有限公司	3 311 389.46	2 994 509.24	259 536.89	2 643 872.57
2	金乡隆程果蔬有限公司	未公开	未公开	未公开	1 181 526.00
3	良品铺子股份有限公司	804 588.90	791 213.64	26 066.86	943 961.00
4	三全食品股份有限公司	705 593.02	628 811.38	95 073.70	743 429.77
5	新疆冠农股份有限公司	434 274.53	382 151.61	91 435.67	241 298.55

一、中粮屯河：我国番茄加工领航者

中粮糖业控股股份有限公司是我国领先的食糖生产和分销企业之一，隶属于中粮集团。公司总部位于北京，业务覆盖食糖生产、精炼、分销及番茄加工等多个领域。公司主营业务分为两大板块：食糖业务和番茄加工业务。中粮糖业旗下中粮屯河番茄有限公司是世界第二、亚洲第一的番茄加工企业，在北纬 42°番茄黄金产区构建了红色产业链，拥有 12 家番茄加工厂和先进的番茄制品生产线，年产大包装番茄酱 30 万 t、番茄粉 5 000 t、番茄油树脂 10 t，主要面向国际市场，服务全球 60 多个国家。

近年来，中粮屯河番茄有限公司出品的小罐番茄丁产品，以其原料更优质、品质更稳定等特性，能够方便消费者在家中轻松还原餐厅级美味，广受消费者认可。此外，为满足消费者不断变化的需求，中粮屯河番茄陆续推出了采田复合果蔬汁、屯河果汁调味酱、番茄汤料等新品。

二、江苏荷仙：深耕藕加工，建设民族品牌

江苏荷仙食品集团有限公司创建于 1993 年，坐落于"中国荷藕之乡"江苏省宝应县。藕及莲藕制品行业面临着原料质量不稳定、缺乏标准化生产、品牌影响力不足等挑战。江苏荷仙食品集团有限公司自成立以来，一直以宝应荷藕为独特资源，致力于荷藕的种植、研发、加工和销售。集团有"美人红莲藕"基地，全年供应，确保了原料的可追溯性和稳定性。荷仙集团产品有常温莲藕调理食品、速冻/冷冻莲藕调理食品、水煮蔬菜、冷冻蔬菜、藕粉、藕汁饮料等 100 多个品种，拥有近 30 条食品生产线。除提供了丰富的产品选择外，荷仙集团还通

过多种方式与餐饮企业合作，为其提供高品质、安全可靠的食材，从而降低了餐饮企业的采购成本和时间成本，还可以根据餐饮企业的需求和口味偏好，提供个性化的产品解决方案。此外，荷仙集团不断加大民族品牌建设，连续被评为"农业产业化国家重点龙头企业"。

三、涪陵榨菜集团：榨菜为本，领跑佐餐开胃菜领域

重庆市涪陵榨菜集团股份有限公司是一家以榨菜为根本，立足于佐餐开味菜领域快速发展的国有控股食品加工企业，主要从事榨菜、萝卜、泡菜、下饭菜和其他佐餐开味菜等方便食品的研制、生产和销售。公司下辖重庆涪陵、四川眉山、辽宁盘锦三大生产基地，现有注册资本8.88亿元。涪陵榨菜集团是中国农产品加工企业50强、农业产业化国家重点龙头企业。产品畅销沃尔玛、家乐福、大润发等全球知名连锁卖场、全国各大超市、便利店、农贸市场等多种零售终端。

涪陵榨菜集团现有10家子公司、10家生产厂、1个数字化生产车间、17条自动化生产线、28万t原料发酵窖池，年生产榨菜、泡菜能力20万t。旗下有乌江榨菜、乌江萝卜、乌江泡菜、乌江海带丝、乌江酱油、惠通下饭菜等系列产品。从营收情况来看，近年涪陵榨菜营业年均总收入达25.48亿元，毛利润13.54亿元，毛利率为53.14%；从营收结构来看，涪陵榨菜营业收入主要来源于榨菜，占比高达85.34%，其次为泡菜和萝卜，占比分别为9.45%和3.23%；从营收区域分布来看，涪陵榨菜营业收入主要来源于华南销售大区，占比高达25.74%，其次为华东销售大区和华中销售大区，占比分别为19.08%和11.92%。

四、甘肃神禾农业：精深加工"蔬"写兴旺答卷

甘肃省张掖市山丹县为解决本地特色果蔬产业发展面临的产业链短、竞争力不强和附加值低的问题，甘肃神禾农业开发有限公司致力于果蔬精深加工项目，利用果品、蔬菜加工新技术对果品蔬菜进行速冻、切丁、包装，蔬菜经过精深加工后其附加值比普通蔬菜提高1倍以上，每年加工能力3万t，年产值达到2个亿以上，主要销售方向是欧洲和东南亚。

在山丹县的甘肃神禾农业开发有限公司果蔬精深加工生产厂区，刚采摘下的鲜嫩西蓝花在机器上经过清洗、漂烫灭菌、沥水、速冻、包装等流程，只要半个

小时就能实现让果蔬从产品变为商品。将传统果蔬种植、生产加工与科技相融合,主要利用果品、蔬菜加工新技术对果品蔬菜进行速冻、切丁、包装。农产品精深加工向前端延伸可带动农户建设原料基地,向后端延伸可建设物流营销和服务网络,是农业高质量发展的核心和重点。甘肃神禾农业开发有限公司主要采取"公司+合作社+基地+农户"的合作方式,一头连基地,一头连餐桌,不仅有效解决了山丹县特色果蔬产业发展面临的产业链短、竞争力不强和附加值低的问题,而且还带动了100余名周边群众稳定务工,安置就业350余人,带动1 300多户农户致富,增加农民收入2 000余万元。

五、金乡隆程果蔬:引领中国大蒜产业发展

金乡隆程果蔬有限公司成立于2009年2月19日,位于环境优美、交通便利、素有"世界大蒜看中国,中国大蒜看金乡"美誉的国际大蒜种植、交易中心——山东省济宁市金乡县。金乡隆程果蔬有限公司具有良好的收购能力,收购季节日收货量可达600余吨。配有标准的大型加工车间及6台大型分拣机,300多名员工,日加工量可达200余吨,随时可接各种紧急订单。在大蒜、蒜片、洋葱、辣椒等农副产品领域为客户提供了规模化购销、加工、仓储、贸易及各种配套金融、数据等综合服务,已发展成为大蒜行业内具有规模影响力的全产业链企业,是知名的国际大蒜交易服务中心。金乡隆程果蔬有限公司应用现代互联网技术,打破产业发展的阻隔,"蒜通天下信息平台"上线,引导了大蒜产业更快地向正规化发展。

第四节　产业发展存在的问题

一、蔬菜副产物损失惊人

随着蔬菜行业发展,蔬菜副产物资源损失已成为行业突出的一大问题。我国蔬菜采后损耗率高达25%~30%,其中,在加工过程中产生的副产物比例通常会达到30%~40%,仅每年在采收、加工和流通环节产生的副产物就达数亿吨。据联合国粮食及农业组织(FAO)估计,果蔬的损失浪费高达农产品总产量的60%,仅果蔬行业加工过程产生的副产品就占了总损失量的25%~30%。我国蔬

菜品种众多、产地来源复杂、初加工水平有限，且不同品种、处理环节和加工行业所产生的副产物营养组分造成巨大的损失浪费。例如，江苏、浙江、新疆、内蒙古等地是秋葵、玉米、西蓝花、籽用南瓜、甘蓝、葛根、辣椒等主要蔬菜的种植区，这些蔬菜在生产、流通、加工环节产生了大量的副产物，包括皮渣、籽、外皮、残叶等，其中，籽用南瓜、玉米等蔬菜的副产物产生比例最高可达50%以上；西蓝花、葛根、秋葵、辣椒的副产物产生率相对较低，但比例也可达20%。

上述蔬菜的副产物富含蛋白质、碳水化合物、矿物质等常量营养物质，以及多酚、类胡萝卜素、膳食纤维等高价值生物活性物质。依靠冷榨技术、冷磨技术、溶剂浸提技术、水蒸气蒸馏技术、从酸中提取乙醇沉淀技术、离子交换技术、酸提取盐沉淀技术和微生物技术等，建立系统的蔬菜副产物的综合利用体系，并进行产业化示范，对实现我国蔬菜资源的高值化利用具有十分重要的意义。

二、蔬菜加工机械化程度偏低

我国蔬菜消费以生鲜为主，蔬菜加工行业起步较晚，与发达国家相比，我国蔬菜加工行业劳动密集程度较高，在加工机械化高质量发展方面还有一定的发展空间。我国蔬菜加工装备制造水平偏低，在关键技术领域缺乏自主知识产权；蔬菜加工的深度不够，产品品种仍较为单一，规模化、自动化水平较低，标准体系建设有待完善。

以经典的蔬菜酱腌菜、泡菜等加工为例，部分酱腌菜生产企业仍是手工操作，劳动强度大，功效低；日本类似的蔬菜腌渍制品生产基本实现了机械化。我国已有部分酱腌菜生产企业尝试技术升级，采用洗菜机、切菜机具，真空酱制设备及对成品进行全自动定量和真空包装然后进行巴氏灭菌等。通过真空包装、加热杀菌、微波和辐射处理、添加微生物抑制剂等措施实现低盐化，延长保质期。现代机械化手段的应用，对蔬菜加工制品质量提升作用显著。

围绕蔬菜产地集散、鲜食消费、精深加工需求，大力发展蔬菜初加工机械化，依托农民合作社、加工流通企业、农村电商等主体，加强蔬菜产地初加工设施装备条件建设，提升标准化加工处理能力。蔬菜初加工，重点推广选拣、切分、清洗、分级、包装、预冷保鲜等技术装备，加快发展净菜加工、脱水干制、保鲜贮藏等智控节能成套技术装备，提高蔬菜产地商品化处理率。食用菌初加工，重点推广采后干制、分级包装、保鲜贮藏技术装备，提高产业发展质量效益。

三、新型蔬菜加工制品占比小

我国蔬菜加工量仅占蔬菜总产量的30%左右，远低于发达国家70%以上的水平，但加工产品的种类十分齐全。除了传统的干制菜、腌渍菜及蔬菜罐头之外，还有净菜、鲜切蔬菜、冷干蔬菜、蔬菜汁、蔬菜粉、蔬菜脆片及植物活性提取物等新型加工产品。相较于品质保障程度较低、生产工艺较落后的传统加工方法，科技含量高、营养损失少、便捷性佳的新型蔬菜制品更切合人们对美好生活的要求。但国内的大型蔬菜加工企业大多采用腌制、发酵、自然晾干及热风干燥等技术含量较低的传统加工方法，只有少部分大型企业展开了蔬菜汁、蔬菜发酵饮品、冷冻真空干制品及蔬菜脆片等新型蔬菜制品的生产，占比远低于传统类的蔬菜加工制品。

国内各大型企业的蔬菜加工制品主要包括酱腌菜、泡菜、调味品及干制品四大类，其中，酱腌菜的比例高达48.97%，泡菜类蔬菜制品占比将近1/5。腌渍在我国是最常用的一种蔬菜加工方式，能够提高蔬菜的利用率、延长蔬菜的食用保质期、赋予蔬菜特殊的风味等，相关产品在国内外受到消费者的极大追捧。酱腌菜、泡菜等腌制类产品的占比将近70%，是国内蔬菜加工企业的主要产品，如涪陵榨菜、吉香居、六必居、科沁万佳、味聚特等20多家企业都是将酱腌菜和泡菜作为主要产品，在市场中占据了较大的份额。而营养价值高、科技含量高、附加值高的新型蔬菜制品发展相对滞后，如饮品、脆片、速冻类等蔬菜制品的占比最少。

蔬菜加工制品应向营养、健康、多元、小包装方向发展。以腌制类蔬菜为例，健康的低盐、低糖腌制菜不易保鲜贮存，就要从保鲜贮存技术上突破，采用我国发展势头强劲的便携真空小包装（包括瓶装、罐装）技术，做到随吃随用，也便于酱腌菜的灭菌和低盐、低糖化保鲜贮存。

第五节 产业发展趋势

一、培育精深加工龙头企业

随着世界经济一体化的不断增强和我国农业国际化的发展，蔬菜在我国农产品国际贸易中的地位愈加重要。把培育蔬菜精深加工企业作为一项重要措施，支持蔬菜加工企业加快技术改造、装备升级和模式创新，向产业链中高端延伸，向研发设计和品牌营销这两端延伸，不断提升企业加工转化增值能力，实现新兴加工业"腾笼换鸟"、传统加工业"凤凰涅槃"，促进加工企业由小到大、加工层次由粗（初）到精（深）、加工业态由少到多、加工布局由散到聚。引导蔬菜加工企业依靠科学技术，牢固树立质量、诚信、品牌发展理念，建设全程质量控制、清洁生产和可追溯体系，生产开发安全优质、营养健康、绿色生态的各类蔬菜加工品，促进资源循环高值梯次利用。支持龙头企业采取兼并重组、股份合作、资产转让等形式，建立大型企业集团或利益联结机制，带动中小微企业发展，提升企业引领行业发展能力。鼓励一批在经济规模、科技含量和社会影响力方面具有引领优势的加工企业突出主业，适度延伸产业链条，增强核心竞争能力和辐射带动能力，形成一批领军企业和平台型企业。支持企业牵头成立科技创新联盟，推动"产学研推用"一体化发展。引导企业弘扬精益求精、追求卓越、争创一流的工匠精神。引导加工企业与农民合作社和农民构建紧密的利益联结机制，着力扶持一批农村一二三产业融合发展利益共同体。

二、研发蔬菜产业新技术

站位新时期，蓄力新征程，蔬菜加工产业也将从数量型发展转变为质量型，以满足老百姓对优质、安全、营养的要求。在加快推进农业供给侧结构性改革和高质量发展的新形势下，围绕科技支撑乡村振兴，可以从以下几个方面推进国内蔬菜加工产业的发展。

1. 育苗：创新优质蔬菜品种

蔬菜工厂化育苗技术体系是蔬菜产业实现优质、高效生产的坚实基础，是设施与农艺农技的高效融合，是蔬菜新品种推广强有力的手段。蔬菜产业规模化、机械化、专业化程度的提升，需重点加强可替代进口高品质蔬菜新种源创制与利用基础性研究工作：①构建营养健康和商品性能等重要品质性状的鉴定技术体系；②开发高品质蔬菜种源的高效创制技术体系；③挖掘可替代进口高品质蔬菜品种的选育体系。立足安全、营养、优质的蔬菜品种，以选育高产高效高品质、适宜机械化作业、资源高效利用创新品种为突破口，提升产业竞争力，增加农民收入，保障市场有效供给。

2. 加工：推进关键技术升级集成

习近平总书记指出，要"协同推进农产品初加工和精深加工，延伸产业链、提升价值链，拓展农业发展空间，促进农业增效、农民增收。"利用国家和省级重点实验室、工程技术中心、产学研联合体及高新技术企业孵化器等创新平台，加大蔬菜产品精深加工技术的攻关与集成。推进蔬菜加工副产物循环利用、全值利用、梯次利用，提升增值空间。增强科技创新动能，延长蔬菜加工价值链，丰富蔬菜加工产品线，为蔬菜产品加工业"强筋健骨"，是国家乡村振兴战略不可或缺的一部分。

3. 监测：赋能蔬菜营养高值化

营养丰富和风味优良成为衡量高档蔬菜的标尺。蔬菜加工产业瞄准营养健康，应从蔬菜资源及质量的可视化追溯出发，构建可视化的基于区块链技术的溯源平台，实现全产业链环节动态监测预警。基于蔬菜中特征性物质的挖掘和鉴定，通过先进技术实现蔬菜资源原产地、原味、原品、真伪鉴别。针对风味、营养、口感等综合角度，评价蔬菜产品品质，实现优质优产、优质优价、优价优品，推动高质量蔬菜产业的发展。

随着一大批新技术的开发、新业态的出现、新模式的形成和新产业的发展，蔬菜加工产业正在向多领域、多梯度、深层次、高技术、智能化、绿色化、高值化、全利用、高效益、可持续的方向发展。针对不同人群的营养功能蔬菜产品的精准加工是实现营养调控的关键，研发蔬菜产品功能活性成分的高效提取制备关键技术，依据量效构效关系创建活性成分的保持与蔬菜原料增效利用的精准加工关键技术是未来蔬菜加工发展的重要方向。在营养健康与高值化加工导向下，蔬菜产品加工全产业链各个环节紧密对接，通过理论创新、技术突破、产品创制、产业化应用，将蔬菜精准加工成保健食品、特膳食品，确保产品的营养充足性和功能有效性，满足不同消费群体的多元需求。

第六章 2023年畜禽加工产业发展情况

第一节 产业现状与发展成效

近年来，消费者对肉制品的需求量随着经济发展逐年提高，带动畜禽产能逐年上升。根据国家统计局公布的数据，2023年，全年猪牛羊禽肉产量为9 641万t，比上年增长4.5%。规模以上畜禽屠宰企业鲜、冷藏肉产量为3 924万t，同比增长15.3%，创历史最高纪录。2023年，全年肉类（包含杂碎）进口量为738万t，同比减少0.3%，肉类进口总额为1 933.2亿元，同比下降8.8%。累计肉类（包含杂碎）出口量44万t，同比增长8.2%，出口金额133.9亿元，同比增长2.8%。价格方面，活畜禽与畜禽产品价格全年总体低位运行，尤其是猪肉价格降幅明显，全年猪肉平均价格为25.72元/kg，同比下降16.2%。畜禽产业呈现产能不断提升、生产能力稳定增长、市场供应充足、进口量稳中略减、出口量有所提升、消费结构不断优化的发展特点。

随着人民健康饮食观念的强化及科技创新能力的提升，我国畜禽加工行业进入转型升级阶段，在市场环境承压背景下，畜禽加工行业深入实施"三品"战略，肉类消费向个性化、高端化、健康化等趋势变革。主动适应市场竞争，加大科技创新研发投入力度，绿色制造、营养与品质保持、安全控制等领域多项成果达到国际领先水平；保障肉类食品质量安全，全国食品抽检数据显示，2023年，肉及肉制品合格率为99.20%。同时，推动肉及肉制品标准提档升级，完善标准体系建设，以先进标准引领品质提升、产品升级；积极践行绿色发展理念，构建全产业链绿色制造体系，围绕"原料无害化、生产洁净化、废物资源化、能源低碳化"探索低碳发展新路径，引领畜禽加工产业转型升级；持续推进品牌建设优化升级，通过打造知名品牌、培育新锐精品、塑造区域品牌，加快品牌集群建设，不断推动新质生产力加快发展。

一、2023年畜禽加工产业发展概况

1. 肉类产量再创新高，生产能力稳定增长

2023年，全年猪牛羊禽肉产量为9 641万t，比上年增长414 t，增长4.5%。其中，猪肉产量5 794万t，增长4.6%；牛肉产量753万t，增长4.8%；羊肉产量531万t，增长1.3%；禽肉产量2 563万t，增长4.9%。猪肉和禽肉产量占总产量的比例维持在85%左右，牛羊肉占比相对较为稳定，各种肉类产量均有不同程度上涨（表6-1）。随着畜禽养殖与屠宰加工逐渐向规模化、标准化、品牌化方向发展，我国正逐步建立起生产高效、资源节约、环境友好、布局合理的全产业链格局，肉类生产提质增效，供应能力显著提升。

表6-1　2023年畜禽产品产量及同比变化情况

项目	猪牛羊禽总计	不同肉种			
		猪肉	牛肉	羊肉	禽肉
2023年产量/万t	9 641	5 794	753	531	2 563
同比增加量/万t	414	253	35	6	120
同比增长率/%	4.5	4.6	4.8	1.3	4.9

数据来源：国家统计局。

2. 进口量稳中略减，出口量有所提升

2023年，全年肉类（包含杂碎）进口量为738万t，同比减少0.3%，肉类进口总额为1 933.2亿元，同比下降8.8%。累计肉类（包含杂碎）出口量44万t，同比增长8.2%（数据来源于海关总署，但按表6-2中数据计算应为10%），出口金额133.9亿元，同比增长2.8%。虽整体进口量有所下降，出口量有所提升，但我国肉类市场对进口产品的依赖度依然存在。其中，猪肉及猪杂碎进口量为271万t，同比下降5.3%，进口金额451.6亿元，同比下降0.3%；牛肉及牛杂碎进口量为277万t，同比增长1.5%，进口金额1 014.4亿元，同比下降15.7%；羊肉进口量为43.4万t，同比增长21.2%，进口金额124.6亿元，同比下降9.3%；禽肉进口量为68.3万t，同比增长17.0%，进口金额121.5亿元，同比增长29.1%。猪肉进口量回落，基本实现自给自足，除此之外，牛羊禽类进口量均有所增长，羊肉最多，禽肉次之，牛肉基本保持稳定（表6-2）。

表 6-2 2021—2023 年肉类（包括杂碎）进出口变化情况

年份	肉类进口量/万 t	肉类进口额/亿元	肉类出口量/万 t	肉类出口额/亿元
2021	938	2 079.2	35	115.7
2022	740	2 120.6	40	130.2
2023	738	1 933.2	44	133.9

数据来源：海关总署。

3. 肉类市场供应充足，产品价格持续低迷

2023 年，全年猪肉平均价格为 25.72 元/kg，同比下降 16.2%；牛肉平均价格为 84.29 元/kg，同比下降 3.8%；羊肉平均价格为 79.57 元/kg，同比下降 4.0%；鸡肉平均价格为 24.15 元/kg，同比增长 1.1%（图 6-1）。2022 年末生猪存栏创历史新高，能繁母猪产能大幅增加，短期内猪肉供应充足，但消费需求不足、供需不平衡等问题依然存在，我国传统肉类消费进入饱和阶段。2023 年猪价总体低位运行，除春节、中秋、国庆等假期拉动消费季节性上涨外，其他时间基本处于下跌趋势。同时，受猪肉价格下跌、供给相对过剩影响，牛羊肉价格持续走低，鸡肉价格全年保持相对稳定，价格浮动在畜禽产品中相对较小。

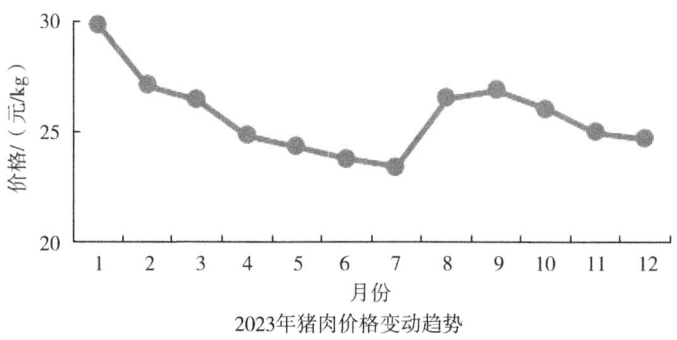

2023年猪肉价格变动趋势

图 6-1 2023 年 1—12 月主要畜禽肉集贸市场月平均价格变动趋势情况

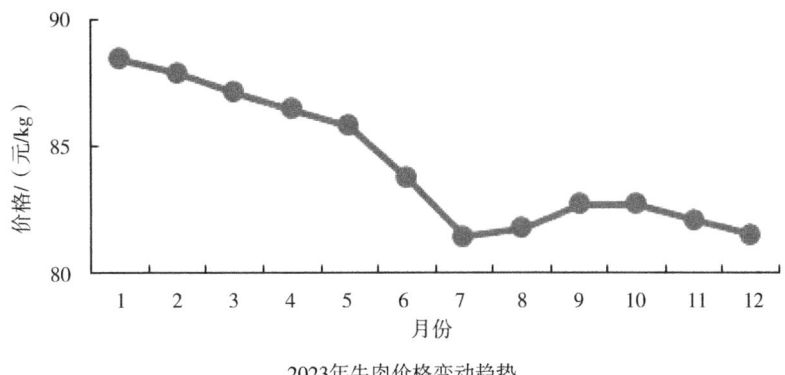

2023年牛肉价格变动趋势

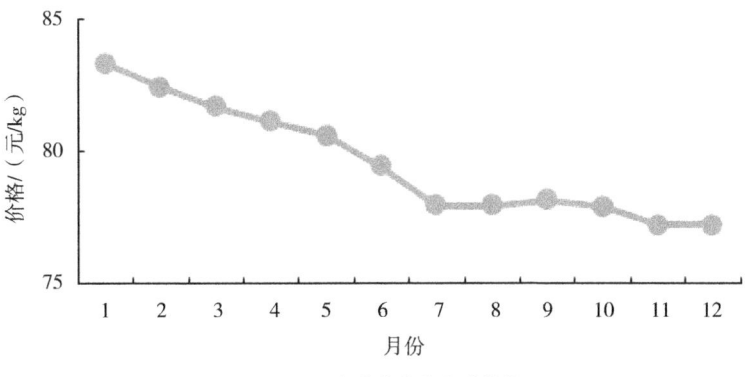

2023年羊肉价格变动趋势

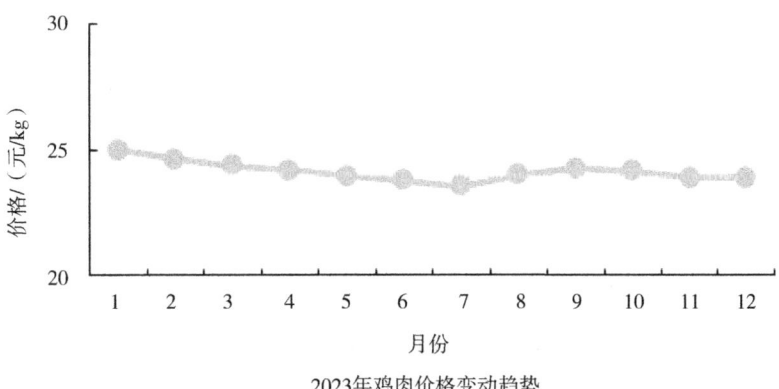

2023年鸡肉价格变动趋势

图6-1　2023年1—12月主要畜禽肉集贸市场
月平均价格变动趋势情况（续）

（数据来源：农业农村部畜牧兽医局）

4. 鲜、冷藏肉产量增长，市场规模逐步扩大

2023年，我国规模以上畜禽屠宰企业鲜、冷藏肉产量为3 923.5万t，同比增长15.3%，创历史最高纪录（图6-2）。伴随生鲜电商高度活跃，冷链物流布局逐步完善，我国正在打通产销渠道，贯通供需两端。京东、天猫、抖音等互联网平台及个人自媒体带货的新零售模式，鲜、冷藏肉的市场前景不断扩大。此外，屠宰及肉类加工行业的快速发展也为鲜、冷藏肉产量的增长提供了重要保障。我国畜禽屠宰及肉类加工企业持续加大研发投入，推动业务布局和技术升级，促进鲜、冷藏肉产量的快速增长。

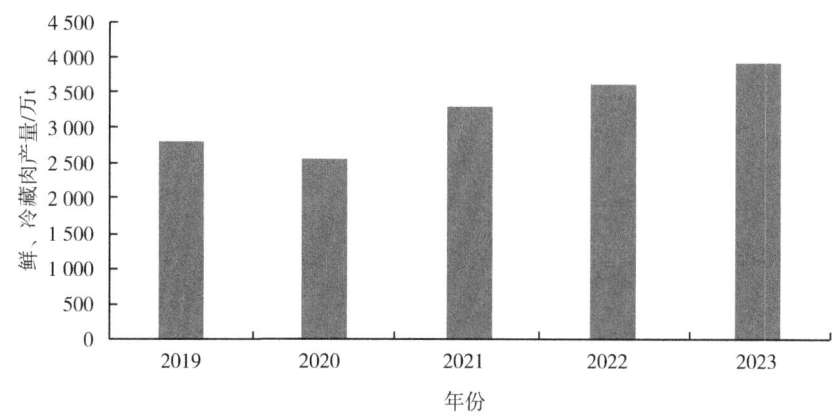

图6-2　2019—2023年我国规模以上畜禽屠宰企业鲜、冷藏肉产量

（数据来源：国家统计局）

5. 消费结构不断优化，肉类市场转型升级

随着城镇化水平不断提升，新一代消费习惯改变，我国居民消费的肉类种类持续增加，消费结构进一步优化。1990—2023年，猪肉消费占比从71.6%降低到57.8%，禽肉消费占比从8.5%涨到25.5%，牛羊肉则相对稳定，基本每年上涨2%~4%。同时，畜禽屠宰及肉类加工企业围绕市场多样化多层级消费市场，不断加强新品研发，低温肉类预制菜肴市场前景巨大。据iiMedia Research（艾媒咨询）数据，2023年中国预制菜行业市场规模为5 165亿元，同比增长23.1%，到2026年有望超过10 720亿元，肉类预制菜肴潜力巨大（图6-3）。

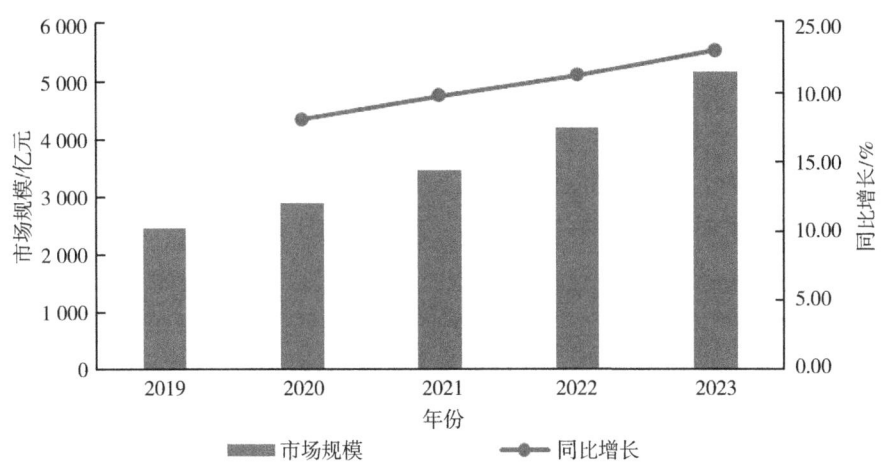

图 6-3　2019—2023 年中国预制菜行业市场规模

［数据来源：iiMedia Research（艾媒咨询）］

二、畜禽加工产业发展成效

一是聚焦创新，原创技术成果不断突显。近年来，我国肉类科技创新和产业发展能力突出，自主创新能力不断加强，在前沿问题探索、关键技术攻关、科技成果推广等方面取得长足进步。2023 年，我国畜禽加工产业在绿色制造、营养与品质保持、安全控制等领域多项成果达到国际领先水平。"肉类食品危害物快速检测与安全追溯新技术研发及应用""肉类预制菜冷链物流品质控制关键技术与装备创新及应用"获 2023 年中国轻工业联合会科学技术进步奖一等奖；"传统肉类菜肴制品工业化加工关键技术及产业化""禽肉优质高效加工关键技术及应用"获 2023 年度中国商业联合会科学技术奖全国商业科技进步特等奖；"中式肉类菜肴工业化加工关键技术及装备创研与应用""禽肉质量安全提升关键技术创新及在酱卤制品中的应用"获得 2023 年中国食品工业协会科学技术奖特等奖，推动行业技术进步，提升产品附加值，促进行业转型升级。同时，畜禽屠宰及肉类加工企业重视科技研发与人才培养，科技赋能品牌迸发活力，依托专业的人才队伍推进技术创新，丰富产品储备，加强知识产权和品牌保护，完善知识产权管理体制，有利于肉类品牌增强研发实力，提升市场竞争力。

二是智能提升，数字赋能产业转型发展。目前，我国数字化、智能化进程持续深入，为畜禽屠宰及肉类加工企业注入新动能。众多畜禽屠宰及肉类加工企业积极融入云计算、大数据、人工智能、信息交互等新一代信息技术，以智能化车间、数字化改造，助力企业提升生产、管理、销售全过程的质量控制和生产效率。如肉类加工产业技术创新战略联盟推荐的"十四五"国家重点研发计划项目"肉制品智能制造与信息化无人工厂关键技术研发及产业化示范"成功获批，由双汇牵头联合中国肉类食品综合研究中心、大连工业大学等9家高校、科研院所共同攻关，打造"肉制品智能制造无人工厂"，推动肉类产业向营养健康与智能制造方向跨越发展。同时，在多样化居民饮食结构、生鲜肉需求旺盛的市场环境下，"生鲜电商+冷链宅配""中央厨房+食材冷链配送"等新业态、新模式日益普及，加快推进冷链物流技术研究和标准体系建设，提升仓储、运输、配送等环节一体化运作和精准管控能力，全面提升畜禽及肉类产品装备智能化水平，不断满足多元化消费需求。

三是加强管理，守住食品安全第一防线。随着我国食品安全法治体系更加健全完善，监管执法更加严格规范，食品安全保障能力日益增强。全国食品抽检数据显示，2023年肉及肉制品合格率为99.20%。畜禽屠宰及肉类加工企业始终将质量安全放在首位，积极履行畜禽产品质量安全、动物疫病防控和安全生产主体责任，建立健全全产业链可视化、数据化质量安全管理体系，全力提升肉类产品全链条质量控制水平。同时，我国正在逐步构建与国际接轨的、相对完善的肉及肉制品标准体系，2023年先后发布GB 19303—2023《食品安全国家标准 熟肉制品生产卫生规范》、QB/T 5795—2023《肉制品安全信息追溯体系规范》，推动肉及肉制品标准提档升级，完善标准体系建设，以先进标准保障质量安全、品质提升。

四是绿色发展，以循环可持续助力低碳升级。畜禽屠宰及肉类加工企业积极践行"绿色低碳"可持续发展理念，推动节能降耗，构建全产业链绿色制造体系，围绕"原料无害化、生产洁净化、废物资源化、能源低碳化"探索低碳发展新路径，引领肉类产业转型升级。如福建圣农集团投资5亿元，新建首家智能低碳肉鸡加工厂，依托自动化智能装备、先进绿色加工技术，推动节能降耗与减排低碳。同时，传统畜牧业蛋白食物链效率偏低、对资源占用和环境污染产生巨大负担的问题日益显现，细胞培育肉、微生物蛋白肉、植物蛋白肉等新型肉类补充方式逐渐进入大众视野。目前，现有的巨头企业如泰森、雀巢、双汇等均是新蛋白产业的重要支持者。江南大学、中国肉类食品综合研究中心、南京农业大学等高校、科研院所积极开展相关替代蛋白研究和产业化工作，探索建立肉类产业高效、低碳、可持续发展体系。

第二节 重要技术发展情况

一、替代蛋白制造关键技术及产品开发

我国作为全球第一人口大国和肉类消费大国，推动新蛋白产业化发展，可有效缓解传统养殖业的压力，保障国家粮食安全，提升全社会的可持续发展水平。替代蛋白领域融合了合成生物学、物联网、人工智能、增材制造、食品科学、微生物学等众多颠覆性前沿技术，与传统畜牧业动物蛋白产品相比其生产过程更高效、绿色，产品更营养健康。

一是细胞培育肉制造关键技术及产品开发。通过细胞工程及基因工程手段获得多物种种子细胞，利用微载体贴壁培养、培养基个性化定制研发、培养工艺优化等技术，进而实现细胞的大规模增殖，提高细胞培养密度和培养效率，再通过控制细胞增殖和分化的比例，调控细胞培育肉的组织结构和口感特征，获得具有动物源成分的肉类蛋白及营养，进而研发出丰富的营养精准细胞培育肉类产品。取得肌肉干细胞和脂肪前体细胞的定向分化、可食用3D培养支架材料、低成本非动物源性专用培养基、细胞培养肉工程化生产工艺等多项原始技术创新成果。利用鸡/猪细胞贴壁生长的性能，将大米、小米及紫米进行预处理后作为支架，为猪/鸡细胞生长提供良好的微环境，使细胞在米表面生长增殖，开发出营养均衡和成分可控的鸡猪肉米组合食品，可有效满足人们多元化的消费需求。二是微生物蛋白肉制造技术，利用具有自主知识产权的高性能酵母菌，生产富含抗氧化肽、必需氨基酸等多种营养功能成分的酵母蛋白。具有自主知识产权的高性能酵母菌，其菌体蛋白含量占细胞干重>60%；分离提取的酵母蛋白富含8种人体必需氨基酸，必需氨基酸占氨基酸总量达到46%；分离提取酵母蛋白作为食品原料，利用挤压和风味调控等方法加工制备微生物蛋白肉产品，以酵母蛋白为原料生产的微生物蛋白肉，"肉"感风味仿真度>80%。微生物蛋白具有生产效率高、碳排放显著降低、生产过程无需使用化肥和农兽药，安全可追溯等优势，对于解决食品工业环保可持续发展问题、实现"双碳"目标等具有积极推动作用。

二、传统肉类菜肴制品工业化加工关键技术及产业化

传统肉类菜肴占我国肉类消费的80%以上，工业化是传统肉类菜肴产业转型

升级的必然选择。成果针对我国传统肉类菜肴工业化过程中存在的特征品质保持难（品质还原度<80%）、加工关键技术缺乏（作坊式生产占比>95%）、核心装备缺乏与成套生产线落后（能耗、污染物排放超食品工业平均值2倍以上）三大突出问题，以炖煮、炒烤和熏制三大类典型肉类菜肴为研究对象，构建了传统肉类菜肴品质调控-传统工艺数字转换-工业化加工的理论、技术和装备体系。一是首次系统揭示了传统肉类菜肴风味增益与伴生危害物消减的氧自由基、活性羰基协同调控新机制，阐明了加工过程传质传热规律，为工业化加工奠定理论基础。二是研创了传统肉类菜肴精准预制加工、传统工艺数字转换、风味与伴生危害物靶向调控等关键技术，产能提高3倍。三是研创了数字脉冲变压腌制装备、一体化定量炖煮装备、过热蒸汽连续炒烤装备和数控生烟糖熏装备等核心装备，集成配套了工业化加工生产线，开发出即食、即热、即烹、即配四大类200余种新产品，实现了传统肉类菜肴工业化加工。本技术成果荣获2023年度全国商业联合会科学技术奖特等奖，促进了传统肉类菜肴产业从"粗放手工操作"向"数字化标准化"跨越，为预制肉类菜肴产业高质量发展提供了强有力的科技支撑。

三、生鲜肉品质监控与快速检测技术及新装备

针对贮藏周期内生鲜畜禽部位分割肉品质评估的问题及难点，成果根据影响生鲜肉品品质的环境因素、作用原理及品质劣变因子，分别采用计算机视觉和近红外光谱技术采集带包装生鲜肉的图像信息、几何属性及基团特征的近红外光谱，构建了对带包装生鲜肉品的新鲜程度进行二次判定的最优品质预测模型、贮藏周期预测模型及脂肪氧化程度预测模型，形成了生鲜肉品质监控与快速检测技术装备。其中基于计算机视觉的带包装生鲜肉品品质变化及贮藏周期实时监测及分拣技术，可在100 ms内完成贮藏周期、品质评估指标的计算，评估准确率均大于90%。与常规检测方式相比，扩大了采样规模，提高了检测效率，降低了问题产品漏检率，实现了带包装生鲜肉品的品质指标和贮藏周期的在线实时快速检测。基于近红外光谱的生鲜肉品新鲜度和贮藏时间的检测技术，可在3 s内完成对品质指标的计算，各理化指标预测模型关系数大于0.85，预测准确率大于85%，大大满足了企业在规模化生产状态下对生鲜肉品品质快速检测的需求，适合多场景工业化在线检测。生鲜肉品质监控与快速检测技术装备整体达到国内领先水平，其中，检测-分拣协同技术可达到国际领先水平，可为行业在生鲜畜禽

肉品质保障方面提供有效技术支持，推动我国肉类行业进一步发展。

四、禽肉提质增效加工关键技术及产业化

在"双碳"背景下，作为优质蛋白质，禽肉有着广阔的发展前景。从消费的形式来说，主流消费者的需求实现了从"吃得饱"到"吃得好"的跃迁，肉制品朝着便捷、方便、营养、绿色等多样化方向发展。成果针对禽肉加工原料品质差、次品发生率高、损耗大，产品危害物残留高、原汁原味难保持、货架期短，加工工艺模糊、装备落后等难题开展系列攻关。创建了禽肉次品控制、高效分级、精准鉴别综合减损技术体系，解析了宰后禽肉品质形成机制，研发了异质肉控制技术、禽肉制品加工危害物靶向减控和特征食用品质保真技术，研创了符合我国鸡肉加工特点的自动化屠宰分级设备、自动化连续式加工设备、智能化包装设备及运输系统，极大提升了鸡肉加工效率和自动化、工业化水平，开发了系列清洁标签产品并产业化，制定了禽系列屠宰标准。整体技术达到国际领先水平，相关科技成果获2022—2023年度神农中华农业科技奖，有效解决了禽肉加工中的技术难题，为禽肉加工产业提供了科技支撑，有力促进了我国肉品加工产业提档升级、提质增效及区域经济的可持续高质量发展。

第三节　头部企业分析

一、头部企业概况

2023年，我国畜禽加工产业面临严峻的市场挑战，行业整体呈现营收略有上涨、利润大幅下降趋势。牧原股份、双汇发展、唐人神等多家企业面临营收与利润双降的挑战，特别是利润降幅显著，突显了行业整体经营压力（表6-3）。

表6-3　2023年畜禽加工产业主要上市头部企业营业数据

序号	企业名称	营业收入/亿元	同比增长率/%	净利润/亿元	同比增长率/%
1	新希望六和	1 417.03	0.14	2.49	117.05
2	牧原股份	1 108.61	−11.19	−42.63	−132.13
3	温氏股份	899.02	7.36	−63.90	−222.41

(续表)

序号	企业名称	营业收入/亿元	同比增长率/%	净利润/亿元	同比增长率/%
4	双汇发展	598.93	-4.29	50.53	-10.10
5	唐人神	269.49	1.54	-15.26	-1 230.37
6	圣农发展	184.87	9.93	6.64	61.56
7	立华牧业	153.54	6.28	-4.37	-149.05
8	龙大美食	133.18	-17.36	-15.38	-2 150.67
9	中粮家佳康	115.68	-10.33	-1.36	-138.10
10	天邦食品	102.32	6.91	-28.83	-704.40

二、重点头部企业分析

1. 新希望六和股份有限公司

新希望六和股份有限公司作为农牧行业的领军企业，2023年，面对行业挑战，通过运营管理转型、提效降本等措施，实现了业务的稳健增长。公司饲料业务销量稳中有增，利润良性增长，同时，在生猪养殖上通过内部管理提升和成本控制，有效改善了经营情况。全年实现营业收入1 417.03亿元，净利润同比大幅减亏，展现了较强的抗风险能力和市场竞争力。

2. 牧原食品股份有限公司

2023年，牧原食品股份有限公司面临生猪价格大幅下降的严峻挑战，全年营业收入同比减少11.19%，净利润亏损42.63亿元。生猪销售均价较上一年度下降约20%，导致公司全年业绩承压。然而，牧原通过提升养殖效率、降低生产成本，以及提高屠宰肉食业务产能利用率等措施，努力缓解亏损。公司养殖产能已达约8 000万头/年，屠宰产能也有所提升，同时，加大创新研发力度，推行标准化管理，提升智能化应用水平，为未来发展奠定基础。

3. 温氏食品集团股份有限公司

2023年，温氏食品集团股份有限公司实现营业总收入899亿元，同比增长7%，创历史新高，但净利润仍为负值。公司肉猪、肉鸡出栏量均创历史新高，显示出强大的生产能力和市场适应能力。面对行业挑战，温氏股份持续加强重大疾病防控和基础生产管理，优化种猪体系，提高养殖效率。同时，公司转型升级业务稳健发展，鲜品屠宰、预制菜等业务均实现盈利。未来，温氏股份将继续以稳健经营为首要原则，推动畜禽主产品市场占有率进一步提升。

4. **河南双汇投资发展股份有限公司**

河南双汇投资发展股份有限公司是中国肉制品行业的领军企业，2023年，受猪肉、鸡肉价格偏低及包装肉制品销量下降等因素影响，营收和净利润均出现下滑。尽管面临挑战，双汇发展在生鲜产品领域仍有亮眼表现，生鲜猪产品和生鲜禽产品销量均实现增长。近年来，双汇发展始终坚持肉制品产品结构调整，大力推广中高端产品，深耕预制肉制品、火锅食材、裹粉油炸等产品新品类，同时，重视科技创新和产品研发，研发投入一直维持较高水平，可为后续公司抵御行业风险，实现业绩提升奠定增长基石。

5. **唐人神集团股份有限公司**

2023年，唐人神集团股份有限公司实现营业收入269.49亿元，同比增长1.54%，但净利润亏损15.26亿元，同比下滑显著。生猪价格持续低位运行是公司亏损的主要原因。面对挑战，唐人神积极调整生猪出栏结构，增加肥猪出栏量，并通过"公司+农户"和"自繁自养"相结合的模式扩大生产规模。同时，公司加快数字化转型，通过小额快速定增募集资金用于数字化信息系统和智能养殖体系建设，提升生产效率和竞争力。未来，唐人神将继续优化业务结构，降低生产成本，努力实现扭亏为盈。

未来，企业需要在成本控制、市场拓展、产品创新、供应链管理和数字化转型等方面持续发力，以应对市场变化和行业竞争。

第四节 产业发展存在的问题

一、高端优质肉制品供给不足，产品结构优化需持续推进

随着我国居民生活水平的提高和消费观念的转变，消费者对肉制品的需求呈现高质化趋势。然而，我国肉类产业高端肉制品供给仍显不足，难以满足国内市场需求。尤其是2023年处于风口浪尖的预制菜，产业呈现政府热、企业热、舆论热而消费者抵触的特点，产品出现同质化严重、口味不佳、品质不稳定等问题，难以满足C端消费需求。如何围绕品质升级、品类细分及受众拓展部署产业创新链，聚焦营养健康、方便快捷产品需求，提升高品质产品供给能力，对推动肉类产业高质量发展既是机遇也是挑战。

二、研发投入比例偏低，科技创新能力亟待提高

我国畜禽加工产业科技创新虽已取得一定成效，研发投入总量持续增长，但投入强度仍显不足，产业集中度偏低，国际竞争力不强，科技创新水平有待提高。据统计，2023年双汇发展、新希望六和、温氏股份等10家畜禽屠宰及肉类加工上市企业研发投入仅占营业收入的0.77%，放眼全国企业可见一斑。研发投入水平较低掣肘了产业高效化、生态化、集约化生产等核心技术体系的集成与创新能力发展。强化科技创新核心引领地位，加速科技赋能深入实施步伐，进一步提高产业规模化、标准化、科技化及社会组织化程度，促进肉类科技成果转化应用，是推动畜禽加工产业转型升级的关键所在。

三、装备自主创新能力相对不足，数智化建设有待加强

在当前数字化、智能化趋势下，我国畜禽加工产业在装备自主创新上取得显著进步，但仍面临挑战。部分企业加工装备与自动化技术相对落后，产品同质化、副产物利用率低等问题限制了高质量发展。国产装备在智能化、稳定性、能耗及卫生保障上仍有不足，进口设备占比高，导致生产成本高且受到国外技术制约。亟须提高装备自主创新能力，以智能制造、数字经济为抓手，开展数字化设计和制造技术、智能感知和智能控制技术应用研究，提升整体装备制造水平，建立以畜禽加工为核心，涵盖养殖、屠宰、精深加工、贮运、销售及装备制造、冷链物流、副产物综合利用等的完整产业链，建成高规模化和现代化水平、抗风险能力强的畜禽屠宰及肉类加工产业体系。

第五节 产业发展趋势

一、培育新质生产力，保障未来食品安全供给

全球人口增长和气候变化为传统食品生产系统带来了严峻挑战。食品新资源的开发正在改变传统的食品生产模式，纳米组装、生物制造、智能化工厂和数字化供应链等生产技术的创新正在为食品工业带来革命性的变化。畜禽加工产业作为食品工业的重要组成部分，目前正处于转型升级的关键时期。《中共中央 国

务院关于学习运用"千村示范、万村整治"工程经验有力有效推进乡村全面振兴的意见》提出,"树立大农业观、大食物观,多渠道拓展食物来源"。体现在百姓餐桌上,就是在保障口粮的基础上,让食物的品类更加丰富、食物的结构更加优化。不断拓展植物动物微生物并举的多元化食物供给体系,面向世界科技前沿,围绕替代蛋白等生物制造前沿技术方向,开展变革性、颠覆性、突破性技术研究,助力完成实验室成果向工程化和工业化的转化落地,加快形成食品领域和健康领域的新质生产力,满足人们日益多元的食物消费需求。

二、产品创新能力提升,满足多样化个性化需求

畜禽加工产业已进入"消费升级、结构调整"新时期。围绕人民群众全方位、全周期的健康需求,结合居民膳食结构的科学调整及消费观念的多元化转变,贯通研发到转化、成果到市场、资本到收益的创新链条,推进畜禽加工产业结构优化升级,进一步构建满足不同需求、不同人群的肉制品加工技术体系,开发营养健康、方便休闲、特殊人群营养管理、个性化、特色化和时尚化的肉类新产品。例如,针对老年人开发具有易咀嚼、易消化等特点的肉类产品。"食养结合",将食药同源原材料引入肉制品开发中,实现与健康干预的有机结合,以食物资源为基础助力满足个性化健康需求。

三、数智化转型升级,驱动畜禽加工产业革新

现阶段我国肉类产品消费需求日趋多元化,同时,人力成本持续上升,能源价格不断高涨,环保压力不断增大。人工智能技术的进步,将加速向肉类产品设计、生产、贮运和销售等各个环节深度渗透,未来畜禽加工装备的自动化、信息化、智能化水平将不断提升。研发感应加热、仿真模拟、多传感融合感知等高效设计与提质制造新技术;研发肉制品营养品质、加工品质、食用品质等多品质数字化同步识别技术;研发智能化在线检测监测系统与设备;研发智能化产品设计、多形态物料智能递送、全程智慧物联等智能制造技术与装备;研制无人工厂一体化数智分析决策平台与装备,通过无人化操作和清洁生产,提高生产效率,保证产品品质,实现肉制品全程智能制造与品质提升。

第七章　2023年茶叶加工产业发展情况

第一节　产业现状与发展成效

茶叶作为我国传统优势特色农业产品，不仅在国内外市场上享有盛誉，还在推动地方经济发展、促进生态环境保护、弘扬中国传统文化等方面发挥了重要作用。茶产业通过种植、加工和销售环节的紧密结合，带动了相关配套产业的发展，为从业者提供了大量的就业机会和稳定的经济来源，同时也成为助力乡村振兴和精准脱贫的重要力量。茶产业的多元化发展也带动了相关产业链的延伸。茶叶深加工产品如茶饮料、茶食品、茶保健品等层出不穷，不仅丰富了市场供应，还满足了消费者多样化、个性化的需求。茶叶品牌建设和市场推广也取得了显著成效，各地通过打造地域特色品牌、举办茶文化节、茶博会等活动，提升了茶叶的品牌知名度和市场影响力。电商平台的快速发展为茶叶销售提供了新的渠道和机遇，线上线下融合发展成为趋势，直播带货、社交电商等新模式的兴起进一步拓宽了茶叶的销售市场。2023年，随着新冠疫情防控措施的放宽，经济得到了一定的复苏，中国茶产业积极应对有效内需不足、外需较弱且复杂多变的市场环境，顺势而为、优化调整，确保了基本盘的稳定。在加工方面，茶叶产值稳定增长、绿色低碳转型、技术集成示范持续推进，产业路径多元化、产业链细分化的趋势明显。多地实现"单季茶"向"三季茶"扩容。据统计，2023年全国干毛茶总产量为333.95万t，增幅4.98%。全国干毛茶总产值再创历史新高，达到3 296.68亿元，增幅3.65%。茶叶内销总量基本持平，内销总额小幅回调，茶叶进口量减少，出口量与出口额均有所下降。

一、2023年茶叶加工产业发展概况

1. 产业规模进一步扩大

虽受干旱气候影响，2023年全国早春茶略有减产，但春茶季后期及夏秋茶产量的明显提升带动了全年茶叶产量持续增长。2023年，全国干毛茶总产量为333.95万t，同比增长15.8万t，增幅4.98%。其中，湖北、福建、湖南、安徽、贵州、四川6省增产规模在万吨以上，而江西、广西和海南均有不同程度的减产（图7-1）。

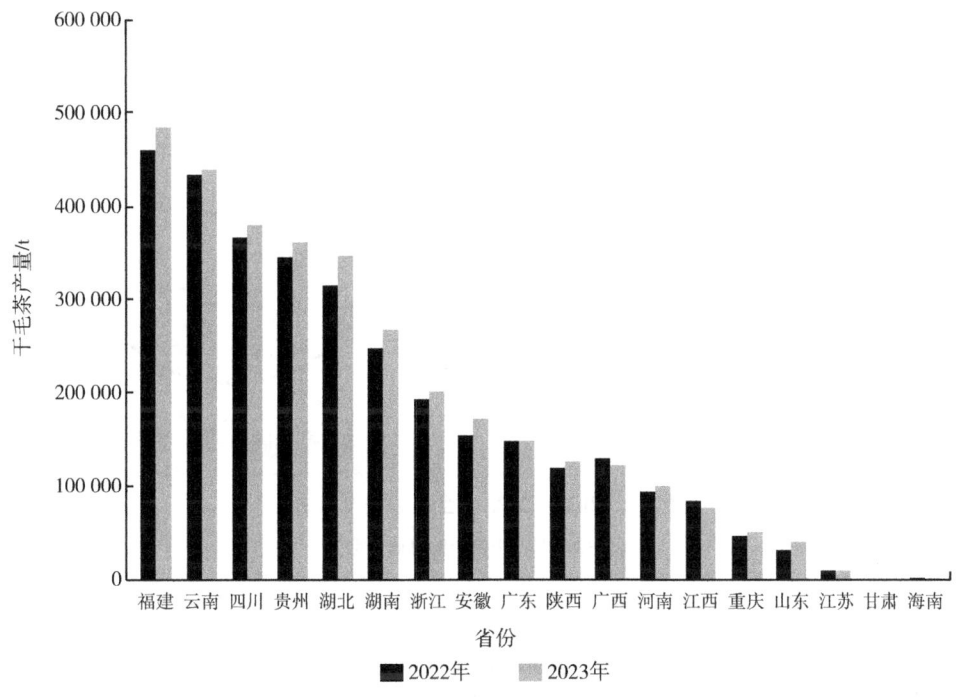

图7-1　2022—2023年我国主要产茶省份干毛茶产量

（数据来源：中国茶叶流通协会）

全国干毛茶总产值为3 296.68亿元，再创历史新高，同比增加116.01亿元，增幅3.65%，但相比于2022年，增幅有所下降。其中，云南的增长额为69.86亿元，增长率为30.08%，均为最高。福建、安徽、湖南3省的产值增幅也超过了15%。江苏、山东、河南、广西、贵州、陕西6省区产值均有不同程度下降。

2. 茶类结构基本稳定

2023年，我国传统六大茶类均实现增长，生产格局上与上年度相比变化不大，以绿茶为主导，其他茶类均衡发展，但是黄茶增幅巨大。产量方面，绿茶产量193.4万t，增幅4.3%；红茶49.1万t，增幅1.9%；黑茶45.8万t，增幅7.4%；乌龙茶33.3万t，增幅6.9%；白茶10.0万t，增幅6.0%；黄茶2.3万t，增幅78.4%。绿茶、红茶、黑茶、乌龙茶、白茶、黄茶的产量比例为57.9∶14.7∶13.7∶10.0∶3.0∶0.7；绿茶和红茶在总产量的占比下降，白茶占比稳定，其他茶类占比攀升（图7-2）。

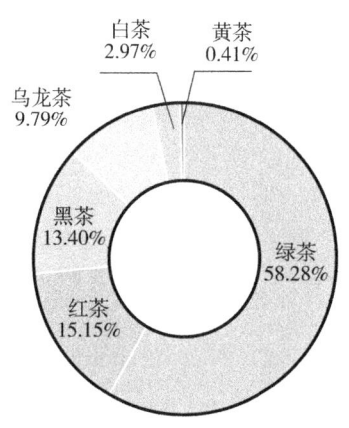
2022年全国分茶类产量占比

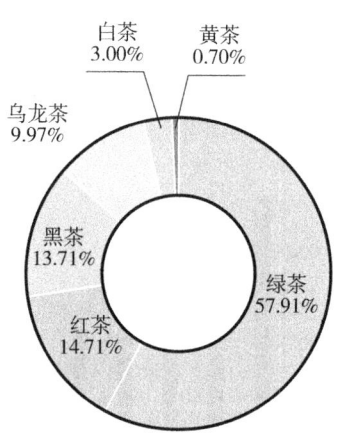
2023年全国分茶类产量占比

图7-2　2022—2023年全国茶类产量占比

（数据来源：中国茶叶流通协会）

3. 茶叶内销市场保持平稳

2023年，六大茶类中，内销量占比最大的绿茶和红茶出现小幅下降，其余茶类略有上升。国内绿茶内销量128.9万t，同比减少1.7%，占总销量的53.6%；红茶37.9万t，同比减少0.5%，占总内销量的15.8%；黑茶37.8万t，同比增长3.8%，占总内销量的15.7%；乌龙茶25.6万t，同比增长3.2%，占总内销量的10.6%；白茶8.3万t，同比增长2.5%，占总内销量的3.5%；黄茶1.9万t，占总内销量的0.8%。中国茶叶内销总量为240.4万t，增长0.8万t，同比增长0.3%；但是内销总额小幅回调，内销总额3 346.7亿元，同比减少48.5亿元，回调约1.4%；因为受绿茶均价调整的影响，全国茶叶内销均价出现回调，内销均价为139.2元/kg，同比减少1.7%（表7-1）。

表7-1 2023年中国六大茶类内销量统计

类别	2023年/万t	2022年/万t	增长量/万t	增长率/%
绿茶	128.9	131.1	-2.2	-1.7
红茶	37.9	38.1	-0.2	-0.5
黑茶	37.8	36.4	1.4	3.8
乌龙茶	25.6	24.8	0.8	3.2
白茶	8.3	8.1	0.2	2.5
黄茶	1.9	1.1	0.8	72.7
总计	240.4	239.6	0.8	0.3

数据来源：中国茶叶流通协会。

2023年，中国进口茶叶量进一步下调，为3.90万t，同比减少5.48%；进口额1.46亿美元，同比减少0.27%；均价3.75美元/kg，同比增长6.09%。其中，进口以红茶为主，进口量3.22万t，占总量的82.56%；进口红茶和黑茶的数量均有增加，进口红茶、乌龙茶的金额微增；进口绿茶、乌龙茶、普洱茶的均价有所上涨。其他花茶与白茶首次引入。

4. 国际市场茶叶出口额减少

2023年，国际局势的持续动荡，新冠疫情对产供链的持久性负面影响等仍严重拖累经济复苏的步伐。据海关总署统计，2023年，中国茶叶出口总量36.75万t，同比减少2.06%；出口额17.39亿美元，同比减少16.49%；均价4.73美元/kg，同比减少14.74%。在出口量方面，绿茶仍然是出口茶叶中占据绝对优势的品类，占比高达84.18%。但是，除了乌龙茶和黑茶之外，其他茶类均有不同幅度的下降，红茶降幅最大，达到了12.62%。全国共有6个省份的茶叶出口总量超过1万t，分别是浙江省15.03万t，同比减少2.3%；安徽省6.73万t，同比增长8.4%；湖南省4.22万t，同比减少11.5%；福建省2.89万t，同比减少9.3%；湖北省2.42万t，同比减少1.4%；江西省1.31万t，同比减少6.6%。另外，各大茶类的出口额和均价全部下调，普洱茶的出口额降幅最大，达到56.47%，均价降幅最大，达到51.48%。出口均价最高的是白茶，单价为25.24美元/kg（表7-2）。

表 7-2　2023 年中国茶叶出口量、出口额、出口均价统计

类别	出口量/万 t	增幅/%	出口额/万美元	增幅/%	出口均价/（美元/kg）	增幅/%
绿茶	309 389.54	-1.44	118 048.70	-15.32	3.82	-14.09
红茶	29 044.19	-12.62	26 705.07	-21.63	9.19	-10.31
乌龙茶	19 925.58	2.99	20 677.25	-19.98	10.38	-22.31
茉莉花茶	6 210.55	-4.56	5 049.67	-10.32	8.13	-6.04
普洱茶	1 719.01	-10.29	1 325.43	-56.47	7.71	-51.48
白茶	580.74	—	1 465.92	—	25.24	—
黑茶	427.29	21.81	252.89	-7.71	5.92	-24.23
其他花茶	245.20	—	395.18	—	16.12	—
总计	367 542.10	-2.06	173 920.11	-16.49	4.73	-14.74

数据来源：海关总署。

5. 消费市场情况

2023 年，受整体消费环境的影响，原叶茶的内销情况不尽如人意。市场进入存量竞争阶段，茶企承受了较大压力。面对新的市场需求，骨干茶企通过创新产品宣传、消费场景等方式，吸引年轻消费群体，并积极拥抱互联网时代，取得了一定成效。

线下销售渠道逐步恢复，品牌专卖店业绩回升较快，而电商板块增速放缓。直播电商与货架电商协同发展，成为茶企的必由之路。然而，直播电商的价格战也带来了市场混乱，行业正在努力规范发展。

新茶饮行业继续增长，产品原料回归茶，并且加快了海外布局。同时，新中式茶馆崛起，成为年轻人社交的新选择，并在社交平台上获得了较高的关注度。

二、茶叶加工产业发展成效

2023 年，全国茶叶生产克服旱涝天气等不利影响，茶叶种植面积及产量、产值稳定增长，绿色低碳转型、技术集成示范工作持续推进，产业路径多元化、产业链细分化的趋势明显。各产区高度重视品牌建设与市场拓展，茶事活动空前兴盛，持续带动农民增收效果明显。

1. 茶叶产量继续增加，经济效益保持稳定

2023 年，我国茶叶加工产业继续保持高质量发展，春茶季后期及夏秋茶产量的明显提升带动了全年茶叶产量持续增长。全国干毛茶总产量为 333.95 万 t，同比增长 15.85 万 t，增幅 4.98%；全国干毛茶总产值再创历史新高，达到

3 296.68亿元，同比增加116.00亿元，增幅3.65%。但是，内销总额小幅回调，为3 346.7亿元，回调约1.4%，不及预期。

2. 茶叶产品结构优化

传统茶叶的消费保持稳定。绿茶仍然在中国内销市场中占据绝对优势。此外，黄茶内销量增长迅速，2023年为1.9万t，同比增长了0.8万t，增长率高达72.3%，证明黄茶正在受到越来越广泛的关注。

茶叶深加工产品的发展同样值得关注。2023年，茶饮料、茶食品、茶保健品等深加工产品市场需求扩大，推动了茶叶产业链的延伸和附加值的提升。例如，茶多酚、茶多糖等功能性成分的提取和应用，为茶叶加工企业带来了新的利润增长点。

3. 市场与品牌建设

2023年，新冠疫情过后，传统实体渠道逐渐恢复。在线下销售通路中，品牌专卖店的销售业绩回升最快，相较2019年，店均比增20%~40%。而茶叶专业市场、商超卖场及茶馆的业绩回升相对较缓。另外，受直播电商板块震荡调整的影响，茶叶电商板块增速放缓。线上消费者的消费习惯发生了改变，更加注重商品的"低价时刻"，而不是"低价商品"。

2023年，新茶饮行业保持市场持续增长与高速迭代。行业发展呈现健康化、品牌化、国际化趋势。消费者更加关注茶饮产品的用料，更多的名优茶被应用到创新的新茶饮产品中，且新茶饮的头部品牌集中出海，布局海外。另外，新中式茶馆强势崛起，以"零售产品+现制饮品+社交空间"的路线成为年轻人中的热点话题之一。

4. 科技创新与标准化体系的完善

2023年，茶叶加工技术取得了显著进步，尤其是在自动化、智能化及新型加工工艺的应用方面。传统的手工加工方式逐渐被自动化设备所替代，生产效率得到了极大提升，同时，也降低了人力成本。自动化生产线在许多茶叶加工企业中得到了广泛应用，从鲜叶采摘到成品包装，整个流程实现了智能化控制，减少了人为操作的误差，提高了产品的一致性和质量稳定性。1月中旬，召开了"绿茶加工智能化关键技术创新及成套装备研发"等科技成果评价会。

由安徽农业大学茶树生物学与资源利用国家重点实验室主任宛晓春牵头制定的国际标准ISO 20715：2023《茶叶分类》发布，标志着中国六大茶类分类体系正式成为国际共识。这是中国在茶叶标准国际化领域取得的具有里程碑意义的成果。

5. 茶文化助力茶产业

2023 年，茶文化、茶科技对提振茶产业给予了有力支撑——普洱景迈山古茶林文化景观入选世界遗产，文化和旅游部举行"茶和天下·雅集"，以及"茶·世界——茶文化特展""茶中日月长——亚洲茶文化展"等系列活动。与此同时，"非遗""国潮""调饮"等消费新热点也持续显现。茶旅深度融合，在挖掘茶文化内涵的同时，打造茶旅新经济。

第二节　重要技术发展情况

一、茶叶精制加工技术的不断创新

红茶、绿茶、黄茶、白茶、乌龙茶、黑茶是我国传统的六大茶类，2023 年，围绕六大茶类重要加工工序，我国的茶叶精制加工技术不断创新，并结合代谢组学、挥发物组学、转录组学和蛋白质组学等新技术，探索了茶叶关键品质成分在加工过程中的转化及对茶叶风味品质形成的机理，为我国茶产业经济的发展提供了技术支持和理论支持。

绿茶是我国产销量最高的茶类，2023 年，研究者进一步探索了绿茶摊放、杀青、干燥等重要工序中绿茶关键品质成分的变化及其对绿茶风味的影响，对指导绿茶品质的精准调控具有重要意义。具体体现在：研究了绿茶鲜叶摊放含水量对龙井茶关键风味物质和品质形成的影响；探究了摊放阶段补充红光对绿茶关键呈香物质和绿茶香气提升的影响；阐述了不同杀青温度对龙井茶品质成分形成的积极作用；解析了不同杀青方式和杀青时间对绿茶品质成分的影响；明确了不同干燥方式和干燥程度对绿茶品质的贡献；创新了一种茶叶生产用新鲜茶叶脱水装置；发明了一种绿茶大批量生产用揉捻装置；研发了一种高谷氨酸扁形绿茶的制备方法；研制出一种兰花香绿茶及其制作方法；团体标准《金萱绿茶加工技术规程》开始实施。

红茶是我国产销量仅次于绿茶的茶类，其中，工夫红茶我国产销量最高的红茶类别。2023 年，针对我国工夫红茶产业面临的品质调控机制不明、优质加工技术缺乏等问题，围绕着工夫红茶重要的加工工序萎凋、揉捻、发酵和干燥，以提升红茶色、香、味品质为导向，开展了一系列的创新研究。主要体现在：探究了暖风萎凋增加红茶中香气成分和儿茶素含量的机理；明确了不同光质萎凋及萎凋程度对红茶香气、滋味的改善作用；阐述了中等揉捻压力对红茶风味品质的提升作用；揭示了关键品质成分茶黄素、茶红素、苯甲醛、香叶醛、芳樟醇等在红茶加工过程中的形成机理和调控机制；创立了基于富氧发酵、调湿发酵、控温发酵等技术为核心的红茶精准加工技术；研制出一种高可溶性糖含量的夏秋红茶及其制备方法；创制了一种低黄酮（醇）苷红茶制备方法等。

黑茶是我国特有的茶叶类别，因微生物参与渥堆发酵，使其滋味醇厚、陈香突显，且具有极高的保健功效。2023年，针对黑茶制作原料混杂、加工工艺落后、陈化过程中品质成分转化机理不清晰、渥堆过程中微生物菌落难以把控等问题，研究者开展了一系列针对性的研究工作。具体体现在：筛选出了适制六堡茶的优质茶树品种；探究了摊放结合热风杀青工艺对提升传统黑茶的品质作用；优化了杀青方式、杀青温度、渥堆时间、渥堆温度等条件便于制得高品质黑茶；探究了普洱黑茶发酵过程中脂类物质的动态变化及其对黑茶风味的影响；阐明了低温足火干燥方式对黑茶挥发物成分和综合品质的提升作用；解析了黑茶的后期陈化对风味品质优化的重要贡献；创新了新型黑茶陈化技术，创制出汤色更红、陈香突显、滋味更加醇厚的黑茶；阐明了微生物群落结构的变化加速黑茶渥堆发酵过程中类黄酮、类黄酮醇和脂质的降解，以及增加多酚衍生物及茶多糖、甜味或鲜味氨基酸的机理；指出固态混合菌、冠突散囊菌、团青霉、阿姆斯特丹曲霉等有益菌株对黑茶风味品质的调控作用；发明了一种具有喷淋机构的黑茶渥堆陈化机；创新了一种颗粒形黑茶的制作方法；创制了一种具有保健功效的高羟基脂肪酸含量的普洱黑茶制作方法；云南省《生态普洱茶生茶加工技术规程》（DB/T 1157—2023）开始正式实施。

乌龙茶、白茶和黄茶也是我国独有的特色茶叶类别，近年来，在茶叶市场中的作用愈加突显。2023年，我国乌龙茶、白茶和黄茶的加工工艺也在新技术、新工艺的指导下取得新的进展。具体体现在：研究出乌龙茶"四摇三焙"加工法，能够制作出品质稳定、风味品质特征独特的乌龙茶；引入正山小种茶工艺制成风味品质优良、经济效益极高的红乌龙茶；引入安化黑茶菌种冠突散囊菌制作菌花香型乌龙茶，制得乌龙茶茶香浓郁、菌花香显，具有极高的饮用价值；研究发现在白茶萎凋后对萎凋叶进行堆茶处理可进一步促进内含物质的转化并减少白茶的青气；比较了不同干燥方式烘干、风干、晒干和碳焙等对白茶内含物质和风味品质形成的影响；探索了闷黄温度、闷黄湿度、闷黄次数、闷黄材料及闷黄时间等对黄茶呈味物质和风味形成的影响；创新了一种引入摇青工艺的高香型黄茶的加工工艺；发明了一种冷泡花香型黄茶的制备方法；团体标准《龙州乌龙茶加工技术规程》《花香型做青红茶加工技术规程》《花香型白茶加工技术规程》发布实施，对地方乌龙茶、花香型红茶、花香型白茶产业向高产优质方向发展具有重要意义。

二、茶叶功能性成分的深度挖掘和利用

茶叶多糖是从茶叶中提取出来的具有多种生物活性且结构复杂的杂多糖或其复合物，具有多种生物活性，如解毒和治疗糖尿病等。2023年，南昌大学聂少平教授团队"富含多糖的营养健康食品创制关键技术与产业化"成果获国家科技进步奖二等奖，实现了茶多糖的高效分离、提取和纯化，对茶叶内活性成分的有效利用、提高茶叶的整体经济价值具有重要意义。

茶叶中儿茶素占干重的12%以上，具有延缓衰老、抗肿瘤等显著的生理活性，然而因其结构的高度极性和不稳定性，导致其在人体内生物利用率较低。甲基化儿茶素是儿茶素通过甲基化修饰而形成的一系列衍生物，其稳定性和生物利用率明显高于常规儿茶素，已有多项研究表明其具有显著的抗过敏、降血压、调节肠道菌群等生理功效。2023年，中国农业科学院茶叶研究所茶树种质资源创新团队联合国内高校科研团队，揭示了茶树中儿茶素甲基化衍生物的生物合成机制，为茶叶内甲基化儿茶素的深度挖掘与高效利用奠定了科学依据。

硒是茶叶中重要的微量元素，具有极佳的保健功效。我国多个地区由于地理条件优越，对生产富硒茶具有得天独厚的优势，如湖北恩施咸丰县、陕西紫阳县。2023年，中国农业科学院茶叶研究所对湖北咸丰县和陕西紫阳县定点帮扶，牵头制定了《紫阳富硒茶生产技术规程综合体》《硒香茶加工技术规程》等技术规范等，发展紫阳富硒茶园25.9万亩，咸丰富硒白茶园14.5万亩，并开展了多项富硒茶相关研究，为茶叶中硒元素的高效利用和富硒茶产业向规模化、标准化发展提供了技术支撑。

三、茶叶智能化加工技术的发展和应用

信息技术、光谱技术、机器视觉技术、电特性技术、传感器信息融合、人工智能等多项先进技术在茶叶加工过程中的应用，推动茶叶的加工生产朝着数字

化、智能化方向转型与升级。2023年，研究者围绕着茶叶加工的关键工艺环节展开了一系列的茶叶智能化加工技术相关研究。

2023年，"绿茶加工智能化关键技术创新及成套装备研发"项目进展顺利，该项目系统揭示了不同类型绿茶加工品质形成机理，率先提出了绿茶加工数字化品控关键技术指标，创新和丰富了绿茶加工技术理论，为工艺数字化和装备智能化提供了理论支撑；突破了基于计算机视觉系统的鲜叶智能分级技术与装备、基于可见/近红外光谱的茶叶在制品水分智能感知技术及装备、基于温度水分压力协同精准控制的绿茶智能化加工等技术瓶颈，创制了摊放、杀青、揉捻、理条、提香、剔杂等绿茶全程智能化加工装备，全面提升了我国绿茶加工技术装备水平，有力助推了我国茶产业高质量发展；相关技术与装备在全国10个绿茶大省全面推广应用，近两年累计新增销售额31.58亿元，新增利润4.67亿元，直接带动80多万户茶农增收，取得了显著的经济效益和社会效益，为茶区精准扶贫和乡村振兴作出了突出贡献。

与此同时，其他茶类的数字化加工也取得了一定的进展，例如，通过采集萎凋过程中的高光谱图像和纹理特征匹配，建立了茶叶含水率预测模型，实现了红茶萎凋含水率的快速无损检测；采用近红外光谱技术，构建了成品红茶中外源蔗糖含量的定量预测模型，为实现成品红茶中外源蔗糖含量的快速有效检测奠定了基础；基于计算机视觉、近红外光谱、电特性和数据融合技术，建立了单一技术和不同组合技术对红茶萎凋/绿茶摊放水分的定量预测模型；基于图像识别技术和气味融合技术红茶发酵程度的有效判定；研发出红茶自动化生产的智能控制系统；创制出一种黄茶自动化闷黄设备；研制出一种白茶自动化萎凋设备等。这些智能化加工设备和检测模型的研发及应用，对实现我国茶叶数字化、智能化、高效率加工奠定了基础。

四、茶文化助推茶产业经济的发展

2023年，我国六大茶类分类体系上升为ISO国际标准，是我国在茶叶标准国际化领域取得的具有里程碑意义的成果。该项国际标准根据茶叶加工工艺和品质特征，将茶叶分为红茶（传统红茶、红碎茶、工夫红茶、小种红茶）、绿茶（炒青、烘青、晒青、蒸青、碎绿茶、抹茶）、黄茶（芽型、芽叶型）、白茶（芽型、芽叶型）、青茶（乌龙茶）、黑茶（普洱熟茶、其他黑茶）六大类。同时，规定了茶叶关键加工工序的名词术语，如做形、闷黄、渥堆等极具中国特色的关键工序名词。六大茶类的分类既是我国茶文化领域的一大特色，又是我国茶叶特色加工技术的体现。该项国际标准的发布，有力提升了我国茶叶的知名度，提高了我国茶叶标准化工作在国际上的影响力和话语权，对于规范和促进国际茶叶贸易公平与消费者权益，促进我国茶叶出口特别是极具中国特色的白茶、黄茶和黑茶的出口具有重要意义。

2023年4月，中国茶业科技年会茶叶科技分会在陕西安康顺利举行；2023年5月，"国际茶日"活动在位于法国巴黎的联合国教科文组织总部举行；2023年10月，中国茶业科技年会在青岛市召开。一系列茶文化、茶叶学术研讨会的开展对带动我国茶文化的繁荣，助推我国茶产业经济的发展，发挥了不可忽视的作用。

第三节　头部企业分析

一、浙江省茶业集团股份有限公司

浙江省茶叶集团股份有限公司（以下简称"浙茶集团"）为浙江省供销社主管企业，其前身是成立于1950年的浙江省茶叶公司，集茶叶种植、加工、科研开发和国内外贸易于一体，是农业产业化国家重点龙头企业，连续多年保持茶叶出口量全国领先，绿茶出口世界前列，拥有10余个涵盖行业不同领域的知名品牌，是具备全球茶叶资源供应链整合、运营能力的茶叶全产业链品牌运营商。目前，浙茶集团年经营规模约10亿元，出口茶叶3万~4万t，位居全国茶叶出口企业前列，销售网络遍及全球60多个国家和地区。在茶园建设上，浙茶集团打造6 000多亩自有基地，引进绿色生态和数字化技术做好茶园管护，保障鲜叶质量；省外近20万亩合作茶园，探索联合认证、以销定产等方式加强品质管控。在茶叶加工中，浙茶集团投入5 000万元对生产车间和设备进行技术改造，提升品质稳定度。在配套赋能上，牵头丘陵山地大宗茶自走式采摘机研发与产业化等省"尖兵"研发项目，助力工业化茶叶原料生产降本增效。

浙茶集团依托浙江绿茶资源禀赋好、龙井品类强的优势，大力打造狮峰成为龙井茶头部品牌；树立优质稳定供应链，全新培育九宇成为高端抹茶专业品牌和新茶饮原料品牌供应商；持续向全球60多个国家和地区销售茶叶，巩固"浙茶""骆驼"等品牌全国茶叶出口前列的地位；发挥杭州亚运会官方供应商优势，开发亚运特许产品，展示龙井手工炒制技艺，不断提升品牌影响力。浙茶集团全面构建线上和线下、终端零售和集中供应相结合的立体销售体系。一方面，大力开发线上销售，在天猫、京东、抖音、小红书等电商平台搭建旗舰店12个，年吸引客户125万、年销售超100万单，其中，狮峰茶叶旗舰店2023年销售额居天猫平台绿茶类目第一。另一方面，积极布局线下渠道，搭建覆盖全国22个省（区、市）、76个城市的经销体系，其中直营门店8家，加盟经销商283家。此外，浙茶集团主动开拓瓶装饮料和新茶饮等茶原料需求增量市场，带配比方案为头部食品饮料企业提供技术建议、供应产品原料，加大茶叶原料工业应用推广力度。目前，浙茶"狮峰"牌龙井年销售额超2亿元、"九宇"牌抹茶和原料茶销售额超1亿元。

二、湖南省茶业集团股份有限公司

湖南省茶业集团股份有限公司是湖南省供销合作总社重点出资企业，是一家集茶叶种植、加工、科研、销售和茶文化传播于一体全产业链经营、专业制茶、内外贸并举的农业产业化国家重点龙头企业。公司下设10个业务部门，控参股60多家企业，在全省有99个优质生态茶园基地，茶园总面积64.5万亩（其中14.5万亩茶园基地通过了有机茶国际标准认证）；投资建设了湘茶高科技产业园、白沙溪黑茶产业园、益阳茯茶产业园、君山黄茶产业园、辰州碣滩有机茶产业园、河西走廊精加工产业园6个综合性产业园区，年加工能力达10万t；搭建了国家茶叶加工技术研发分中心、中华全国供销合作总社杭州茶叶研究院湖南研究中心、湖南省茶叶种植与加工工程技术研究中心、省认定企业技术中心4个省部级科研平台，在刘仲华院士团队、湖南省茶叶研究所等单位指导下取得了包括国家科学技术进步奖二等奖在内的30项重大科研成果；重点打造了"白沙溪""湘益""君山""洞庭"4个中国驰名商标和"臻溪"1个国食健字号品牌，拥有辰州碣滩有机绿茶、倩云古丈毛尖、潇湘花茶、金毛猴红茶、保靖黄金茶、韶山红茶、茶祖源红茶等知名茶类，销售遍布全球100多个国家和地区，经营规模及综合实力排名全国前列，共联结带动了50万户茶农持续增收致富。

公司产品除在国内销售外，相当部分出口到美国、加拿大、欧盟、日本、俄罗斯等市场，整体经营规模及综合实力位居全国前列。公司是全国百家优秀龙头企业、全国农产品加工业出口示范企业、全国供销合作总社系统百强企业、湖南省农业产业化十大标志性企业、湖南省100强企业等，是中国茶叶流通协会副会长单位、全国边销茶专业委员会主委单位、中国茶产业联盟副理事长单位、全国茶叶标准化技术委员会黑茶工作组秘书处单位、湖南省食品行业联合会会长单位、湖南省茶业协会会长单位、湖南省茶叶品牌建设促进会常务副会长单位等。

公司采用"公司+基地（合作社）+农户"的模式，截至目前，已在全省宜茶区重点建立了99个优质生态基地，联结了近百个专业合作社，茶园总面积64.5万亩，其中有14.5万亩基地通过了法国ECOCERT、德国CERES等有机茶国际认证。

公司投资建设了湘茶高科技产业园、白沙溪黑茶产业园、益阳茯茶产业园、君山黄茶产业园、辰州碣滩有机茶产业园、河西走廊精加工产业园6个主要大型综合产业园区，拥有国内外先进的黑茶、茯茶、黄茶、绿茶、有机精制茶、花茶、黑茶提取物生产加工车间，整体加工建筑面积22.5万m^2，年加工茶叶能力10万t以上。公司在国外设有6个办事处，与俄罗斯、德国、英国、美国、塞内加尔、摩洛哥、日本等100多个国家和地区建立了长期稳定的贸易合作关系，形成了遍布全球五大洲的营销网络体系，出口业务在全国同行排名前列。

三、福建八马茶业有限公司

福建八马茶业有限公司是一家以从事饮料和精制茶制造业为主的企业，成立于2010年，位于福建省泉州市，注册资本为3 080万元。八马茶业有限公司汇聚中国原产地好茶，满足消费者多样化的品饮需求，产品覆盖乌龙茶、黑茶、红茶、绿茶、白茶、黄茶、再加工茶等全品类茶叶及茶食品等产品。

目前，八马茶业已获得26项专利及福建省科学技术进步奖一等奖、福建省专利奖三等奖等多个科学、专利奖项；建立博士后科研工作站、茶产业研究院等多个国家级、省级科研平台；打造现代智慧农业茶园，建立智能仓储系统；领衔起草《乌龙茶加工技术规范》等数十项国家、地方和企业标准，推动行业标准化；连续12年获评农业产业化国家重点龙头企业，连续3届获评"中国茶（叶）行业标志性品牌"，连续8年入选"中国品牌价值500强"，多次代表中国茶服务重要国际活动。

2023年1月，八马"安心码"上线，为产品提供官方身份证，全程跟踪锁定，保证茶叶安全品质。同年11月，八马在武夷山核心产区耗时近3年打造的八马武夷山智能化生态产业园开园。项目总投资2.7亿元，总占地面积超过6万m^2，配备了智能化、数字化、信息化武夷茶精加工生产线，原料精制生产加工能力日产量达 3.6 t，全包装生产线日产量可达 12 000 盒。"6·18"期间，八马茶业全渠道销售额超 3.4 亿元，同比增长 42%。截至 2023 年 12 月 31 日，八马全国门店超过 3 300 家，年销售额超过 40 亿元，纳税额超过 2 亿元，品牌总价值达 270.09 亿元。

第四节　产业发展存在的问题

一、市场竞争激烈，成品茶市场供需进入饱和期

茶叶市场的竞争非常激烈，尤其是在国内外市场上。茶叶生产企业数量众多，产品同质化严重，导致市场竞争加剧。中小型茶企在品牌推广和市场拓展方面存在较大压力。此外，随着茶叶种植面积的扩大和生产技术的进步，成品茶的产量持续增加。由于供给充足且需求增速放缓，市场竞争加剧，价格战频繁，产品同质化严重，导致企业利润空间缩小，库存压力增大。市场拓展难度增加，尤其是在国际市场，企业面临更大的挑战，迫切需要通过产品创新和品牌建设等手段来寻找新的增长点，打破市场饱和的局面。

二、生产成本上升

生产成本上升是茶产业面临的主要挑战之一，涵盖多个方面。首先，劳动力成本显著增加，尤其在采摘、加工环节，农村劳动力短缺和人口老龄化加剧了这一问题。其次，土地和租金成本上涨，特别是在优质茶产区，限制了茶园扩展，进一步推高了运营成本。原材料和农业投入品价格上涨，加上环保要求提高，增加了种植和加工成本。能源价格波动导致加工、贮存、运输费用增加，尤其影响远离市场的茶产区。机械化投资和维护成本同样攀升，中小企业压力尤为明显。此外，为确保质量，茶企在认证和质量控制上投入更多资源，增加了运营开支。气候变化带来的不稳定性也推高了茶叶种植的风险和应对成本。在这些多重压力下，茶企需通过优化生产流程、提高效率来缓解成本上升带来的挑战，维持市场竞争力。

三、品牌建设与创新能力不足

茶产业的品牌建设和创新能力不足是限制行业发展的关键问题。许多茶企在

品牌推广上投入有限，导致品牌认知度不高，缺乏市场影响力，尤其在国际市场上竞争力较弱。与此同时，产品同质化严重，技术创新和研发滞后，茶叶产品的附加值较低，难以满足消费者多样化的需求。这种局面使得茶企在面对激烈市场竞争时，难以通过差异化和创新来提升市场份额，限制了行业的整体发展潜力。

四、茶叶市场同质化严重且市场拓展难度增加

茶叶市场面临产品同质化严重和市场拓展难度增加的挑战。由于许多茶企缺乏特色和创新，市场上类似产品泛滥，消费者难以区分品牌和品质，导致价格竞争激烈，利润空间缩小。与此同时，国内市场趋于饱和，企业试图通过开拓国际市场来寻找新的增长点，但国际市场存在较高的准入门槛和激烈的竞争，扩展难度显著增加。这些因素共同限制了茶企的市场拓展能力，阻碍了行业的进一步发展。

第五节　产业发展趋势

一、数字化与个性化

现代茶产业正经历数字化与个性化的显著转型。数字化方面，智能农业技术的引入使茶园管理变得更加高效和精准。通过大数据、物联网和人工智能的应用，茶企可以实时监控和优化生产流程，提高资源利用率和生产效率。这种技术的应用不仅提升了生产管理的智能化水平，还能更迅速响应市场需求，调整产品供应和销售策略。

与此同时，个性化趋势在茶产业中也愈发明显。现代消费者对产品的个性化和定制化需求不断增加，茶企因此开始提供更多符合消费者个别需求的产品和服务。例如，消费者可以参与茶叶的调配、选择独特的包装设计，甚至定制专属的茶叶配方。这种个性化服务不仅满足了消费者的多样化需求，还增强了品牌的市场竞争力和消费者的忠诚度。

二、多元化产品与健康功能

现代茶产业正朝着产品多元化和健康功能化的方向发展，满足了消费者对不

同生活方式和健康需求的日益关注。产品多元化方面：除了传统茶叶，茶企纷纷推出即饮茶、茶粉、茶胶囊等新型茶饮品，这些产品形式不仅提供了便捷的消费体验，还适应了现代快节奏生活方式的需求。茶饮料和茶食品的创新使茶叶的消费场景更加丰富，吸引了广泛的消费者群体，尤其是年轻人和忙碌的职场人士。

同时，健康功能性成为茶产业发展的一个重要趋势。随着健康意识的提升，消费者对具有特定健康功能的茶产品的需求不断增加。茶企积极研发富含抗氧化剂、减肥成分、促进代谢等功能的茶品，以满足对健康有特定需求的消费者。这些功能性茶产品不仅具有较大的市场潜力，还推动了茶叶在健康饮品市场中的地位提升。

三、可持续发展与全球化拓展

现代茶产业正积极应对可持续发展和全球化拓展的挑战，以适应不断变化的市场环境和消费者需求。可持续发展方面，茶企越来越重视环境保护和社会责任，推动绿色生产方式和生态茶园的发展。减少化肥和农药的使用、采用有机种植方法、推动茶园的生态恢复，成为行业的重要趋势。这不仅符合全球环保标准，也回应了消费者对健康和环保的双重关注，提升了茶产品的市场竞争力。

与此同时，全球化拓展成为茶企寻求增长的关键策略。随着国内市场趋于饱和，茶企积极开拓国际市场，通过提升产品质量、加强品牌建设及符合国际标准的认证，扩大在全球市场的影响力。跨国合作和品牌联合也是拓展国际市场的重要手段，茶企通过与国际品牌和市场的合作，增加了市场的覆盖面和影响力。这种全球化战略不仅帮助茶企进入新的市场，还促进了茶文化的国际传播和认知。

第八章　2023年水产品加工产业发展情况

第一节　产业现状与发展成效

水产品加工业是渔业经济的重要组成部分，具有重要的战略地位。我国水产品加工产业已形成以鲜冻加工为主体的多样化加工体系和以功能健康食品为核心的多元营养产品供应体系。全国水产品加工优势区域基本形成，具有地方特色的品种区域也在逐步发展。现代冷链物流技术和设备的完善助力了水产加工行业的发展。从加工产品细分结构来看，主要以冷冻品、干制品等初级加工产品为主，其他精细化加工产品占比较低。我国渔业产业发展重心已逐步向第三产业转移，随着居民家庭可支配收入增长、消费品种优化和消费理念转型，水产品消费有望长期增长，为水产加工业带来机遇，加工企业更加注重开发适合国内消费的产品，不断减少对外围市场的依赖。我国对水产品深加工的需求较为迫切，传统工艺的升级改造、高端智能装备研发提高了产业的经济效益。

一、2023年水产品加工产业发展概况

据国家统计局统计，全国规模以上水产品加工企业9 433家9 000多座冷库，形成了庞大的水产加工网络，水产加工品总量更是稳步增长，用于加工的水产品总量2 199.46万t，水产加工率达到39.64%。同时，中国也是全球最大的水产品出口国。据海关总署统计，2023年，我国加工水产品出口量达到1 056.05万t，同比增长3.20%；进出口总额442.37亿美元，同比下降5.35%。消费者对高品质水产品的需求及消费模式向更多加工和预制水产品的转变预计将继续推动行业的增长。水产品加工业已成为我国渔业发展"带一连三"的关键环节，在渔业经济中占有重要的战略地位。

1. 区域布局状况

我国的水产品加工业发展格局基本保持不变，2023年，我国渔业大省水产

品加工现状比较见表 8-1。各省水产加工品产量由高到低依次为山东、福建、辽宁、浙江、湖北、广东、江苏，这 7 个省水产品加工产量均超 100 万 t，合计总量达 1 902.46 万 t，占全国水产品总量份额的 86.49%（图 8-1）。山东省水产品

表 8-1　2023 年我国渔业大省水产品加工产量产值比较

省份	加工总量/万 t	用于加工量/万 t	加工量占全国加工总量比例/%	渔业产值/亿元	水产品加工产值/亿元	加工产值占渔业产值比例/%
山东	648.64	749.15	29.49	1 807.64	1 161.36	64.25
福建	404.89	485.14	18.41	1 789.56	1 039.95	58.11
辽宁	217.18	316.87	9.87	730.29	291.75	39.95
浙江	179.24	153.74	8.15	1 375.25	578.91	42.10
湖北	160.44	221.57	7.29	1 602.02	902.49	56.33
广东	153.55	160.64	6.98	2 005.31	260.25	12.98
江苏	138.52	155.90	6.30	1 903.21	643.65	33.82
合计	1 902.46	2 243.01	86.49	11 213.28	4 878.36	43.51

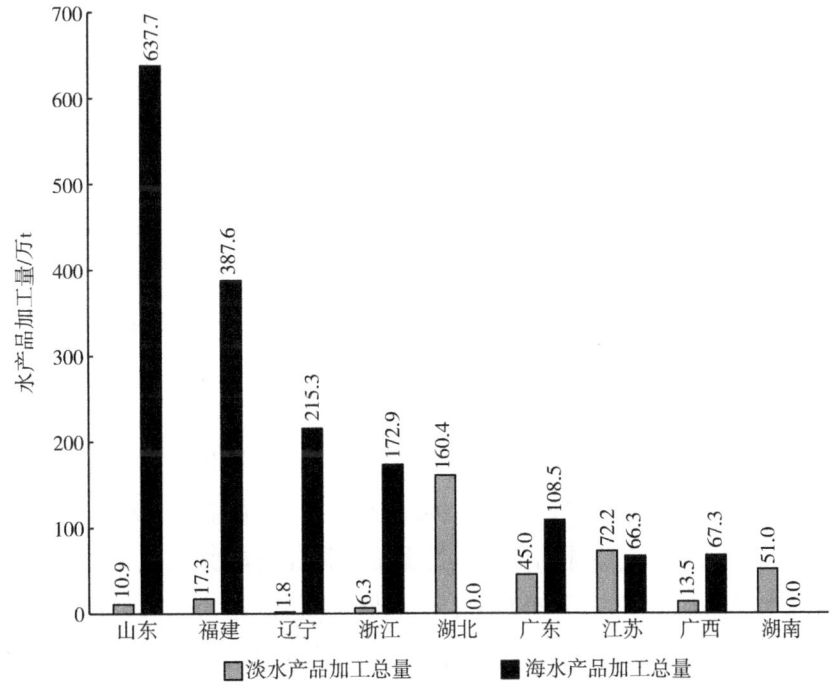

图 8-1　2023 年我国主要沿海省区水产品加工量

（数据来源：《中国渔业统计年鉴 2024》）

加工产量占全国水产加工品产量的29.49%，其水产品加工产值占该省渔业总产值比例达64.25%，同比增长0.6%，渔业大省必然是水产品加工业发达的省份。现存水产加工相关企业1.6万余家。从地域分布来看，山东、广东以及福建三地相关企业数量位居前列；从成立时间来看，39.3%的相关企业成立于1~5年内，成立于10年以上的相关企业占比24.3%；我国水产品加工业在不断发展和完善，但也面临一些问题和挑战，需要通过技术创新、政策支持、市场拓展等多方面的努力实现进一步的提升和发展。

2. 市场与贸易状况

渔业作为我国农业的重要组成部分，是农业中发展最快的产业之一。2023年，全国水产品总产量达到7 616.17万t，渔业总产值达到15 957.34亿元，占农业总产值10.2%。据统计，2023年，我国加工水产品出口量达到379.82万t，出口总额204.63亿美元，同比下降11.15%，贸易逆差33.11亿美元，比上年同期扩大26.36亿美元。中国水产品出口额排名前三的产品为水产品制品、软体动物和冻鱼，出口分别为8 928.1百万美元、2 526.2百万美元和2 256.2百万美元，分别占水产品贸易出口总额的44.9%、12.7%和11.4%，同比增速分别为-9.6%、-25.2%和-0.3%。从出口额看，2023年，中国水产品前三大出口贸易伙伴为日本、美国和韩国。出口额分别为3 325.8百万美元、2 012.1百万美元和1 735.6百万美元，分别占水产品贸易出口总额的16.7%、10.1%和8.7%。2023年，水产品进口激增至460万t，价值188亿美元，同比增长12%。冷冻鱼类和甲壳类动物的进口量比上年分别增长15.5%和13.6%。俄罗斯仍然是中国最大的海产品供应国，2023年的总产量为127万t；其次是厄瓜多尔，为70万t；印度为35万t；越南为30万t；美国为29万t。

3. 加工技术装备与工艺水平状况

近几年来，我国的水产冷库建设趋于稳定，连续几年增长幅度不大。2023年，冷库座数达9 143座，冻结能力98.8万t/d，冷藏能力499.6万t/次，制冰能力21.5万t/d，实际冻结能力、冷藏能力同比有较大的增幅。目前，我国正以提升水产品加工率、适应市场需求、改善整体效益为发展目标，聚焦于关键技术装备的配置、改造和提升，以进一步推进机械化、自动化、智能化水平的提高，促进渔业产业转型升级和高质量发展。为解决鱼类预处理与初加工的难题，研发了鱼体排序定位、鱼活体标识、大闸蟹自动捆绑、对虾自动脱壳等技术及装备。

二、水产品加工产业发展成效

1. 国家水产品加工技术研发体系发展状况

国家水产品加工技术研发体系是由全国 43 家水产品加工研发机构组成的体系，几乎覆盖了全国水产品加工研究的单位和企业。该体系主要开展水产品加工技术创新研究，发展战略及相关政策研究，行业科技人才培训，国际合作与交流，科技成果转化、示范与推广等方面的工作，针对我国水产加工产业发展的关键技术进行创新性研究。2023 年研发体系积极申报各级项目，在研项目 800 项，累计在研项目合同经费 6.17 亿元（表 8-2）。2023 年，国家重点研发计划"海洋农业与淡水渔业科技创新"重点专项"甲壳类水产品保鲜保活与减损增效关键技术与产品开发"项目启动。该项目由中国海洋大学牵头，浙江海洋大学、上海海洋大学、中国水产科学研究院南海水产研究所等 9 所高校、科研院所和企业共同承担。该项目针对我国甲壳类水产品保鲜保活与流通过程中存在的预处理技术薄弱、长距离/长时间保活保鲜难、流通损耗高、追溯技术落后等重大难题和技术瓶颈，开发无损保活、高质保鲜、高效减损等关键技术，并开展产业化应用

表 8-2 2022—2023 年国家水产品加工技术研发体系概况

编号	项目	2022 年	2023 年
1	在研项目经费/万元	73 067.3	61 710.67
2	在研项目数/项	814	800
3	研发人数/人	1 942	1 873
4	企业研发投入经费/万元	63 272.2	64 703.98
5	企业销售利润/亿元	21.2	21.0
6	新产品/个	139	597
7	论文+专著/（篇+部）	1 566+16	1 472+14
8	申请发明专利/授权发明专利/件	312/417	417/291
9	实用新型/软件著作权/件	101	135
10	制定、修订标准/件	国标：18，行标：31，地标：41	国标：17，行标：25，地标：59
11	成果转化/个	203	82
12	各级奖励/项次	61	73

示范，保障甲壳类水产品产业高质量可持续发展。预期将获得一批甲壳类水产品保鲜保活与减损方面的基础数据和理论研究成果，丰富水产品加工及贮藏工程、冷链物流、区块链溯源等相关学科的理论内涵，促进多学科交叉融合发展，具有显著的社会效益与生态效益。

第二节　重要技术发展情况

水产品高质化生物加工新技术与产品开发取得重大进展

2023年9月13日，国家重点研发计划项目"水产品高质化生物加工新技术与产品开发"在大连召开了项目绩效评价会。该项目由中国水产科学研究院南海水产研究所牵头，依托"青岛海洋科学与技术试点国家实验室""食品科学与技术国家重点实验室""国家海洋药物工程技术研究中心""国家水产品加工技术研发中心"等国家级科研平台，汇集国内食品生物领域排名前列的高校和科研院所、生物加工领域领先的企业等10家单位。该项目研究了水产品加工专用酶性能及作用机制、水产品发酵过程品质调控机制、水产功效物质生物合成途径、海洋多糖和胶原构效关系及应用特性。开发了水产品加工专用酶创制技术1项、传统水产发酵食品的产业化品质调控技术4项；开发了水产品加工专用酶催化、功效物质微生物合成、水产食品功能基料与生物材料制备等水产品生物加工关键技术10项，效率提高20%以上。创制了水产品加工专用糖水解酶、酯酶、脂肪酶14种，开发了水产萜类、脂类、特定聚合度寡糖、类胡萝卜素、发酵制品及生物材料等产品24种，其中，2种产品取得三类医疗器械产品注册证；建立了低盐发酵咸鱼、密闭光合微藻高密度培养、角鲨烯、藻酸盐敷料、自固化骨修复材料等中试生产线5条，所取得的成果具有广阔的应用前景，为水产品绿色加工区域示范提供了高质化生物加工技术支撑。获得授权国家发明专利44件、美国和日本等国外发明专利3件；发表学术论文82篇，其中，SCI收录56篇；制定地方及以上标准5个，其中，国家标准1个、行业标准2个；成果获得神农中华农业科技奖一等奖、广东省科学技术进步奖二等奖、山东省自然科学奖二等奖、云南省自然科学奖二等奖等省部级奖励4项。

第三节 头部企业分析

一、中国水产舟山海洋渔业有限公司

中国水产舟山海洋渔业有限公司，2023全年营业收入40.42亿元，同比增长1.71%。研发费用总额为8 650万元，占营业收入的比例为2.14%，同比下降4.06%。公司的主营业务包括渔业服务、零售及加工贸易、鱿鱼、金枪鱼及其他渔获物等，其中，渔业服务和零售及加工贸易的营收占比分别为26.59%和25.16%，分别实现营收13.01亿元和8.82亿元。明珠为中国水产舟山海洋渔业旗下品牌，是鱿鱼丝、烤鱼片等产品的国标和行标起草者，被国内外同行尊称为"马面鱼王"和"鱿鱼王"。该公司研制的烤鱼片、鱿鱼丝等精深海洋食品开创了国内水产品精深加工的先河，获得"全国五一劳动奖状"和国家级企业技术进步奖。2023年，公司建成全市首批水产品精深加工全流程自动化（智能化）示范项目，总投资3 100万元。该生产线应用了先进的自动解冻系统及清洗剖杀、低温蒸煮机、流态化单冻机、隧道式连续速冻设备等，并通过自动化控制系统对生产线进行实时数据监控，使水产品原料处理、清洗、蒸煮、速冻等一系列工作更加智能化。

二、辽渔集团有限公司

2023年，辽渔集团海洋食品营业收入、利润分别增长3.1%、200%，创近年新高。辽渔集团2023年港口外贸冻鱼中转55万t，2023年1—5月外贸冻鱼接卸量33万t，同比增长66%，效益创历史最好水平。2023年1—5月，辽渔集团海洋食品对俄罗斯出口数量同比增长359%，进口数量同比增长70%。辽渔集团着力打造辐射东北亚、联通全球的国家远洋渔业基地，集"远洋母港、冷链物流、交易批发、综合服务"于一体，立足北方、服务全国，力争在"十四五"期末进一步完善水产品冷链物流体系，进口水产品中转量达到100万t，带动区域协同发展形成交易额150亿元。目前，"远洋"牌海洋食品已经拥有干制、冷冻、常温三大系列百余种产品，成为大连地方海产品的代表。辽渔集团依托"天然远洋捕捞产品"的定位，通过全标准体系覆盖和全冷链过程操作，确保食品卫生生

产和流通安全，并通过第三方食品检验机构增加食品安全公信力，致力于将"远洋"打造成中国海洋天然食品的知名品牌。

三、浙江兴业集团有限公司

自创建以来，浙江兴业集团有限公司始终保持着良好的发展态势，经济效益逐年提高，年销售收入12亿元以上，出口创汇超1亿美元，利税上亿元。主要产品涵盖超低温金枪鱼、鲣鱼、狭鳕鱼、银鳕鱼、长寿鱼、舟山带鱼、黄鱼、鲳鱼、青鱼等鱼类，鱿鱼、章鱼、墨鱼等头足类，虾、蟹等甲壳类、鱼糜及鱼糜制品，海洋保健品、海洋调味品、海洋生物提取液等海洋生物制品。近年来，该公司更是将"一条鱼"作为产业发展战略新版图。从加工到下脚料的利用、再到废弃物的回收再加工，几乎实现了资源"零浪费、全利用"。对副产品油脂进行精深加工，生产出富含ω-3不饱和脂肪酸的高浓度精制鱼油产品；针对金枪鱼碎肉、暗色肉等利用难题，采用天然提取和可控酶解等技术，研发金枪鱼保肝护肝酶解肽、金枪鱼抗冻酶解肽等制备工艺，将原料变成高附加值产品。兴业集团积极开拓西南大西洋渔场、拓展太平洋渔场和印度洋渔场，在实现渔、工、贸一体群众渔业收购及组织冰鲜鱼出口等方面起着积极作用，在实现企业自身发展的同时，也有力地支持了地方建设和当地渔民的致富。兴业集团坚持以科技创新推动企业发展，先后承担国家863项目2项、国家科技支撑计划2项、国家重点研发计划2项、省部级项目10余项，在海洋食品精深加工、海洋加工新技术及设备、海洋资源高值化综合利用、全过程质量安全控制等方面拥有多项核心科技，已获发明专利13项、国家科学技术进步奖二等奖3项、浙江省科学技术进步奖二等奖2项，其他省部级奖励4项。同时，公司以实现转型升级、提高生产效率为目标，不断集中要素资源，加快推进水产品加工生产线全流程自动化和关键设备自动化的改造提升，相继打造了鱿鱼加工厂裹粉鱿鱼包装自动化生产线、新诺佳智能化立体仓库等项目。

四、中国水产有限公司

中国水产有限公司，2023年营业总收入49.09亿元，同比减少4.02%，研发费用约为5 565.3万元，同比增长1.59%。公司的经营范围包括对外劳务合作、渔业捕捞、水产苗种进出口和生产、水产养殖、饲料生产等。此外，公司还从事货物进出口、渔业专业及辅助性活动、农产品的生产、销售、加工、运输、贮藏及其他相关服务。远洋捕捞是企业的基础产业，水产品精深加工是集团的主导产业。集团拥有2.5万t级冷库和各类现代化水产品加工设备及配套设施，目前，已开发研制的海洋系列产品有金枪鱼系列、鱼糜系列、鱿鱼系列、鱼片系列、虾仁系列、海洋休闲食品系列及海鲜大礼包等多个系列300多个品种。致力开发海洋生物制品是集团目前重点培育发展的方向，已开发的海洋生物产品包括深海鱼油系列、海洋保健品系列、海洋调味品系列及海洋新型饲料和饲料增香剂等。与此同时，外贸在以日本为主体的东南亚市场不断拓展的同时，产品还远销美国、加拿大、俄罗斯、欧盟等30多个国家和地区，而国内贸易市场则形成了以北京、上海、杭州、成都、西安、沈阳、武汉、广州为中心的八大区域市场，拥有了以礼包、专卖、批发、餐饮、电子商务和超市为主的销售业态。

五、湛江国联水产开发股份有限公司

湛江国联水产开发股份有限公司，2023年销售收入32.24亿元，同比下降18.9%，研发投入1.0亿元，同比增长48.86%。预制菜业务是公司营收增长、业绩持续回暖的主要驱动力，预制菜营收11.57亿元，占营业总收入的25%，同比增长10.5%。我国预制菜市场参与者众、竞争激烈、集中度低，呈现"大行业、小公司"格局，市场竞争日趋白热化。国联水产利产品品牌优势突出、渠道触达能力强和供应链完整，产品结构逐步向以预制菜品为主的餐饮食材和海洋食品转型，产品附加值和影响力得到提升，打造了较为完善的产业链标准化体系。公司研发部门基于对消费者和消费趋势的洞察建立起了标准化、定制化的产品研发体系。通过对原有产品进行优化迭代，公司逐渐形成对虾、小龙虾、烤鱼、牛蛙等亿元级大单品加特色小品产品矩阵，并以"小霸龙"品牌构建了完善的预制菜产品体系，涵盖快煮、裹粉、米面、调理、火锅、小龙虾、风味鱼等系列，基本覆盖从餐桌到餐厅的主要消费场景。相继推出了菠萝烤鱼、剁椒金鲳鱼、奶香麦片脆皮虾、香烤凤尾虾、调味牛蛙等20余款预制菜新品；并通过联合研发、自主研发及定向研发，为重要餐饮客户提供定制化服务，综合供应链能力逐步提升。

六、安井食品集团股份有限公司

安井食品集团股份有限公司主要从事速冻火锅料制品（以速冻鱼糜制品、速冻肉制品为主）、速冻面米制品、速冻菜肴制品等速冻食品的研发、生产和销售。下辖无锡安井食品营销有限公司、辽宁安井食品有限公司、四川安井食品有限公司等 14 家控股子公司，在全国共有十大生产基地。2023 年年报显示，公司实现营收 140.45 亿元，同比增长 15.29%，净利润 14.78 亿元，同比增长 34.24%。速冻菜肴制品和农副产品等支柱型产品增长显著。安井食品集团通过多渠道策略、技术创新和智能制造提升竞争力，持续拓展市场份额。未来，安井食品集团将坚守速冻食品主业，实施"三路并进"经营策略，加强全渠道开发，优化产品结构，并持续推进"销地产"工厂建设。

七、大洋世家（浙江）股份公司

大洋世家（浙江）股份公司是万向三农集团投资的农业产业化国家重点龙头企业。公司注册资本 2.7 亿元，主营远洋捕捞、水产品加工、进出口贸易和国内市场终端销售。公司拥有一个大型水产品冷链物流加工基地，包括鱼柳罐头、超低温、综合食品、生物制品四大加工厂。其中鱼柳罐头加工厂以围网金枪鱼原料为主，超低温加工厂以超低温金枪鱼原料为主，综合食品加工厂以南美白对虾、阿根廷红虾等虾类原料为主，生物制品加工厂以金枪鱼、虾边角料原料为主。公司拥有三大远洋捕捞船队：大型超低温金枪鱼延绳钓船 19 艘，大型金枪鱼围网船 7 组，大型鱿鱼钓船 9 艘。它们分别在太平洋、印度洋、西南大西洋海域作业。2013 年底，公司与日本三菱商事株式会社合资成立了浙江大菱海洋食品有限公司，共同推动国内市场终端销售，已经形成了"专业化经营、国际化运作、渔工贸结合、上下游贯通"的从深海远洋到千家万户餐桌的全产业链经营模式，公司将继续以远洋捕捞为基础，以水产品制造为核心，大力拓展国内市场终端销售，不断完善水产食品全产业链建设，为国内外消费者提供更多安全、安心、健康、美味的海洋食品。公司已经在国内大中城市创建了高超海鲜专柜、品牌体验店、专营批发店、网上销售、餐饮连锁配送、商超连锁、终端餐饮直供等销售模式，立体营销网络逐步形成，品牌效应日益显现，销售总额和利润以每年 1 倍的速度增长。

八、好当家集团有限公司

好当家集团有限公司位于山东省威海市，是一家以海参全产业链为主营业务，集水产养殖、食品加工、医药保健、远洋捕捞、热电造纸、滨海旅游等产业为一体的大型企业集团，形成了渔工贸、产学研一体化的综合性经营格局。公司是农业产业化国家重点龙头企业、全国农产品加工出口示范单位、全国食品工业优秀龙头食品企业、国家级企业技术中心、国家农产品加工技术研发专业分中心、中国专利山东省明星企业、省级文明单位，拥有通过国家实验室认可的食品检测中心，海洋牧场被认定为"国家级海洋牧场示范区"，"好当家"品牌荣获中国名牌、中国驰名商标、好客山东三珍品牌、山东名牌、山东著名商标等称号。公司建有 10 万亩海水养殖基地（其中围海养殖基地 5 万亩），并在山东乳山、海南东方、昌江等地建有养殖基地，采用增殖养护模式进行刺参、牡蛎、海带、鱼、虾、蟹等水产品养殖，实现海参全产业链模式。拥有 10 处食品加工企业，主要生产"好当家"牌海参产品及冷冻调理、休闲即食、罐头等海洋食品，年生产能力 20 万 t；在北京、上海、济南、青岛等城市建立了近 400 多家"好当家有机刺参"连锁专卖店，登录各大知名电商平台和电视购物频道，大力发展海洋大健康产业和新零售模式，构建起线上线下联动的等全方位营销体系；建有年产能力 7 万 t 的鱼粉厂和 5 万 t 级冷链物流配送中心，正在建设 10 万 t 级国家一类开放港，打造新的物流航运中心。2023 年营业收入 15.64 亿元，同比增长 31.08%，海参产品业务占比 16.32%，其中食品加工业 6.65 亿元，养殖业 7.43 亿元，捕捞业 1.19 亿元，其他业务占 3 635.2 万元。

九、广东恒兴集团有限公司

广东恒兴集团有限公司创立于 1998 年，是一家主营养殖、水产品食品、智慧渔业、房地产开发，参股金融和港口业务的大型民营企业，是农业产业化国家重点龙头企业、数字农业先锋企业、高新技术企业、中国民营企业 500 强、中国制造业民营企业 500 强、世界水产 100 强企业、广东省百强民营企业、改革开放 40 年中国农业十大卓越贡献企业。2023 年营收总额 1 854 780 万元，列 2023 广东省民营企业 100 强第 67 位。集团在广东、广西、海南等地建有设备先进的水产加工厂，单厂加工规模大、冷藏贮存能力优。公司依托生态环境良好的水产品自有养殖基地，开发出连头虾、去头虾、虾仁、蝴蝶虾、凤尾虾、面包虾、寿司虾、熟虾及罗非鱼片、条冻罗非鱼、面包鱼条、金鲳鱼等产品。食品加工主要以冷冻食品、预制菜和休闲食品为主，其中预制菜产品共 32 种，如鲜虾串、鲜虾饼、黄金鱼棒、小酥鱼、红烧金鲳鱼等，休闲食品共 7 种，如爽口海带片、馋嘴金鲳鱼、麻辣鲷鱼等。

十、獐子岛集团股份有限公司

獐子岛集团股份有限公司是农业产业化国家重点龙头企业、国家高新技术企业，分获国家级企业技术中心、国家级海洋牧场示范区、国家知识产权示范企业。公司于 2006 年在深圳证券交易所挂牌上市，历经 60 多年的发展现已成为以海珍品种业、海水增养殖、海洋食品为主业，集冷链物流、渔业装备等相关多元产业为一体的综合型海洋企业。公司注册资本 7.1 亿元，资产规模居行业首位，旗下分子公司及控股、参股中外合资公司 30 余家。公司旗下产品包括了营养滋补产品、冷水活鲜、休闲食品、预制食品、冻鲜食品和鱼子酱 6 个方向。营养滋补产品以海参和干鲍为主，獐子岛海参、鲍鱼通过有机产品认证，并获得国家地理标志保护产品。冷水活鲜产品种类丰富，包括了海参、鲍鱼、扇贝、海螺、海胆、珍蚝等海珍品，其产品与品质深受消费者喜爱。休闲食品系列精选自獐子岛海洋牧场和大洋深海的优质原料，运用新含气调理技术，锁住海鲜的风味与营养。为满足现代都市人快节奏的生活方式与健康饮食的追求，獐子岛集团倾力打造了一系列休闲食品，包括海味零食、佐餐罐头，以及休闲礼盒。獐子岛集团敏锐洞察市场需求，积极响应行业发展趋势，依托其得天独厚的海洋资源优势和坚实的市场基础，全力推进预制菜产业的创新升级。獐子岛集团股份有限公司 2023 年营业收入 16.78 亿元，同比减少 16.98%，其中海参产品营业收入 2.67 亿元，虾夷扇贝 2.03 亿元，其他占 12.08 亿元。研发投入 1 928 万元，同比减少 14.76%。

第四节 产业发展存在的问题

一、水产品加工装备研发水平较低

与水产加工装备发达的国家相比，我国水产品加工企业的自动化程度不高，仍以劳动密集型为主，目前，多数企业 80% 的前处理步骤仍全部由人力完成。发达国家在积极使用机械代替人工的基础上，更加注重机械生产的效率、节能等问题，研发更为连续的、自动化的成套生产设备。国内应用的水产品加工装备以前处理和初加工装备居多，精深加工装备水平比较落后，如活性物质提取、鱼油精炼、自动称量包装等大型生产线，除部分单机已国产化外，核心装备还依赖进口。国外专业化捕捞加工船上配备的加工装备，针对性强，自动化程度高，生产线集成度高，可以同时实现机械化初加工、冷冻包装及品质控制；水产品加工装备以单机设备为主，成套设备研发、工艺创新与集成能力与国外还存在较大差距，尤其是远洋捕捞船载加工装备集成能力还相对落后。装备在加工效率、精度、连续性、稳定性、自动化程度等方面还存在较大差距，材质、外观、耐用性等也有待进一步提高。

二、水产冷链物流技术亟待发展

目前，我国的水产品冷链物流逐步形成了依托公路、铁路、机场、水运等交通网络和各类运输工具，以生产性、分配性水产冷库为主，加工基地船、渔业作业船为辅的冷藏链。我国冷链市场需求逐年扩大，冷链运输市场呈现快速发展变化的局面，多种冷链运输方式间竞争加大，逐步摆脱以往以公路冷链运输为绝对主力的固有格局。与国外相比，我国冷链物流发展的差距在于：冷链物流基础设施规模小，地区分布不均衡。当前我国冷链物流较发达地区主要集中在东部沿海城市、西南地区及华中地区，其他地区分布极少，地区分布不均衡。目前，我国的冷链运输车辆及包装方式都存在一定"断链"风险，冷链信息网络平台仍处于建设阶段。冷链物流企业规模普遍偏低，缺乏具有市场掌控力的龙头企业。我国的冷链物流企业特点为数量多、规模小及区域分布不平衡，难以形成规模效应。

第五节　产业发展趋势

一、智能化加工制造正在塑造未来格局

智能制造技术在水产品加工中的广泛应用带来了革命性的变化，主要体现在物联网、大数据分析、人工智能和自动化设备的集成使用。物联网技术通过实时监控加工环境的温度、湿度等关键参数，确保产品在最佳条件下进行处理和贮存；大数据分析通过收集和解析大量生产数据，帮助企业优化生产流程，提高生产效率，并且预测市场需求，合理安排生产计划；人工智能技术则通过机器视觉和图像识别，

实现了自动化分拣、质量检测和故障预测，极大提升了产品质量的一致性和安全性；自动化设备如自动剔骨机、去皮机和包装机等不仅提高了生产效率，减少了人力成本，还提升了原材料的利用率，减少了浪费。这些技术的应用不仅提升了水产品加工的生产效率和产品质量，降低了生产成本，还增强了企业的市场竞争力。例如，獐子岛集团通过引入自动化和 AI 检测系统，显著提高了生产效率和产品安全性。未来，随着智能制造技术的进一步发展，水产品加工行业将朝着更高效、更智能和更绿色的方向不断迈进，企业必须持续创新和技术升级，以适应不断变化的市场需求和消费者期望，从而在全球市场中保持领先地位。

二、水产功能食品与生物制品开发蓬勃发展

目前，世界范围内已发现的海洋天然产物化合物超 3 万个，主要发达国家均建有相应的资源库，保藏具有重要应用价值的产物资源。活性肽分子质量远小于蛋白质，被人体摄入后易于消化吸收，因此，被认为是参与人体各种机体功能的有效生物活性物质。每年发现的水产多肽类化合物在天然活性物质中占有很大比例，是活性物质研究与应用开发的重要组成部分。目前，报道的活性肽生理功能，主要包括通过金属元素螯合能力、抗龋齿等作用，调节胃肠系统功能；通过抑菌、免疫及细胞调节等作用，增强机体免疫系统功能；通过抗高血压、抗氧化、降胆固醇、降血脂等作用，调节心血管系统功能。已被广泛研究并应用的海洋功能肽包括抗菌肽、抗肿瘤肽、降压肽、抗氧化肽、心血管活性肽、免疫调节肽、抗冻肽、提高骨密度肽等。

第九章 2023年特色农产品加工产业发展情况

第一节 产业现状与发展成效

以辣木（*Moringa oleifera*）为例。辣木是一种具有独特经济价值的多年生热带落叶乔木，原产印度北部，全世界约有 14 个品种，主要分布在印度、日本、中国、埃及、埃塞俄比亚等 30 多个热带、亚热带国家和地区。在中国，辣木主要种植在云南、广东、广西、福建、海南、四川和贵州等地。总种植面积约 7.5 万亩，新鲜辣木叶的年总产量约有 60 万 t。辣木全身都是宝，根、茎、叶、花、果均可利用。大量研究表明，辣木含有多种生物活性化合物，如酚酸、单宁、类固醇、皂苷、生物碱、类黄酮、硫代葡萄糖苷和糖苷等，具有抗炎、抗肿瘤、抗菌、抗氧化、抗衰老和抗糖尿病等的活性。随着人们健康意识的增强，辣木作为一种集营养健康及药用功能于一体的植物资源，其市场需求持续增长。辣木原料在食品、药品、保健品等领域的应用越来越广泛。例如，辣木叶和种子被用于制作各种营养补充品和健康食品，如辣木酵素、辣木方便面、辣木酸奶等；在药品和保健品领域，辣木原料被提取制成胶囊、片剂等剂型，用于增强免疫力、预防疾病等；同时，辣木原料在化妆品行业的应用也日益广泛，其提取物可用于制作护肤品、洗发水和沐浴露等。

我国关于辣木引种和试种的记载最早可追溯到 20 世纪 10 年代的台湾地区，大陆则于 60 年代在云南省种植。由于当时未充分认识到辣木的食用及药用价值，辣木未能得到重视，导致相当长的时间内辣木产业发展缓慢。直到 2011 年我国政府做出加快推进中巴（中国-古巴）两国辣木合作研究等相关工作的批示，才提升了辣木在我国的认知度和影响力，并迅速在国内掀起研究热潮。2012 年签署的《中华人民共和国农业部和古巴共和国农业部农业合作规划（2012 年—2016 年）》中明确提出"加强在辣木种植和加工领域的合作，共同探讨利用辣木改善人们的营养水平"。2017 年 8 月国家木薯产业技术体系启动会在海南儋州举行，将辣木作为新兴产业列入木薯体系。2019年中国辣木产业大会在云南农业大学举行，来自全国的100余名专家学者就推动辣木产业健康发展展开讨论。目前，辣木资源的开发和相关营养价值挖掘取得一定成果，虽然仍存在规模化种植技术体系单一、辣木产品精深加工能力不足等问题，但辣木产业的科学研究及技术推广不断取得新成果，相关产业链正在逐步完善。目前，加强辣木原料产业链的建设和完善，提高辣木加工技术水平，是推动辣木产业持续发展的关键。

一、2023年辣木加工产业发展概况

1. 辣木种植及生产分析

印度是世界辣木最大的生产国，种植面积60万亩左右，年产果荚约120万t；我国辣木主要分布在云南、广西、海南等热带和亚热带地区。辣木已成为埃塞俄比亚、肯尼亚等非洲国家当地数百万人的主食，美国等发达国家通过国际合作的方式在印度等发展中国家发展辣木种植，并受到联合国工业发展组织（UNIDO）的重视，为发展中国家的辣木生产提供了良好的契机。2023年，随着辣木在食品添加和畜禽养殖方面的广泛应用，世界辣木生产规模继续扩大。

2. 辣木市场与贸易分析

国内经营辣木的多为中小型企业和种植散户，规模小且零散，原料基本上是在本地区自产自销，其加工产品通过网络平台进入市场，销售渠道相对较少。2023年，我国生产的辣木叶、辣木叶粉、辣木籽油等原料，以"未列名主要用作药材的植物及其某部分"的海关编码存在大量出口记录，所以，辣木在国际贸易市场仍然存在较大市场空间。

3. 辣木加工与消费分析

我国于20世纪初引入辣木，其可谓"浑身是宝"，在生物能源、生物可再生、食品与饲料、农业、医药等领域均有应用（图9-1显示了辣木的主要应用范围），其中，辣木叶在2012年11月被批准为新资源食品。辣木叶富含丰富的营养物质，不同营养素的含量受到地理区域、太阳辐射、湿度、土壤类型和收获时间的影响。大量研究表明，辣木叶脂肪含量低，蛋白质、碳水化合物和维生素含量高。因此，辣木是一种很有前途的营养补充剂，可以满足不同人群的营养需求。

辣木作为较有潜力的未来粮食作物，可以在不同类型的土地（尤其是砂质土地）种植，以提高其土地利用率及环境安全。由于其高营养价值和丰富的活性成

分，广泛应用于农业和食品加工，用作膳食补充剂或天然添加剂。2018年，农业农村部将辣木叶作为优质植物蛋白饲料列入《饲料配料目录》，以增强动物营养来源，提高动物源农产品质量。

随着人类生活水平的提高和健康意识的增强，人们对食用具有潜在益处的天然植物性食品越来越关注。辣木中含有多种生物活性化合物，如酚酸、类固醇、皂苷、类黄酮等，表现良好的抗炎、抗肿瘤、抗菌、抗氧化和抗糖尿病等活性。此外，大量研究表明，辣木叶食用是安全的，因此，利用辣木叶作为膳食补充剂开发天然绿色健康食品可能很快成为食品开发行业的一种新趋势。

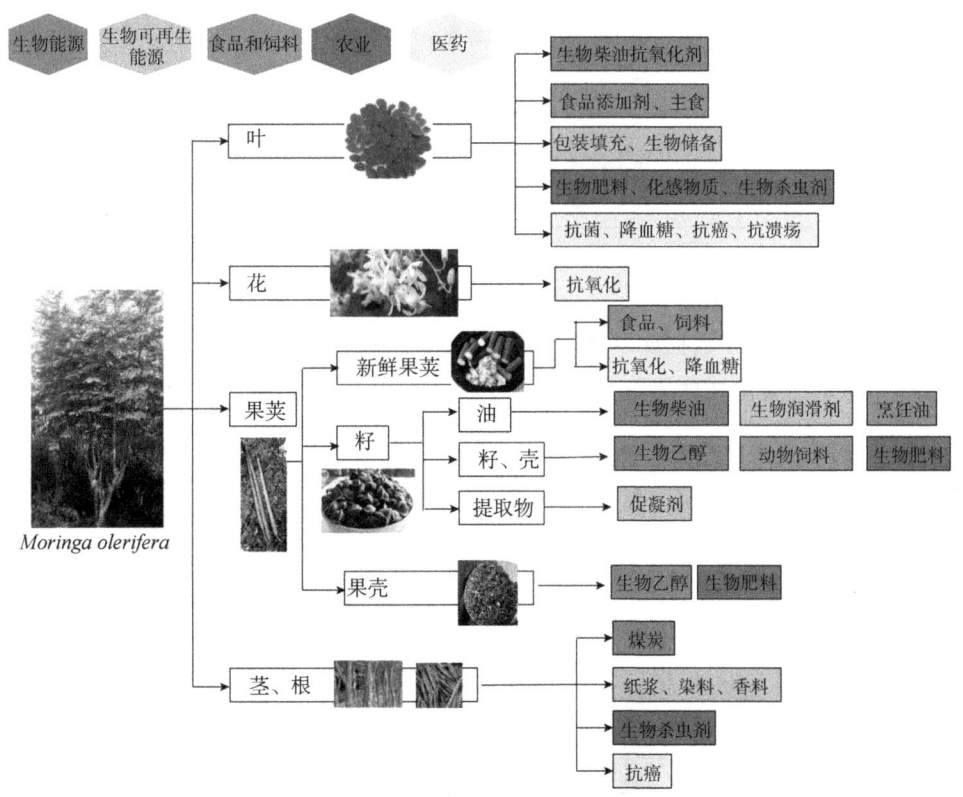

图 9-1　辣木的主要应用范围

目前，市场上辣木产品消费主要是鲜叶和初级品，其加工产品主要有：辣木茶、辣木饮料、辣木乳制品、辣木糕点等。辣木叶可以作为食物补充剂添加，以缓解营养不良并增加饮食多样性（辣木相关食品类型见表9-1）。此外，辣木价格低廉、生长速度快、产量高，可以用作饥荒食品。总体而言，2023年产业现状反映了辣木的加工需要更加注重消费偏好，加大辣木健康消费观念的植入，使辣木消费逐步面向大众。

表 9-1 辣木产品类型

产品类型	产品目录
辣木茶产品	辣木降脂茶、辣木减肥茶、辣木绿茶、辣木红茶、辣木乌龙茶
辣木饮料类产品	辣木植物茶饮料、辣木含乳饮料产品
糕点类产品	辣木蛋糕、辣木饼干
米面类产品	辣木面条、辣木杂粮养胃粉
辣木罐头类产品	辣木果荚罐头
辣木含片类产品	辣木叶含片、辣木螺旋藻营养补充片
辣木酒类产品	辣木酒
辣木休闲食品	辣木薯片、辣木保健软糖、辣木核桃能量棒
辣木发酵食品	辣木风味酸奶、辣木腐乳、辣木酵素、辣木醋
辣木其他产品	辣木豆腐、醒酒产品、辣木降血糖活性组合物

4. 辣木科学研究分析

通过检索 NCBI 数据库（英文文章）和知网数据库（中文文章）对比往年和 2023 年辣木相关论文的发表情况，分析辣木科学研究变化。图 9-2 显示，2022

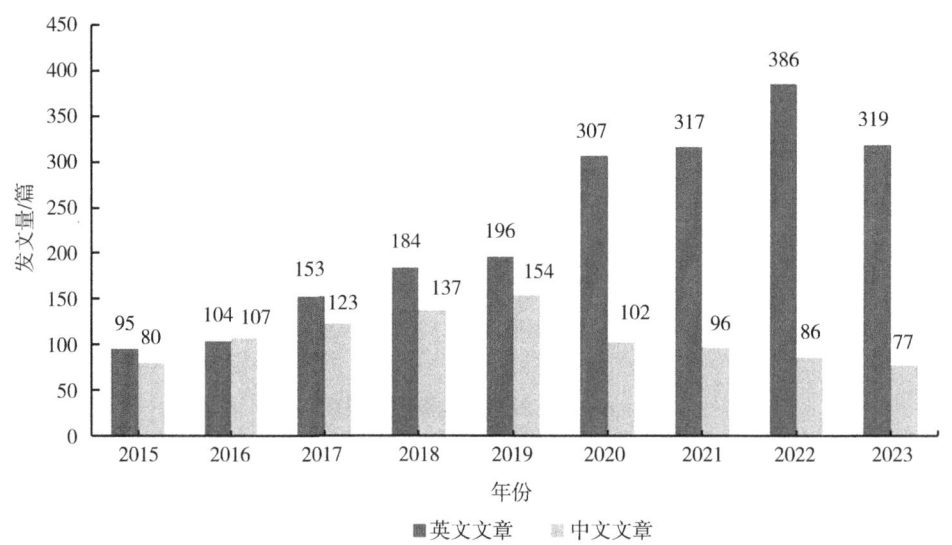

图 9-2 辣木相关文章发表量

年发表的辣木相关的英文文章有 386 篇、中文文章有 86 篇，而 2023 年发表的英文文章是 319 篇、中文文章是 77 篇。相较于往年，英文文章数量呈现出逐年增大的趋势，尤其 2020 年之后呈现出大幅度增长的趋势，2023 年略有下降，说明国际上对辣木的关注度是在逐渐增强；中文文章数量在 2019 年最高（154 篇），随后持续减少，且 2023 年中文文章发表量下降明显。原因可能是随着"辣木热潮"的减退，市场优胜劣汰且逐渐稳定下来，科学研究趋于理性。但整体而言，辣木相关产品研发创新能力逐步提高，有助于提高整个行业的标准，推动产品质量提升及产业健康发展。整个产业在近 3 年的研发投入相对平稳，无较大的起伏。

图 9-3 显示了英文文章的研究方向，大部分文章集中在健康与医药方向

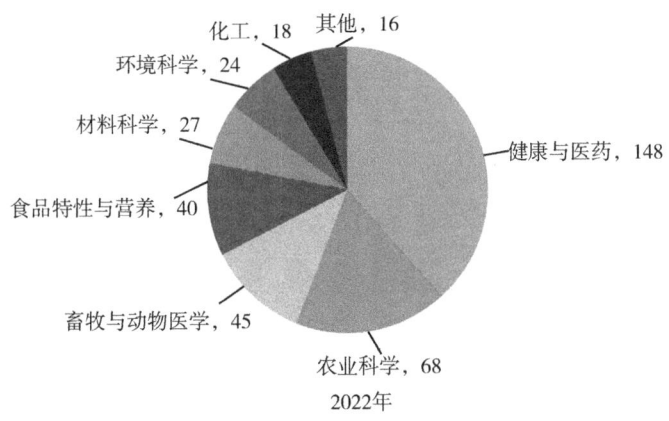

2022 年

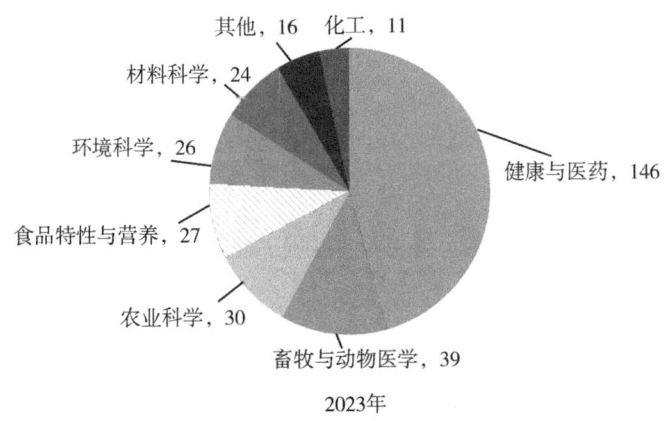

2023 年

图 9-3 辣木相关英文文章的研究领域

（包括了抗氧化、降血糖、降血脂、调节能量代谢、抗炎等方面），虽然2023年整体英文数量比2022年略有减少，但是，健康与医药方向的文章数量却与2022年持平，说明了健康与医药方向是辣木的研发重心。除此以外，2022年文章占比第二大的是农业科学方向，主要涉及辣木的种植、病虫害等，而2023年文章的第二大占比是畜牧与动物医学方向，说明2023年将辣木作为优质的植物蛋白饲料得到了更多的关注。

图9-4显示了辣木中文文章的研究方向，几乎还是集中在辣木叶、辣木籽、辣木叶多糖、辣木籽油、提取工艺及相关活性方面，前后两年的研究方向大致相似，未显示出太大的变化。

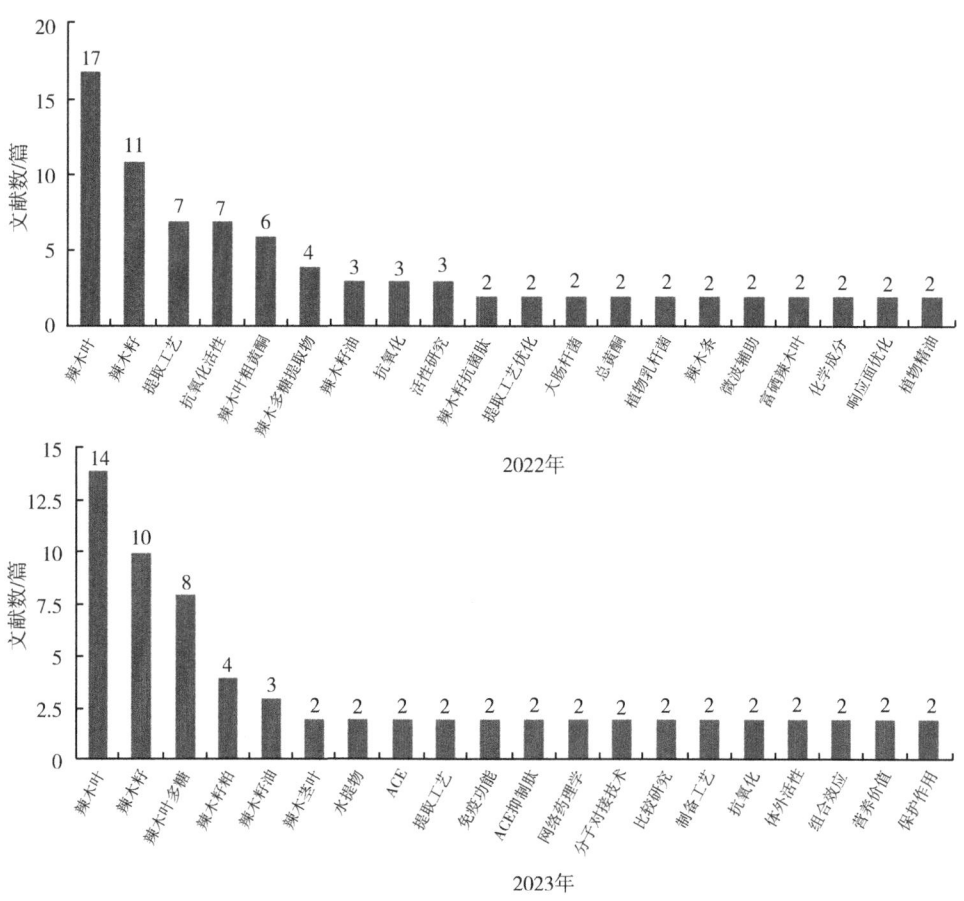

图9-4　辣木相关中文文章的研究方向

从图9-5所属领域来看，2022年和2023年的研究领域主要集中在轻工业手工业，占比均在34%左右，另外，2022年的发表文章中有机化工、中药学、林业占比相对较大，而2023年发表的文章中占比从高到底排序是畜牧与动物医学、林业、中药学，表明了2023年的研究方向，除了食品研究领域外，畜牧与动物医学方向（辣木作为优质的植物蛋白饲料产品）也较突出，同时2023年辣木的研究领域涉及范围更广、更细。

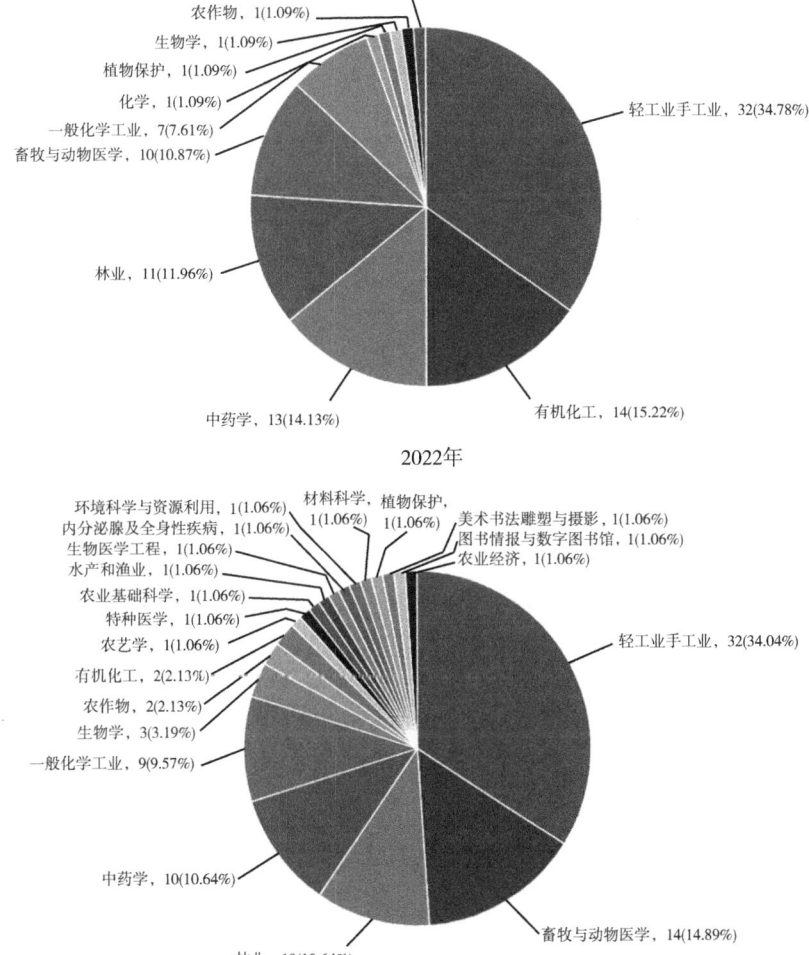

图9-5 辣木相关中文文章的涉及研究领域

另外,专利数据是衡量产业创新能力的常用指标之一,也可用于分析技术研发方面的变化。通过 incoPat(https：//www.incopat.com)专利数据库对全球辣木专利进行检索,检索式为(txt = "*Moringa Oleifera*" or "辣木"),检索时间范围为2022年1月—2023年12月,数据显示：相较于2022年,2023年申请的辣木相关的专利为258件,申请数量少于2022年的363件,与发表的科技论文趋势相似,其原因也可能相似。

辣木专利地域分布图9-6显示,辣木专利主要分布于亚洲国家,如中国、

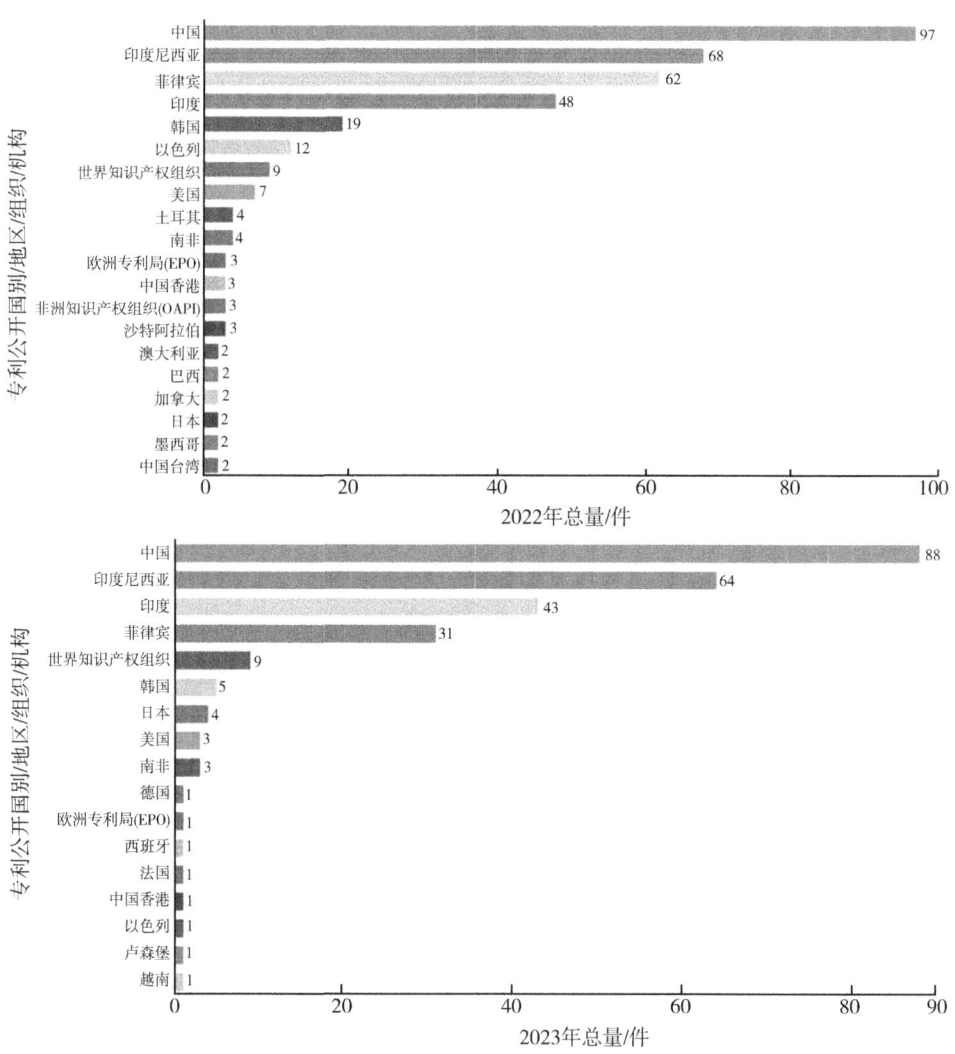

图9-6　辣木专利的地域分布

印度、菲律宾等。其中，中国是辣木专利的主要申请国，作为传统药物资源应用的最大市场，中国具有成为辣木产品市场和产业所在地的潜力，辣木专利的申请数量稳定在年均90件以上，说明辣木的商业价值在亚洲国家拥有较高的认可度与关注度，对辣木的研究不断提高。从专利的技术方向分析（图9-7），近两年尤其是2023年的数据均显示，大部分专利技术集中在制备方法和生产方法上。

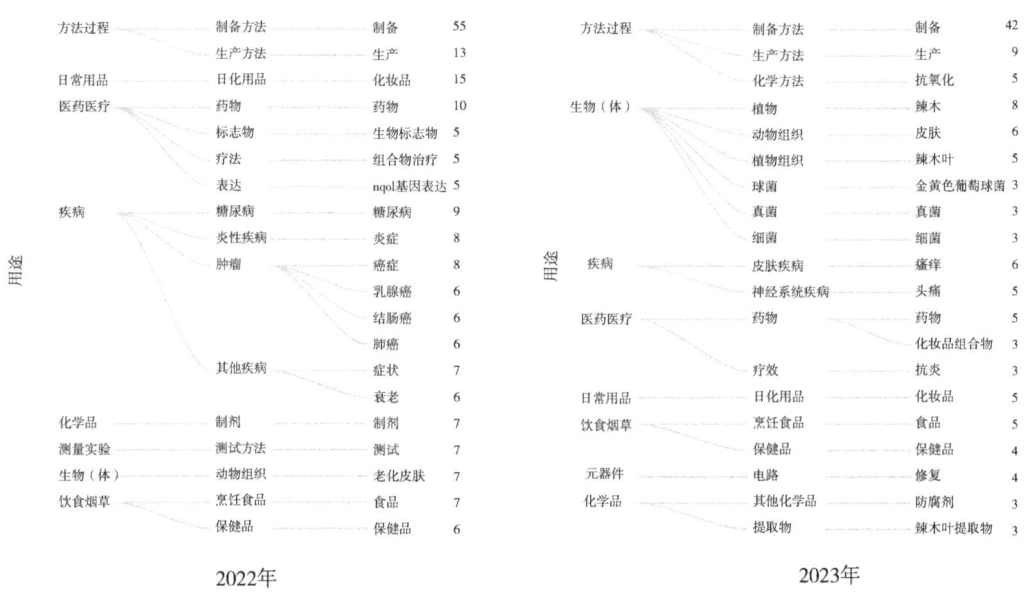

图9-7 辣木专利的技术方向

产品作为技术转化的目标，是将创新理念和科学发现转化为实际可用的商品或服务的过程。目前，辣木精深加工产品涉及医药、保健、食品、美妆等领域。辣木活性因子的制备过程包括：生物发酵、物理辅助提取、膜过滤、低温浓缩、稳态化处理、冷冻干燥等，结合现代工业技术，制成胶囊、片剂、颗粒、糖浆、酒、口服液和茶等系列产品。可用于提高免疫力、调节气血、改善睡眠质量、缓解慢性疾病及调节神经系统等。

目前，产业发展现状反映了辣木精深加工技术研发和推广还存在较大提升空间，技术的推广转化涉及技术的标准化、人员培训、资金筹备、基础建设、机械装备等众多环节，单纯靠企业、合作社和农户自身很难有出路，整个过程需要国家、当地政府、企业和科研人员更多的协调合作。

二、辣木加工产业发展成效

1. 规范化生产进程加速，特色农业推广效果明显

规范化生产是提高企业生产效率、产品质量和安全性，同时减少环境污染和卫生问题的重要举措。2023年以来，针对辣木规范化生产已获得多项技术成果，包括：土壤营养、栽培模式、病虫害防控、辣木叶粉标准化等方面，为辣木规范化栽培及加工技术体系构建提供了有力的技术支撑，推动了规范化生产进程，并通过在云南、贵州、广西、海南、广东等地推广辣木蔬菜"庭院式""庄园式"特色种植，推广辣木种植5 000多亩，使相关种植户或企业均取得良好的经济效益。同时，为保障特色农业推广效果，国家乡村振兴科技特派团（云南红河团、贵州晴隆团）深入产业一线，调研产业存在的问题，及时准确地掌握辣木产业信息和辣木企业、种植户的技术需求，针对性地开展种植技术指导，并向当地政府提供政策建议，助力乡村振兴。

2. 辣木健康价值深度发掘，科研成果及成效显著

辣木作为一种高营养、多功效的天然绿色植物，近年来受到了广泛的关注，得到了深入的研究。其功效涵盖了增强免疫力、改善消化系统、调节血压和胆固醇、抗氧化、抗炎及抗癌等多个方面，这些功效使辣木成为了许多科研人员关注的焦点。针对辣木活性成分复杂、化学结构与健康功效机制不清楚等问题，科研人员通过系统挖掘辣木主要活性组分并揭示其健康效应机制。针对微生物发酵和生物酶解的活性组分富集转化、高效提取技术，以及生物活性稳态保持及靶向递送等控制技术展开了广泛的研究，已有部分技术应用于实际生产加工之中。其中，2023年发表辣木相关SCI论文319篇、中文文章77篇，相关专利258件。这些技术的突破与转化为辣木加工产品的多样化和品质提升提供了有力支持。

3. 现代化加工链日益完善，转型升级步伐稳健前行

2023年以来，辣木加工产业的现代化产业链逐步完善，涵盖了从上游的种植与采集，到中游的加工与深加工，再到下游的销售与推广的完整产业链。在上游环节中，通过规范辣木的生产环境、育苗、栽培管理、病虫害防控及产后处理等方面，做到优质、高产、高效，为辣木种植企业和种植户提供技术支撑。利用辣木工厂化苗木快繁技术，解决辣木产业发展中种苗不足及运输问题，为中游产业提供了稳定的原材料供应。中游的加工环节则呈现出多样化，以机械化、规模化、标准化生产辣木饲料与食品，并依靠技术创新，推动精深加工产品的大量研发与推广。下游环节则通过多元化的销售渠道和市场推广活动，共同推动着辣木加工产品的市场渗透力。科研成果与相关技术推动全产业链现代化与产业转型升级。

4. 赋能辣木精深加工技术革新，拓宽产品应用版图

目前，辣木精深加工产品涉及医药、保健、食品、美妆等领域，主要有辣木保健食品、健康产品及辣木化妆品等。辣木产品剂型包括胶囊、片剂、颗粒、糖浆、酒、口服液、茶、合剂等。2023年，多家辣木企业，特别是集中于云南、广东和海南等辣木产地的民营企业，推出多种新型辣木产品，品牌影响力与价值不断扩大。

第二节 重要技术发展情况

一、年度前沿基础理论或技术突破

1. 辣木营养与健康研究系统化

在营养健康领域，辣木因其全面的营养成分而备受瞩目。云南农业大学田洋教授团队以辣木叶为主题，发表了一篇高水平SCI综述文章（*Trends in Food Science & Technology*，2023，IF：15.3），全面总结了辣木叶的营养成分及健康功效。同时，该研究团队总结了辣木中异硫氰酸酯的生物活性研究进展（*Food Bioscience*，2023，IF：5.2），为辣木产业进一步发展及产品开发提供了科学依据。此外，中国科学院大学郭明全教授也对辣木各部位的营养成分及功能活性进行了探讨，发表综述文章（*Food Reviews International*，2023，IF：5.8），为辣木各部分营养价值的深入挖掘提供有价值的见解。

2. 辣木健康功效及其科学机制探索不断深入

随着对辣木中活性成分的深入研究，目前，对辣木健康功效机制的研究结合了细胞模型和实验动物模型，利用分子生物学、网络药理学、组学等先进技术，揭示了辣木的多重健康功效及其作用机理。2023年，辣木健康功效机制方面的基础研究主要取得以下成果。

（1）辣木改善代谢相关疾病　改善抗疲劳及能量代谢：南方科技大学高伟娜博士研究发现辣木叶通过与AMPK相关的途径发挥抗疲劳作用，控制能量代谢（*Journal of the Science of Food and Agriculture*，2023，IF：4.1）；目前，辣木叶在调控能量代谢的研究已在人体上进行验证，天津环境医学与作业医学研究所郭长江研究团队开展了辣木叶对年轻男子能量代谢的相关研究，结果表明，辣木叶组的男性参与者在俯卧撑和跑步机疲劳测试中表现更佳（*Phytomedicine*，2023，IF：6.7）。

改善胰岛素抵抗：云南农业大学田洋教授团队研究发现辣木中异硫氰酸酯能显著增加肌管细胞的葡萄糖消耗量和糖原含量，并通过上调PDK1、磷酸化AKT和GLUT4的表达，有效改善肌管细胞的胰岛素抵抗（中国食品学报，2023），为辣木在改善胰岛素抵抗方面的应用提供了理论基础。

改善肥胖：西北农林科技大学吕欣教授研究团队研究发现辣木叶通过抑制PPARγ/CEBPα/CD36轴促炎因子的分泌，具有抗肥胖功效（*Journal of Food Science*，2023，IF：3.9）；云南农业大学田洋教授团队采用网络药理学和分子对接揭示辣木叶多酚通过HIF-1、胰岛素抵抗等多条通路发挥抗肥胖作用，为辣木叶抗肥胖及其分子机制的深入研究提供了理论依据（食品工业科技，2023）。

（2）辣木对肠道健康的影响　辣木对肠道通透性的影响：云南农业大学田洋教授团队发现辣木叶蛋白通过激活TLR4上游信号通路及破坏紧密连接，从而增强肠道通透性的作用机制，丰富了辣木叶在肠道健康领域的应用基础（*International Journal of Molecular Science*，2023，IF：5.6）。

辣木对肠道微生物的影响：南昌大学李红艳教授团队发现辣木根茎多糖提高了短链脂肪酸含量（3~5倍），增加了拟杆菌门等有益菌群丰度，同时降低了有害菌群丰度（*Food Bioscience*，2023，IF：5.2）；昆明理工大学生命科学与技术学院李志勇教授团队发现辣木叶通过调节肠道菌群改善大鼠便秘（中药药理与临床，2023）。

（3）辣木叶抗骨质疏松作用　北京中医药大学姜广建教授团队通过网络药理学、分子对接等方法预测和验证了辣木叶抗骨质疏松相关的分子靶点和通路，结果显示辣木叶增加了ERK和VAV3蛋白的表达，降低了p-ERK和JNK蛋白的表达（*Biomedicine & Pharmacotherapy*，2023，IF：7.5）。

3. 辣木叶叶酸发酵富集及生物合成技术

云南农业大学田洋教授和胡永金教授研究团队筛选出具有叶酸生产潜力的菌株，通过微生物发酵显著提高辣木叶中叶酸含量，其中，乳酸芽孢杆菌属LP1和酿酒酵母Y-J-1的叶酸水平分别提高了1.6倍和1.8倍（*Journal of Food Meas-*

urement and Characterization，2023，IF：2.9；LWT - Food Science and Technology，2023，IF：6.0）；此研究团队通过非靶向代谢组学技术分析辣木叶发酵前后营养物质（食品与发酵工业，2023），为相关产品研发提供了技术支撑。

4. 纳米技术在靶向递送中的应用

纳米乳液技术在辣木籽降糖肽 MoHpP-2 的靶向递送中的应用取得了显著成果。云南农业大学田洋教授研究团队通过高剪切分散均质法制备了具有良好钠离子和 pH 值稳定性的纳米乳液，并获得了国家专利授权（ZL 2022 10355689.4）；五邑大学彭超副教授研究团队采用深共熔溶剂提取辣木叶黄酮并制备微胶囊，经测定此微胶囊在体外模拟消化中具有较好的缓释作用（LWT-Food Science and Technology，2023，IF：6.0）。该技术不仅提高了辣木中生物活性成分的利用效率，还为其他活性成分的靶向递送提供了借鉴。

辣木的研究中基金支持主要分为国家自然科学基金、现代农业产业技术体系建设专项基金、国家重点研发计划等，其中，国家自然科学基金占比 22.45%（图 9-8，据中国知网数据统计）。

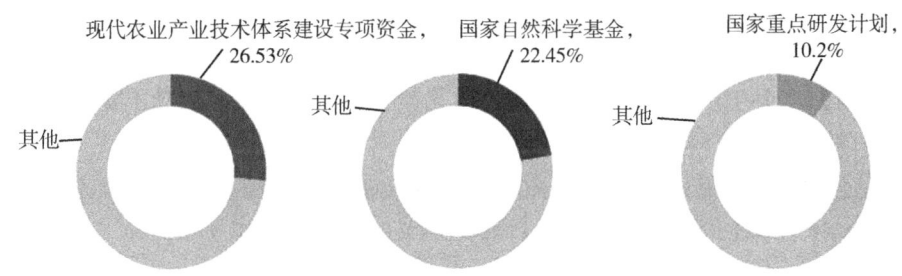

图 9-8 辣木研究支持基金类别情况

二、其他重要技术进展

1. 辣木精深加工技术及健康产品开发

功能性食品开发：云南农业大学田洋教授团队通过微生物发酵技术，研发辣木叶叶酸含片（LWT-Food Science and Technology，2023，IF：6.0）、辣木凉茶、γ-氨基丁酸辣木核桃乳产品、辣木叶发酵饮料（中国酿造，2023）等，田洋教授在第 11 届食品科学国际年会上做主题为《营养健康导向的辣木设计加工关键技术及产业化》相关报告，引领了以营养健康为导向的特色农产品精准加工与增值利用新风向；西北农林科技大学吕欣教授研究团队基于辣木叶的活性开发出一款功能性茶，具有抗肥胖功效（Food & Function，2023，IF：6.1）。

奶制品开发：云南农业大学王雪峰副教授采用辣木籽凝乳酶研发出了非发酵型干酪（现代食品科技，2023）。

其他食品开发：内蒙古科技大学生命科学与技术学院吕俊丽采用辣木籽开发出杂粮面包（食品工业科技，2023）。

2. 辣木中试化生产技术体系的构建与应用

构建辣木中试化生产技术体系并与企业合作实现产业化生产，推动辣木深加工产品的科研成果转化及推广应用，如云南农业大学田洋教授研究团队与昆明生物制造产业研究院合作开发出辣木石斛植物饮品并实现产业化生产，取得显著经济效益。

3. 辣木叶粉加工标准获得批准

目前，我国辣木的相关技术标准较少，辣木叶的加工技术规程并未形成统一的规范，一定程度上制约了辣木叶产业的开发。本标准由农业农村部乡村产业发展司提出［《农业部办公厅关于下达2017年农业国家、行业标准制定和修订项目任务的通知》（农办质〔2017〕25号）第48项］，针对辣木叶粉的质量和微生物等要求，2023年度修订并通过了辣木叶粉加工技术规程标准，对辣木叶粉加工工艺及其产品生产过程的质量控制、质量安全监管提出规范化技术要求。

4. 辣木省部级科研平台发展情况

云南农业大学申报的"国家辣木加工技术研发专业中心"围绕辣木精深加工领域的核心科学问题进行攻关，打造辣木全产业链的创新支撑体系，联合辣木生产企业加速辣木产品成果转化及产业化开发，推动辣木产业健康快速发展。自2018年成立以来，至2023年，此科研平台已发表学术论文76篇，其中，SCI论文38篇；申报国家专利52项，授权专利23项；立项国家级、省部级项目15项；制定行业标准3项；培养博士研究生5人，硕士研究生69人，本科生180余人。

第三节　头部企业分析

一、红河谷辣木产业有限公司

红河谷辣木产业有限公司位于云南省红河哈尼族彝族自治州红河县，是云南省和红河哈尼族彝族自治州龙头企业。设有农业基地、研发部、市场部，在红河县城东南的土台和大黑公农业基地，拥有辣木育种、育苗、示范种植基地及加工设备等，占地总面积约7 800亩。公司基地地处低纬高原季风气候带，海拔560 m，年平均气温24.0℃，年均降水量800 mm左右。终年无霜，光照充足，热量充沛，素有"天然温室"之称，拥有与多油辣木原产地相似的地理条件、气候条件，优越的条件成就了红河谷辣木的优异品质。公司专注于辣木的种植、加工、销售及科研，作为行业内的领先企业，在过去10年的发展中取得了显著成就，已成为红河谷热区资源保护与开发的典范。

品种选育与种植：公司自主培育的"红河1号"辣木品种，被认定为优良家系，并连续6年获得有机认证。目前，公司在红河县干热河谷地区种植辣木超过8 000亩，为辣木种植提供了稳固的基础和成熟的技术支持。这为辣木产业在辣木品种优化和种植技术改进方面的研究提供了重要参考。

科研与专利：公司已累计获得24项国家专利，涵盖了辣木品种选育、加工技术等多个领域。公司与中国科学院昆明植物研究所、云南农业大学等科研院所合作，系统开展了辣木的良种选育、精深加工及健康功效研究。这些科研成果不仅推动了产业的科技进步，也为辣木科研方向提供了指导。

产品开发：公司开发的辣木产品涵盖初级食品及深加工提取物，其中，以辣木果胚油为代表的产品在2018年创新创业大赛云南赛区获得三等奖，并于2019年获得云南省科学技术进步奖一等奖。公司还入选了2022年云南省"绿色云品"品牌目录。这些产品的市场认可度和科研创新性对辣木产业产品开发策略具有重要启示意义。

经济效益：公司每亩辣木的经济价值在7 500~12 000元。通过与当地社区的合作，公司提供了稳定的采收、晾晒、加工等环节工作岗位，促进了当地经济的发展。

二、元谋全新农建生物研究有限公司

元谋全新农建生物研究有限公司位于云南省元谋县，是一家集辣木种植、加工、科研与市场推广于一体的综合性生物科技企业。近年来，在地方政府的大力支持下，公司成功实施了"元谋干热河谷脆弱生态区万亩有机人工动植物群落示范基地建设项目"，在推动辣木产业发展的同时，也积极参与生态环境的保护和修复。

种植基地与规模：在元谋县老城乡，公司开垦了 1 万亩的等高环山梯地，用于培育 2 400 万株辣木，并种植包括兰山咖啡、小粒咖啡、迷迭香、印度黄檀、海南黄花梨、檀香等高价值经济作物。公司目前在老城乡的马头地已经成功种植了 11 000 亩辣木，为我国辣木产业提供了重要的种植示范。种植基地为辣木的种植密度、土地利用率及生态恢复能力研究提供了宝贵的实地数据和经验。

科研与技术创新：公司积极推进辣木科技创新，与多家科研院所合作，成立了"辣木产业技术研究中心"。公司在辣木种植、加工技术和产品开发方面已获得 18 项国家专利，其中包括优化辣木生长和提高产量的关键技术，对辣木品种选育、栽培管理和产品应用等方面的研究具有重要参考价值。

产品开发与市场推广：公司在辣木产品开发方面已推出十多款产品，包括辣木叶片、辣木粉、辣木茶和辣木油等。其中，辣木油的生产工艺获得了国家发明专利，年销售额达 3 200 万元，占公司总销售额的 40% 以上。此外，公司在项目区内建设了辣木、咖啡、迷迭香加工厂 3 座，进一步增强了原材料的附加值和市场竞争力。这些加工设施的建设不仅提升了公司在辣木产品深加工领域的能力，也为研究辣木产品的加工工艺和市场拓展策略提供了实地参考。

可持续发展与社会责任：公司在推进辣木种植的同时，还种植了包括印度黄檀、海南黄花梨、檀香等高价值经济作物，形成了有机人工动植物群落，为当地生态环境的恢复和可持续发展作出了重要贡献。通过养殖蜜蜂 2 000 群、家禽 20 万羽，公司不仅实现了多样化的农业生产，也增加了农户的收入。公司每年减少化肥使用量 50 t，节约灌溉用水 30 万 m^3，直接提供 150 个就业岗位，间接带动周边农户种植面积 2 000 亩，户均增收约 8 000 元。这些生态和社会效益为研究辣木产业的可持续发展及生态系统服务功能提供了重要的实践案例。

三、云南天佑科技开发有限公司

云南天佑科技开发有限公司位于云南省德宏州芒市帕底工业园区，主营辣木种植、加工及销售，并在农业和食品科学技术领域进行深入的研究与开发。公司通过多元化的产品线和技术创新，在辣木产业中占据了重要地位。

种植基地与研发：公司在芒市帕底工业园区建立了大规模辣木种植基地，并通过技术研发优化了适应当地气候和土壤条件的辣木品种。其种植技术的持续改进为辣木产业的研究提供了坚实的实证基础。

科研合作与专利：公司与多家科研机构和高校合作，致力于辣木的基础研究和应用开发。公司在辣木种植、加工及产品开发领域获得了多项国家专利，显著推动了辣木技术的产业化应用。

产品多样化：公司开发的辣木产品涵盖食品、保健品和日化用品等多个领域，包括辣木叶茶、辣木粉、辣木精片、辣木面条、辣木酒、辣木酵素和辣木鲜花饼等。

种植规模与市场影响：目前，公司辣木种植面积已达2万亩，带动农户种植面积超过7万亩，年产鲜叶9万t，年产辣木干料18 000 t。

四、广东菩善堂生物科技有限公司

广东菩善堂生物科技有限公司是一家以"专注国民健康，强壮国民体质，发展绿色经济"为宗旨的高科技企业，致力于推动我国辣木产业的专业化和标准化发展。作为国内辣木产品研发的领军企业，公司与古巴"芬莱研究所"达成了合作意向，签署了中古两国辣木领域的首份企业级合作协议，成为首家与古巴签约的辣木生产企业，进一步拓展了公司在国际市场的影响力。

技术研究与产品开发：公司专注于以辣木为主的生物医药健康领域，进行科技研究、产品开发、科技成果转化及科技项目孵化。公司设立了综合智能管理中心、基地建设中心、种植基地管理中心、加工基地管理中心、营销管理中心等多个部门，并在北京和香港设有专项研究机构。这些设施和组织架构体现了公司在辣木产业链各环节的系统化管理和技术研发能力。

行业认证与综合发展：公司是国内第一家获得辣木行业QS认证的企业，全面覆盖辣木引种繁育、种植加工、生产研发、推广销售、休闲养生及国际交流等领域。公司高度重视产学研结合，十几年来与国家林业科学研究院、中国中医研究院、广东产品质量监督检验研究院等权威机构保持长期的战略合作关系，并获得了多项国家专利。这些成就确立了公司在中国辣木产业中的先行者地位。

附属企业与扩展领域：旗下的广东新丰瑞德农业科技有限公司是中国最早开始大规模引种辣木的公司，经营范围包括辣木树种苗繁育、栽培种植、产品研发、休闲旅游和生态养生。目前，公司拥有3 000亩辣木种苗园、1 000亩辣木种植园，以及10 000 m^2 的辣木加工厂，为公司在辣木产业的全方位布局奠定了坚实的基础。

五、陕西仙喜辣木茯茶有限公司

陕西仙喜辣木茯茶有限公司自成立以来，致力于将辣木与传统茯茶相结合，推动健康茶饮的创新发展。公司专注于通过科学研究与技术应用，提升辣木在茶饮产品中的附加值，形成以"辣木茯茶"为核心的健康茶饮系列。这种创新模式使公司在国内健康茶饮市场中占据重要地位，具有显著的战略价值。

研发合作与技术积累：公司与刘仲华院士团队开展了深入合作，依托其在茶叶科学领域的领先研究成果，成功开发出多款"辣木茯茶"系列产品。通过应用现代食品组学技术，公司精准分析并提取辣木中的关键活性成分，使产品不仅保留了茯茶的传统风味，还增强了其功能性健康效应。

产品功能与市场影响：辣木茯茶系列产品，经过科学验证，展现出显著的美容抗衰、降糖护肝、降脂减肥及免疫调节等健康效应。产品推出后，迅速占领市场，并获得消费者的广泛认可，成为健康茶饮领域中的一大亮点。

未来发展与战略方向：未来公司将继续深化辣木与茯茶结合的研究，致力于开发更多具有市场潜力和竞争力的健康茶饮产品。同时，将通过加强科研合作、优化生产工艺和扩大市场布局，进一步提升品牌的国际影响力和市场占有率，为辣木在健康饮品中的应用开辟新的发展空间。

第四节　产业发展存在的问题

一、辣木规模化种植技术单一，栽培模式需进一步完善

辣木的种植技术仍处于探索阶段，在病虫害防治、优质种苗供应等方面需要进一步加强。探索更加有效的种植技术，以提高辣木的产量和质量。在辣木高效栽培技术、种质资源保护与创新利用等方面，现有研究还存在许多空白和不足。近年来我国辣木种植面积相对于其他传统优势作物，相对较小，无法与其价值相匹配。缺乏辣木配套高产栽培技术，尤其是辣木病虫害防治技术，使得大规模种植辣木存在高风险，是阻碍辣木产业发展的原因之一。

二、辣木产业起步较晚，产业化链条不健全

辣木作为一个新兴产业，其发展处于初期阶段。近年来，辣木产品市场混乱、产品价格虚高、消费者认知度低、过度和不实宣传等，造成产品滞销、原料价格下降、种植面积锐减等问题，由产品市场影响到辣木整个产业链，辣木产业正处于低迷时期。目前由于辣木生产加工公司所生产种植的原料少、成本高，产业化程度不高，加之产业链还不完善，还未形成规模化和标准化的辣木产业体系，影响了辣木产业的快速健康发展，需进一步加强组织管理，加大宣传和技术培训力度，政府引导辣木产业发展，建立辣木产业完善体系，使项目成果较好地转化为生产力，为辣木产业发展提供可靠的科技支撑和经验借鉴。

三、辣木产品精深加工能力不足，缺乏高附加值深加工产品

辣木产品还是以原材料和初加工为主，缺乏精深加工及高附加值产品。目前，辣木的研究利用涉及中药制剂、保健品、动物饲料及化妆品等领域，其中，以药用功能和食用功能研究居多，但大多处于中低端产品的开发层面，系统性高端产品研究不足。现阶段，辣木产业主要以小企业、小生产为主，但农业要产业化，产业要规模化，规模要品牌化，品牌要市场化。实现辣木产业的跨越式发展，目前的瓶颈还是缺乏市场接受程度高的高附加值深加工辣木产品。虽然已经有一部分企业在进行辣木精深加工产品的研发，但是仍然存在许多问题亟待解决。

四、科技支撑不足，缺少辣木研究合作交流平台

目前，辣木产品开发缺少人才和技术积累，自主研发能力弱，同时，参与辣木研究的机构少，从事辣木产品研发的专业人员少，科研经费投入少，科技推广服务体系滞后，这些极大地限制了辣木产品开发与技术推广。尽管我国专业从事辣木产品开发利用研究的企业和科研院所本来就不多，但是，各企业和相关科研院所仍都处于各自为政、单打独斗的局面，辣木研究科技人才资源没有得到有效配置、产业链不完整、研发思路落后、产品开发脱离市场需求等问题严重。

第五节　产业发展趋势

一、辣木复合生态系统种植基地与绿色品牌战略融合发展

联合国粮食及农业组织（FAO）把辣木树作为一种粮食替代品推广种植，为解决欠发达地区的粮食短缺问题提供了一种新的选择。此外，辣木种植不会与粮食种植产生矛盾，其抗旱、生长快的特质适合在热带、亚热带贫瘠荒山、荒地等各种土地类型上种植，既不占现有耕地，也不污染环境，还能较快地改善和修复脆弱的生态环境，单产量和营养价值均高于粮食，复制再生力比粮食高3倍以上。辣木几乎具有林农混作树种或多目的树种必须的所有特征，建造辣木农林复合生态系统，既可提高土地利用率和单位面积生产力，同时也可起到维护或提高土壤肥力、防止水土流失、保护和改善生态环境的作用。辣木较强的抗病虫害能力使其能够采用有机种植方法，实现生物自然循环，生产绿色生态产品。加强辣木种植基地建设，培育优质辣木品种，打造特色辣木品牌，强化辣木产业相关方的协同合作，推动国家辣木产业发展。

二、整合辣木上下游产业，构建辣木产业发展体系

利用数字技术等先进技术创新开发辣木制品及其相关衍生品，开发和推广更多的新型辣木产品，同时，深入挖掘辣木在畜牧、造纸、能源、医药、美妆和化肥等众多领域的应用，延伸辣木产业链，提高辣木产业附加值和竞争力。把握辣木产业发展的时代机遇，做到以市场为导向、以企业为主体、以科技为支撑，健全适应辣木产业发展的种植、生产、加工和销售体系；以产学研相结合为纽带，推动企业和科研院所联合发展，促进辣木产业在我国健康、快速和可持续发展。

三、科技创新引领辣木产业转型升级

辣木营养丰富，健康功效显著，市场前景广阔。辣木包含多糖、多酚、多肽、生物碱、异硫氰酸酯等生物活性物质，随着科技的进步，辣木的提取技术、加工技术、种植技术也将不断创新，如利用微生物发酵、绿色高效提取等技术，高效富集辣木中多肽、有机钙、天然叶酸、γ-氨基丁酸、多酚等功能组分，推动

了辣木从初加工向精深加工转型升级。此外，辣木产业的发展也受益于科技创新带来的种植技术改进和种质资源创新。开展辣木种植与加工的标准化、产业化、现代化研究，不断拓展产品的应用领域和市场需求，推进产业结构的转型升级，实现产业的可持续发展和健康增长。辣木产业将在多元化和深加工化的转型中，为人类提供更多的健康产品和服务。

第十章　2023年农产品加工装备产业发展情况

第一节　产业现状与发展成效

2023年，我国农产品加工装备行业整体发展稳定，国内市场和国际贸易较2022年的高速增长势头有所回落。食品、消费品等行业投资改造谨慎，影响了农产品加工装备新增订单，行业的亏损面进一步扩大，但行业利润保持稳健增长，产业和产品格局进一步优化，行业集中度提高明显，出口保持稳定增长，国际竞争力进一步增强。

行业利润保持稳健增长，但亏损面进一步扩大

国家统计局数据显示，我国包装专用设备制造，食品、酒、饮料及茶生产专用设备制造，烟草生产专用设备制造和商业、饮食、服务专用设备制造4个领域2023年规模以上企业营收1 205.6亿元，同比增加4.4%。从利润来看，这4个行业实现总利润103.9亿元，同比增加16.7%，4个行业平均利润率9.0%，同比增加1.3%。以上4个细分行业主营业务收入均保持稳定增长，行业利润增速加快，除了包装专用设备制造领域外，其他3个细分领域的利润总额都实现了两位数以上的增长。

伴随行业利润大幅改善的同时，行业亏损面整体扩大，其中，包装专用设备制造领域的亏损面同比增加4%；食品、酒、饮料及茶生产专用设备制造领域的亏损面同比增加2.8%；烟草生产专用设备制造和商业、饮食、服务专用设备制造的亏损面则小幅收窄，市场主体经营情况较2022年有所改善。

我国农产品加工装备行业整体面临国际、国内市场景气回落和产品、产业调整双重不利因素叠加影响，行业的整体竞争态势恶化。在这种情况下，部分企业凭借品牌、品质、服务、产业链等优势在竞争中脱颖而出，行业整体利润率和集中度得以提高，头部企业的行业地位得到进一步稳固和提升。

科技创新引领产业进步

2023年，我国农产品加工装备行业企业从产品创新、构建新生态链、节能减碳、智能化升级等方面寻找切入点进行创新，寻找行业新的利润增长点。

产品创新方面，企业通过数字化研发设计促进产品迭代更新，利用"数字化+柔性化"模式，发展个性化定制和柔性生产，满足市场多样化和个性化需求。

构建新生态链，传统生态链是食品企业订购设备要向农产品加工装备企业下订单，而新生态链则是农产品加工装备企业突破技术瓶颈掌握食品工艺知识产权，生产与技术配套的机械设备转而下单给食品企业，由于技术优势而吸引众多食品企业增加此类生产线，为农产品加工装备工业增加了新的赛道，也找到了行业新的利润增长点。

节能减碳方面，行业企业不仅从厂房改造、设备升级方面践行节能减碳目标，在农产品加工装备生产上也遵循智能化、绿色化、成套化、生态化、安全化战略方向，运用现代科技手段生产传统食品，通过关键工序智能化、作业流程低碳化、工厂管控数字化、产业链条智慧化等方式，实现智能化生产，促进行业高质量发展。

一、2023 年农产品加工装备产业发展概况

我国作为世界农业大国，农产品加工装备产业在国民经济中占据重要地位。随着科技的进步和市场的需求变化，农产品加工装备在初加工、精深加工和综合利用加工方面均取得了显著进展。然而，近年来，全球范围内的新冠疫情对农产品加工装备产业带来了前所未有的挑战。

1. 初加工装备发展情况

初加工是农产品加工的基础环节，主要包括清洗、分级、干燥、切割等工序。近年来，我国农产品初加工装备在技术水平、生产规模和环保性能等方面均取得了显著提升。例如，智能清洗机、自动分级机等设备的应用，大大提高了初加工效率和产品质量。截至 2023 年底，我国农产品初加工装备的自动化率已达到 60% 以上，部分先进设备甚至实现了全自动化生产。

随着农业产业化的推进，农产品初加工逐渐走向规模化生产。大型初加工企业和合作社通过引进先进设备和技术，实现了农产品的批量处理，降低了生产成本，提高了经济效益。2023 年，我国农产品初加工装备企业数量超过 10 万家，其中，规模以上企业占比达到 30% 以上。

在农产品初加工过程中，环保问题越来越受到重视。许多初加工装备企业开始注重设备的节能减排和环保性能，采用低能耗、低排放的干燥技术和废水处理

技术等。近 5 年来，我国农产品初加工装备的环保性能显著提升，废水处理率达到 90%以上，废气排放减少了 30%以上。

2. 精深加工装备发展情况

精深加工是农产品加工的高级阶段，旨在通过先进的工艺和技术手段提高农产品的附加值和市场竞争力。近年来，我国农产品精深加工装备在技术创新、产品多样化和产业链延伸等方面取得了显著进展。许多企业加大研发投入，引进和消化国外先进技术并结合国内实际进行二次创新。例如，利用超高压、超临界等高新技术开发新型食品加工设备；利用酶解、发酵等技术开发功能性食品等。2023 年，我国农产品精深加工装备研发投入占企业总收入的比例达到 5%以上，部分企业甚至超过 10%。

随着消费者需求的多样化，农产品精深加工产品也日益丰富，从传统的粮油加工、果蔬加工到新兴的保健食品、功能性食品等。精深加工产品种类繁多，2023 年，我国农产品精深加工产品种类已经超过 1 万种，其中，功能性食品占比超过 20%，这不仅满足了不同消费者的需求，还提高了农产品的附加值。

精深加工还促进了农产品加工产业链的延伸。许多企业开始涉足农产品种植、加工、销售等多个环节，形成了完整的产业链。这种产业链延伸不仅增强了企业的抗风险能力，还提高了整个产业的附加值。2023 年，我国农产品精深加工产业链上下游企业数量超过 50 万家，其中，规模以上企业占比达到 20%以上。

3. 综合利用加工发展情况

综合利用加工是农产品加工的重要方向之一，目的在于实现农产品资源的最大化利用。我国农产品综合利用加工在废弃物资源化、副产物深加工等方面取得了显著进展。

农产品加工过程中会产生大量的废弃物，通过综合利用加工技术可以将这些废弃物转化为有价值的资源。将果蔬加工废弃物用于生产饲料、肥料或生物质能源等；将粮油加工副产品用于生产食品添加剂、饲料原料等。2023 年，我国农产品加工废弃物资源化利用率达到 70%以上，其中，生物质能源产量超过 1 亿 t。

许多农产品的副产物也具有很高的利用价值。通过深加工技术可以将这些副产物转化为高附加值的产品，如将米糠、麸皮等谷物加工副产物生产膳食纤维、植酸等产品；利用果皮、果渣等果蔬加工副产物生产果胶、天然色素等产品。2023 年，我国农产品副产物深加工产值超过 5 000 亿元，占农产品加工总产值的比例达到 10%以上。

4. 进出口情况

据海关总署统计数据，2023年我国农产品加工装备进出口总额为163.77亿美元，同比增长1.5%。其中，农产品加工装备出口115.37亿美元，同比增长5.2%；农产品加工装备进口48.40亿美元，同比下降6.4%；贸易顺差实现创记录的66.97亿美元，同比增长15.6%。细分领域方面，包装机械出口54.13亿美元，与2023年基本持平，包装机械进口15.65亿美元，同比下降20%；食品机械出口61.24亿美元，同比增长10.57%，食品机械进口32.75亿美元，同比增长2.09%。

整体来看，我国农产品加工装备行业进出口规模与2022年相比保持稳定，出口依然保持增长势头，进口保持了继续回落的态势，导致我国农产品加工装备行业的整体贸易顺差进一步扩大。

从农产品加工装备的两个细分领域来看，包装机械的出口保持稳定，进口大幅下降。据国家统计局数据，我国包装专用设备制造领域规模以上企业2023年营业收入实现7%左右的增长。随着我国包装机械的全产业链日趋成熟，包装机械的国产化替代在加速推进。

食品机械方面：出口增速较快，实现两位数以上的增长，进口则保持稳定，显示我国农产品加工装备整体在国际上的竞争力得到进一步提升。

出口国家方面：在2023年我国农产品加工装备出口目的地国家排名中，排名第一的依然是美国，出口金额为13亿美元，与2022年相比略有下降，但依然遥遥领先，对美国的出口金额超过了第二位印度和第三位印度尼西亚的总和；俄罗斯排名由2022年的第七位升至2023年的第四位，出口金额同比增长近100%；越南由2022年排名的第二位下滑到第五位；第六位和第七位分别是马来西亚和日本，新加坡、泰国和加拿大分别位列第八位、第九位、第十位；2022年排名前十的德国和韩国在2023年出口目的地国排名中分别列第十二位和第十三位，排名略有下降。在所有出口目的地国家中，"一带一路"共建国家的占比达到全部出口额的40%以上。

在农产品加工装备出口省份方面：2023年中国出口农产品加工装备的前十位依次是广东、浙江、江苏、上海、山东、福建、河北、河南、北京、安徽。相较于2022年，前六位省份排名没有发生变化，表明这几个省份在全国农产品加工装备行业的地位相对稳固。广东、浙江、江苏的出口总额超过了全国出口总额的54%；湖南省排名从2022年的第七位下降到第十一位，北京、河北、河南三地则有所增长，北京从 2022 年的第十一位上升到第九位，河北从第八位上升到第七位，河南从第十位上升到第八位。

从我国农产品加工装备出口地区来看，2023 年行业整体出口的洲际排名没有变化，前五位依次是亚洲、欧洲、北美洲、非洲和拉丁美洲，出口金额占比分别是 48.96%、19.04%、13.71%、8.15% 和 7.69%，与 2022 年相比，非洲份额有所上升，拉丁美洲同比下降 0.52%。

从我国农产品加工装备的进口来源国来看，德国、日本、意大利、美国、瑞士排名前五位，在农产品加工装备进口总额中的占比分别是 25.59%、12.50%、10.15%、8.31%、7.97%，其中，瑞士由 2022 年进口排名第八位快速上升到第五位，虽然进口数量和交易次数较低，金额却和美国占比接近，表明我国进口瑞士的产品数量不多，但价值比较高。

从进口省份来看，前五名依次是上海、江苏、广东、北京、浙江，占比分别是 35.08%、19.96%、9.82%、7.04%、5.73%。上海进口的农产品加工装备占据了全国的 1/3，江苏和上海的进口总和超过了行业进口额的一半。

从进口洲际来看，前三位依次是欧洲、亚洲、北美，进口金额占比分别是 62.51%、26.62%、8.97%，我国进口的农产品加工装备约 2/3 来自欧洲。

5. 新冠疫情对农产品加工产业的影响

自新冠疫情暴发以来，全球农产品加工装备产业均受到了不同程度的冲击。我国农产品加工装备产业也不例外，新冠疫情对其产生了以下主要影响。

供应链受阻：新冠疫情期间，人员流动受限、物流运输受阻等因素导致农产品加工装备企业面临原材料供应短缺、产品运输困难等问题。这不仅影响了企业的正常生产运营，还增加了生产成本和经营风险。据统计，2020—2022 年我国农产品加工装备企业因供应链受阻导致的直接经济损失超过 1 000 亿元。

市场需求变化：新冠疫情对消费者需求产生了显著影响。一方面，新冠疫情造成的经济压力增大削弱了消费者的购买力；另一方面，消费者对食品安全和健康关注度的提高对农产品加工产品的需求也发生了变化。这就要求农产品加工装备企业及时调整产品结构和市场策略以适应市场需求的变化。2020—2022 年我国农产品加工装备企业中约有 30% 的企业进行了产品结构和市场策略的调整。

国际贸易受阻：新冠疫情导致国际贸易受阻特别是农产品出口受到较大影响。一些国家采取了限制进口的措施以保护本国农业产业，同时，新冠疫情也影响了国际物流运输和贸易结算等环节，这使得我国农产品加工装备企业的出口业务面临诸多挑战和不确定性。据统计,2020—2022年我国农产品出口总额同比下降了约10%。

在新冠疫情的冲击下,我国农产品加工装备产业仍然保持着强劲的发展态势。诸多企业通过技术创新、转型升级等方式积极应对困难与挑战,同时,政府也出台了一系列扶持政策帮助企业渡过难关。随着新冠疫情得到有效控制和全球经济逐步复苏,我国农产品加工装备产业有望迎来新的发展机遇和增长点。

面向未来,应继续加强技术创新和转型升级以提高农产品加工装备的技术水平和生产效率,并强化供应链管理和市场需求调研来确保企业能够稳定运营并满足市场需求。此外,还应积极应对国际贸易环境的变化,拓展海外市场,提高我国农产品加工装备产业的国际竞争力。

二、农产品加工装备产业发展成效

近年来,我国农产品加工装备产业取得了显著的发展成效,不仅推动了农业现代化的进程,还促进了农村经济的繁荣和农民收入的增加。

1. 技术创新与产业升级

我国农产品加工装备产业在技术创新方面取得了长足进步。通过引进、消化、吸收再创新,以及自主研发,我国已经建设了一批具有国际先进水平的科技创新基地和产业化示范生产线。这些基地和生产线不仅提升了农产品加工的技术水平,还培育了一批具有较强创新能力的农产品深加工装备企业和科学家队伍。2023年,我国粮食生产再创新高,全年粮食总产量达到69 541万t,比上年增产888万t,同比增长1.3%。其中,玉米是粮食增产的主要贡献者,大豆生产也在稳步增长。这一成绩的取得离不开农产品加工装备的支持。先进的粮食烘干设备、仓储设备和加工设备的应用,有效提高了粮食的贮存和加工效率,减少了损失和浪费。

在技术创新的推动下,农产品加工装备的加工精度、自动化程度和智能化水平不断提高。例如,在粮食加工领域,先进的碾米机、磨粉机等设备已经广泛应用,大大提高了加工效率和产品质量。同时,智能化控制系统和物联网技术的应用,使得农产品加工过程更加精准、高效和环保。

2. 产业规模与经济效益

农产品加工装备产业的规模不断扩大,经济效益得到大幅度提升。改革开放以来,特别是近10年来,农产品加工装备产业得到迅速发展,其增加值已占我国 GDP 的 14%。这一产业涵盖了农副产品加工、食品制造、饮料、烟草、纺织业、服装、皮革、木材、家具、造纸、印刷材料、橡胶等多个行业，形成了多层次、多特色、多样化的产业格局。

其中，食品工业作为农产品加工装备产业的重要组成部分，依然占据重要地位。包含农副产品加工、食品制造、饮料制造在内的食品工业占整个农产品加工装备业的比例超过 1/3。畜牧业也是农产品加工装备产业的重要领域。据国家统计局公布的数据，2023 年，全国猪牛羊禽肉产量达到 9 641 万 t，比上年增加 414 万 t，同比增长 4.5%。生猪出栏量 72 662 万头，家禽出栏量 168.2 亿只，肉牛出栏量 5 023 万头，同比分别增长 3.8%、4.2% 和 3.8%。肉类产量的持续增加为畜产品加工提供了充足的原料。同时，先进的屠宰、分割、冷藏和加工设备的应用，提高了畜产品的加工质量和附加值。许多加工产品由于风味和工艺独特，在国际市场上具有较强的竞争力，农产品加工出口额现已占我国出口总额的 30%以上。

3. 社会与生态效益

农产品加工装备产业的发展不仅带来了显著的经济效益，还产生了广泛的社会和生态效益。农产品加工装备企业能够为农民提供稳定的销售渠道和收入来源，带动农业提质增效和农民增收。农产品加工过程中产生的副产品和废弃物通过资源化利用和环保处理，减少了环境污染和资源浪费，促进了农业可持续发展。

此外，农产品加工装备产业的发展还促进了农村生态环境的改善和农村的繁荣稳定。通过发展农产品加工装备业，实现了资源的"吃干榨尽"，变废为宝、化害为利。同时，农产品加工装备企业的集聚和发展带动了相关产业的发展和人口聚集，促进了农村公共设施建设和生产生活条件的改善。

第二节 重要技术发展情况

2023 年，智能化技术在农产品加工装备领域的应用取得了长足的进步。农产品加工装备实现了从生产到销售的全程智能化管理。智能农机通过精准导航、自动作业和远程监控等功能，大大提高了农业生产效率和作业精度；智能仓储系统则通过自动识别、分拣和包装技术，降低了人力成本，提高了仓储效率。在农产品加工装备的材料应用方面，新型材料如高强度合金、纳米材料和生物基材料等在农产品加工装备中的广泛应用，不仅提高了设备的耐用性和可靠性，还降低了能源消耗和环境污染。这些新型材料的应用，为农产品加工装备的性能提升和绿色发展提供了有力支撑。此外，精准农业技术作为现代农业的重要组成部分，在 2023 年得到了进一步的发展和完善。借助卫星遥感、无人机巡航和地面传感器等技术手段，实现了对农作物生长环境的实时监测和精准管理。在农产品加工装备领域，精准农业技术的应用使加工过程更加精细化和个性化，提高了产品的附加值和市场竞争力。

我国农产品加工装备产业在科技创新的驱动下取得了傲人的成绩，在国家级、省部级等多个层面收获了丰硕的科技成果。由中国农业科学院等单位联合研发的"智能农机装备关键技术与应用"项目荣获国家科学技术进步奖一等奖；苏州澳昆智能机器人技术有限公司的"液态食品后道包装高速智能化成套设备的研发及产业化"项目荣获中国轻工业联合会科学技术发明奖一等奖；厦门德莱科仪实业有限公司与百威亚太控股有限公司联合申报的"啤酒包装线智能拆膜解带系统"项目荣获中国轻工业联合会科学技术发明奖二等奖；普瑞特机械制造股份有限公司、齐鲁工业大学与山东省农业科学院农产品加工与营养研究所联合申报的"生物发酵行业白酒智能酿造成套装备研发及产业化示范"项目、泸州老窖股份有限公司、青州鹏程包装机械有限公司与天津荣新佳机械有限公司联合申报的"白酒异形瓶礼盒装 12 000 瓶/h 数字化包装系统研发与应用"项目均荣获中国轻工业联合会科学技术进步奖二等奖；广东星联精密机械有限公司的"一种利用底部结构反转增加塑胶瓶内压力的底型结构"专利、广州达意隆包装机械股份有限公司的"灌装机的可回流清洗结构及其清洗杯"和"码垛机器人的搬运系统及码垛机器人的搬运方法"专利、杭州永创智能设备股份有限公司的"新式行走式缠绕机"专利等获得了中国专利优秀奖；广州达意隆包装机械股份有限公司的"无菌灌装生产线"在全国机械工业设计创新大赛决赛中荣获金奖。

农产品加工装备行业的快速发展能够带动相关产业链的增长。从原材料供应、零部件制造到整机生产、销售服务等各个环节都形成了完整的产业链体系。这不仅为行业内部企业提供了广阔的发展空间，也为整个社会的经济增长注入了新的动力。农产品加工装备的技术进步使农业生产过程中的劳动力投入大幅减少，作业效率显著提高。这不仅降低了农业生产成本，还促进了农业生产的规模化、集约化和现代化发展。在农产品加工过程中，加工装备的技术水平直接关系到产品的质量和安全。2023年，中国农产品加工装备行业在提升加工精度、降低污染和保障产品质量方面取得了显著成效。通过采用先进的加工技术和设备，确保了农产品加工过程中的卫生安全和品质稳定，为消费者提供了更加安全、优质的农产品。同时，农产品加工装备的应用还有助于农村劳动力的转移和就业创业，为农村地区的可持续发展注入了新的活力，促进了乡村振兴战略的深入实施。展望未来，随着科技的不断进步和农业现代化的深入推进，中国农产品加工装备行业将迎来更加广阔的发展空间和更加美好的发展前景。

第三节　头部企业分析

调查显示，各细分领域的行业龙头企业在2023年的总体发展是稳中有升，部分细分领域甚至出现了较高的增速，如液态食品机械及配套设备销售。头部企业普遍增加研发投入，并把低碳节能、提高资源利用率作为产品研发的一项重要指标。销售模式上，也从单机设备发展到产存一体化的一站式解决方案和全生命周期服务管理，头部企业纷纷向大包装生态圈进军。发展路线上，不仅头部企业，而且有一定实力的企业都在寻找出海的可能性。强者恒强，弱者被兼并或者退出市场的现象依旧明显。

头部企业在数字化车间建设和机械设备智能化方面也取得很好的进展。工厂陆续引入SAP（企业资源管理系统）、MES（生产制造执行系统）、WMS（智能仓储管理系统）、CRM（客户管理系统）、SCADA（设备互联系统）、LIMS（实验室数据管理系统）、PLM（产品生产周期管理）等多领域智能化管理系统，加快建设质量追溯体系，强化智慧供应链管理，实现产业链协同发展。在机械设备智能化方面，通过物联网技术和人工智能算法，实现了设备的远程监控和智能维护，大大提高了设备的运行效率和可靠性。

头部企业的快速发展，一是由于国产农产品加工装备在性能和品质上已经接近或部分超过国际知名品牌；二是由于国际贸易摩擦频繁发生，为了避免国外"卡脖子"现象的发生，越来越多的头部农产品加工装备企业开始选择并逐步使用国产设备，加速了国产农产品加工装备制造企业的发展。

一、"三品"战略实施情况

"三品"战略是推动行业高质量发展的重要举措。2023 年，中国农产品加工装备行业企业通过柔性化生产增加品种多样性、采用创新环保类包装、加大品牌建设和宣传力度等方式，提高了企业在行业中的竞争力及行业的整体技术水平。

山东碧海包装材料有限公司 2023 年研发了双系统贴管机、双系统灭菌机，使乳制品、饮料的生产加工朝着柔性化方向进一步发展。一台双系统贴管机可以实现两种不同型号的贴管作业，双系统灭菌机则可以实现不同灭菌工艺的切换。一台设备可以生产两种产品，在同等成本的情况下增加了品种的多样性。

普丽盛轻工机械集团有限公司 2023 年引入子公司意大利 COAMN 公司先进的无菌灌装技术进行研发生产，有效降低了设备的进口成本。目前常温无菌奶 PET 对高阻隔材料的使用率高达 80% 以上，全球第一条无菌玻璃瓶生产线在蒙牛（金华）运营。这个包装无先例可循，完全是靠自身技术优势，为国外先进技术在国内的普及应用做出了榜样，推动了我国包装行业的进步。

南京乐惠芬纳赫包装机械有限公司 2023 年成功研发了一款冲瓶沥干灌装压盖一体机，该产品产能达到 24 000 瓶/h，可以长时间运行并保持稳定性和耐用性，配备了先进的控制系统，可以实现自动化操作和远程监控，而且在设计和生产过程中充分考虑了环保因素，采用了节能技术，有效降低了能源消耗和排放。

在中央厨房领域，江苏天宇伟业智能装备股份有限公司 2023 年推出一系列具有创新性的产品，如全自动骨汤加工生产线、隧道式巴氏杀菌生产线、双搅拌煮酱锅、香辛料方形萃取罐，该系列生产线已在立达老汤、圣农集团、今麦郎、正大集团等企业实施。

二、绿色制造、智能制造

为了实现碳达峰和碳中和，我国农产品加工装备企业在 2023 年持续推进"数字化+柔性化"模式，发展个性化定制和柔性生产，在增加企业生产品种的同时降低采购成本。此外，加强行业标准制定，采用科学方法量化"双碳"指标，如山东碧海包装材料有限公司参与起草的《废弃饮料纸基复合包装资源化利用碳减排绩效计算方法》团体标准的发布和实施，填补了我国饮料纸基复合包装再生利用行业碳减排绩效计算方法标准的空白,科学呈现饮料纸基复合包装企业低碳循环可持续发展的可行路径,为行业碳达峰行动提供了量化指标,充分发挥废弃包装物资源化利用对"双碳"目标贡献的作用。

在食品包装机械方面,行业企业引入国外更为环保的包装材料进行本土化改造,降低了包装材料焚烧时对环境的污染。如普丽盛轻工业机械集团有限公司引入国外的无菌(高阻隔)纸罐设备和包装材料GL膜(一种透明蒸镀薄膜),这种高科技复合结构的GL薄膜具有优异的氧气阻隔性、防潮性、保香性能,能够近乎完美地隔绝氧气和水蒸气,且不随外界的温度变化而变化。相比现有PET瓶和利乐砖包装,GL膜纸罐的阻氧性能是利乐砖包装的4倍,是PET瓶的11倍,而且GL纸罐在焚烧时不发生氯系气体,几乎没有残渣,更加环保。

此外,行业企业在加强技术研发提升产品品质的同时,在节能降耗方面也取得了较大的突破,开发了多款绿色低能耗的杀菌釜装备,如江苏天宇伟业智能装备股份有限公司先后开发了双行星动力搅拌机、釜式干燥机、电池匀浆机等自动化程度高,性能优越的智能装备,不仅与宁德时代新能源科技股份有限公司、深圳市华宝新能源股份有限公司、罗斯(无锡)设备有限公司、宏工科技股份有限公司等企业进行了深度合作,还打入了泰国、俄罗斯等海外市场。

三、发展新亮点和新增长点

1. 头部企业继续发展上下游产业链

通过近期对山东碧海包装材料有限公司、江苏新美星包装机械股份有限公司、普丽盛轻工机械集团有限公司、江苏天宇伟业智能装备股份有限公司、南京乐惠芬纳赫包装机械有限公司、普瑞特机械制造股份有限公司等企业的调研来看,食品机械向食品包装材料发展,通过包装材料、食品灌装机械的双向促进,带动了整个公司业绩的增长。从单机设备到生产线交钥匙工程的一站式解决方案是未来市场发展的方向。

2. 不断推出市场亟须的农产品加工装备

2023年,面对市场需求不足、同质竞争加剧的状况,我国部分农产品加工装备企业深入了解行业发展趋势和客户痛点,通过加大研发投入、引进先进技术、升级产品智能化程度,从企业自身资源入手,深耕垂直领域的细分市场,开发出新产品、新材料,并提供多种产品智能化服务,生产出更符合市场需求的农产品加工装备,如浓缩骨汤设备、立式无篮连续式杀菌系统、新型复合纸机无菌包装系统、全自动吹贴灌旋一体机、白酒高速罐装系统等。

3. 节能低碳已成为企业研发生产的重要环节

近年来，我国农产品加工装备行业企业在提供定制化机械过程中，节能低碳已经成为从设计环节到生产流程的重要组成部分，从研发阶段开始采用绿色设计制造原则，确保机械设备在设计之初就采用节能技术和环保材料，降低机械在生产和使用过程中的能源消耗和污染排放，同时，提高设备自动化和智能化程度，提高能源利用效率，实现高效、精准、低碳的运行。

食品包装企业也在积极探索低碳化策略，包括但不限于避免过度包装、减少塑料包装、注重包装回收再利用及发展新型环保包装材料等。通过采用轻量化包装和高效设计，减少食品生产企业的分销和运营碳足迹，为实现碳达峰、碳中和目标贡献力量。

第四节 产业发展存在的问题

一、市场需求不振

2023年，我国经济恢复呈现波浪式发展、曲折式前行的特点，国内需求恢复不及预期，机械产品市场低迷。2023年，我国CPI月度同比涨幅均低于3%左右的年度预期目标，其中，1月涨幅最高，达2.1%，3月以来涨幅连续处于1%以下的低位。机械工业重点企业专项调查显示，2023年，反映订货不足的企业占比始终高于50%，四季度末占比升至65%，其中，中小企业订单不足占比更是高达72%。

二、中低端市场的企业业绩增长放缓，价格下行挤压利润空间

中低端市场同质化低价竞争日益加剧，同时，原材料价格上涨，用工成本增加，国际物流成本上升，导致经营利润增长放缓。在控制生产成本的同时，还要持续投入研发新产品、提高服务质量，增加客户黏性，提升品牌影响力。

三、非标零件自动化生产能力有待提升

大型食品企业需要的装备大都为非标产品。农产品加工装备企业局部自动化

程度较低、柔性生产设备占有率不高、同类设备标准化生产理念有待加强，导致非标零件生产自动化程度较低。据了解，部分企业定制化加工零件数量占比高达70%~80%。

四、企业用工存在结构性缺口

近年来，农产品加工装备行业的人力资源出现结构性缺口，主要体现在技能人才的供需不匹配。企业缺少特定专业技术人员和专业高级技术工人，这严重限制了企业的发展潜力。同时，企业用工的结构性缺口还体现在年龄结构上。技术更新快、工作强度大的用工环境使企业青睐年轻员工，但老龄化加剧导致年轻劳动力减少。这种年龄结构的不平衡给企业的人力资源管理带来了挑战。此外，企业用工的结构性缺口还受到地域因素的影响。位于经济发达地区的企业能相对容易地招聘到合适的员工，但在一些经济相对落后的地区，由于人才流失严重、吸引力不足，企业面临着更加严峻的招聘难题。

五、账款回收难问题延续

机械工业应收账款持续快速增长，应收账款规模大、回收期长成为影响企业资金周转和生产经营的突出问题。2023年末，机械工业应收账款总额达8万亿元，同比增长11.1%，增速高于同期全国工业3.5%，占全国工业应收账款的比例达33.7%。机械工业应收账款平均回收期为89.9天，同比延长5.4天，高于全国工业29.3天。

受此影响，机械工业资金周转率下降、资产负债率上升，行业运行效率受损。2023年，机械工业流动资产周转率仅1.26次，同比下降0.03次，比全国工业低0.29次；资产负债率为58.6%，同比提高0.2%，比全国工业高1.5%。

六、外贸市场压力增大

受全球供应链修复形成贸易挤压、欧洲脱钩断链、发达经济体复苏放缓、贸易保护主义、汇率波动及地缘政治冲突不断加剧等多重因素影响，外需市场下行压力持续。俄乌冲突、巴以冲突、红海航道受阻等不确定、难预料因素，对国际贸易活动造成干扰。

第五节　产业发展趋势

一、技术创新引领产业升级

1. 高端技术研发与应用

技术创新是推动农产品加工装备产业持续发展的核心动力。随着生物技术、信息技术、物联网技术及人工智能技术的不断发展，这些前沿技术将越来越多地应用于农产品加工装备中。例如，利用生物技术提升农产品的营养价值，通过信息技术实现精准种植和管理，利用物联网技术实现农产品的智能采收、贮运和加工，以及应用人工智能技术实现农产品的智能检测、分类和包装等。这些技术的应用将大大提升农产品加工装备的智能化水平和加工效率。

2. 自主研发与国产化替代

长期以来，部分高端农产品加工装备依赖进口，限制了产业的自主发展。随着国家对技术创新和自主研发的高度重视，越来越多的企业将加大研发投入，努力突破关键核心技术，实现高端农产品加工装备的国产化替代。这不仅将降低企业的生产成本，还将提升产业的国际竞争力。

二、数字化发展加速推进

1. 继续推进数字化转型

2023年，食品和快消品等用户行业需要持续推动数字化转型，也推动了农产品加工装备自身深化技术创新，行业企业加强与人工智能、大数据、物联网等前沿技术的融合，强化工艺数字化设计和产品数字化研发，以行业提质增效为契机，加速数字化、智能化技术成果落地，不断提升行业企业智能制造能力，行业企业在数字化业务中新的增长曲线初见端倪。

2. 大力培养行业数字化人才

经调查发现，行业企业发展中遇到的困难集中在缺少专业化人才上，数字化人才培养是推动行业持续发展的关键要素，行业对于具备数字化技能和思维的人才需求日益迫切。为了大力培养行业数字化人才，政府机构、协会、大专院校顺应这一发展趋势，通过培训、参观等方式，提升培训人员对工艺和数字化知识的理解融合，提高其学习能力和创新意识，推动行业企业数字化水平的提升。

三、市场需求与产业结构调整

1. 消费类产业装备需求增加明显

2023年，我国在食品、酒、饮料及茶生产专用设备制造，烟草生产专用设备制造，商业、饮食、服务专用设备制造装备这三个领域表现较好，利润总额均达到两位数以上的增长，虽然面对国内消费需求不足和国外较大的输入性通胀压力，但食品作为基本生活类消费品，在其他服务业消费类产品的带动下，仍表现出稳定向好的发展态势。

2. 出口增幅继续收窄

由于国际环境不确定性增加，地缘政治冲突加剧，外部变化对我国不利影响持续加大，全球通货膨胀仍处于高位，导致国外需求疲软，出口下行压力加大。2023年我国农产品加工装备出口额为109.65亿美元，同比增长5.2%，相比于前一年22.62%的同比增长，增幅下降明显。在全球通胀持续增长的情况下，出口态势仍然严峻。

3. 产业结构调整与优化

未来，农产品加工装备产业将继续进行结构调整与优化。一方面，企业将通过兼并重组、强强联合等方式提升产业集中度，形成具有竞争力的产业集群；另一方面，企业将加大对新产品、新技术的研发投入，推动产业向高端化、智能化方向发展。此外，政府也将出台一系列政策措施支持农产品加工装备产业的发展，为产业提供更多的政策红利和市场机遇。

第二部分

专题篇

专题一　2023年大米加工产业发展情况

第一节　产业现状与发展成效

2023年，面对严重自然灾害等多重不利影响，在以习近平同志为核心的党中央的高度重视和英明领导下，我国农业生产克服了黄淮地区罕见的"烂场雨"、华北东北地区的严重洪涝、西北局部地区的干旱等诸多不利影响。2019—2023年，我国稻谷年度产量稳中有降，年度总产量保持在2亿t以上的同时，在政策推动种植结构调整（如黑龙江实行"稳粮扩豆"工程，湖南等地区鼓励农户改种油料作物）和这其间小麦、玉米较稻谷具有比价优势的影响下，稻谷种植面积和产量呈稳定下降的趋势，2023年，稻谷产量较2020年度减少了189万t。但是小幅度的下降并不影响大米在保障我国粮食安全和社会稳定有序发展中发挥的重要作用。

在粮食减损和精深加工上2023年也取得了一定的进步。随着大米新国标的实施推进及消费者对于营养健康米制认知的不断提升，通过提高出米率、减少抛光道数等减少了粮食损失和粮食浪费，提升了大米的营养价值。在稻米加工副产物利用上，米糠油的提取利用率不断提高，在东北地区大部分米糠都经过先提取毛油之后再进行进一步的提取利用，安徽联河米业有限公司新上了稻米油加工生产线1条，投产后将进一步提升我国米糠副产物的综合利用水平。碎米利用水平也得到了进一步的提升，米制食品加工专业粉、饼干、面包等产品纷纷上市销售，显著提升了加工副产物的附加值。整体而言，米粉、粉类、糕类、粽类、汤团类、酒、醋类、方便米饭、方便粥、婴儿食品等米制食品种类不断丰富，产品价值不断提升，推动着我国稻米加工产业不断发展壮大。

稻谷产量情况

2023年，我国粮食总产量达69 541万t，较2022年的68 653万t增长1.3%，其中，稻谷产量为20 660万t，较2022年的20 849万t下降0.91%；2023年，我国稻谷播种面积 4.34 亿亩，比上年减少 751.6 万亩，下降 1.7%；2020—2023 年，全国早稻种植面积已连续 4 年在 7 100 万亩左右波动，平均单位面积产量已连续 4 年在 390 kg/亩左右波动。稻谷单产 475.8 kg/亩，每亩产量比上年增加 3.8 kg，增长 0.8%。大米深加工是一个技术含量高、附加值高的产业，具有广阔的发展前景。随着消费者对健康食品需求的增加，营养丰富、方便快捷、功能性米制品、营养强化米等受到消费者青睐，大米深加工产品的市场供需规模不断扩大。据统计，2023 年，我国大米深加工产品产量 1 584.1 万 t，较 2022 年增长 57.8 万 t；需求量 1 552.2 万 t，较 2022 年增长 58.3 万 t；市场规模 1 463.7 亿元，较 2022 年增长 66.7 亿元；总产值 1 511.7 亿元，较 2022 年增长 67.3 亿元。在喜人的大米产量数字背后，我国大米加工行业却显现出产能过剩的情况。大米加工企业的不断入局，以及人们消费水平的不断提高，都让大米销售市场的竞争变得空前激烈。大米制品也开始向品牌化、年轻化、高端化发展。随着政策支持和市场需求的不断增加，未来大米深加工行业将继续保持良好的发展势头，推动农业和食品加工业的整体升级。

稻谷价格方面

2023 年，籼稻市场上，第一季度，中晚籼稻处于由收购转向销售阶段，托市收购于 1 月 31 日结束，主产区各类粮食企业累计收购中晚籼稻 2 598 万 t，略低于 2022 年的 2 657 万 t。由于 2022 年中晚稻受到生长期高温、干旱等不利天气的影响，质量、产量整体偏差，优质优价明显，企业收购符合要求的稻谷拉动中晚稻价格上调；第二季度，特别是进入夏季之后，终端需求减弱，加上国储和各级储备的稻谷持续轮出，因此，中晚稻价格相对稳定，早籼稻整体处于陈粮销售期，受其用途限制需求比较稳定，价格波动有限；第三季度，早籼稻集中上市，国家统计局数据显示早稻总产量 2 833.7 万 t，比 2022 年增加 21.5 万 t，增长 0.8%，市场整体处于收购期，价格呈现高开、低走、趋稳的走势，价格运行区间明显高于 2 520 元/t 的托市价，最低收购价没有启动，总体看，2023 年早籼稻收购呈现进度快、社会化比例高、优质优价的特点，中稻、再生稻陆续上市，质量也比较好，对需求不足的中晚籼稻形成补充；第四季度，中晚籼稻集中上市，主产区新季中晚籼稻单产、产量同比双增，新稻质量良好，前期价格高开，主要是受到储备轮换拉动，后期随着储备轮换结束和加工企业补库更趋理智，价格逐步下行震荡走稳，年内收购价整体高于托市价，托市预案没有启动。截至 2023 年 12 月 25 日，南方主产区累计收购中晚籼稻 2 437 万 t，同比增加 117 万 t，除湖北、河南外，其余主产省收购进度同比偏快。

2023年粳稻市场上，第一季度主要以2022年产稻谷的收购为主，国内大部分地区新冠疫情感染高峰已过，生产生活回归正常，物流效率明显提高，截至2月28日主产区各类粮食企业累计收购粳稻3 905万t，同比略减13万t，其中最低收购价收购1 023万t，同比减少207万t，减幅16.83%；进入第二季度，市场全面转向陈稻销售，需求受餐饮等外出消费恢复、开学开工正常化、五一端午等节日备货等因素影响出现恢复，随着市场流通粮源的不断消耗，到第二季度中后期东北地区粳稻价格出现一定幅度上涨，但随着高温暑热天气的来临，学校也即将放假，稻米消费逐步进入淡季，加之各级储备均在持续轮出，供需出现博弈，价格总体上涨幅度不大；第三季度国内粳稻市场全面转向陈粮销售，价格走势受"高温暑热的大米季节性消费淡季"与"原粮市场供应青黄不接"两个影响因素相互博弈，呈现逐步上涨的局面，特别是8月底至9月初，市场流通粮源数量已处低位，加工企业原粮和经销商大米库存整体偏低，加大采购力度为开学和中秋国庆双节备货，米厂开机率也明显提高，拉动国内粳稻价格出现上涨，同时，也对国储粳稻销售形成支撑，成交率和价格双双上扬；第四季度，东北新稻逐步上市，总体看质量略低于2022年但仍然属于较好年份，在储备轮换采购及企业补库的支持下，开秤价高于去年40~80元/t，持粮主体惜售心理较强，多数地区价格在托市价上方运行，12月6日黑龙江省佳木斯地区启动2023年稻谷最低收购价执行预案，启动时间较上年晚了一个月，执行范围也仅限于佳木斯，最低收购价稻谷收购数量有限，主要以托底为主，市场化收购占据绝对主体位置，截至2023年12月25日，黑龙江累计收购粳稻约910万t，同比减少约600万t，其中，最低收购价稻谷收购量仅15万t左右，同比减少近590万t。此外，2023年江苏粳稻熟期积温低，出米率同比普遍下降3个点以上，品种、区域之间价格差异较大，优质优价明显，整体高于托市价，收购进度较快。

大米进出口情况

2023年我国自越南进口大米93万t，占比36%；从缅甸进口54万t，占比21%；从泰国进口46万t，占比18%；从印度进口24万t，占比9%；从柬埔寨进口21万t，占比8%；从巴基斯坦进口18万t，占比7%。从与2022年大米进口的对比看，无论是进口大米品种，还是进口国别分布都有一定差异。其中，进口品种上，2023年，碎米进口量大幅减少，扭转了之前两年（2021年和2022

年）碎米作为我国大米进口第一品种的格局，碎米进口占比从 2022 年的 57% 降至 32%，减少了 25 个百分点，碎米进口量同比减少 268 万 t，占大米进口减量的 75%。

从进口国别看，时隔 5 年，越南再次成为我国大米进口第一大来源国，进口占比从 2022 年的 14% 增至 36%，增加了 22 个百分点，大幅高于其他国家。之前两年（2021 年和 2022 年）印度是我国大米进口第一大来源国，2023 年进口印度大米占比从 2022 年的 35% 降至 9%，减少了 26 个百分点。从进口单价看，受国际市场大米价格大幅上涨及报价较低的碎米进口量大幅减少的叠加影响，大米进口单价大幅上涨。2023 年我国大米进口单价约为 3 830 元/t（不含税、费等），比 2022 年大米进口均价（2 851 元/t，不含税、费等）上涨了 34%。

从国际大米进口贸易看，我国仍是全球大米主要进口国之一，但 2023 年我国大米进口量不及菲律宾和印度尼西亚，降为全球第三大大米进口国。主要出口国贸易政策叠加我国大米进口结构、国际大米价格及与国内大米价差变化，是构成 2023 年我国大米进口量及结构变动的主要原因。2022 年，我国大米进口创历史新高，主要原因是对印度碎米的进口需求大幅增加，2022 年 9 月印度禁止碎米出口后，我国碎米进口来源减少，进口量也骤减。同时，2023 年因印度限制大米出口措施、国际市场对供给的担忧、主要进口国采购需求旺盛等因素叠加，带动国际大米价格在近 15 年以来的高位震荡，且自 2023 年 5 月以来，泰国、越南等主要出口国的 5% 破碎率大米进口完税成本持续高于南方市场早籼米价格，部分时段价差在 1 000 元/t 以上，抑制了国内企业采购积极性，导致大米进口量整体下降。

一、2023 年稻米加工产业发展概况

考虑新冠疫情后居民恩格尔系数回落，主食消费多样化，人均传统主食消费呈下降趋势，结合人口下降和老龄化趋势持续加剧，全国大米食用消费量将有所下降。2024 年 1 月预计，2023/2024 年度国内稻谷食用消费量为 15 800 万 t，与上月预测持平，同比下降 100 万 t，降幅 0.6%。上年度结转的饲用稻谷继续在本年度使用，饲料用粮同比小幅下降；随着米制品加工和酿酒、酿醋等行业的发展，稻谷工业消费预计小幅增长。1 月预计，2023/2024 年度国内稻谷饲用、种用和工业用稻谷消费 4 421 万 t，与上月预测持平，同比下降 71 万 t，降幅 1.6%；国内稻谷总消费量为 20 221 万 t，与上月预测持平，同比下降 171 万 t，降幅 0.8%。当前国际环

境复杂严峻，多国提高粮食储备，国际大米价格高企，预计新年度大米进口数量将继续回落。同时，我国大米国际竞争力有望增强，大米出口数量或将小幅增长。1月预计，2023/2024年度进口稻谷（将大米进口量以70%折率换算，下同）400万t，与上月预测持平，同比下降69万t，降幅14.8%；出口稻谷300万t。2023/2024年度全国稻谷结余539万t，比上年度减少151万t。

1. 初加工方面

在政府补贴刺激下，稻谷烘干机市场年均增速在50%以上，成为农机行业重要增长点。在2022年全国农机行业增速大幅下跌的形势下，2023年粮食烘干产业逆势增长，全年粮食烘干机产量1.4万台，同比增长超过30%，成为农机行业重要增长点。目前，我国粮食烘干机产业正处于导入期，需要加强政策扶持力度，推进稻谷热泵烘干设备产业发展。随着2023年的市场推动，与欧美等发达国家的稻谷干燥机械化水平90%以上相比，我国稻谷烘干机械化水平仍较低，是农业全程机械化的短板。近年来，国家全面推进农业生产全程机械化，农机需求向产前产后延伸，需求热点也向烘干类设备发展。这是稻谷烘干机市场呈现井喷式发展的重要原因。近年来，国家加大粮食空气能烘干机购置补贴力度，从2011年开始，粮食烘干设备被列入国家农机补贴目录，在国家财政补贴30%的基础上，部分省份出台政策补贴，浙江（农用地、商住地、工业地）、湖北（农用地、商住地、工业地）、湖南（农用地、商住地、工业地）、江西（农用地、商住地、工业地）、江苏（农用地、商住地、工业地）等多省份出台政策追加补贴。在政府补贴刺激下，稻谷烘干机市场快速增长，年均增速在50%以上。稻谷烘干对于确保国家粮食安全、保证农民增收具有重要战略意义。我国粮食在收获后由于水分控制不当，霉变比例在5%以上。大规模集中收获后的稻谷集中堆放容易霉变，需要干燥处理才能贮存和加工，加上农村晾晒场地减少，使用空气能烘干机就成为重要选项。与传统晾晒相比，空气能烘干机烘干不仅可以大幅度提高生产效率，节约土地、人工成本，而且更适用于大规模集约化作业，不受场地、天气等自然环境影响，有利于减灾保粮，还可有效避免混入泥土、砂石、杂物及车辆尾气等二次污染，保证稻谷品质和品相。目前国内空气能烘干设备产业处于起步阶段，市场发育很不均衡。东北、浙江起步较早，湖北、湖南、江西、安徽（农用地、商住地、工业地）、江苏等地快速崛起，其余地区刚进入萌芽期。烘干机市场容量不断扩展，据估算，稻谷烘干设备预计年需求量在4 000台左右，未来我国的稻谷自动化烘干处理能力将进一步增强。

2. 精深加工方面

2023年,国内大米加工生产商主要有黑龙江省北大荒米业集团有限公司、益海嘉里金龙鱼食品集团股份有限公司、中粮集团有限公司、承德五丰米业有限责任公司、湖北国宝桥米有限公司、江西省粮油集团有限公司、江苏省农垦米业集团有限公司、五常市彩桥米业有限公司、安徽牧马湖农业开发集团有限公司等,与2022年没有显著变化。其中,北大荒米业集团是以从事稻谷加工、粮食储备、大米进出口为主的国家级产业化龙头企业,公司年加工能力150万t,综合储备能力160万t,居国营大米加工行业首位。国宝桥米采用世界最先进的日本佐竹生产线,拥有国际先进水平的精制米加工生产线3条,年生产能力30万t,配置有现代化的大米抛光机、色选机、全自动真空包装机等全套高、尖、新技术设备。苏垦米业现有生产线13条,年稻谷加工能力超过57万t。粮食烘干线22条,日烘干能力7 650 t;总仓储能力42万t,其中高大平方仓33万t,配套粮情在线监测、机械通风降水和低温仓储等先进储粮技术。在大米加工产能过剩的背景下,有机米、香米等高端米的加工产能持续扩大,而常规大米加工量逐年下降。与此同时,当前中国家庭人口规模趋于小型化,同时,国家倡导粮食节约反对浪费,叠加生活垃圾强制分类政策,大米包装趋于小而美,量小质优的中高端市场持续扩张。

除了常规的米饭消费大米以外,食醋、米线和汤圆在大米加工产品中占比较大,产量占比情况为食醋28%、米线25%、汤圆16%,需求量占比为食醋29%、米线25%、汤圆17%;米糠油和粽子在整体结构占比不小,需求量占比分别为5%、3%。随着国家对大米深加工产业重视程度的加强,扩产政策的逐步深入,加工技术的不断发展,我国大米深加工行业市场规模持续增长。目前我国已从温饱阶段向全面建成小康社会迈进。经济发展,生活水平提升,必然对包括大米在内的食品需求提出更高的要求,大米消费已进入安全放心、营养健康、方便快捷的更高阶段,这将为中高端大米的发展带来巨大机遇,将有利于加快大产业的转型升级。国人越来越注重健康,关注大米的营养成分和功能。未来,大米企业迎合市场需求,提升大米的适口性和功能性,从香气固化和营养强化两方面努力研发,生产适合国人健康的安全农产品。企业根据不同人群和不同场景,细分大米功能,推出寿司米、低糖米、胚芽米、高锌米、高锶米、生态米等功能米。

3. 综合利用方面

作为最大的稻米生产国和消费国,稻米副产品的市场也备受关注,稻谷加工成大米的工艺过程包括清理、砻谷、碾米、成品副产品整理等工序，同时，产生稻壳、米糠和碎米等副产品，这些副产品有多种开发和利用途径。稻谷又叫砻糠，它含有多种有用成分，可作燃料或饲料，还可提取多种工业原料，每 50 kg 稻谷加工中，可得约 10 kg 稻壳。截至 8 月 16 日，北方稻壳出厂主流价格 330~480 元/t，南方稻壳主流出厂价格 260~400 元/t，按质论价。碎米是残余的碾磨剩余物，营养含量较高，但外观较差，口感不如整粒大米，但在食品中和农业上应用广泛。在食品制作中的应用：制作米粉、米糊、米糕等食品，口感细腻，营养丰富；在农业上的应用：作为饲料用于养殖业及发酵处理，生产酒精、生物肥料等产品。截至 8 月 16 日，北方毛碎米价格参考 0.64~0.715 元/kg，南方毛碎米价格参考 0.68~0.725 元/kg。米糠作为糙米变成精米的碾磨过程形成的副产品，含有丰富的蛋白质、脂肪、矿物质等营养成分，是饲料、肥料、生物燃料等多种产品的原料。尽管米糠的保质期相对较短，但由于其营养价值高，仍然被广泛使用，尤其在饲料里使用颇多，是常用的一种高能量饲料，一方面，由饲料企业直接采购，用于水产、猪料里；另一方面，由油厂采购进行压榨加工，产生米糠油和脱脂米糠（米糠粕）。截至 8 月 15 日，全国米厂平均开工率约为 14.3%，虽有开学备货微弱支撑，但业者多等待新粮上市，开机率难有大幅提升，副产品产量有限，惜售心里强。北方油糠出厂价格参考 0.5~0.565 元/kg，南方籼油糠出厂价格参考 0.55~0.61 元/kg。

二、大米加工产业发展成效

一是稻谷产地初加工取得进一步成效。2022 年农业农村部办公厅发布公布了全国粮食加工环节减损增效典型案例，确认推介四大类 24 个典型案例，供各地学习参考。2023 年，各级农业农村部门加大了对典型案例的推介，加强了政策扶持，引导粮食加工企业改造提升技术装备，降低加工损耗，实现减损增效，促进粮食加工业高质量发展。"稻谷保质节能烘干"案例中研发的螺旋滚落保质节能环保稻谷烘干技术，即原粮通过加料斗经导流网在均匀筒内螺旋流动、翻滚，充分混合均匀进入烘烤腔内，从均匀筒内下落的稻谷直接落在均匀网上，再次均布和分散。均布的稻谷经折流板，流落在烘烤板上进行烘烤，烘干的稻谷最后通过出料管排出，可降低水分不均匀度，防止裂纹增加，保持稻谷被完全烘干。同时，烘干能源方面热泵烘干技术装备不断地推广应用，显著提升了产地初加工水平。

二是达米智能化加工水平进一步提升。2023年益海嘉里集团下属的益海嘉里（哈尔滨）粮油食品工业有限公司采用了全新的抛光机，不仅可以提升大米抛光质量，使米粒更加晶莹剔透，还能减轻工人劳动。"以前的抛光机很笨重，属于半自动设备，占了两层楼，所以工人操作需要楼上楼下跑，产量大的时候紧忙活。"公司负责人说，"新设备不仅小巧，而且更加智能，工人仅需在屏幕上输入一些参数指令，机器就自动开始加工抛光。输入指令后，设备可实现远程控制、自动生产，6台设备每天可以高质量加工抛光400余吨大米，预计5月新设备生产的大米就会进入市场。"大米工厂抛光段的新设备，仅仅是整个大米推动设备更新升级改造的冰山一角。近年来，各家企业加快推进数智化转型，在智能决策、技术改造、设备更新等方面持续投入。所实施的项目，包括智能生产数据中心建设、车间节能改造、罐区升级改造等。在大米工厂包装方面，抛光好的散米经过一根根管道分别进入多台包装秤，打包封装好后，通过传送带进入喷码设备中，成袋的大米产品在此完成日期、条码喷绘，如今多条包装线仅需1人管理，而且生产线还能自动识别每袋大米是否出现条码漏喷的情况，减少了人工视觉查验时间。

三是副产物利用水平进一步提高。稻米油产业技术创新战略联盟名誉理事长、中国农业产业化龙头企业协会油料产业分会名誉会长王瑞元介绍，我国开展以米糠榨油为中心的综合利用工作，已有半个多世纪。由于种种原因，发展速度不能令人满意。近几年来，稻米加工企业的规模化生产，米糠保鲜和稻米油制油及精炼技术的提高，使我国稻米油产量逐年提高。作为稻谷生产和消费第一大国，我国米糠副产品营养价值和资源效益没有得到充分发挥。据权威测算，如果全国年产2亿t水稻所含的米糠全部用来榨油，相当于约1 300万t大豆的出油，这等同于为国家增加了1.1亿亩大豆种植的"无形粮田"，将大大提高我国食用油的自给率。为进一步推动我国稻米油产业的发展，建议稻米油企业和相关部门，要像对待发展油料生产一样重视米糠资源的利用，在资金、奖励等方面出台有利于稻米油产业发展的政策措施。争取用5年时间将我国的米糠制油利用率提高到80%以上，为提高我国食用油的自给率作出更大贡献。安徽联河股份有限公司位于安徽省安庆市望江县国家现代农业产业园，于2023年投资了稻米深加工及副产物综合利用项目。项目投资5.1亿元，用地面积41 200 m²（约62亩）。建筑面积22 800 m²，计容面积41 360 m²。拟建设膨化、智能存储、浸出、精制、数字化精炼等13栋车间，以及油罐区。该项目将生产一级稻米油、米糠油、一级浓香菜籽油及米糠蜡、谷维素、脂肪酸等深加工产品。年处理20万t米糠油料、16万t菜籽油料。年新增产值14.7亿元，利税1.9亿元。新增就业750余人。

第二节　重要技术发展情况

一是婴幼儿营养米粉产业科技创新持续推进。湖南省科技厅公布了关于2023年湖南省重大科技攻关"揭榜挂帅"制拟立项项目的公示，湖南助农米业有限公司入选"婴幼儿营养辅食安全加工关键技术研究与示范"项目参与揭榜单位。据悉，湖南助农米业有限公司新研发的智能化加工工艺是通过最新的AI智能靶向碾磨技术，成功生产出国内第一款"米珍营养米"。通过靶向碾磨，米珍营养米的糊粉层中功能活性成分能保留90%以上，出米率（整精米率）提高3%~5%。湖南助农米业有限公司作为国家高新技术企业和省级农业产业化龙头企业，通过校企共建、校地合作等方式，不断攻破稻米加工工艺"卡脖子"技术难题，先后研发了煲仔饭、自热米饭、胚芽米、米珍营养米等符合各类人群需要的大米产品，凭借独有的口感和多样化的选择，南县稻虾米市场占有率逐年提高。稻谷综合价值及稻米产业链不断提升，有力推动了稻米产业发展。

二是稻院士™慢糖低GI大米在第二届中国营养师发展大会上荣获"高品质科学先锋奖"。稻院士™慢糖低GI大米是江南米道江苏科技有限公司与江苏省农业科学院共同合作研培的一款具备低升糖指数（GI）的功能性稻米品种。经过数十年的育种，稻院士™坚持研究低GI稻米的功能性和食味值，成功突破了功能性稻米的技术壁垒，研发出了慢糖低GI大米（GI值≤55）。稻院士™慢糖低GI大米具备慢糖的功能性，口感也做到了上佳食味。稻院士™慢糖低GI大米在食用后能够使血糖升高的速度慢、消化慢且能够让人有持久饱腹感，同时减缓糖分的吸收率，有效减轻身体对胰岛素的负担，避免餐后血糖的剧烈波动。功能性主食除了作用明显外，好吃的口感也是关键，稻院士™升级了稻米的品质，不仅解决了控制血糖的人群不敢吃米饭的困扰，更让这种米成为了一种健康、营养又美味的能够替代高GI白米饭的主食新选择。稻院士™慢糖低GI大米的科学营养价值对日常健康管理产生了多方面的影响。降低白米饭的GI值，有助于控制血糖水平；保留大米的营养价值，提供丰富的营养；改善口感和风味，增加食用的乐趣。

第三节 头部企业分析

一、黑龙江省北大荒米业集团有限公司

黑龙江省北大荒米业集团有限公司（以下简称"北大荒"）是我国目前规模较大、现代化水平较高的种植业上市公司和重要的商品粮生产基地，在自然资源、基础设施、农机装备、农业科技服务、组织管理等方面具有显著优势，处于同行业领先水平。2023年，北大荒实现营业总收入50.44亿元，同比增长18.37%；净利润10.64亿元，同比增长9.07%；扣非净利润10.64亿元，同比增长14.79%；基本每股收益为0.6元。公司2023年度利润分配预案为拟向全体股东每10股派4.4元（含税）。全年实现粮豆总产600万t（120亿斤），实现"二十"连丰。北大荒目前主业为种植业，现阶段公司在积极探索提升产品营销和建设能力，未来继续加强公司价值挖掘与宣传推介，提升公司品牌价值和核心竞争力。农业是一个受自然条件限制较大的行业，如气候变化、土壤质量、水资源等方面，北大荒依托自身资源禀赋，形成了科技、装备、组织、基础设施、人才、管控等多方面优势，在巩固做优主责主业的基础上，对土地经营走出去进行了有益探索。北大荒2023年持续投入，强化农机配备及更新，实现域内农业机械总量达32.99万台（套），农机总动力361.2万kW，综合机械化水平达99%以上。另外，北大荒2023年研发费用0.9亿元，同比增加0.17亿元，增长22.88%，主要原因为农业分公司加大了农业科研攻关力度，导致研发费用支出同比增加。北大荒2024年的经营目标是，预计全年实现营业收入50.5亿元，实现利润总额10.7亿元，粮豆总产120.1亿斤（60.05亿kg），努力实现公司的质量变革、效率变革和动力变革。

二、中粮福临门股份有限公司

2023年正值中粮福临门品牌创立30周年，步入新的发展阶段，面对消费人群和传播环境的变化，如何夯实"国民粮油"领导品牌的行业地位，如何获

得消费者对于品牌基因中"幸福感"的情感认同，如何累计30年品牌能量开启下一段征程，成为摆在福临门品牌面前的重要任务。基于"有家就有福临门"的品牌理念和30年行业领导品牌的成长积淀，福临门制订了以"幸福感"和"国民粮油"为核心抓手的30周年品牌传播策略，并将品牌旗下的"爱家日"IP、女排IP、航天IP、小福将公益IP及亚运会合作权益等有机融合到传播活动中，形成了具有独特创意的传播组合拳。同时，福临门联合了亚组委、浙江卫视《杨澜访谈录》、杭州日报《都市快报》、央视频等赛事持权媒体，以及郎平、达娃央宗、钱红、史冬鹏、刘晏含等数十位文体界知名人士，成都美食文化领军人张姣、辽菜泰斗刘敬贤等中国美食传承人，让营销更具情感内涵与触动性，有效提升品牌传播的关联度、记忆度、信任度和美誉度，品牌影响力持续提升。

第四节　产业发展存在的问题

一是高端大米供不应求。我国优质大米产量偏低，不能满足市场需求。近几年，我国优质稻种植面积持续增长，但普通品种的稻谷种植比例依然偏高，每年仍需启动托市收购来稳定市场。从大米加工和销售看，市场上大部分依然是普通大米，优质大米比例偏低，如高食味值的有机大米产量占比只有1%多点，远不能满足市场需求。同时，好吃、美味的大米主要产自东北三省，其他区域的美味大米比例不高。需要进一步加大美味大米的种植、加工和销售力度，提升我国大米产业的整体质量。

二是米制食品工业化有待加强。我国目前对传统米制食品产业化程度还不够高，在米制食品深加工方面依然存在工业化程度低的问题。虽然米粉、米线的工业化程度得到了显著提高，让全国人民了解了米制食品，但是，其他的预包装制品市场上能够满足改善方便、营养需求的相关产品依然较少，且大多缺乏标准规范和技术规程。在预制主食产业中，大米主食比例依然较大，而各类营养主食如糙米乳、糙米饭等食品的比例仍然低。米粉、米线等普通主食所占比例较大，低GI米粉、功能性米制品等高附加值的产品仍不能满足市场需求。农业农村部发布了2024年米制食品科技创新的项目指南，有望通过项目的实施进一步推动米制食品的工业化水平。

三是米制食品品牌化发展仍不够强。近年来,随着消费者对食品安全和品质生活的追求,品牌农业逐渐崛起。大米作为我国的主要粮食作物之一,其产业也在品牌农业的影响下迎来了新的发展机遇。打造地域名片、提升品牌价值,已成为大米产业发展的重要方向。米制食品也不例外,品牌农业的核心在于提升产品的品质和认知度。在大米产业中,这意味着从种植到加工,每一个环节都要严格把控,确保产品的高品质。同时,通过品牌建设,大米产品能够形成独特的品牌形象,提高消费者对其认知度和信任度。品牌农业有助于拓展大米产品的市场。随着消费者对健康、安全、美味的追求,品牌大米往往能够吸引更多消费者的目光。同时,品牌化还能增加产品的附加值,让农民在销售中获得更高的收益。但是目前,除了螺蛳粉近年来通过品牌效应逐步走向工业化道路之外,一些米制食品品牌影响力依然偏弱,有待于进一步提升品牌力。

第五节　产业发展趋势

一、稻米产业未来方向之功能化

水稻是我国居民重要的营养物质来源,但是,稻米的过度加工严重导致我国稻米的利用率只达65%~70%。在白米加工过程中,碾磨程度越高,营养损失越严重,这是诱发以白米为主食人群多种慢性疾病(维生素B_1缺乏症、心血管疾病等)的主要原因之一。这是因为糙米中70%以上的营养物质集中在米糠中,尤其是脂肪、膳食纤维、维生素等营养素,以及生育三烯酚、多糖、肌醇、阿魏酸、谷维素、米糠多糖等生物活性物质。糙米中的膳食纤维含量约为3.76 g/100 g,是相应白米中含量的6倍多。在预防人体胃肠道疾病和维护胃肠道健康方面有突出作用。糙米中微生物B_1含量约为4.12 μg/g,维生素E含量约为4.57 μg/g,均远远高于白米,这些组分在维持心脏、神经系统功能,促进细胞生长和增进免疫等方面均有促进作用。糙米中的脂肪含量为3.4 g/100 g,约为白米的2.55倍,米糠油中不饱和脂肪酸的含量均达到了75%以上,还含有谷维素、角鲨烯、磷脂、植物醇等多种生理活性物质,具有降低血脂、促进人体生长发育等有益作用,被营养学家誉为"营养保健油"。糙米中还含有磷、钙、镁等矿物质,在提高免疫力,预防和治疗糖尿病、心血管疾病等方面有着辅助作用。同时，糙米还含有许多白米所缺乏的诸如谷维素、γ-氨基丁酸、米糠多糖、肌醇等功能性成分。糙米中游离 γ-氨基丁酸含量约为 26 mg/kg，是白米中的 3 倍多。γ-氨基丁酸对哺乳动物的脑组织起着重要的神经抑制作用，能够与其他受体结合，促进血管扩张，起到降血压的作用。谷维素是米糠油中重要的生理活性物质，被证实对于防治高血脂具有一定功效。米糠多糖主要存在于糙米的果皮中，具有抗肿瘤活性、降血糖等功能性质。此外，肌醇、谷胱甘肽、二十八烷醇等活性成分还具有抗氧化、抗衰老等生理作用。总之，稻米中含有丰富的营养物质，通过适度加工开发留胚米、胚芽米、GABA 米的新产品，深入挖掘黑米、红米、紫米、富硒米、富锌米等富含花青素的特色稻米资源，研发适用于不同人群的功能性食品及食品配料，对于推动落实我国"健康中国"战略，改善国民健康状态，以及提升稻米产业附加值均具有重要意义。

二、稻米产业未来方向之智能化

大数据、物联网、互联网、5G 等现代化信息技术在全球范围内飞速发展，人工智能也取得了长足的进步。各行各业的智能化改造进程如火如荼。未来，在水稻的种植、收储、评价、加工、贮藏、包装、物流、销售等各个环节的智能化升级，将有力地推动我国大米产业的快速发展。在种植环节，利用北斗卫星导航系统与无人农机、无人飞机的网络连接，实现插秧、施肥、收割的无人化操作，如扬州大学张洪程院士团队的智能农机装备的应用使每亩地可以增收超过 400 元。在品质评价环节，随着大米的品质大数据不断积累，大米食味值和营养品质的无损快速评价有望成为现实，为优质优价提供强有力的支撑。在加工环节，研发碾米机压力的智能反馈调节技术，碾米精度与营养物质含量的精准调控，以及不同大米原料碾米参数的自适应调节等技术装备并推广应用。在贮藏环节，发展类似于日本的低温糙米贮藏模式，有效降低我国稻米贮藏过程中的品质损失，保持产品的食味和营养品质，从而提升产品价值。在包装环节，发展不同含量、不同保质期的产品类型，通过智能分类包装以满足不同消费者的个性化需求。在物流和销售环节，依托物联网和大数据，发展订单式消费模式，将稻米从碾米到消费食用时间缩短到 1 个月以内，实现消费的大米产品均为新鲜产品，不但使大米的价值提升了，同时，也有利于消费者保持健康。除了传统大米生产、加工及消费之外，米制食品研发的智能化也非常重要。依托电商平台大数据反馈信息、消费者画像等信息手段，不断推进和调整米制食品研发的方向，以消费需求为导向，研发满足不同消费人群需要的高端产品。稻米产业的智能化升级可以有效降低劳动力的强度，降低生产成本，提升产业的整体效益。可以预见，人工智能技术的进一步发展，必定为稻米产业的发展注入强劲的生机和活力。

专题二 2023年小麦加工产业发展情况

第一节 产业现状与发展成效

中国是世界上最大的小麦生产国和消费国，小麦稳产保供对中国的粮食安全至关重要。小麦加工行业是粮油加工业的主力军，对全国粮油加工业的发展起到重要的决定性作用。2023年小麦播种面积稳中有增，产量小幅下降。据国家统计局数据，2023年小麦播种面积35 440.8万亩（23 627.2 khm^2），与上年相比增长0.46%；产量13 659万t，下降0.83%；由于收获期受严重"烂场雨"天气影响，小麦单产385.4 kg/亩，每亩产量比上年减少5.0 kg，下降1.28%。《中国农业展望报告（2024—2033）》提到，2023年国内小麦消费总量增加，国内小麦消费量14 789万t，与上年相比增长7.7%，其中口粮消费9 100万t，较上年略减0.3%；饲料消费3 300万t，较上年增长50.0%；工业消费1 170万t，比上年下降4.1%；种用消费604万t，比上年下降1.6%。2023年进口小麦1 210万t，创历史最高记录，与上年相比增长21.5%。中国进口小麦来源国排名前四位的分别是澳大利亚（694.54万t，占57.4%）、加拿大（255.31万t，占21.1%）、美国（93.17万t，占7.7%）和法国（82.28万t，占6.8%）。预计2024年，中国小麦产量13 860万t，与上年相比增长1.5%；消费量13 709万t，下降7.3%；进口量914万t。价格方面，2023年中国小麦价格呈现"先跌—后涨—再跌"的震荡走势。1—12月，国内普通小麦平均收购价2.96元/kg，与上年相比下跌6.1%；优质小麦平均收购价3.22元/kg，与上年相比下跌3.8%。

近年来，我国小麦加工产业（小麦制粉加工、面制品精深加工、综合利用加工）在市场竞争中不断转换升级并发展壮大，已形成一定规模的生产体系，发展势头平稳；但仍然面临着产能过剩、行业利润率低、竞争力不强等问题。目前，我国小麦加工行业仍处于转变经济增长方式、调整产业结构的重要时期。

一、2023年小麦加工产业发展概况

1. 小麦制粉加工

据国家粮食和物资储备局相关统计数据，2022年，全国粮油加工业总产值为16 430.3亿元，其中，小麦粉加工3 547.6亿元，占比21.6%。全国粮油加工业产品销售收入为18 122.7亿元，其中，小麦粉加工3 807.0亿元，占比为21.0%。全国粮油加工业利润总额为393.0亿元，其中，小麦粉加工87.1亿元，产品销售收入利润率为2.3%。

2022年，全国入统小麦粉加工企业为2 567个，其中国有及国有控股企业145个、内资非国有企业2 370个、港澳台商及外资企业52个，分别占比为5.7%、92.3%和2.0%。2022年，小麦粉加工业的生产能力为年处理小麦22 779.2万t；当年处理小麦10 606.7万t，产能利用率为46.6%；小麦粉产品产量为7 982.6万t，平均出粉率（含全麦粉）为75.3%。

整体来看，全国小麦及小麦粉产量能够满足居民消费需求，市场供应充足。近年来，国内面粉加工行业整合加速进行，大型面粉企业持续扩张产能，国内现已形成具有相当规模的生产体系，国内面粉企业之间的竞争更加激烈，全年开工率多偏低运行，产品销售收入的利润率较低，仅为2%左右。

我国小麦粉加工企业主要分布在小麦主产地黄淮麦区和经济发达区域东南沿海。从区域分布来看，山东、广东和河南是我国小麦粉加工企业的主要聚集地，其次是江苏、河北和安徽，上述区域小麦产量约占全国总产量的75%左右，小麦加工产能合计占比近80%，这说明我国小麦加工产能区域集中度较高。据2023年9月中国粮食行业协会发布的2022年度粮油加工企业50强、10强名单，中国小麦粉加工50强企业主要分布在河南、河北、山东、安徽、广东、江苏、陕西等地。目前，国内面粉加工产量及销售额排名前三位的为五得利面粉集团有限公司、益海嘉里金龙鱼粮油食品股份有限公司、中粮粮谷控股有限公司，三者面粉产量约占全国的30%，这三大巨头未来产能仍将进一步扩大。

小麦制粉是一个传统产业，随着消费需求和产品结构的变化，面粉行业近年来不断在向规模化、专业化、集团化发展，行业集中化趋势将愈加明显，对产品研发能力、产品附加值提取、客户服务能力等要求也在不断提高，集团化的加工企业将迎来更多的发展机遇。

2. 面制品精深加工

（1）方便面　据世界方便面协会（WINA）数据显示，2023年，全球消费方便面约1 202亿份，同比增长2%。据国家统计局数据，2023年，我国100余家规模以上方便面生产企业，累计完成产量近440万t、营收近790亿元、利润总额近50亿元。2023—2024年，方便面行业进入从高速成长向低位调整的重要阶段，呈现出"主体稳健、外延加深、迭代加速、健康提升"的韧性和向内发力的特征。市场受到较为激烈的冲击，一方面，随着餐饮的恢复及新兴速食产品的发展，传统消费场景出现转移，成长空间被挤压；另一方面，市场对中低价位方便面的需求反弹，行业向中高端方便面升级的目标受阻。全行业进入理性竞争的成熟期，市场集中度较高。

随着消费者健康意识的提升，方便面行业逐渐向健康化方向发展。企业纷纷推出低油、低盐、非油炸等健康型方便面，以满足消费者对健康饮食的需求。在消费升级的推动下，方便面行业逐渐呈现出高端化趋势。企业通过提升产品品质、增加产品附加值等方式，推动方便面向高端化方向发展。为了吸引年轻消费者，方便面企业在口味、包装、营销等方面不断创新。例如，推出新颖独特的口味、采用时尚的包装设计、利用社交媒体进行营销等。尽管方便面市场保持着稳健增长，但也面临着一些挑战。例如，行业总体规模相对较小，入行门槛较低，导致市场上产品同质化严重；部分企业在研发能力上欠缺，难以推出具有创新性和独特性的产品。

（2）挂面　挂面是我国工业化程度最高的面制品之一，目前，面临最主要的矛盾依然是产能结构性过剩。2023年是挂面行业诸多矛盾集中爆发的艰难时刻。新冠疫情之后，市场消费需求的快速变化，拉低了市场对挂面的总需求量。2023年中国挂面行业总产量690万t，较上一年的709万t下降2.68%，挂面生产线总数为401条，较上一年减少了24条。据中国食品科学技术学会面制品分会统计，全国24家主要挂面企业2023年总产量371.28万t，同比下降10.42%，销售额178.99亿元，同比下降12.46%，平均价格5.72元/kg，挂面均价相对稳定，略有下降。新冠疫情期间挂面行业快速增长，但新冠疫情后出现回落，总产量和销售额均有所下降。中国粮食行业协会发布的2022年度粮油加工企业50强、10强名单中的挂面加工企业10强名单为金沙河集团有限公司、益海嘉里金龙鱼粮油食品股份有限公司、中粮粮谷控股有限公司、想念食品股份有限公司、滨州中裕食品有限公司、发达面粉集团股份有限公司、山东利生食品集团有限公司、江西省春丝食品有限公司、五得利面粉集团有限公司、宁夏塞北雪面粉有限公司。我国挂面企业基本格局未发生大的改变，但增速缓慢，整体市场依旧分散。新的市场环境下，规模效益所建立起来的竞争优势反而转化为企业的成本压力，从产能高速扩张到进入高质量发展的轨道已是必然。挂面装备的智能化发展从示范生产线起步，目前，挂面企业装备国产化已达到较高水平，自动化水平可与世界比肩。

目前，挂面产业存在以下特点：消费的增量需求趋于放缓且稳定；同质化的产品带来竞争的加剧；特色化的挂面产品日益丰富；接近手工挂面软弹口感的挂面越来越受到消费者的喜爱；营养健康功能的新产品不断涌出等。挂面产业一方面，通过优质小麦粉原料的选用提升其质量和市场竞争力，如企业纷纷推出"澳麦挂面""加麦挂面""哈麦挂面"等以进口小麦为宣传点的挂面品类；另一方面，通过与其他原料的配合突出具有营养特性的挂面品类，如各类杂粮挂面、蔬菜挂面，以及一些具有药食同源原料的挂面品类。另外，通过将一些新的技术应用于传统挂面的生产以开发新的挂面品类，如发酵挂面、半发酵挂面、微发酵挂面、易煮挂面等；一些传统的特色面条被开发成工业化生产，如空心挂面、烩面、牛筋面等；基于营养健康理念，突出一些降糖面、低GI面条、高纤面、高蛋白面条等。

（3）速冻面制品　资料显示，2022年，我国速冻食品行业市场规模约为1 831.6亿元，同比增长11.1%。其中，速冻米面食品是占比最高的细分品种，市场占比约为64.2%。头部企业［三全食品股份有限公司、思念食品有限公司、通用磨坊（中国）投资有限公司］市场占有率持续保持在60%左右。速冻饺子、汤圆、面点、馄饨依然是最受消费者认可的4个主要品类。

速冻食品行业原有的产业链、冷冻物流和品牌优势，理应成为冲击预制菜的头部方阵，但在预制菜边界尚不明朗的当下，速冻食品企业与预制菜的关联与取舍处于模糊状态。与此同时，团餐市场、餐饮市场对标准化、安全优质的速冻预制食品需求巨大，行业的发展进入双轨时期。因此，要在原有轨道上提升"老三样"产品的丰富度，加大传统与文化的附加值；同时，深耕团餐市场，加大对牛羊肉禽类产品、微波食品等新品类从B端向C端突围。

二、小麦加工产业发展成效

我国小麦加工产业发展成效显著，主要体现在以下几个方面。

一是小麦适度加工技术与装备研发初见成效。针对小麦加工过精、过细、过白、营养物质损失严重、面制品加工适应性能差等产业突出问题，近年来在小麦适度加工、全麦粉稳态化等方面取得了较快的发展，技术和装备有了一定的创新，为小麦加工企业改造提升技术装备，降低加工损耗，实现减损增效，促进小麦加工业高质量发展提供了有力支撑。

二是中国传统面制品生产技术与装备不断进步。近几年面制品装备制造企业都加大了专业生产设备的创新，新的机械装备不仅提高了生产效率，还在产品质量、食品安全和节能环保等方面效果突出。2024年，中国食品科学技术学会评选的方便食品行业"机械设备创新产品"中设计面制品加工的代表性装备有青岛海科佳智能科技股份有限公司研制的低温真空鲜面挤出机，该设备在制面全过程保持真空状态，循环冷却控温，生产出口感特殊、Q弹筋道的面条；河南东方面机集团有限公司研制的蒸煮快餐鲜面设备，主要用于制作熟面，对标线下快餐店，具有自动分份、定长切断等功能，提高生产效率和产品品质。

三是小麦加工副产物综合利用水平不断提高。2023年，中国农业科学院农产品加工研究所谷物加工与品质调控创新团队开展了超微粉碎、射频、磁感应电场、挤压4种物理改性技术对麦麸中可溶性膳食纤维含量的影响研究，发现射频改性麦麸可溶性膳食纤维含量可提高5.76%，面条面团中麸皮添加量达到18%，并开发全麦专用粉产品1种，相关结果对提高麦麸在面制品加工中的利用率，开发营养健康的高膳食纤维面制品具有指导意义。

第二节　重要技术发展情况

科研立项方面，2023年，国家重点研发专项"工程化食品制造关键技术创新与产业化示范"，国家自然科学基金面上项目"戊聚糖水合效应调控小麦和面过程中面絮均匀度的动态变化及作用机制""高加水面条加工中面筋蛋白组分的水分响应规律及对面团粘性的调控机制""巯基-自由基协同氧化改善小麦粉熟化面筋网络结构的机理研究""基于关键组分互作的油炸面制品吸油机制与控制方法"，河南省重点研发专项"速冻米面食品冷链关键技术与装备研发及产业化示范""智慧主食餐厅关键技术与成套设备研发及产业化"，河南省重大科技专项"主粮作物智慧化生产加工关键技术装备研发及应用"等一批小麦及传统面制主食加工相关国家、省级科研项目启动实施。

科研成果奖励与评价方面，2023年，多项科研成果获得各类科技奖励。"传统面条智能化加工关键技术与装备创新"获2023年度中国粮油学会科学技术奖一等奖、"传统酸面团（老面）馒头产业化升级关键技术与装备"获2023年度中国粮油学会科学技术奖二等奖。"微发酵活性面条加工关键技术研发与产业应用"和"糖脂调控型营养杂粮主食关键技术与产业化"获2023年度中国食品工业协会科学技术奖一等奖，"多菌种发酵面条加工及保质关键技术研究与开发"获2023年度中国食品工业协会科学技术奖二等奖。"面制品营养与加工品质协同提升关键技术与应用""谷物多维加工关键装备开发与技术创新""小麦蛋白精深加工及高值化利用关键技术及产业化应用"获2023年度中国商业联合会科学技术奖一等奖。

2023年度小麦加工行业主要科技进展

(1) 酶改性麦麸及其在高膳食纤维面条制作中的应用　中国农业科学院农产品加工研究所谷物加工与品质调控创新团队采用纤维素酶和木聚糖酶分别对粗麸（coarse wheat bran，CWB）和细麸（fine wheat bran，FWB）改性，研究了不同改性工艺对麦麸中可溶性膳食纤维（soluble dietary fiber，SDF）含量的影响，以确定最佳酶改性工艺参数。以最佳改性方式得到的麦麸为原料，根据出粉率将8%的FWB全部回添入面粉中，CWB以不同比例回添入面粉中，探究改性前后不同比例麦麸对面团流变学特性、水分分布、蛋白质结构等品质的影响，并以此为基础，探究改性麦麸对面条品质及淀粉消化特性的影响。研究结果对提高麦麸在面制品加工中利用率，开发营养健康的高膳食纤维面制品提供指导意义。

(2) 小麦 $Glu-D1$ 位点高分子量麦谷蛋白亚基对面条品质影响及调控机理　面条因其便利性和营养价值，在全世界范围内的需求日益增大。面条质量与面筋组成和含量密切相关。小麦高分子量麦谷蛋白亚基（HMW-GS）由小麦 $Glu-A1$、$Glu-B1$ 和 $Glu-D1$ 位点的基因控制，仅占小麦贮藏蛋白的10%，但其是对面团及面制品品质影响最为关键的蛋白组分，其中，$Glu-D1$ 位点的HMW-GS对面制品品质贡献最大。然而，不同位点下HMW-GS对面条品质影响规律及调控机理尚不明确。中国农业科学院农产品加工研究所谷物加工与品质调控创新团队与西北农林科技大学、青岛农业大学等单位合作，利用相同遗传背景下 $Glu-D1$ 位点不同HMW-GS近等基因系小麦磨制的面粉，研究了 $Glu-D1$ 位点不同HMW-GS对鲜湿面条、挂面、冷冻熟面产品品质的影响规律，进一步探究了不同HMW-GS

对鲜湿面加工过程品质变化及冷冻熟面冻藏过程品质变化调控机制，为面条专用小麦品种选育、专用粉生产原料选择和开发提供参考。

（3）熟湿面条的保鲜及品质改良研究　目前，熟湿面条货架期的延长通常采用酸浸-巴氏杀菌，但酸浸会带来令人不愉悦的酸味。此外，淀粉老化也导致其食用品质差，贮藏品质下降。为解决上述问题，江南大学朱科学教授团队首先采用间隔式多次巴氏杀菌替代酸浸-巴氏杀菌，除去令人不愉悦的酸味。在此基础上，采用豆浆替代水进行和面来对熟湿面条的食用品质进行改良；通过添加表没食子儿茶素没食子酸酯（EGCG）抑制熟湿面条淀粉的老化。最后将 EGCG 与豆浆复合添加到熟湿面条中并采用间隔式多次巴氏杀菌对其品质进行进一步改良。豆浆与 EGCG 能够优势互补，对熟湿面条的品质起到较好的改良作用。

（4）高效降解小麦中呕吐毒素的润麦方法开发　河南工业大学关二旗教授团队研究开发了一种赤霉病小麦污染毒素 DON 高效降解削减新技术，经过两次振动着水、润麦，显著提高臭氧水在小麦中的渗透速度、增强臭氧对小麦中呕吐毒素的降解效率，并显著缩短润麦时间，降低加工原粮中的微生物，突破了小麦中呕吐毒素降解效率低的瓶颈。

（5）面制品营养与加工品质协同提升关键技术与应用　南京农业大学、江南大学等单位系统开展了营养功能和冷冻调理面制食品的营养与加工品质协同提升技术研究工作，从小麦特征功能因子定向富集、全麦粉营养与加工品质提升、冷冻调理面食品质提升等方面突破了新型面制主食产业化的瓶颈，对于实现小麦加工提质增效、延伸小麦加工产业链条和提升国民营养健康水平具有重要意义。项目技术具有自主知识产权，获授权国家发明专利 8 项，发表紧密相关论文 28 篇，完成与项目相关博士学位论文 2 篇、硕士学位论文 10 篇。成果在中粮东海粮油工业有限公司、江苏宇宸面粉有限公司、南京好一朵茉莉花食品有限公司、江苏泰兴曲霞面粉有限公司、禹城市麦香园食品有限公司等多家食品企业推广应用，经济效益和社会效益显著。该成果获 2023 年度中国商业联合会科学技术奖一等奖。

（6）微发酵活性面条加工关键技术研究与产业应用　山东鲁花（延津）谷物食品有限公司、河南工业大学通过对传统手工挂面深入研究后，通过"六艺"工艺新技术创新，将磨面、合面、揉面、醒面、擀面、晾面 6 个制面核心工艺及关键技术，通过低温轻磨制粉新工艺，获得粒度均匀、淀粉损伤适度的专用小麦粉原料，并采用微发酵活性工艺，有效激活内源酶，促进氨基酸、矿物质和挥发性有机风味成分的转化和富集。首创微发酵活性面条加工工艺，结合低温慢速、反复揉压加工技术，创新核心技术装备工艺参数，以现代生产还原手工挂面制作，增强面条活性，实现工业化生产，实现技术工艺融合和产品品质创新提升，推动国内挂面技术的革新发展。该成果获得2022年度中国食品工业协会科学技术奖一等奖。

第三节　头部企业分析

一、五得利面粉集团有限公司

五得利面粉集团有限公司始建于1989年，农业产业化国家重点龙头企业、2023中国民营企业500强（204名）、2023中国制造业企业500强（221名）、2023中国农业企业500强（16名）、中国粮油领军企业、中国驰名商标、国家标准化良好行为企业。总部坐落于河北省大名县，目前已发展成为行业内最大制粉民营企业。公司拥有6省18地18家面粉子公司，1家天麦然挂面子公司，42个大型制粉车间，141条现代化面粉生产线，日处理小麦能力已达8万t。目前五得利系列面粉共有140多个品种，可广泛用于面包、饺子、拉面、面条、馒头、花卷、烙饼等面制品。天麦然系列挂面市场份额也在逐步增长。

二、益海嘉里金龙鱼粮油食品股份有限公司

益海嘉里金龙鱼粮油食品股份有限公司是新加坡丰益国际有限公司在华投资的以粮油加工、油脂化工、仓储物流、内外贸易为主的多元化企业集团。根据Chnbrand发布的2023年（第十三届）中国品牌力指数SM（C-BPI）品牌排行榜，"金龙鱼"在C-BPI发布的面粉品牌排行榜上列第2位。

2023年集团公司小麦加工设计产能1 5425万t，较2022年增长17.79%，实际产能1.143万t，较2022年增长12.47%，在建日产能0.39万t。2023年集团公司在面粉及挂面方面，根据消费者不同的需求和应用场景，推出的面粉新品主要有金龙鱼多用途颗粒粉（颗粒度更大，保留更多营养物质）；挂面新品主要由金龙鱼劲弹面（商超定制产品）。

三、河北金沙河面业集团有限责任公司

河北金沙河面业集团有限责任公司是一家以小麦粉、挂面加工、生产、销售为主营业务的一二三产业融合发展的民营企业。公司起源于1971年，现有13家子公司：金沙河集团沙河公司、邢台公司、重庆公司、饮品公司、承德公司、廊坊公司、南和农业合作社、沙河佛照山农业开发公司、沙河红薯岭农业开发公司、新疆公司（阿拉山口）、陕西公司（武功）、安徽公司（涡阳）、山东公司（商河）。2023年开始筹划建设甘肃金沙河面业有限责任公司，预期2024年4月开始建设，2025年9月投产。目前拥有员工6 000余名，日处理小麦23 000 t，132条挂面生产线，日生产挂面5 000 t。

根据Chnbrand发布的2023年（第十三届）中国品牌力指数SM（C-BPI）品牌排行榜，"金沙河"在C-BPI发布的面粉品牌排行榜上列第1位。据中国粮食行业协会专项调查结果被评为2023年挂面加工企业10强、小麦粉加工企业50强。2023中国农业企业500强（109名），2023年"金沙河"商标被认定为河北老字号。"金沙河"牌无盐挂面被评定为改善营养健康特性标志性食品。产品畅销全国各地，进入了沃尔玛、家乐福、乐购等国际卖场，并远销欧洲、美洲、大洋洲、非洲的70多个国家和地区。

四、陈克明食品股份有限公司

陈克明食品股份有限公司创始人陈克明从1984年开始从事挂面生产研究，现已发展成为国内挂面行业领先的民营食品高科技企业。公司以研发生产挂面为主，其产能、销售额、市场占有率均名列全国挂面行业前茅。2012年3月16日，公司在深圳证券交易所挂牌上市。目前公司在河南遂平及延津、湖北武汉、湖南长沙及益阳南县等地建设有大规模的标准化生产加工基地。2023年公司面粉年产能94.50万t，面条年产能69.04万t，在建产能18.92万t，

公司面条代表品牌有"陈克明""金麦厨""来碗面"，其中"陈克明"品牌定位中高端，"金麦厨"和"来碗面"品牌定位低端。2023年历经3年探索与研发的超高端产品"手延面"上市销售，该产品传承16道古法工序，六醒六押、多熟成慢发酵，产品兼具"爽、滑、软、弹"的口感；同时，公司针对不同消费群体开发出定制化的产品，如为年轻消费者开发出方便快捷的组合料包面产品

"酸笋肥牛汤面""香辣牛肉拌面""香辣肉酱拌面"。

第四节 产业发展存在的问题

当前,我国小麦加工行业的整体水平已经有较大幅度提升,但与世界发达国家尚有一定差距。基于国内外小麦加工产业发展现状,结合国内小麦加工产业实际,就当前国内小麦加工产业存在的主要问题归纳如下。

一、小麦"三高一低"问题不断突显,影响面制品产业高质量发展

小麦产量高、库存高、进口量高、国产小麦优质专用率低是中国小麦产业面临的主要问题。小麦加工企业通常采用配麦、配粉等技术手段来稳定产品质量、生产专用粉。但大部分加工企业对于主产区小麦原粮质量特性及分布等信息掌握并不全面,导致产品质量波动大。同时,现有的小麦及小麦粉的品质评价体系对我国工业化加工中国传统面制品的适应性不足。随着人们物质文化生活水平的不断提高,面制品加工制造企业对优质专用面粉需求越来越大,从而对优质专用原粮需求不断增加,也对小麦制粉企业专用粉加工技术提出了更多新的挑战。集中力量发展专用小麦粉加工产业,已经成为我国制粉行业走出当前行业发展困境、提升产品经济效益的重要途径。

二、中国传统面制品工业化程度低、关键加工技术仍有待突破

目前,除了方便面、挂面、速冻水饺等面制品加工工业化程度较高以外,馒头、包子、生鲜面、冷冻熟面、地方特色面食等面制品仍存在加工工业化程度低、风味口感保持难、产品抗老化技术水平低、品质形成及调控机制不清等问题。

三、小麦及主食加工机械装备制造技术创新能力明显不足

目前,我国小麦制粉、方便面等面制品加工对进口设备依赖度较高。国产设备的智能化、规模化和连续化能力相对较低,设计水平、稳定可靠性及加工设备

的质量等，与发达国家相比存在较大差距，成套装备长期依赖高价进口和维护。食品冷链运输过程品质控制技术和现有冷冻设备性能也存在缺陷。和其他行业相比，面制品加工的智能化制造技术、设备和工艺控制水平还有待加强。

四、小麦及主食加工产业的科技创新与应用转化脱节

科技创新的主力多存在于科研院所，但是，产业应用技术转化率较低。我国小麦及面制主食加工领域的专利申请总量增加明显，但是专利权有效率与发达国家仍有较大差距。此外，小麦制粉及面制主食加工企业在自主研发和创新能力方面明显不足，科研队伍的人才水平和研发水平偏低，国内企业平均专利申请数量远落后于发达国家水平，且多集中于技术改良方面，缺乏原始创新、跨越式的高层次突破，科技创新产出质量与效率有待提高。

第五节 产业发展趋势

一、中国传统面制品优质专用原粮需求不断增长

随着餐饮外卖行业迅猛发展，对生鲜面、熟鲜面、冻鲜面、冷冻熟面、冷冻生坯发酵面制品等的专用小麦粉的需求也与日俱增。此外，随着兰州拉面、肉夹馍、安徽板面、山西刀削面等地方特色主食加工化程度的不断发展，同样需要加快专用粉开发。加强优质专用小麦品种培育，推广和促进优质专用小麦的规模化、标准化、专业化种植，注重研发与优质品种相配套的先进栽培管理技术，实现优质专用小麦原粮进行单收单储等，均有助于提高我国小麦粉加工行业的快速和高质量发展。

二、新型营养、健康、方便和高端化产品需求不断增加

随着我国经济社会的发展，我国人民对小麦等口粮的要求已经不满足于"吃得饱"，正在从"吃得饱"向"吃得好""吃得健康""吃得方便"等方向发展。建设"健康中国"已上升到国家战略，合理膳食是保证健康的基础。目前，我国小麦及面制品加工行业还远远不能满足消费者对营养健康食品的需求，所以未来将更加注重产品和技术的创新，将继续向安全、美味、健康、营养、方便等多

样化方向发展。如天然无添加的绿色面粉，适合"三高"人群等特殊人群的低血糖指数、低热量面制品。此外，小麦麸皮、胚芽等副产物的精深加工产品越来越受到企业和消费者的重视。

三、加工技术装备低碳化、智能化、高效化程度不断提高

随着现代食品工业、信息技术等的快速发展，"碳达峰""碳中和"等国家战略的不断深入，以及传统面制品连锁经营不断增多，企业对面制品品质稳定性、生产效率高效性等都提出了新的需求。小麦及面制主食生产向低碳化、自动化、智能化、高效化方向发展已经成为趋势。深入研究与创制适合中国传统面制品自动化、智能化生产的机械装备，将有效提高面制品企业的核心竞争力，促进行业健康发展。基于计算机辅助图像识别、5G通信、大数据、云平台、机器学习等新技术的智能巡视机械人、全息模拟控制系统，使小麦加工向自动化、无人化、智能化方向发展，提高生产效率，提升经济效益。

专题三　2023年玉米加工产业发展情况

第一节　产业现状与发展成效

一、玉米种植和进出口基本情况

1. 玉米种植面积变化情况

玉米，被誉为我国农业生产的"黄金作物"，在维护国家粮食安全和推动乡村振兴方面扮演着重要角色。玉米不仅为人们的日常生活提供营养，更是畜牧业的重要饲料来源，为我国肉类、蛋类和乳制品等关键食品的稳定供应提供了坚实支撑。2023年，政府积极引导农民种植高产、优质、抗逆性强的玉米品种，旨在确保国家粮食安全的基础上，增强我国玉米在国际市场上的竞争力。

据国家统计局发布的数据，2023年，中国的玉米种植面积扩张至66 328.35万亩（约合6.63亿亩）（专题图3-1），相较2022年的64 605万亩（约合6.46

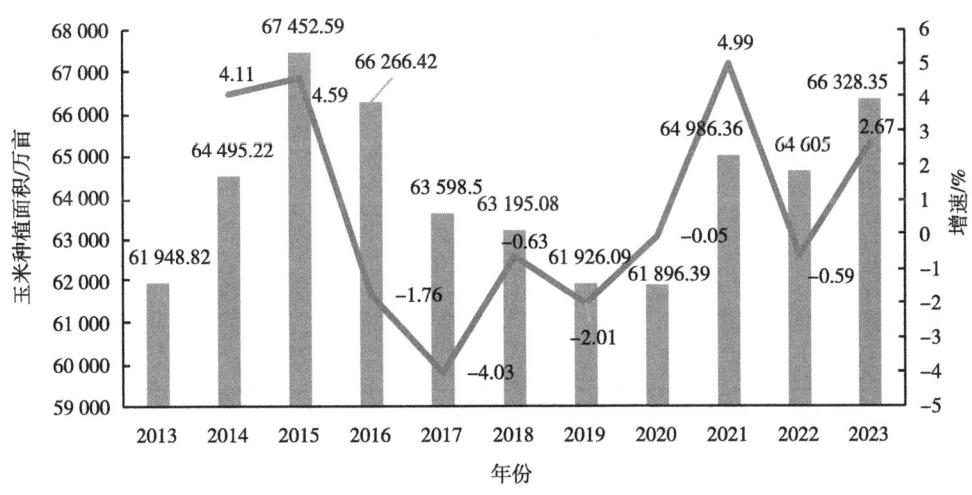

专题图3-1　中国玉米种植面积变化趋势

· 173 ·

亿亩）实现了2.67%的同比增长。回顾过去10年，与2013年的61 948.82万亩相比，玉米种植面积增加了4 379.53万亩，增幅约为7.07%，年均复合增长率约为0.69%，创下了自2015年以来的新高。玉米种植面积的稳步增长直接推动了玉米总产量的提升。

中国玉米种植主要集中在东北、华北和西南地区，形成了一个从东北延伸至西南的斜长形玉米种植带。这些地区的玉米种植面积占全国的85%，产量占据了全国的90%。随着种植面积的扩大和产量的提升，我国玉米产业在2023年展现出了强劲的发展势头，为国家的粮食安全和农业的可持续发展作出了重要贡献。

2. 玉米产量变化情况

中国玉米产量的波动与种植面积的增减紧密相连。2020年，东北产区在玉米收割季前遭遇3场台风的侵袭，导致当年单产水平下降。然而，2021年种植面积的显著增长带动了产量的恢复性上升。到了2022年，由于黑龙江地区种植面积减少，加之部分地区遭受连续降雨的影响，玉米产量较2021年减少了680万t，下降幅度为2.56%，总产量为2.59亿t。

国家统计局的数据显示，2023年中国玉米产量达到了创纪录的28 884.2万t（约合2.89亿t），相较2022年有所增长，同比增长率为4.2%（专题图3-2）。这一增长主要得益于种植面积的扩大，有效抵消了夏季台风可能带来的损失。与

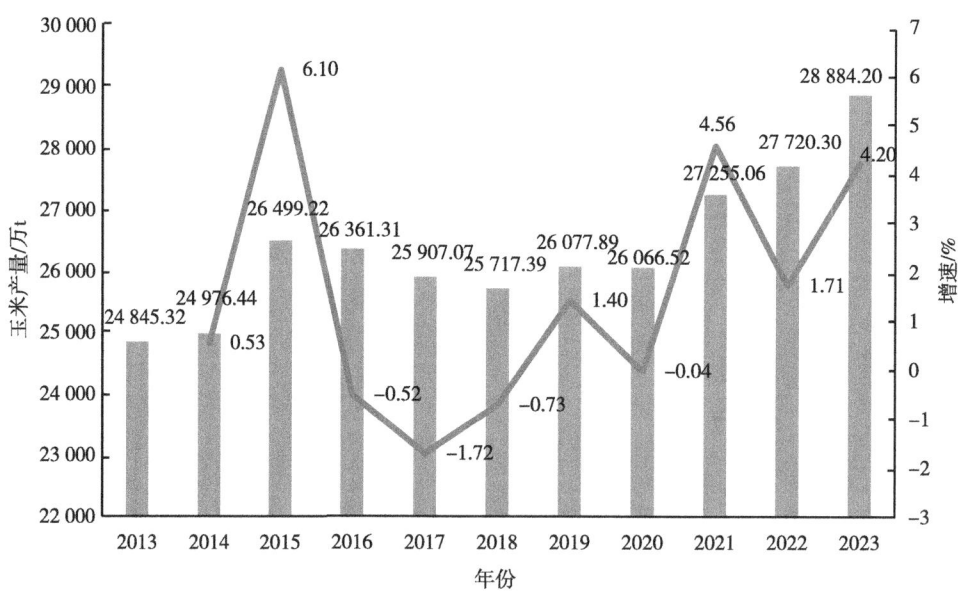

专题图3-2 中国玉米产量变化趋势

2013年的24 845.32万t相比，近10年间中国玉米产量增长了4 038.88万t，增幅约为16.26%，年均复合增长率约为1.52%。单位面积产量也实现了从2013年的401.06 kg/亩到2023年的435.47 kg/亩的稳步提升，年均复合增长率约为0.83%。中国玉米产业正朝着更加稳定和高产的方向发展，为国家粮食安全和农业可持续发展奠定了坚实的基础。

3. 玉米进口情况

在国内外市场需求的共同推动下，中国长期以来一直是全球玉米市场的重要进口国。在进口商品的构成上，中国主要进口了"非种用玉米""冷冻甜玉米""玉米淀粉""非醋制或保藏的甜玉米""玉米细粉""种用玉米"等多样化的玉米相关产品。在这些进口商品中，"非种用玉米"的进口量占据了较大比例。

尽管中国玉米产量连年增长，丰收连连，但为了确保国家粮食安全，优化粮食结构，并稳定市场价格，中国依然需要大量进口玉米。根据海关总署的统计数据，2023年中国的玉米进口量显著增长，达到了2 713万t，与2022年同期相比增加了651万t，同比增长率达到了31.6%。在进口来源国的分布上，巴西以1 281万t的进口量成为中国玉米进口的主要来源国，占到了全年进口总量的47%。美国和乌克兰分别以26.3%和20.4%的份额紧随其后，这三个国家共同占据了中国玉米进口总量的93.7%。保加利亚、缅甸和俄罗斯分别占据了2.7%、1.4%和1.1%的市场份额。

4. 玉米需求情况

自2020年以来，中国玉米市场经历了供需环境的显著变化。随着临储去库存化的完成，市场从供应宽松逐步过渡到供需紧张的状态。华经产业研究院的数据显示，2022年，中国玉米的播种面积达到了4 307万hm²，产量为27 720.3万t，而需求量则高达29 782万t，产量与需求存在明显差距。进入2023年，国内玉米市场供需关系呈现阶段性宽松，价格也随之波动下行。

玉米作为中国粮食行业的关键组成部分，其市场需求正呈现出多元化增长的趋势。玉米产业链的上游环节主要包括玉米种子的生产、种植和收获；中游环节则是玉米的加工生产，涵盖养殖饲料和深加工领域；下游消费端则主要包括饲料消费、工业加工和食用消费等。市场需求的增长是全面且多元化的，饲料、工业、直接消费等多个领域的需求共同构成了玉米市场的庞大需求体系。

2023年，中国玉米市场需求持续增长。中国饲料工业协会的数据显示，随着畜牧业的持续发展，尤其是生猪和家禽养殖规模的扩大，玉米饲料已成为玉米消费的主导力量，占到了玉米总消费量的65%以上。工业需求也占据了玉米总消费的重要比例，约占28%以上。玉米经过加工可以转化为多种产品，包括玉米淀粉、玉米酒精、玉米甜味剂、玉米油和氨基酸等，这些产品被广泛应用于食品、纺织、汽车、电子和医疗等多个领域。此外，玉米的直接消费需求同样不容忽视，玉米的食品加工和日常食用所占比例逐年增加。

二、2023年玉米加工产业发展概况

1. 鲜食玉米产业发展情况

鲜食玉米是指在玉米乳熟末期采摘果穗，水分含量在55%~75%，可用于直接食用的玉米。根据品质类型可分为甜玉米、糯玉米、甜糯玉米等，其中，甜玉米可溶性糖含量28.0%，糯玉米直链淀粉含量≤3.0%。鲜食玉米作为玉米中的特用类型，不仅在乡村振兴和农民增收中发挥了重要作用，也成为了改善城乡人民营养早餐结构的重要品种。

2023年，中国鲜食玉米产业继续保持快速发展的势头。鲜食玉米的种植主要分布在东北三省、京津冀、甘肃、江浙沪、四川、重庆、贵州、云南、广西和广东等地，其中，云南、广东、吉林、黑龙江、江苏的种植面积位列前五。种植面积已达到2 500万亩，产值接近900亿元。在市场种植主体方面，中国有超过1 685家与甜玉米种植相关的企业，以及463家与糯玉米种植相关的企业。鲜食玉米的电商销售金额逐年提高，2023年达到了2 721.22亿元，同比增长了4.83%（专题图3-3）。

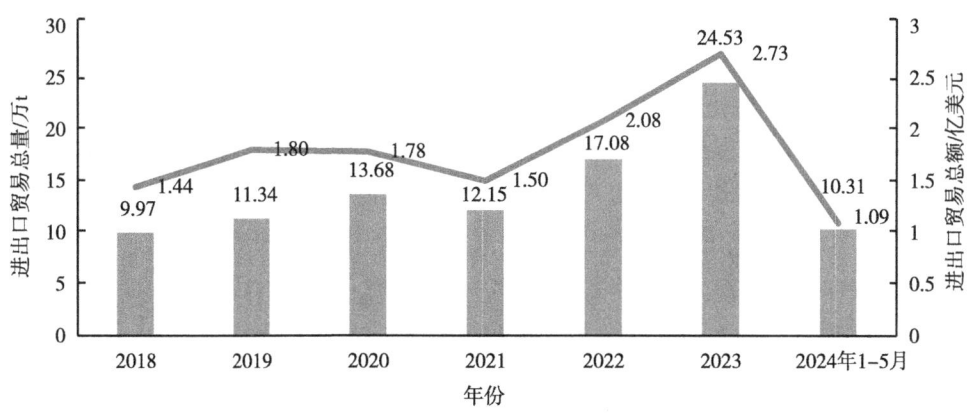

专题图3-3 中国鲜食玉米进出口贸易总量及总金额变化趋势

2. 玉米淀粉及淀粉糖加工

玉米淀粉及其衍生的淀粉糖是玉米深加工产业的重要组成部分。玉米淀粉广泛应用于食品、医药、化工等行业，淀粉糖则是以玉米淀粉为原料，通过酸法、酸酶法或酶法制取的糖，包括麦芽糖、葡萄糖等，是淀粉深加工的支柱产品。

中国玉米淀粉行业市场集中度相对较高，主要生产企业集中在吉林、山东、河北三省。2022年市场排名前三的企业分别为诸城兴贸玉米开发有限公司、梅花生物科技集团股份有限公司和阜丰集团有限公司，市场占有率分别为13.4%、9.4%和8.9%。2022年中国玉米淀粉产量约为3 781万t，相较于2021年有所下降。其中，山东省是中国最大的淀粉产区，2022年玉米淀粉产量达到1 934万t，占全国总产量的51%。其次是河北省和黑龙江省，占比分别为21%和7%。2023年玉米淀粉价格呈现先跌后涨后弱势下调的过程。全年成交均价为3 239元/t，同比2022年上涨15元/t。价格波动受原料玉米价格、市场供需环境及玉米副产品价格走势的影响。

3. 玉米油

玉米油，也称为粟米油或玉米胚芽油，从玉米胚芽中提炼而来，它是一种高品质的食用植物油，含有86%的不饱和脂肪酸，其中56%是亚油酸。玉米油还含有丰富的维生素E。适用于高血压、肥胖症、高血脂、糖尿病、冠心病等患者长期食用。

我国是玉米生产和消费大国，然而玉米油产业在我国食用油种中却处于弱势地位。近年来，我国生产玉米胚芽油的企业开始扩大产能，改作坊式生产为现代化生产，玉米油产业得到了快速发展。2022年国内产量约为51.4万t，同比下降3.2%。在玉米油行业，随着市场竞争的加剧，资源正不断向龙头企业集中。2023年玉米油价格呈现震荡下行趋势。国内一级玉米油年底价格为8 200元/t，较年初的12 500元/t下跌了4 300元/t，环比跌幅34.40%，同比去年同期14 500元/t下跌了6 300元/t，同比跌幅43.45%。2022年，中国玉米油市场规模达到了41.48亿元，全球市场营收达到了120.16亿元。预计到2028年，全球玉米油市场规模将达到143.34亿元，年复合增长率约为2.90%。

第二节 重要技术发展情况

我国玉米产业技术研发起步较晚，但近年来发展迅速。随着基础理论研究投入的增加和产业结构的不断升级，玉米深加工行业正朝着绿色化、科学化的方向发展。在玉米加工的场景中，自动化技术通过不断优化，生产流程变得更加高效，产品质量更加稳定。

一、玉米加工关键酶制剂的开发

阿洛酮糖是目前被市场视为最具潜力的蔗糖替代品，是玉米深加工产生的高附加值新产品，其甜度是蔗糖的70%，而热量仅为蔗糖的10%，具有软化血管、调节血糖、促进神经健康、减肥等功效，又具有与蔗糖相近的容积特性及加工特性，通过酶催化技术从玉米淀粉糖-果糖转化获取阿洛酮糖是比较常见的方式。

中粮生化有限公司、吉林农业大学、江南大学、中国农业大学等10家国内科研单位和优势企业组成的研究团队通过大量生物信息学分析及高通量筛选，从498个D-阿洛酮糖3-差向异构酶备选基因及上千个突变体中，自主开发获得了5种具备工业应用前景的阿洛酮糖差向异构酶，该酶的应用性能比肩世界领先水平。

2023年5月6日，在由国家卫生健康委食品安全标准与监测评估司发布的《关于蓝莓花色苷等14种"三新食品"的公告》中，"供体"为"瘤胃球菌CAG55（*Ruminococcus* sp. CAG55）"，"来源"为"枯草芽孢杆菌（*Bacillus subtilis*）"的"D-阿洛酮糖-3-差向异构酶（D-psicose 3-epimerase）"的安全性评估材料已通过审查。

4-阿洛酮糖-3-差向异构酶作为食品工业用酶制剂新品种，主要用于催化D-果糖制得D-阿洛酮糖，是目前国内首款通过法规许可的D-阿洛酮糖-3-差向异构酶。它的获批将打破国外技术壁垒对阿洛酮糖产能的制约，对阿洛酮糖安全合规进入新资源食品领域具有里程碑意义。

二、玉米油加工的技术创新

在技术创新的推动下，玉米油行业实现了显著的进步，特别是在提升油品品质和安全性方面。金龙鱼集团通过自主研发的绿色精准适度加工工艺，成功推出了第三代零反健康食用油。这项工艺的亮点在于它将反式脂肪酸的含量严格控制在"零"标准，同时，保留了超过80%的植物甾醇、维生素E等营养成分，这不仅提升了玉米油的健康价值，减少了生产过程中的能源消耗和环境排放，也为行业的绿色发展树立了新标杆。

西王集团的酶法脱胶技术同样值得关注。自2020年投入工业化应用以来，这项技术已经使得玉米油产品收率平均提升了1.5个百分点。酶法脱胶的工艺条件温和，能够在不破坏油中营养因子的前提下，提升产品的收率。以公司目前的应用规模来看，仅产品收率提升这一项，每年就能为企业增加近2 000万元的经济效益。这些技术进步不仅满足了消费者对健康食品的需求，也为中国玉米油行业的发展提供了强有力的推动。

三、玉米加工自动化

自动化技术在玉米加工领域的应用已经取得了显著的进展，已实现自动化分选、磨粉、研磨、包装和质检。分选通过传感器和光学传感器的应用，可以对玉米原料的大小、形状及颜色进行检测，从而筛选出不符合标准的玉米原料。通过高度自控化集成的分级分控设备对磨碎的玉米粉末进行严格的分级，实现不同粒径产品的精确划分，优化原料的利用效率，有效减少了物料的浪费。

此外，还有研究者设计了新型工艺的甜糯玉米加工生产线，该生产线利用机器视觉技术对玉米姿态进行判断，通过换向设备完成玉米姿态调整，设计适应性定位机构分别对玉米头尾进行切割，经相机品质筛选后装箱，实现了玉米的上料、排序、切割、分级等工序自动化。吉林农业大学副校长刘景圣主持完成的"玉米精深加工关键技术创新与应用"项目，该项目实现了生产自动化、智能化，玉米主食工业化和资源高效利用，总体水平达到国际领先。

四、玉米加工的数字化和智能化

数字化和智能化在玉米加工行业的应用正逐渐深入，推动着产业的绿色和可持续发展。在玉米加工自动化磨粉和研磨系统的应用中，配备的智能控制系统能够依据具体的产品规格和加工需求自动调整磨粉的细度和程度，从而提升产品的质量。

在玉米加工自动化包装和质检系统的应用中，通过AI技术对完成包装的玉米产品进行全面而迅速的检查。该检测覆盖产品的外观、重量、尺寸等多个维度，能够即时识别并剔除不符合标准的产品，极大地提高产品的整体质量与包装一致性。玉米淀粉车间通过LoRa网络实现生产数据自动采集和远程监控，提高工厂的信息化、智能化管理水平。

通过数字化赋能，玉米加工行业正逐步实现从种植到加工的全产业链数字化管理，提高效率和价值。利用大数据分析和人工智能技术，实现更精准的生产管理和市场预测。丰农控股探索构建现代数智化高效种植技术体系，通过在不同地区开展玉米系列试验，研究和建立精准高效的生产技术，包括精准施肥、滴灌技术、地膜覆盖等，旨在提高玉米单产和降低生产成本。吉林省农业农村厅与农业农村部大数据发展中心合作，共建玉米全产业链大数据中心和平台；在河南省的《中原农谷发展规划（2022—2023年）》中，提出了加快建设中原农谷，利用科技创新提升玉米等作物的生产效率和产品质量；提到了智慧（数字）农业示范区的建设，涉及5G、物联网、区块链、人工智能等现代信息技术在玉米等作物的种植、管理和加工过程中的应用。随着技术的不断进步和政策的支持，预计未来智能化在玉米加工行业的应用将更加广泛和深入。

第三节　头部企业分析

一、诸城兴贸玉米开发有限公司

诸城兴贸玉米开发有限公司（以下简称"诸城兴贸"）自1993年成立，是玉米深加工领域的领军企业。公司的产品包括玉米淀粉、玉米蛋白粉、玉米胚芽油、玉米胚芽饼和喷浆玉米皮等，并研发出赤藓糖醇、植脂末、氨基酸等高附加值产品，以满足市场的多元化需求。

公司是国家火炬计划重点高新技术企业，主持完成及实施国家"十五"科技攻关计划、"十一五""十二五"科技支撑计划、863计划、国家成果转化项目、国家火炬计划、国家星火计划、山东省科技攻关计划、山东省自主创新项目等40余项；形成了58项授权；鉴定23项重大科研成果，其中11项达水平；获国家技术发明奖二等奖1项；获省、部级科技进步奖14项，其中，一等奖3项；参与19项国家标准制定，为淀粉事业发展作出了突出贡献。

目前，公司年产玉米淀粉700万t、变性淀粉30万t、饲料超200万t、精制玉米油15万t。2023年，公司的年加工能力达到120万t，显示出其在玉米深加工领域的强大实力；作为行业内的领军企业，诸城兴贸在玉米淀粉市场的占有率高达13.4%，体现了其市场地位和品牌影响力。

二、梅花生物科技集团股份有限公司

梅花生物科技集团股份有限公司（以下简称"梅花生物"），是一家以生物发酵为主的大型产业集团。梅花生物拥有内蒙古通辽、新疆五家渠、吉林白城三大生产基地，具备显著的规模优势。公司赖氨酸、苏氨酸产能均居全球首位，味精产能居全球第二位，黄原胶、海藻糖、腺苷等多种胶体多糖和医药氨基酸等产品规模居全球前列。

据2022年年报，梅花生物的味精年产能达到了70万t，其中，通辽基地50万t，新疆基地20万t，位居行业第二。公司赖氨酸的年产能达到了百万吨级，其中，新疆基地年产能30万t，吉林基地年产能70万t。苏氨酸的年产能达到了30万t（内蒙古和新疆基地）。

梅花生物通过整合上下游产业链，形成了从原料采购到产品销售的完整产业链，有效提升了资源利用效率和市场响应速度。公司产品横跨传统农业深加工、基础化工、饲料养殖、医疗保健、日用消费等多个领域，多产品均衡发展有利于降低单一产品价格波动或行业周期带来的不利影响。其环保管理水平领先于国家标准和同行业竞争对手，已经成为企业稳定生产、长期可持续发展的核心竞争优势之一。公司在氨基酸生产领域拥有丰富的产品线和技术积累，能够快速响应市场需求，推出新产品，在氨基酸行业中具有明显的市场占有率和议价权。

三、玉锋实业集团有限公司

玉锋实业集团有限公司（以下简称"玉锋集团"）始建于2000年，是农业产业化国家重点龙头企业100强之一，也是国家认定的高新技术企业。公司致力于农业产业化的全产业链发展，其业务范围广泛，包括粮食收储与加工、食品与动物饲料生产、油脂提炼、生物制药及研发、热电供应，以及国内外贸易与物流服务。玉锋集团的核心产品线丰富多样，涵盖了玉米淀粉、葡萄糖、果葡糖浆、动物饲料、玉米胚芽油和维生素B_{12}等。值得一提的是，公司在维生素B_{12}的生产上连续多年保持世界领先地位，这一成就突显了玉锋集团在该行业的领导地位。

在过去的20多年里，玉锋集团不断转型，显著提升了玉米的附加值。通过加强产业链各环节的整合和玉米产业链的拓展，玉锋集团全面推进了工业4.0和智能化技术改造，实现了向智能化和绿色工厂的转型升级。目前，玉锋集团的年产量包括300万t淀粉、30万t玉米胚芽油、15万t毛油及60t维生素B_{12}。进入2023年,玉锋集团推出创新的淀粉产品,产品线更加多样化,除了传统的玉米淀粉,还生产包括无水葡萄糖、一水葡萄糖、麦芽糖浆在内的多种淀粉衍生产品,以满足不同行业的需求。

四、黑龙江北大荒农业股份有限公司

黑龙江北大荒农业股份有限公司主要从事谷物、豆类、油料等作物的种植及销售;农副产品初加工;农业技术开发、技术咨询、技术服务及技术转让;仓储服务;食品生产经营;粮食收购等。公司是我国目前规模较大、现代化水平较高的种植业上市公司和重要的商品粮生产基地,在自然资源、基础设施、农机装备、农业科技服务、组织管理等方面具有显著优势,处于同行业领先水平,为打造安全食品生产基地、维护国家粮食安全作出了卓越贡献。

公司在2023年的发展情况整体向好,尤其在玉米领域取得了显著进展。2023年,公司聚焦特色农业提质增效,将鲜食玉米种植和精深加工作为农业产业化项目。通过"订单种植+精深加工"模式,延伸产业链,推动鲜食玉米早收获、早上市、早变现。公司依托现有鲜食玉米种植基地和辖区精深加工企业,形成"龙头产业公司+基地"的一体化运营发展模式,辐射带动周边乡镇鲜食玉米种植面积逐步扩大。此外,公司在粮食生产方面持续发力,全年粮豆总产量达到60亿kg(120亿斤),实现"二十连丰"。公司深入实施"藏粮于地、藏粮于技"战略,从耕种管收全领域全环节找短板、补弱项,提升粮食生产质效。

第四节 产业发展存在的问题

一、玉米加工适宜性评价缺乏

当前,我国玉米加工行业在适宜性评价方面存在明显不足,这在一定程度上限制了玉米加工技术的革新和产业的升级。首先,由于我国玉米品种繁多且用途广泛,不同品种在淀粉含量、蛋白质含量、水分保持能力等关键指标上的差异显著,这些特性显著影响了加工产品的品质。但加工企业在面对多样化的原料特性时,由于缺乏科学且统一的评价体系,难以准确选择最适合其加工要求的玉米原

料。其次，现有的评价体系多侧重于原料本身的属性，而忽略了加工环境、设备、工艺流程等其他关键因素对产品品质的影响。因此，需要建立和完善玉米加工适宜性的评价标准和方法，形成一套科学、全面的评价体系，加强原料特性与加工工艺的匹配研究，以实现原料优势的最大化利用。

二、鲜食玉米深加工技术缺乏

我国鲜食玉米产业在育种创新方面取得了显著进展，国审品种数量从2002年的2个显著增长至2020年的292个，其中，甜玉米和糯玉米（含甜加糯）品种分别占总数的39.28%和60.72%。这一增长不仅丰富了市场选择，也为消费者提供了更多样化的食用体验。然而，鲜食玉米行业目前尚未形成统一的标准化生产流程，这导致了产品质量控制的困难、高损耗率、贮存难题及较低的利润率。鲜食玉米产品同质化现象严重，加剧了行业内部的竞争，影响了整体利润水平的提升。鲜食玉米产业的发展需要从标准化生产流程的建立、产品多样化和高附加值产品的开发，以及产业融合的深化等多个角度入手，以实现产业的可持续发展和市场竞争力的提升。

三、副产物利用关键技术缺乏

玉米加工过程中产生的副产物如玉米芯、玉米皮、玉米胚芽等，目前，主要用于饲料生产，但饲料市场的需求波动较大，导致副产物的利用不稳定，价格和需求易受市场影响；且由于缺乏将副产物转化为高附加值产品的技术，导致加工企业错失提高经济效益的机会。建议通过专项方式投入研发资金，加强与高校和科研机构的合作，共同进行副产物利用技术的研发和应用，将副产物转化为生物能源、生物材料、动物饲料等高附加值产品的新技术。

四、符合市场需求的玉米等级标准缺乏

目前，国内玉米市场在质量细分方面仍有待提高，多数流通的国产玉米未能严格按照标准进行分类。我国玉米国家标准GB 1353—2018的实施标志着对玉米品质评价体系的进一步完善。新国标虽然保留了容重指标，以确保玉米的基本品质，但市场对玉米的内在品质有着更为多样化的需求。例如，不同用途的玉米对有机化学成分的要求各异，食用玉米强调角质淀粉含量，饲用玉米注重总淀粉含

量，而酿造型玉米则要求高马齿形淀粉含量。因此，及时修订和完善玉米标准，对于促进玉米产业的专业化、基地化和规模化发展具有重要意义。

第五节　产业发展趋势

玉米作为我国的重要作物，近年来受益于政府的多项政策支持，包括《"十四五"推进农业农村现代化规划》和《中共中央　国务院关于做好2023年全面推进乡村振兴重点工作的意见》等，这些政策为玉米深加工行业的发展方向和路径提供了指导，促进了产业的稳定和健康发展。

一、行业产能集中度进一步提高

玉米深加工行业产业链较长，行业内企业需经过多年积累和发展形成集产、研、销于一体的全产业链产业化能力。玉米深加工行业工艺流程较为复杂，生产技术决定了产品转化率和成品质量，核心技术的形成依赖于长期经验积累和工艺的持续改进。玉米深加工行业大型企业集团已在行业内深耕多年，建立了相对完善的深加工产品产业化体系，占据了较高的市场份额，行业产能集中度日趋提高，集团化、规模化和产业化是未来玉米深加工行业的发展趋势，小企业、单一产品企业生存空间将更趋萎缩。但中小型企业可以通过专注于某一特定细分市场或开发具有特色的产品来实现差异化竞争，利用对本地市场的深入了解和地缘优势等，满足市场上未被大企业充分满足的特定需求。

二、玉米深加工的绿色化和循环化

随着环保意识的增强，玉米深加工行业越来越注重绿色生产和可持续发展，包括采用环保的加工技术、减少污染物排放、提高资源利用率等，以减少对环境的影响。玉米深加工行业将更加注重循环经济的理念，通过采用更环保的加工方法，将玉米加工过程中产生的副产物转化为高附加值的产品，如玉米蛋白粉、玉米油、生物燃料等，以减少环境污染和提高资源利用率，是目前玉米加工产业发展的挑战。

三、玉米深加工的自动化和智能化

随着技术的不断进步和市场需求的日益增长，自动化和智能化在玉米深加工领域的应用正日益广泛，为行业带来了深刻的变革。在推进玉米深加工产业的自动化和智能化过程中，企业面临着系统集成的复杂性、数据管理与分析的挑战、技术迭代的快速更新、人才培养与技能提升的需求，以及对成本投入与回报的精细评估。这些挑战要求企业不仅要具备高度的技术专长来确保系统的兼容性和稳定性，还要开发高效的数据处理算法和智能分析工具，以优化生产过程和支持决策。同时，企业须关注自动化和智能化技术的快速发展，对现有设备和系统进行持续升级改造，以维持其市场竞争力。而企业在进行自动化和智能化技术投入时，必须仔细评估其投资回报率，确保能够实现生产效率的提升和成本的有效节约。

专题四　2023年大豆加工产业发展情况

第一节　产业现状与发展成效

中央一号文件提出"加力扩种大豆油料。深入推进大豆和油料产能提升工程。"2023年，我国大豆扩种初见成效，种植面积和产量双双提升，大豆产业链有所延伸，加工产能逐步增加。大豆原料方面，2023年我国大豆产量2 084万t，比上年增加56万t，同比增长2.8%。其中，食用大豆常年消费量在1 500万~1 600万t，2022年产量增量部分加上从俄罗斯进口非转基因大豆129万t（海关总署统计），整体上大豆原料供应较2022年增加了400多万吨。食用大豆供给相对宽松，而需求端受低廉的蔬菜和副食品替代豆制品的影响，加之餐饮业需求减弱，大豆原料价格行情一直处于偏弱态势。大豆加工方面，国产大豆加工企业在压榨领域失去竞争优势后，逐渐向食品领域转型，形成了"油弱食强"的发展格局。目前，我国大豆加工区主要分布在环渤海（山东、河北、辽宁）、华东沿海（江苏、浙江、福建）和华南沿海（广东、广西）。据中研网报道，2023年在我国已经建立的大豆食品、蛋白、酱油粕、油脂等加工体系中，传统豆制品加工占79%左右，蛋白加工占15%左右，酱油粕加工占5%左右，压榨加工不足1%。从加工企业分布来看，油脂加工企业多分布在沿海沿港地区，沿海企业压榨量占全国压榨总量的63.2%。酱油等发酵豆制品加工主要集中在广东省，产量占全国总产量的63.3%；大豆饮品企业主要集中在广东、江苏、黑龙江等地，休闲豆制品企业主要集中在湖南、重庆、四川等地。

一、2023年大豆加工产业发展概况

1. 传统豆制品加工产业

2022年，我国用于食品工业的大豆量达1 533万t，同比增长0.18%，其中，用于豆制品加工的大豆用量，约为940万t，用于大豆蛋白的约260万t，酱油的

等约100万t，直接食用（包括家庭自制豆浆等）的约为230万t。2022年中国豆制品行业前50强规模企业销售额及投豆量与2021年比均有上升，其中，投豆量达185.27万t，比上年增加了0.1%；销售额达348.4亿元，比上年增加了6.44%。传统豆制品加工主体日趋多元，形成以企业和家庭作坊为主体的经营格局。以安徽省为例，四川省豆制品加工企业需大豆约100万t，传统豆坊加工作坊年消耗大豆约80万t，鲜食15万t（折干大豆）。安徽省黄山市双溪村现有豆制品家庭作坊超100家，每个家庭作坊的豆制品日加工产能为150 kg左右。四川、安徽两省以豆制品、大豆饮品和休闲食品生产加工为主。豆制品包括发酵类产品（酱油、豆豉、腐乳等）和鲜食产品（豆腐、腐竹、豆芽、毛豆等）；大豆饮品包括豆浆、豆粉等；休闲食品包括豆干、豆皮、素鸡、素肉等。伴随居民生活方式、饮食结构和健康观念的改变，低盐低油调味品、植物蛋白饮品、高膳食纤维食品等新型大豆加工产品正在不断发展。但目前，传统豆制品企业仍多以小作坊为主，缺少现代化的生产技术、设备和车间，附加值较低且存在较高的食品安全隐患。以豆腐、豆浆、豆芽等生鲜豆制品加工企业为例，虽然多数企业在磨浆、压制成型等部分工艺环节实现了机械化，但距全程机械化、自动化、清洁化还存在较大差距。

此外，近年来传统大豆加工产品品牌培育成效明显，产业链条有效延伸。四川省和安徽省均已培育出一大批豆制品特色品牌，其中，四川"中坝""清香园""潼川豆豉""好巴食"等品牌深受消费者好评；安徽省豆制品加工历史悠久，大豆及其大豆衍生产品品牌众多，有"八公山"等中国驰名商标，"五城茶干""八公山豆腐""涡阳大豆""埇桥大豆"等一批国家地理标志产品，以及"八公山泉""皖豆香""金菜地"等安徽省著名商标。部分豆制品加工企业，在提升豆制品加工水平的基础上，建设了文化博物馆、博览园等促进二三产业融合发展，如徽州豆腐博物馆，以及四川清香园调味品股份有限公司打造的"中国酱文化博览园"，是亚洲唯一以酱文化为主题打造的旅游观光园，已获评"国家AAA级旅游景区""四川省工业旅游示范基地"，博览园年接待游客40余万人次，年销售300余万元。

2. 大豆油脂加工产业

2023年，我国大豆压榨产能和豆粕产量都有所增长。卓创资讯数据显示，2023年，中国大豆压榨产能增加510万t，同比增幅为2.85%。2023年，豆粕产量为7 182.7万t，同比增加503.31万t，涨幅7.54%。从产业分布来看，大豆油脂加工企业倾向原料港口设厂,进口大豆无论从价格、出油率等方面都具有比较优势,企业设立在港口城市运输成本优势非常明显,例如,中纺粮油(日照)有限公司大豆到港后通过传送带运输,到厂运输成本不超过50元/t,汇福粮油集团有限公司则依靠天津港运粮铁路专线来降低成本。除了显著的地理运输优势外,我国大豆油脂加工产业还受益于政策的大力支持。政府提供的加工补贴和技术研发资金支持显著提升了企业的竞争力。

3. 大豆蛋白加工产业

截至2023年,我国大豆蛋白加工行业主要生产企业近20家,年产能约80万t,产能主要集中在山东省境内,国内大豆蛋白厂商年销售规模约65万t,内销与外销分别占比约45%和55%。相比于大豆油脂加工企业,蛋白加工企业在带动农民和地方政府增收方面优势明显。一方面,蛋白加工企业愿意以每吨高于进口大豆到岸约1 000元的价格收购国产大豆,国产大豆价格上涨带来的成本上涨可以由终端产品涨价来分摊,且不会对需求构成明显压制,反而会刺激终端厂商加大囤货力度,有利于豆农增收,山东禹王生态食业有限公司认为,国产大豆价格涨到1.75元/kg对企业而言仍是有利的。另一方面,大豆压榨的税率为9%,大豆蛋白加工的税率是13%,而且蛋白加工增值更多。2023年在行业效益不佳的情况下,山东禹王生态食业有限公司、临沂山松生物制品有限公司加工国产大豆均在35万t左右,纳税均在1亿元左右;而嘉冠粮油工业股份有限公司加工进口大豆120万t,纳税不超过3 000万元,中纺粮油(日照)有限公司加工进口大豆约90万t,纳税约600万元。

同时,非转基因蛋白是我国大豆蛋白加工的一大卖点。据山东禹王生态食业有限公司、山东万得福实业集团有限公司、嘉冠粮油工业股份有限公司、临沂山松生物制品有限公司等大豆蛋白加工企业数据,目前国际市场上生产大豆蛋白的主要是中美两国,美国的非转基因大豆主要来源于美国部分地区的专项种植和进口中国或非洲的非转基因大豆。欧美客户往往要求蛋白产品必须是非转基因大豆加工而成的,美国FDA要求转基因成分不得超过0.9%,部分高端客户要求不得高于0.1%。中国目前因未放开转基因大豆种植,在此方面优势明显,在国际市场上有较强的竞争力。

二、大豆加工产业发展成效

一是大豆原料收储政策作用初显,基本形成中央、地方和市场化三位一体、互为补充的收储格局。以黑龙江省为例，2023年，省政府两次调整粮食储备结构，增加省级储备计划，适时开仓收储托市，稳定豆农收入预期。2022—2023年收购期，全省入统企业大豆收购量50.35亿kg（含中央储备18.85亿kg，地方收储7.4亿kg，市场化收购24.1亿kg），较2021—2022年收购期25.65亿kg（含中央储备6.95亿kg，地方收储0.45亿kg，市场化收购18.25亿kg），增加24.7亿kg，增长96.3%。

二是大豆产加销产业链初步形成，注重新增精深加工产能。①大豆主产区已形成原粮外销为主、本地加工为辅的格局。据黑龙江大豆产业协会统计，黑龙江大豆外销比例占总产量的75%；据内蒙古自治区农牧厅统计，大豆加工转化率为25%，其中精深加工量33万t，精深加工占比低。黑龙江龙王食品公司作为大型加工企业也需要将豆浆粉出售给九阳股份有限公司、永和豆浆股份有限公司等行业头部企业，榨油企业将毛油出售给益海嘉里金龙鱼食品集团股份有限公司等大型油脂精炼企业，初榨油销量大，但利润率低（只有5%）。②主产区布局精深加工产能需求明显。为推动大豆就地加工、延伸产业链条，注重通过项目实施、招商引资新增加工产能布局。例如，内蒙古呼伦贝尔利用产业集群和产业强镇项目，支持5家企业新建和改扩建生产线共5条，建成投产后将新增产能10万t；黑龙江海伦市2023年通过招商引进香驰控股有限公司，投资3.5亿元，开展大豆分离蛋白项目建设（大豆蛋白利润率为9%~16%）。

三是大豆加工产业布局已初步形成，产业链有所延伸。一方面，全链条融合发展有助于产值提高。通过争取产业融合项目整合链条，黑龙江省海伦市通过建立国家级现代农业产业园，吸纳大型加工企业9家，年加工能力75万t，对外出口豆饼3.4万t，创汇1.75亿元。逐步探索由大豆良种到基地种植、精深加工、品牌营销的全产业链发展模式，成为全国大豆全产业链典型县。另一方面，二产连一产带三产提高产业链收益。山东省以国产大豆为原料加工大豆蛋白、生产大豆分离蛋白、浓缩蛋白等食用蛋白粉等多类型产品，加工能力占全国80%。拥有山东禹王生态食业有限公司、山东万得福实业集团有限公司、嘉冠粮油工业股份有限公司、临沂山松生物制品有限公司、山东谷神科技股份有限公司、山东嘉华生物科技股份有限公司、香驰控股有限公司等大豆蛋白加工头部企业近20家。山东全省大豆全产业链产值达到819亿元，其中，一产产值54亿元、二产产值680亿元、三产产值85亿元。一二三产产值结构比为6.6∶83∶10.4，大豆全产业链发展态势良好、优势突出。

第二节 重要技术发展情况

一、年度前沿基础理论或技术突破

1. 可应用于人造肉大豆蛋白淀粉样纤维支架

浙江工业大学的孙培龙教授和向宁教授团队制备了大豆蛋白淀粉样纤维用于构建三维（3D）多孔支架（专题图4-1）。β-伴大豆球蛋白（7S）、大豆球蛋白（11S）和大豆分离蛋白（SPI）均可生成3D支架的原材料，且制造过程中没有使用细胞外基质（ECM）蛋白、非食品交联试剂和其他涂层。大豆蛋白淀粉样纤维支架的孔径为50~250 μm，孔隙率为72%~83%，压缩模量为3.8~4.2 kPa。这些支架可以在1 h内被胃蛋白酶降解，而在磷酸盐缓冲盐水中可以至少保持30天稳定。此外，功能性生物支架支持细胞的增殖和分化，小鼠C2C12肌原性细胞可以在支架上进行增殖和分化，且肌细胞增殖和分化良好（专题图4-2）。该技术鼓励在人造肉类生产中使用丰富和廉价的植物性蛋白作为支架材料，还为大豆蛋白淀粉样原纤维提供了多种应用。

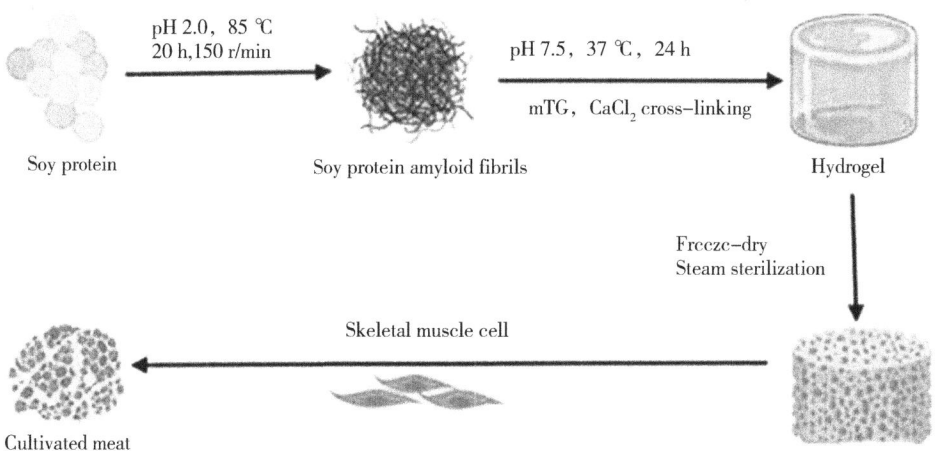

专题图4-1 支架材料制备过程示意图

（资料来源：Wei Z, Dai S, Huang J. Soy Protein Amyloid Fibril Scaffold for Cultivated Meat Application [J]. ACS applied materials & interfaces, 2023. DOI：10.1021/acsami.2c21702）

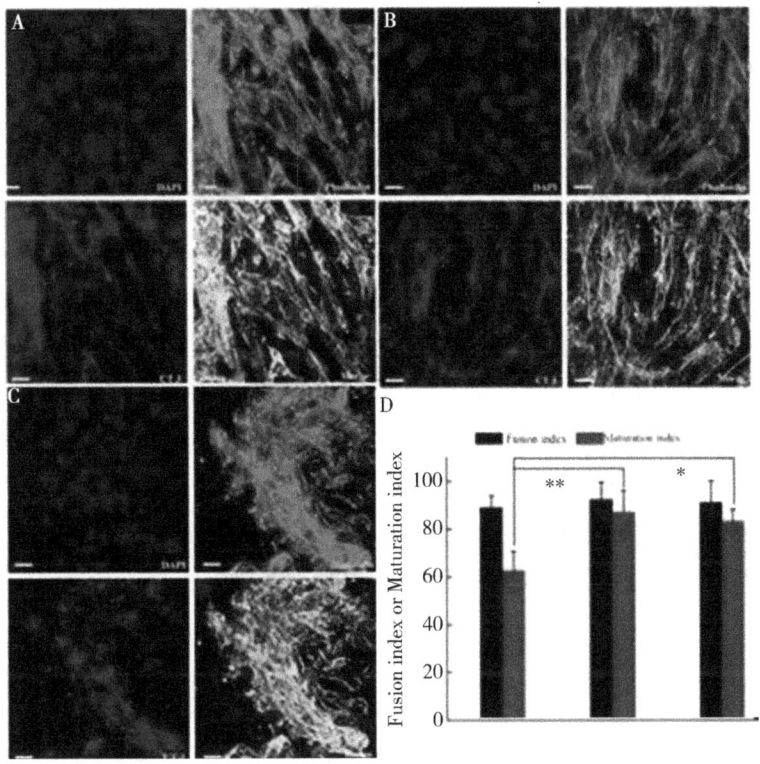

专题图 4-2　C2C12 细胞的免疫染色和肌管分化

（资料来源：Wei Z, Dai S, Huang J. Soy Protein Amyloid Fibril Scaffold for Cultivated Meat Application [J]. ACS applied materials & interfaces, 2023. DOI：10.1021/acsami.2c21702）

2. 大豆分离蛋白 Bigel 油墨可实现空心-旋转模型高精度 3D 打印

中国农业科学院农产品加工研究所食物营养与功能性食品创新团队成功构建大豆分离蛋白双相凝胶（Bigel）油墨体系并应用于高精度 3D 打印食品。SPI 基水凝胶和油凝胶比例对 Bigel 油墨流变性和水分分布发挥关键作用，当两者比例达 7∶3 时，油墨显示出更强的剪切稀化效应（流动系数 n 为 0.135），更利于 3D 打印过程材料挤出，其恢复黏度达到 10.920×10^5 mPa/s，结构快速恢复性强；同时油墨还具有较高的屈服应力、复合模量和凝胶强度，不易流动水和自由水比例更高。该油墨可实现复杂空心-旋转模型的高精度打印，打印精度超过 99%，主要归因于油凝胶中的 β′ 和 β 晶体可以保护 SPI 水凝胶网络结构完整，同时，避免油凝胶颗粒聚集，从而实现有效改善 Bigel 油墨微观结构，使其在挤出过程可耐受更强的剪切应力。该技术为拓宽大豆分离蛋白应用领域、创制个性化精准营养植物蛋白膳食产品提供新策略。

3. 基于动态席夫碱和金属–配体键多功能大豆蛋白基水凝胶

东北农业大学隋晓楠教授团队开发出利用动态席夫碱键与金属–配体键相结合的动态化学键交联策略，成功研制出一种新型、环保的高强度大豆蛋白基水凝胶。与传统依赖加热的水凝胶制备方法不同，通过创新的化学反应设计，仅通过简单的搅拌过程，即可促使氧化瓜尔胶（OGG）中的醛基与经表没食子儿茶素没食子酸酯（EGCG）饰的大豆蛋白中的氨基发生席夫碱反应，直接形成水凝胶。这一技术不仅简化了制备步骤，还赋予了水凝胶独特的自愈合能力。同时，借助引入银离子与 EGCG 中的儿茶酚基团形成金属–配体键，促进了蛋白质分子间的交联和团聚体的形成，进一步强化了水凝胶的三维网络结构，并实现了对水凝胶性能的精细调控。该水凝胶还展现出卓越的自愈合能力、良好的黏附性和可注射性，具备显著的抗菌性能、抗炎效果、调控巨噬细胞极化的潜能和优异的生物相容性，能有效促进细胞迁移、血管新生和胶原沉积，显著加速了伤口愈合过程，展示了其作为先进生物材料的巨大应用前景（专题图 4-3）。

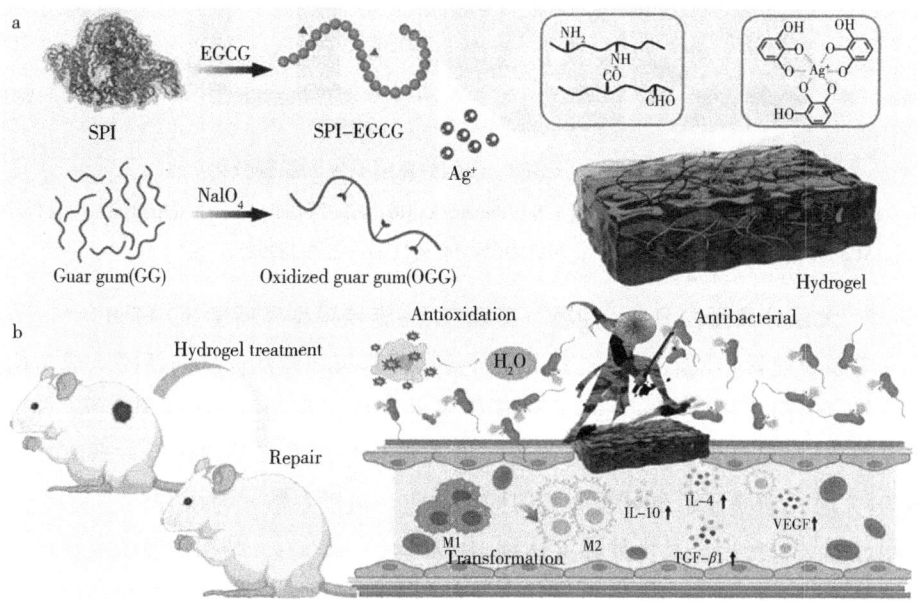

（a）大豆蛋白基水凝胶通过动态席夫碱键和金属–配体键形成示意图；（b）大豆蛋白基水凝胶促进创面愈合示意图

专题图 4-3　水凝胶的凝胶化作用机制

（资料来源：Wei Z, Dai S, Huang J. Soy Protein Amyloid Fibril Scaffold for Cultivated Meat Application [J]. ACS applied materials & interfaces, 2023. DOI：10.1021/acsami.2c21702）

二、年度成果案例

2023 年度大豆加工产业方面部分省部级奖项如下。

1. 专用型大豆蛋白高品质制造关键技术研发与创新应用

该成果获 2023 年中国粮油学会科学技术奖一等奖。该成果由东北农业大学、山东禹王生态食业有限公司、深圳市星期零食品科技有限公司、北京工商大学、黑龙江省北大荒绿色健康食品有限责任公司共同完成。该成果基于大豆蛋白的分子修饰和柔性调控机理,创新建立了蒸汽喷射结合酶促交联、脂酰化定向修饰、亚基解离缔合重组、两段式闪蒸脱腥等大豆蛋白品质提升关键技术,开发了抗冷冻高凝胶型、低钠型、高界面活性型、低异味型等系列专用型大豆蛋白,促进了大豆蛋白产品向"专用化、品质化、功能化"的转型升级。

该成果以项目开发的专用型大豆蛋白为主要基料,解析了蛋白应用过程中产品品质调控机制,建立了梯度真空斩拌辅助转谷氨酰胺酶促成胶技术、新型仿肉食品设备改造技术、微压蒸煮和可控酶解技术、热反应(美拉德反应)结合风味分子修饰技术等新型大豆蛋白基食品制备关键技术,开发了千叶豆腐、素肠、植物肉、双蛋白胶囊固体饮品及大豆蛋白基专用肉风味料等系列新产品,拓宽了大豆蛋白的应用场景。整体技术水平达到国际先进。

2. 大豆梯次化加工利用关键技术研发及产业化

该成果获 2023 中国食品工业协会科学技术奖二等奖。该成果由吉林农业大学、榆树市榆乡豆制品有限公司、山东誉亚大豆机械制造有限公司共同完成。该成果创建了两种大豆"全籽粒"加工体系:配合传统大豆加工副产物梯次化利用的间接"全籽粒"加工体系和直接以全豆(粉)为原料的新型"全籽粒"体系;开发了绿色营养功能型系列豆制品、高乳化性和稳定性大豆分离蛋白、大豆膳食纤维粉、全籽粒植物饮料和植物肉等产品及其配套专用设备和生产技术;相关成果获得 9 项发明专利授权,在国内 6 家企业实现应用转化,近三年共实现新增销售额超 15 亿元;同时,示范企业拉动了专用大豆品种种植基地的建设并实现了副产物和废弃物的减排,带来了巨大的社会效益和生态效益,成为国家大豆产业技术体系主推技术之一。

第三节　头部企业分析

一、大豆油脂加工头部企业

大豆油脂加工区域集中度较高，多分布在沿海沿港地区，沿海企业压榨量占全国压榨总量的63.2%。企业集中度高，中粮油脂专业化公司、益海嘉里金龙鱼粮油食品股份有限公司、九三粮油工业集团有限公司等前10企业产能占全国70%左右。一是产能向大型加工企业集中，产能利用率北高南低。目前大豆压榨企业中北方大豆油脂加工企业因更加靠近养殖业主产省，其因豆粕运输成本更低而更具优势，产能利用率普遍高于南方。一些企业出于整体战略考虑，即使产能利用率较低，也要在长江沿线或东南沿海进行布局，例如，山东、河北省加工能力在1 000 t/d以上的企业，主要分布在港口城市，其运输成本优势非常明显。二是国产加工设备水平显著提升。山东省建成时间在10年以上的油脂产线生产设备主要依赖进口，近年新建产线以国产设备为主。汇福粮油集团有限公司2003年建设的油脂加工产线主要为进口设备，2016年后新建工厂产线90%以上设备实现了国产化。除离心机等少数设备外，目前国产设备在大部分方面已经可以实现对进口设备的替代，企业期待在《推动大规模设备更新和消费品以旧换新行动方案》落实中，将国产大豆油脂加工设备纳入设备更新范围，以便对产线进行升级改造。

二、豆制品加工头部企业

我国是世界豆制品的最大生产国和消费国，豆制品是目前国产大豆加工的最主要渠道。豆制品加工企业集中度较低，行业前20企业的加工量占比不足20%。酱油等发酵豆制品加工主要集中在广东省，占全国总产量的63.3%，大豆饮品企业主要集中在广东、江苏、黑龙江等地，休闲豆制品企业主要集中在湖南、重庆、四川等地；豆腐类加工企业较为分散，主要集中在城市周边。大豆加工制品方面，四川、安徽两省以豆制品、大豆饮品和休闲食品生产加工为主。例如，四川省现有一定规模的大豆油及豆制品加工企业170余家，其中，省级以上龙头企业28家；安徽省豆制品加工相关的市级以上龙头企业约140家，其中，国家级龙头企业2家，省级龙头企业15家。大豆产品品牌塑造和推广持续加大，品牌知名度提高。其中，四川的"中坝""清香园""潼川豆豉""好巴食"等品牌深受消费者好评；安徽省豆制品加工历史悠久，大豆及其大豆衍生产品品牌众多，有"八公山"等中国驰名商标，"五城茶干""八公山豆腐""涡阳大豆""埇桥大豆"等一批国家地理标志产品，以及"八公山泉""皖豆香""我爱我家""九珍""采石矶""金菜地"等安徽省著名商标。企业开始注重挖掘品牌的文化价值，积极发展文旅、研学等产业融合新业态，如徽州豆腐博物馆，以及四川清香园调味品股份有限公司打造的"中国酱文化博览园"等。

三、大豆蛋白加工头部企业

非转基因大豆榨油后产生的豆粕可用于加工大豆蛋白。我国是世界大豆蛋白的主要生产国，国产大豆中78%用于食用，9%用于大豆蛋白加工，8%用于压榨消费（含食品粕），5%是种子用量及损耗。大豆蛋白加工产能集中在山东省，加工能力占全国的80%，拥有山东禹王生态食业有限公司、山东万得福实业集团有限公司、嘉冠粮油工业股份有限公司、临沂山松生物制品有限公司、山东谷神科技股份有限公司、山东嘉华生物科技股份有限公司、香驰控股有限公司等大豆蛋白加工头部企业近20家。全国大豆蛋白加工头部企业10强，山东省占了4席。山东省大豆全产业链产值达到819亿元，其中，一产产值54亿元、二产产值680亿元、三产产值85亿元。一二三产产值结构比为6.6：83：10.4，大豆全产业链发展态势良好、优势突出。从加工水平看，我国大豆蛋白加工整体处于较高水平，与美国、日本等国家相比，加工技术并不落后，但在功能肽、蛋白粉保健品、异黄酮等方面，市场开发不足。从消费结构看，我国大豆蛋白约55%用于出口。大豆蛋白除用于肉制品、饮料、千叶豆腐等食品加工领域外，一些企业还在保健品、医疗用品及植物肉等领域继续拓展精深加工。

第四节　产业发展存在的问题

一、大豆油脂压榨产能过剩，加工补贴面偏窄

一是初加工企业产能过剩，企业效益低迷。黑龙江、内蒙古等大豆主产区油

脂压榨产能过剩，开年开工率不足30%，同时，精深加工产品的产能不足。黑龙江省内日加工能力200 t以上大豆加工企业共计30家，总加工能力是524万t，产能闲置率70%～80%。在饼粕市场行情不好的大形势下，仅以油脂压榨为主营业务的企业，开工即赔钱，每压榨1 t大豆亏损400元，在没有国家补贴的情况下油脂压榨企业开工率低、生存艰难，如果企业能在压榨后生产其他产品，也就能保持微利。二是加工补贴提振市场效果不强。拿到加工补贴的九三粮油工业集团有限公司库容已满，临时性增加原料收购导致公司在短期内无法快速加工消化大量原粮。具有一定规模的民营企业未能享受加工补贴，加工产能没有充分盘活。同时，对油脂加工增量部分进行补贴的设定，使上一年度经营不善的企业反而获得了补贴。补助资金虽发挥销售减压作用，但仍然是大量进粮库、少量进市场，未能充分激发市场活力。

二、传统豆制品加工机械化、清洁化程度低，亟待转型升级

一是传统豆制品全程机械化程度较低。传统豆制品企业多以小作坊为主，虽然在泡豆、磨浆、压制成型等单个工艺环节基本实现了机械化，但距全程机械化还相差很大。在日本、韩国等东亚发达国家，已基本实现了如无包布豆腐、熟浆浆渣分离、长保质期生产线的全程机械化设备。但是，设备引进、维护维修成本高，以及所在国的谨慎出口政策，导致国内此类设备基本没有应用，而国内豆制品自主大型成套设备并未突破。二是豆制品生产过程中的清洁化程度低。目前，国内所有大中小企业基本都是大通间式生产车间，且环境湿度大、温度高、蒸汽浓度大，生熟区域不分，人流物流不分，豆腐、千张、豆干等生产线混在一个车间内，极易造成产品与产品之间、产品与设备之间、产品与厂房环境之间微生物互相感染、超标，导致目前未包装产品为1～2天，包装产品在3～4天，严重限制了产品的销售半径及经济效益。

三、大豆蛋白产品创新力度不够，副产物综合利用不足

一是高端蛋白产品开发不足。我国大豆蛋白产业面临企业竞争力不强及中低端产品结构单一、同质化现象。山东蛋白加工企业普遍存在以大豆分离蛋白、大豆浓缩蛋白、大豆系列保健食品为主的工业品中间居多，蛋白质溶解性、分散性等功能性质与国际头部企业的产品存在一定差距，且大豆蛋白在终端食品、休闲

快餐领域的应用仍较少。我国蛋白产业发展较晚，美国已具备一批大规模的本土蛋白生产商。俄罗斯已开展首个智能化蛋白生产线，其生产成本低于我国，我国精深加工企业竞争力需要提升。二是大豆蛋白副产物综合利用不足。大豆蛋白加工副产物主要有豆渣和废水两种，豆渣目前以加工膳食纤维为主，作为食品配料，废水提取部分小分子蛋白后进行污水处理。废水中还可以提取多糖、低聚糖、β淀粉酶、胰蛋白粉酶抑制剂等功能成分，但由于目前提取技术难度大、成本高，在产业中推广应用不够。

第五节 产业发展趋势

一、强化科技赋能，推动大豆加工落后产能淘汰升级

集中优势科研单位和企业开展科技攻关，设立大豆加工科研专项支持，突破豆制品保质期、形态保持、新型包装、加工设备智能化、废弃物综合利用等制约产品发展的技术瓶颈；在大豆主产区打造大豆精深加工研发基地，组织实施科技项目，高位推动科研成果提质增效、转移转化。加大对大豆蛋白为主要原料的植物基产品的研发力度，加快研制一批风味控制、营养保持等关键技术和精准控制、品质调控的自主装备，创制出满足消费者口感、风味需求的大豆植物基营养健康产品；提高大豆原料及其相关产品在方便主食、预制菜等大宗快消品领域的应用性能，拓宽应用场景，促进国产大豆消费。

二、提高大豆多元化加工技术、产品、装备研发能力

推进黄浆水和豆渣的综合利用，提高其食品化利用比例，建设以豆制品加工为纽带、链接上下游及配套产业的产业链条，在适宜地区推广大豆加工副产物生物发酵饲料化利用技术和污水生态循环处理模式，同时，加快在健康食品中的创新应用。鼓励支持本土大豆精深加工发展、优化产品结构，以高档大豆蛋白产品和食用大豆产品加工业为主，创新大豆加工高端产品，提升大豆产品科技含量，以市场为导向，推动大豆浓缩蛋白、蛋白活性肽、组织蛋白等产品研发，延长产业链、增加经济效益和环境效益。

三、多措并举，加强宣传引导，推动大豆食品消费市场

加快培育植物肉等新兴市场，开发植物蛋白等特色新产品，提高大豆精深加工的比例，持续挖掘食用大豆领域的消费潜力，增加终端市场需求，拓宽流通渠道，提升全产业链效益。扩大我国豆制品品牌优势，推进上下游产业联动和文化旅游休闲融合，发挥美食文化节等活动的社会影响力，支持企业参加国内外大型博览会、展览会、交易会、推介会等，推广技术成熟度较高的植物肉产品、大豆饮品、休闲豆制品等高附加值产品，拓展营销领域，抢占国内高端市场。倡导食育理念，通过制定豆制品消费月（日）、学生植物奶计划及中小学开设食育课等方式，强化大豆制品营养宣传教育，传递豆制品等健康食品知识信息，全面提高消费者认知，加强国家引导、行业推动、企业行动，推动豆制品消费市场占有率。

专题五 2023年花生加工产业发展情况

第一节 产业现状与发展成效

花生是我国当前为数不多的在国际农产品市场上具有显著竞争优势的特色农产品之一，品种资源丰富，拥有8 000多份种质资源，300多个主栽品种。2023年，我国花生种植面积7 230.0万亩，占全球16.34%，位居世界第二；总产量1 860.0万t，占全球花生总产量的36.9%（美国农业部，USDA）；榨油和食用花生分别占花生总产量的53.8%和43.5%（USDA），花生加工业总产值约为2 130亿元；花生进出口量125万t，保持着花生总产量、产油量、加工总产值及进出口贸易总量"四个全球第一"的绝对优势。着力发展花生加工产业，充分发挥花生产业在乡村振兴和粮油保供中的优势潜力和重要作用，是主动应对国际贸易制裁与"卡脖子"挑战的战略措施，是落实国家粮油安全新战略的创新之举，对于有效降低油料作物对外依存度，保障我国油料及饼粕蛋白有效供给具有重要战略意义。

一、2023年花生加工产业发展概况

1. 花生油加工

我国花生油产量和消费量逐年增加，2023年约1 000.00万t花生用于榨油，花生油产量320.00万t、消费量349.00万t（USDA），花生油市场需求量较大的地区有华北黄淮地区、华东和华南地区（专题图5-1、专题图5-2）。花生油加工相关企业8 000余家，其中，年产值5 000万元以上规模的加工企业有300余家，花生油加工业总产值达804亿元。

近10年，我国花生油的进口量整体呈逐年增加趋势，出口量基本不变，进口量是出口量的20~30倍。2023年，我国花生油进口量30.0万t，是2014年的2倍，出口量1.0万t（USDA）（专题图5-3）。2023年我国花生油主要进口国和

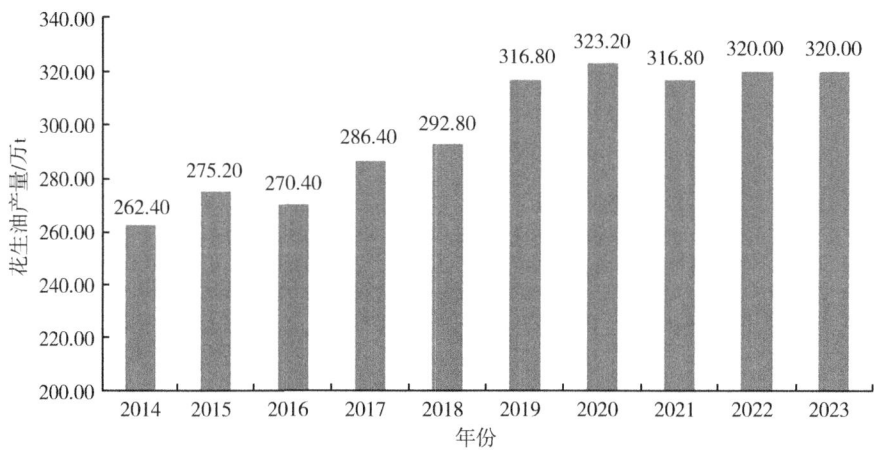

专题图 5-1　近 10 年我国花生油产量情况（USDA）

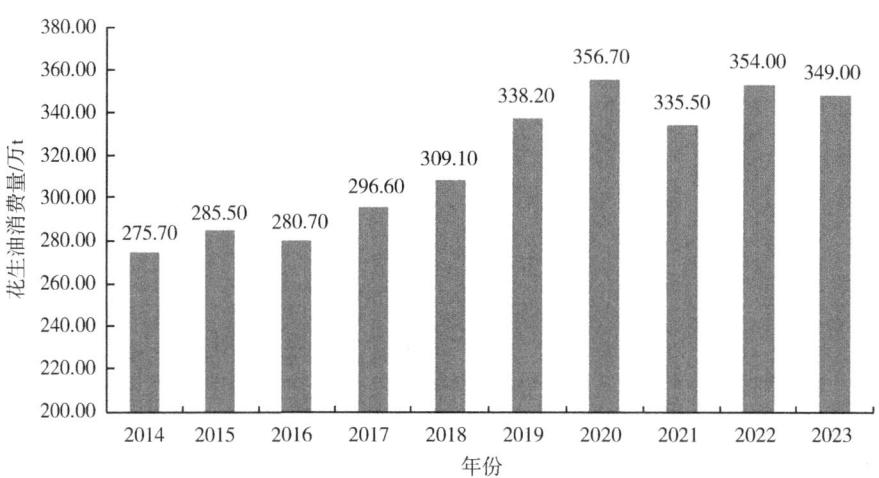

专题图 5-2　近 10 年我国花生油消费量情况（USDA）

地区、主要出口国或地区见专题图 5-4、专题图 5-5。随着人们对食用油营养健康的重视，高油酸、高必需脂肪酸、高营养素等功能性油脂成为食用油行业发展的新趋势，也推进了我国花生油加工技术的转型升级，逐步由传统压榨和浸出向精准适度压榨和生物精制方向发展，花生油产品开始进入精细化、品质化、场景化的发展阶段。

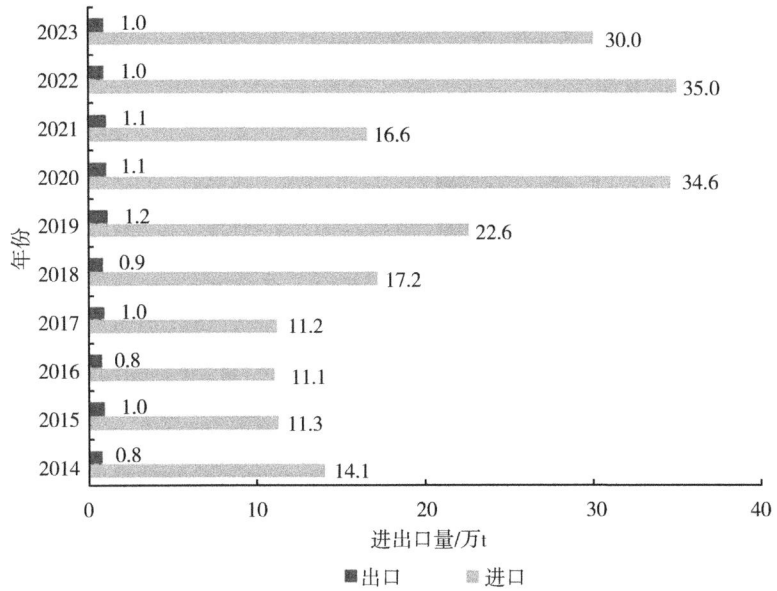

专题图 5-3 近 10 年我国花生油进出口情况（USDA）

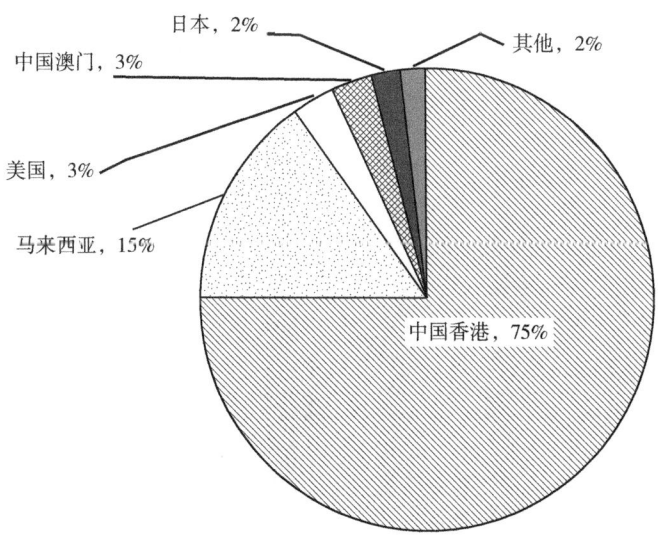

专题图 5-4 2023 年我国花生油主要进口国和地区

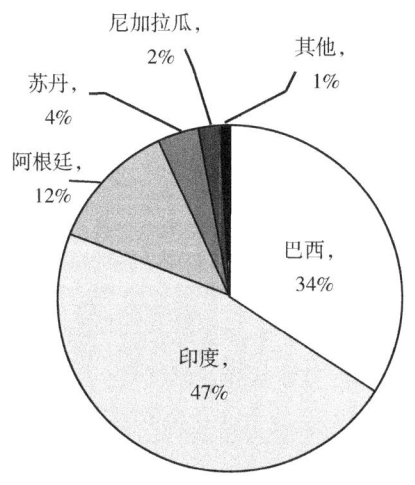

专题图 5-5　2023 年我国花生油主要出口国

2. 花生蛋白加工

我国花生蛋白粉分为高温花生粕粉和低温花生粕粉，产业规模整体呈上升趋势，产能逐年增加。2023 年，我国花生粕产量 400.0 万 t（USDA）（专题图 5-6），产值达 17.8 亿元，其中高温花生粕约占 97.5%，制得的蛋白粉主要用于饲料加工；低温花生蛋白粉约 10 万 t（调研数据，2023），蛋白变性程度低，具有

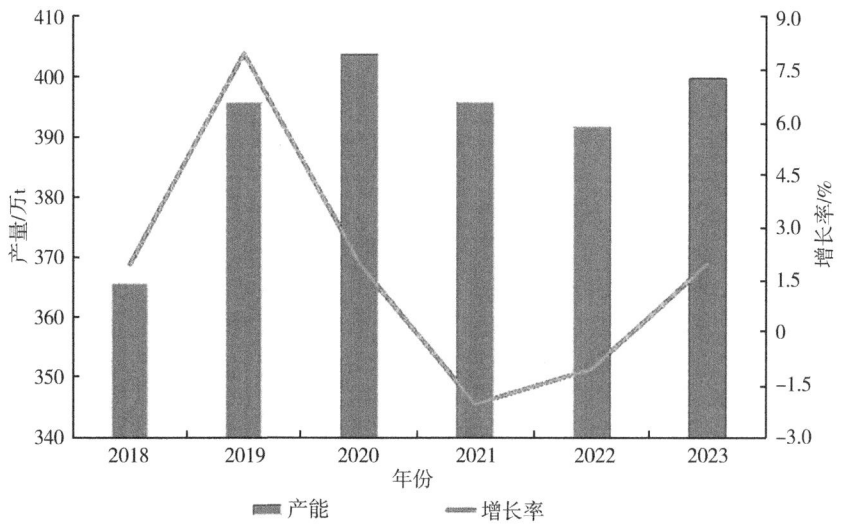

专题图 5-6　2018—2023 年我国花生蛋白粉行业产能及增速（USDA，2018—2023 年）

良好的功能性，主要作为配料应用于食品制品生产，部分用于花生浓缩蛋白、花生分离蛋白、花生功能性短肽的制备，少量用于生产花生素肉和花生乳等产品。

近年来，我国花生蛋白粉需求量总体稳中有升，供需相对平衡。从区域市场分布来看，华东地区是我国花生蛋白粉产业主要的需求市场，其次是华南地区。近5年来，我国花生粕的进口量整体呈下降趋势，满足国内自销，2023年进口量80.0万t（USDA），较2018年减少了约43.8%，少有出口。随着人们对高蛋白、高营养和健康多元化需求的提升，花生蛋白粉及其制品开发逐步向提升纯度、强化营养、改善特性等方面发展，生产也趋向智能化和规模化。

3. 休闲花生食品加工

近年，休闲花生产业发展迅速，油炸花生、烘烤花生、花生碎、花生糖果等休闲食品及花生酱产品的需求量逐年递增。2023年，我国食用花生总量达810.0万t，占花生总产量的43.5%（专题图5-7）；欧洲食用花生总量为82.5万t，占总供应量的85.4%；美国食用花生总量为1 450.5万t，占花生总产量的55.5%（USDA）。相比而言，我国花生食用消费比例低于欧美国家。

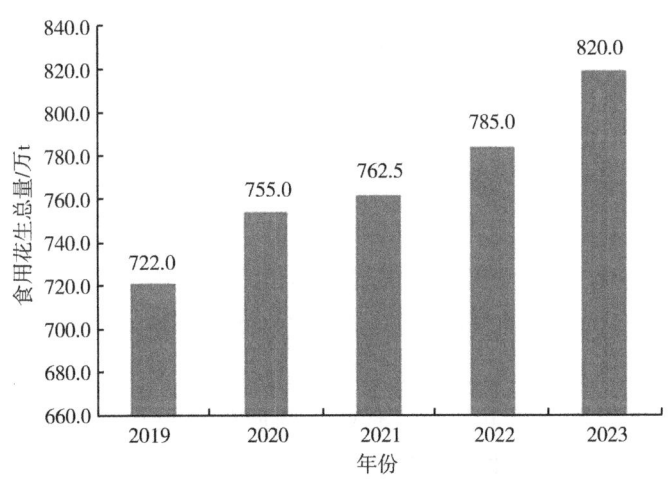

专题图5-7 近5年我国食用花生总量变化

近年来，我国休闲花生出口量整体保持平稳，进口量小幅下降，出口量远高于进口量。2023年，我国休闲花生出口量为28.8万t，主要出口至亚洲国家，包括印度尼西亚、日本、菲律宾和韩国；进口量为984.0 t（海关总署），进口来源国分别是泰国、美国、日本及阿根廷，消费市场不断增加，其中，烘烤花生市场规模为552.2亿元。休闲花生和花生酱加工产业向着绿色节能、营养保留、风味多样、品种专用化方向发展。

二、花生加工产业发展成效

1. 花生油加工逐步走向精准适度压榨

随着人们生活水平及消费意识的提高，消费者对食用油安全、健康、营养、品牌更加重视，市场开始不断提升食用油品质，先进的冷榨技术、物理精炼、适度加工共性技术等开始逐步在产业上应用，推进了我国花生油加工逐步由传统压榨和浸出向精准适度压榨和生物精制加工方向发展，花生油行业开始进入精细化、品质化、场景化发展阶段。

2. 花生蛋白梯次利用技术水平持续提高

随着花生饼粕蛋白加工特性的深入研究和技术创新，花生浓缩蛋白、花生分离蛋白、花生功能性短肽已成功制备，少量用于生产花生素肉和花生乳等产品。2023年12月27日，国内第一条千吨级高水分挤压植物基肉制品生产线在山东高密正式投产。高溶解型花生蛋白绿色专用改性技术、高乳化性花生蛋白颗粒及其皮克林乳液制备技术等也备受关注，推动了我国花生乳（高蛋白、低糖、添加维生素等）产业向绿色低碳、美味营养方向发展，为花生加工产业的可持续发展提供了强有力的技术支撑。

3. 花生休闲食品产业发展迅速

花生休闲食品种类日益丰富，市场上涌现出油炸花生、油炸混合花生、脱油花生、裹衣花生、卤煮花生等系列花生休闲食品，以满足不同消费者多元化口味需求，且无添加剂、低脂肪、低盐等花生休闲食品深受消费者喜爱。随着产业的发展，市场上出现了一些知名的花生休闲食品品牌，如黄飞红、三只松鼠、洽洽等。尽管市场竞争激烈，有产品同质化现象存在，但品牌化、健康化、功能化、场景化和口味多元化成为行业发展的新趋势，也展现出良好的发展前景。

第二节 重要技术发展情况

在花生油加工方面，微波预处理水酶法同时提取花生油和蛋白技术显著提高了花生油和花生蛋白得率；多效物理场预处理、绿色高效加工等新技术已在花生油加工中应用；油脂生物精制、功能性脂质分子修饰与改性技术被用以制备营养成分全、功能显著的高品质花生油产品，助力解决花生油加工能耗水耗高、资源利用率低、产品同质化等问题。

在花生蛋白加工方面，花生蛋白改性技术持续优化，花生蛋白粉的溶解性、凝胶性、乳化性等功能特性不断改善；高水分挤压植物基肉制品加工技术实现了产业化落地，生产了适合中国人消费习惯的植物基肉包、肉饼等系列新产品；新型高温花生粕胶黏剂的绿色制备技术及装备实现了产业化应用的突破，成为胶合板工业中甲醛类胶黏剂的潜在替代品。

在休闲花生食品方面，除了传统的油炸花生外，烘焙、烘烤等低油、低热量的加工方式也越来越受到消费者青睐。同时，一些品牌还推出了添加海苔、辣椒等配料的创新口味，以满足不同消费者的口味偏好。低钠、无添加的花生休闲食品及其推陈出新的口味和包装形式也深受消费者喜爱。

第三节　头部企业分析

一、花生油加工企业

2023年，我国花生油加工相关企业8 000余家，形成了一些具有国内影响力的花生油加工龙头企业（专题图5-8），如山东鲁花集团有限公司、益海嘉里（青岛）食品工业有限公司、金胜粮油集团有限公司、费县中粮油脂工业有限公

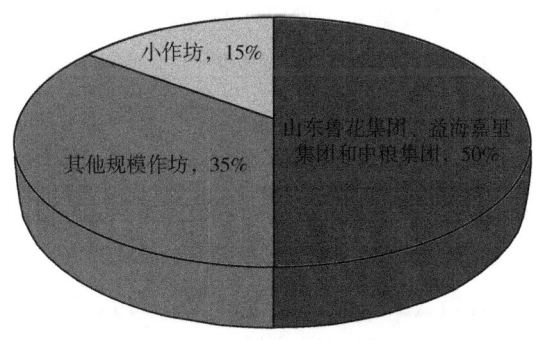

专题图5-8　花生油加工企业结构

司、淇花食用油有限公司等，其中年产值 5 000 万元以上规模的加工企业有 300 余家。从品牌方面看，花生油品类品牌集中度高，CR3（业务规模前三名）品牌（鲁花、胡姬花、金龙鱼）占据市场份额近八成，且逐年提升；CR5 品牌（鲁花、胡姬花、金龙鱼、福临门、家香味）占据九成以上市场份额，头部品牌地位稳固。其中，鲁花市场份额排名头位，胡姬花等品牌同比高速增长，市场份额进一步提升。

二、花生蛋白加工企业

目前，我国花生蛋白粉生产企业共有 739 家，以中粮集团有限公司、益海嘉里金龙鱼食品集团股份有限公司、山东鲁花集团有限公司等重点企业为核心。加工企业主要分布在华中、华东、华南和华北地区，包括山东、河南、河北、江苏、安徽、广西、辽宁、四川、湖北等省份。青岛长寿食品有限公司是低温花生蛋白粉的主要生产企业，占据了国内高端用户市场，价格也居国内最高，其次是烟台欧果花生油股份有限公司。

2023 年，国内第一条以花生蛋白粉为主要原料的千吨级高水分挤压植物基肉制品生产线在山东高密正式投产；花生乳（高蛋白、低糖、添加维生素等）行业也呈现向绿色低碳、美味营养发展态势，预计未来几年市场容量能达到 200 亿元，整体增速有望保持在一定水平。随着技术与市场逐渐成熟，低温花生蛋白粉及其制品市场规模也将得到较快拓展。

三、休闲花生食品加工企业

我国花生食品加工企业数量多、规模小且分散，大型花生食品加工龙头企业相对较少，未形成全国性优势品牌。休闲花生食品加工代表性企业包括中粮山萃花生制品（威海）有限公司、烟台欣和企业食品有限公司、洽洽食品股份有限公司、三只松鼠股份有限公司、四川省百世兴食品产业有限公司、河南正花食品集团有限公司等。花生酱加工代表性企业有荷美尔（荷美尔食品公司，Hormel Foods）、大成（烟台市大成食品有限责任公司）、中粮（中粮集团有限公司，COFCO Corporation）、吉兴（青岛吉兴食品有限公司）、莺歌（山东莺歌食品有限公司），近年花生酱加工企业数量逐步增加，生产规模逐步扩大，高蛋白、低脂型及复合型花生酱将成为未来发展趋势（专题图 5-9）。

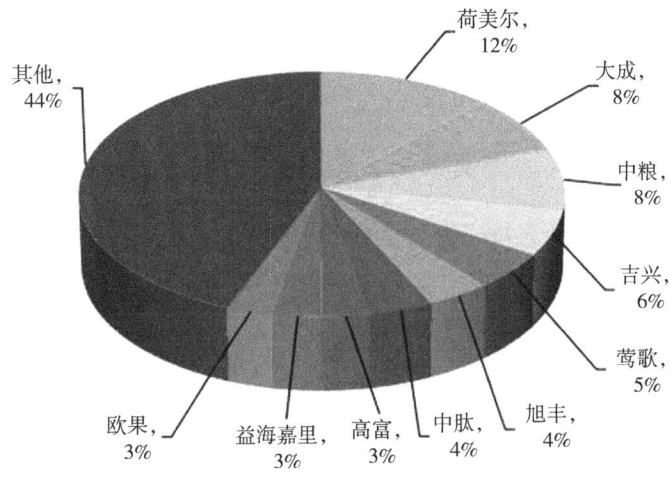

专题图 5-9　我国大中型花生酱加工企业布局

第四节　产业发展存在的问题

一、产业布局规划不清，区域发展重点尚未明确

把花生产业作为新的生长点和着力点，是坚持"四个面向"落实新粮食安全战略、构建国内国际双循环系统格局的创新实践，是有效抵御国际贸易制裁挑战的战略举措。然而目前我国针对生产、加工、贮运、贸易等全产业链关键环节的区域布局统筹部署尚未完成，无法有效地立足已有产能，挖掘发展潜力，拓展增长空间，形成产业一体化发展格局，制约了我国花生产业的高质量发展。

二、品种加工专用水平低，精深加工技术及产品缺乏

花生加工适宜性评价技术体系尚未完善，现有品种加工品质数据不翔实、不系统，缺乏加工专用品种和"五化"提质增效种植基地，导致花生原料专用化程度低、混种混收混用、加工制品品质不稳定、产品形式单一，缺乏具有中国特色、适合不同消费需求的风味花生蛋白粉、花生蛋白基肉制品、蛋制品、奶制品等产品，精深加工增值不足，产业效益低与国际竞争力弱。高温花生蛋白粕无甲

醛花生蛋白胶黏剂加工关键技术尚待突破和推广应用；花生红衣多酚、花生茎叶提取、花生根白藜芦醇等活性成分高效分离提取和生物利用度提升技术等尚需攻克，其他营养健康产品亟待开发。

三、科技支撑人才力量薄弱，创新平台建设有待加强

我国花生加工产业科技研发人员总体不足，尤其缺乏高端人才，区域发展不平衡，难以满足产业发展需求。政府对科技支撑平台的政策扶持不足，亟待建设可支撑产业高质量发展的科技创新平台，如国家花生精深加工与营养健康重点实验室或创新中心。企业人才缺乏，自主创新能力弱，缺乏技术依托，发展后劲不足。科技支撑平台的信息化水平较低，尚未形成花生产业大数据中心，不能有效整合各类资源，为花生加工产业发展提供及时、准确的信息服务。

四、龙头企业培育力度不足，联农带农机制有待创新

我国花生生产、加工、仓储、物流等全产业链标准化管理有待加强，缺乏政府引导与市场主导的产业政策支持体系，针对产业重点布局及战略新兴区域，缺少良种、农机、贮藏与加工运输等导向性补贴政策。政府对龙头加工企业的培育和建设尚未系统化和规范化，农业产业化龙头加工企业与农民合作社、农业产业化联合体、家庭农场及专用基地农户尚未开展全方位合作，利益联结机制不够完善，加工流通环节难以向农村下沉，农民难以享受到加工环节的利益。

第五节 产业发展趋势

目前，我国花生原料特性与品质评价技术备受关注，花生油的加工逐步由传统的压榨和浸出向精准适度加工和功能性方向发展，生产各类花生食品成为未来花生加工业发展新趋势，同时，花生副产物综合利用技术研究不断深入，产业链不断延长、价值链不断提升，建议重点加强以下产业发展方向的支持。

一、顶层谋划，统筹布局全国花生产业发展

建议国家粮食和物资储备局牵头，会同农业农村部、财政部、科技部、商务

部等有关部委研究制定《全国花生产业高质量发展规划》。国家粮食和物资储备局制定《花生收储供应安全保障工程建设规划》、农业农村部制定《花生种植布局规划》、科技部制定《花生科技支撑规划》、商务部制定《花生对外贸易规划》等。建议把新疆花生产业发展作为重要内容列入规划，尽快制定《新疆花生产业发展规划和推进行动方案》，确定区域布局规划、适宜种植品种与模式及配套技术、相关支持政策等，有组织、有计划、有步骤地推进新疆花生产业高质量发展，并着力将新疆打造成中亚最大"食用油库"和国际最大花生贸易陆路港口。

二、科技引领，设立重大科技专项重点支持

建议农业农村部、科技部与自治区政府将花生产业科技创新纳入2024年和"十五五"时期省部联动合作重要议题，设立省部联动科技专项和国家重点研发计划（乡村产业发展）项目予以重点支持。农业农村部在优势特色产业集群、现代农业产业园、国家花生产业体系等项目或政策中予以倾斜。充分发挥东部、华南地区花生加工科技创新创业优势，建立国家花生科技园区、花生加工集成技术示范区等，引领带动其他地区花生产业高质量发展。同时，花生主产区域及新疆等产业发展新兴战略地区要针对本地区花生产业链、供应链发展的技术瓶颈设立省级花生重大专项、重点研发计划项目，开展持续攻关。

三、平台支撑，共建重点实验室或工程技术中心

建议加强条件平台建设，由优势科研院所、高校、龙头企业共同建立国家花生精深加工与营养健康重点实验室或工程技术研究中心。针对花生全产业链建设中的高品质花生加工专用品种选育、加工品质评价、精深加工与智能制造新、副产物梯次利用与营养健康产品开发等进行系统化、配套化及工程化技术研究，整合创新资源，提高技术创新水平与成果转化能力。建立全国花生品质评价与鉴定大数据中心支撑平台及花生相关系列标准、规程等保障平台，为种植、加工生产经营决策提供依据并有机衔接，通过全产业链开发、全价值链推动花生产业做大做强做优。

四、政策引导，加大产业扶持和财税补贴力度

建议财政部、农业农村部从农业供给侧结构性改革的角度重点支持花生产

业，增加对花生良种、原料基地建设、农机具的补贴、运输补贴等方面的扶持和优惠政策，重点对花生专用品种、种收机械、花生原料运输进行补贴；通过企业税收、财政贴息、以奖代补等手段，培育壮大花生企业、农民专业合作社等，引导和带动社会各方面加大对花生产业的投入力度，吸引花生生产加工与物流贸易企业到新疆投资，重点支持南疆各地州、哈密—乌鲁木齐—霍尔果斯高速路沿线高品质花生原料基地和花生加工出口基地建设，积极推进花生分级脱壳与物流基础设施，并完善仓储、配送、包装、流通、加工等综合物流服务体系建设。

专题六 2023年油菜加工产业发展情况

第一节 产业现状与发展成效

油菜籽作为我国的重要农作物，有举足轻重的地位，目前，油菜已发展成为继水稻、小麦、玉米之后的第四大作物，是我国的优势油料作物。油菜籽行业具有巨大的发展潜力。中国是油菜籽的主要生产国家之一，油菜籽种植面积和产量均处于全球领先地位。2023年，中央一号文件提出了"深入推进油料产能提升工程"，我国各级政府对此高度重视，持续加大支持力度。2023年，我国油菜籽的产量达到1 672.0万t，占全球2022/2023年度油菜籽总产量（8 883.0万t）的18.8%。从历年的数据分析来看，我国油菜籽的产量占全球油菜籽总产量的比例大约为20%（专题表6-1）。

专题表6-1 中国油菜籽产量占全球油菜籽产量的比例

年度	产量/万t		占比/%
	全球	中国	
2019/2020	7 032.0	1 404.9	20.0
2020/2021	7 474.0	1 471.4	19.7
2021/2022	7 583.0	1 553.1	20.5
2022/2023	8 883.0	1 672.0	18.8

数据来源：中华粮网和国家粮油信息中心。

在我国政府对油料生产的高度关注及各项政策支持下，我国油菜籽的产量及国内油菜籽榨油量屡创新高。自21世纪初以来，我国油菜籽产量从2002年的1 055.2万t上升至2023年的1 672.0万t，21年间增长了58.5%，平均每年增幅为2.8%。国产油料的榨油量和出油量分别从2020年的1 200.0万t和408.0万t提高到2023年的1 550.0万t和527.0万t，分别占当年国产油料榨油和出油总量的 37.0%和 38.3%（专题表 6-2）。

专题表 6-2　国产油菜籽和油料的榨油量及占比等情况

年份	油菜籽产量	国产菜籽油/万 t		国产油料/万 t		国产油菜籽榨油量占比/%	国产油菜籽出油量占比/%
		榨油量	出油量	总榨油量	总出油量		
2002	1 055.2	—	—	—	—	—	—
2014	1 391.4	—	—	—	—	—	—
2020	1 404.9	1 200.0	408.0	3 780.0	1 212.3	31.7	33.7
2021	1 471.4	1 400.0	476.0	3 960.0	1 303.3	35.4	36.5
2022	1 553.1	1 450.0	493.0	4 045.0	1 317.8	35.8	37.4
2023	1 672.0	1 550.0	527.0	4 190.0	1 376.0	37.0	38.3

数据来源：国家粮油信息中心。

2023 年，我国油菜生产仍稳中增长，而菜籽油消费需求也有所上升。2022/2023 年，油菜籽产量为 1 672.0 万 t，比 2021/2022 年增长 7.70%；菜籽油总产量为 756.6 万 t，同比增长 4.9%；菜籽油消费总量为 920.0 万 t，同比增长 3.4%；菜籽粕总产量为 1 144.8 万 t，同比增长 4.9%。

国产油菜籽主要为农民自用和生产浓香菜籽油，商品率不高，因此，需要通过从国外进口一部分油菜籽、菜籽油和菜籽粕来满足国内的消费需求。2022/2023 年度，我国油菜籽进口总量为 549.1 万 t，同比增加 1.8 倍；菜籽油进口总量为 235.6 万 t，同比增加 1.2 倍；菜籽粕进口总量为 237.0 万 t，同比增加 7.2%。2022/2023 年度，我国菜籽油出口总量为 0.5 万 t，同比增长 25%；菜籽粕出口总量为 1.0 万 t，同比下降 58.3%。

一、2023 年油菜加工产业发展概况

（一）2023 年油菜加工产业初加工发展概况

1. 油菜籽产量情况

2016—2023 年，我国油菜籽总产量整体呈上升趋势。其中，2016—2018 年上升幅度不大，2019 年开始有较大幅度的上升，2020 年、2021 年、2022 年、2023 年上升幅度则更大，分别为 4.2%、4.7%、5.6%、7.7%。据此可看出，近 5 年我国油菜籽总产量的增幅也是呈逐渐增加的趋势（专题图 6-1）。

专题六　2023年油菜加工产业发展情况

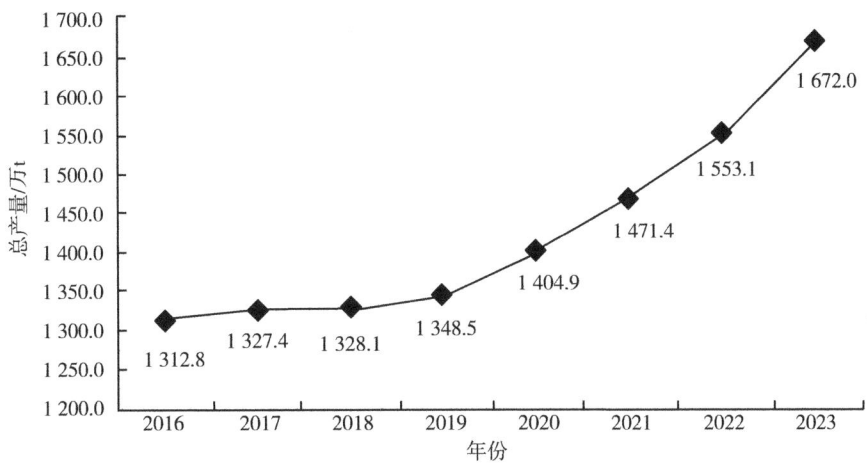

专题图 6-1　2016—2023 年我国油菜籽总产量变动趋势
（数据来源：中华粮网和国家粮油信息中心）

2. 油菜籽价格情况

2016—2023 年，我国油菜籽现货价格整体呈上升态势。2017 年上升至 5 013.3 元/t，同比增长 23.7%；2018 年继续上升至 5 185.6 元/t，同比增长 3.4%；2019 年是唯一出现油菜籽现货价格降低的一年，同比下降 5.4%。2020 年因市场供应偏紧，油菜籽现货价格回升，上升至 5 183.4 元/t，同比增长 5.7%。2021 年和 2022 年油菜籽现货价格均有较大幅度上升，分别同比增长 14.0% 和 15.7%。2023 年油菜籽现货均价 7 333.6 元/t，较 2022 年上涨 7.3%（专题图 6-2）。

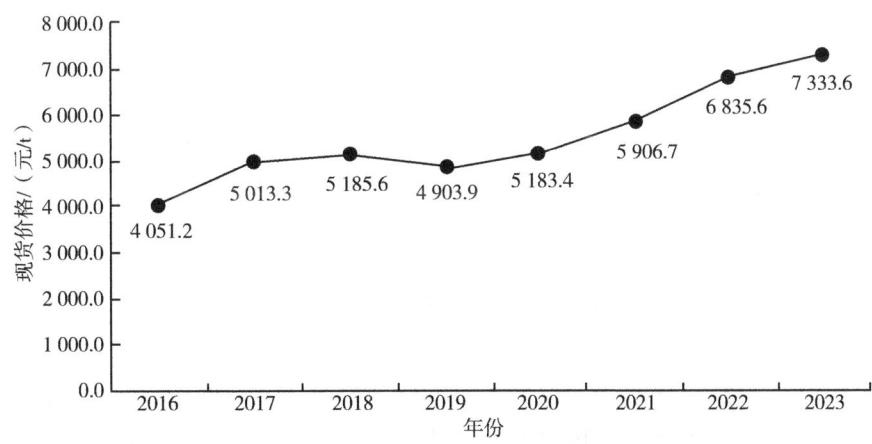

专题图 6-2　2016—2023 年我国油菜籽现货价格变动趋势
（数据来源：布瑞克农业数据库）

具体到2023年全年来说，布瑞克农产品数据库月度平均数据显示，2023年度全国油菜籽现货价格先升后波动下降，降幅为-3.78%。年初1月价格为7 453.0元/t，3月达到年内高点7 613.0元/t，随后短暂下降至7 197.0元/t，9月价格回升至7 344.0元/t，2023年底降至7 171.0元/t。

3. 油菜籽消费量情况

2016—2023年，我国油菜籽消费量整体呈波动上升的态势。其中，2017年油菜籽消费量比2016年略有增长（2.9%），随后的两年中，油菜籽消费量直线下降，然后从2020年开始回升，其后一直保持整体上升的趋势。其中，2022年的上升幅度（12.3%）明显高于2021年（3.0%）。2023年我国油菜籽消费量为2 010.0万t，同比增长5.1%。同时，2023年油菜籽消费量也是历年来最高的年份（专题图6-3）。

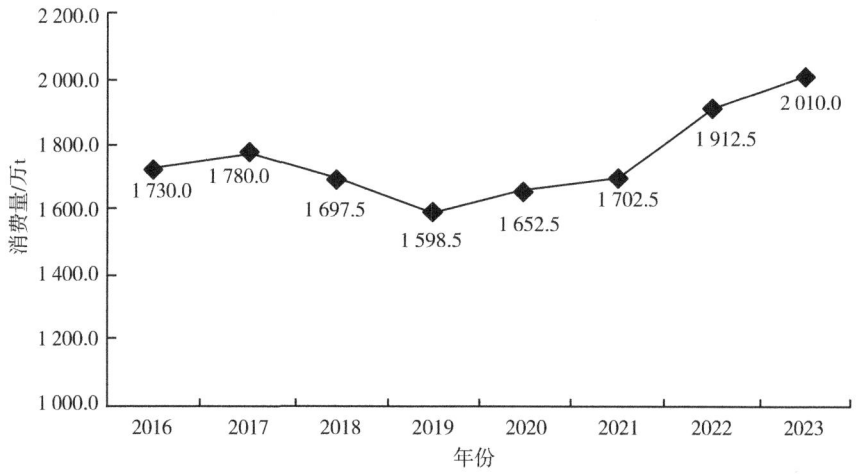

专题图6-3 2016—2023年我国油菜籽消费量变动趋势

（数据来源：美国农业部）

4. 油菜籽进口情况

我国近10年（2014—2023年）的油菜籽进口量如专题图6-4所示。2014—2016年，油菜籽进口量呈现直线下降的趋势，随后在2017年开始回升，在2018年持平，而后在2019年骤降，在2020年出现小幅回升（增加13.8%）后接连两年下降。然而，2023年，我国进口油菜籽出现大幅度增加（进口量为549.1万t），进口量是2022年的2.8倍，同时，也是历年来进口量最高的年份。

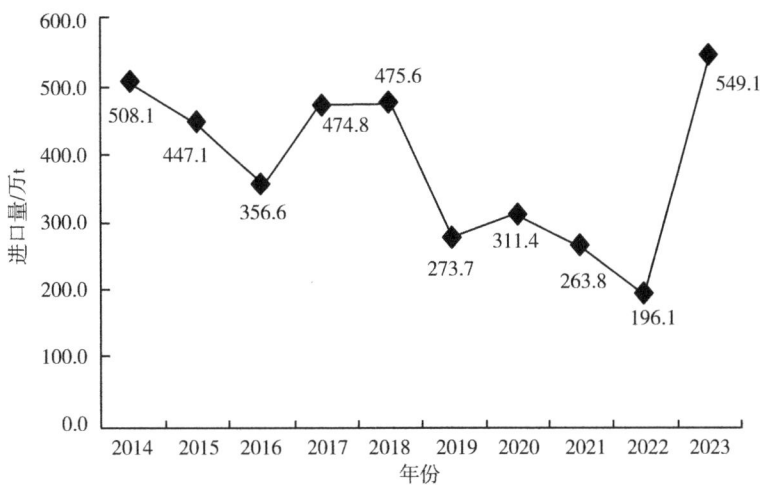

专题图 6-4　2014—2023 年我国油菜籽进口量变动趋势

(数据来源：国家粮油信息中心)

5. 油菜籽出口情况

我国近 10 年（2014—2023 年）的油菜籽出口量如专题图 6-5 所示。除了 2015 年我国有少量油菜籽出口（出口量为 0.1 万 t）外，其余年份均无油菜籽出口。

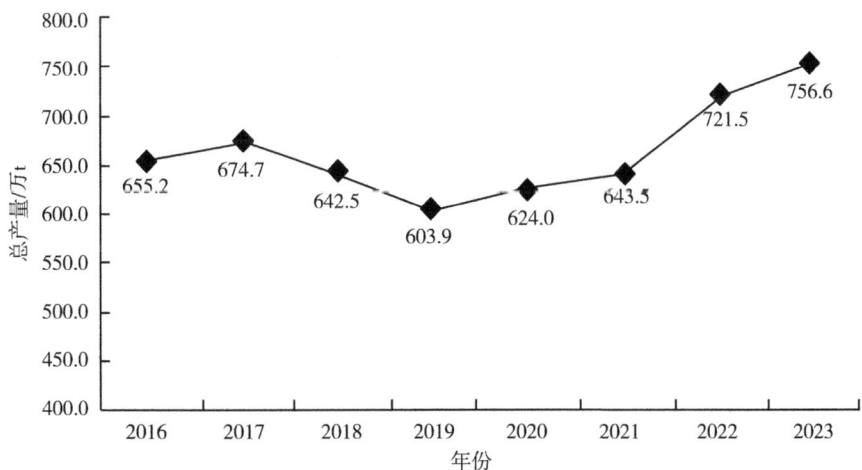

专题图 6-5　2016—2023 年我国菜籽油总产量变动趋势

(数据来源：美国农业部)

6. 菜籽油产量情况

2016—2023 年，我国菜籽油总产量整体呈波动态势。其中，2017 年菜籽油总产量比 2016 年有小幅度增长（3.0%），随后的两年中，菜籽油总产量直线下降，在 2020 年开始回升（同比增长 3.3%），其后一直保持整体上升的趋势。2022 年的同比增长速度明显高于 2021 年，分别为 12.1% 和 3.1%。2023 年，我国菜籽油总产量为 756.6 万 t，同比增长 4.9%。同时，2023 年菜籽油总产量也是历年来最高的年份（专题图 6-5）。

7. 菜籽油价格情况

布瑞克农产品数据库发布的月度平均数据显示，就 2023 年度国产四级菜籽油现货价格来说，国内菜籽油现货价格呈现波动下降趋势。具体来说，本年度 1 月国内菜籽油现货价为 12 012.2 元/t，价格持续下跌。5 月价格降至 8 123.8 元/t，是全年最低。6 月有所回升至 8 270.8 元/t，但随后又开始波动下降，于 12 月降至 8 235.5 元/t。2023 年菜籽油现货平均价格为 9 205.3 元/t，较 2022 年大幅下降 48.0%。

8. 菜籽油消费情况

2016—2023 年，我国菜籽油消费量整体呈先降低后增高的态势。其中 2017 年菜籽油消费量与 2016 年持平（860 万 t），随后的两年中，菜籽油总产量直线下降，在 2020 年再次与前一年持平（800 万 t），其后一直保持整体上升的趋势。2023 年，我国菜籽油消费量为 920.0 万 t，同比增长 3.4%。同时，2023 年，菜籽油消费量也是历年来最高的年份（专题图 6-6）。

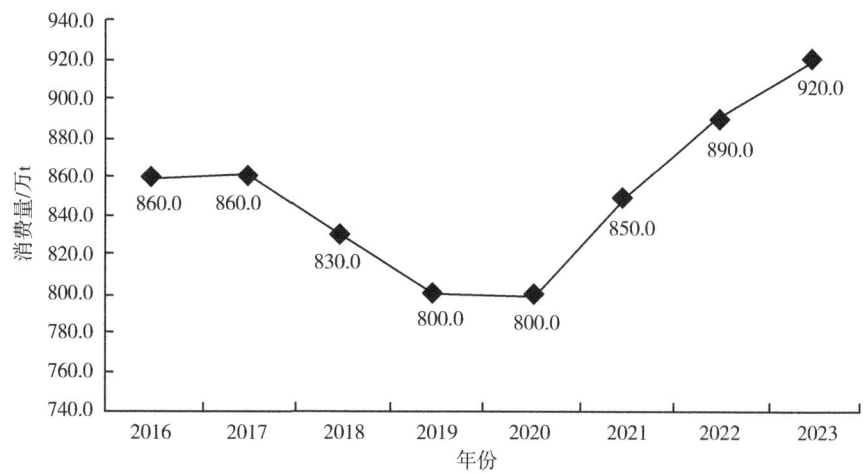

专题图 6-6　2016—2023 年我国菜籽油消费量变动趋势

（数据来源：美国农业部）

9. 菜籽油进口情况

我国近 10 年（2014—2023 年）的菜籽油进口量如专题图 6-7 所示。2014—2016 年，菜籽油进口量呈现稳中有降的趋势，随后在 2017 年出现小幅回升（增长 8.1%），从 2018 年开始呈现逐年增加的趋势，其中，2018 年、2019 年、2020 年、2021 年菜籽油进口量分别增长 71.2%、24.6%、19.5%、11.6%。然而，在 2022 年，我国进口菜籽油出现大幅度降低（进口量为 106.1 万 t）。而在 2023 年，我国进口菜籽油出现大幅度增加（进口量为 235.6 万 t），进口量为 2022 年的 2.2 倍，同时，也是历年来进口量最高的年份（专题图 6-7）。

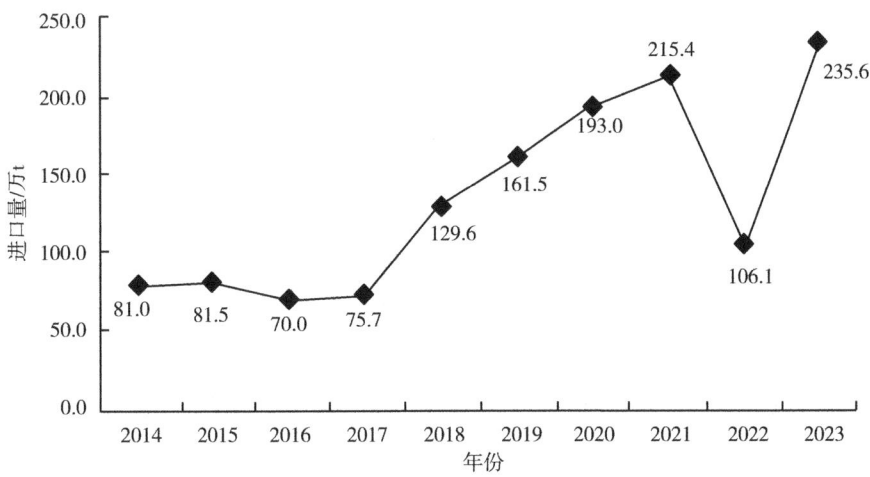

专题图 6-7　2014—2023 年我国菜籽油进口量变动趋势

（数据来源：国家粮油信息中心）

10. 菜籽油出口情况

我国近 10 年（2014—2023 年）的菜籽油出口量如专题图 6-8 所示。2014—2015 年，菜籽油出口量呈现下降趋势，2016 年则大幅度增加（同比增加 5 倍），随后一直到 2020 年再次呈现降低趋势。从 2021 年开始，我国菜籽油出口量呈现逐年增加的趋势。2023 年，我国菜籽油出口量为 0.5 万 t，同比增长 25.0%。同时，历年来我国菜籽油的出口量与进口量相比，明显处于非常低的水平，这说明我国菜籽油市场上比较依赖于进口，存在贸易逆差（专题图 6-8）。

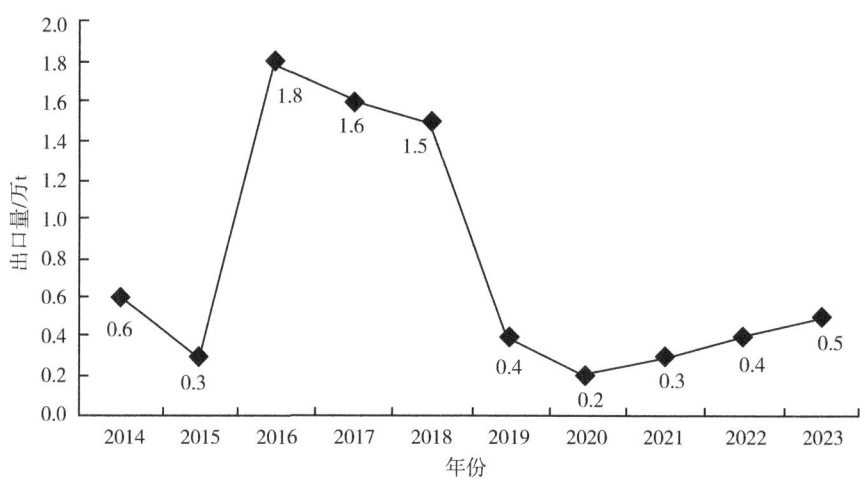

专题图6-8　2014—2023年我国菜籽油出口量变动趋势

（数据来源：美国农业部）

（二）2023年油菜加工产业精深加工发展概况

油菜籽的精深加工对促进油菜产业的发展具有重要意义。中国农业科学院油料作物研究所开发了清洁精选、微波调质生香、低残油低温压榨和低温物理绿色精炼等关键技术装备，这些技术不仅提高了油菜籽加工的效率和品质，还实现了绿色高效生产。中国农业科学院油料作物研究所开发的功能型菜籽油产地加工技术装备已在多个省份推广，能够实现轻简、绿色、低耗、高效的加工目的，并且大幅降低了生产成本。技术的应用不但提升了油菜加工产品的质量和市场竞争力，也为保障国家粮油安全作出了积极贡献。

（三）2023年油菜加工产业综合利用加工发展概况

1. 菜籽粕产量情况

2016—2023年，我国菜籽粕总产量整体呈波动态势。其中，2017年菜籽粕总产量比2016年有小幅增长（3.0%），随后的两年中，菜籽粕总产量直线下降，从2020年开始回升（同比增长3.3%），其后一直保持整体上升的趋势。2022年的同比增长速度明显高于2021年，分别为12.1%和3.1%。2023年，我国菜籽粕总产量为1 144.8万t，同比增长4.9%。同时，2023年菜籽粕总产量也是历年来最高的年份（专题图6-9）。

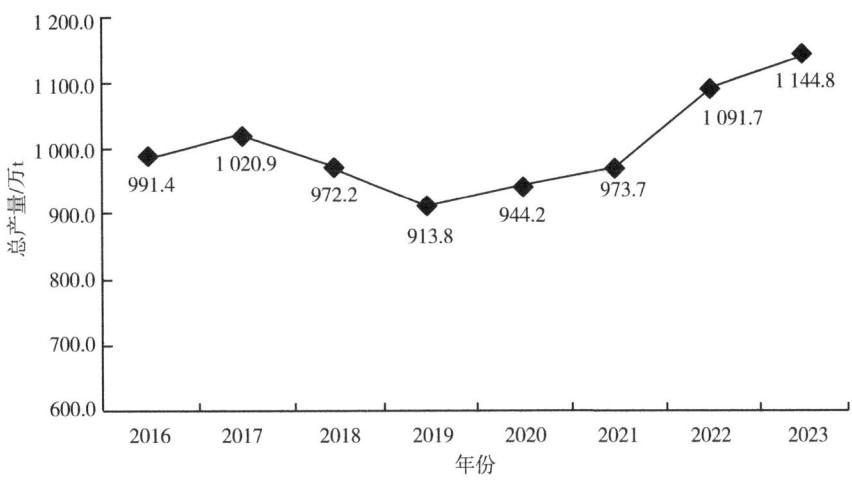

专题图6-9　2016—2023年我国菜籽粕总产量变动趋势

（数据来源：美国农业部）

2. 菜籽粕价格情况

2016—2023年，国内菜籽粕价格呈先波动上升后降低的态势，其中在2019年出现小幅降低。2020年开始，菜籽粕价格上升幅度较大，在2021年和2022年分别上升至2 812.5元/t和3 677.2元/t，分别同比上升18.3%和30.7%。2023年菜籽粕价格为3 384.4元/t，较2022年价格下降了8.0%（专题图6-10）。

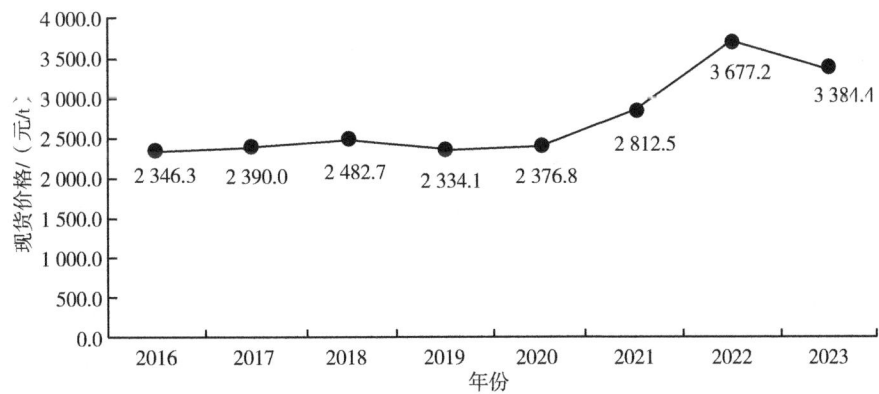

专题图6-10　2016—2023年我国菜籽粕现货价格趋势

（数据来源：布瑞克农业数据库）

具体到2023年全年来说,根据布瑞克农业数据库月度平均数据,2023年国内菜籽粕现货价格波动幅度较大,整体呈现出先升后降的整体走势,最低价格出现在4月,为3 086.2元/t,最高价格在8月,为3 938.7元/t。

3. 菜籽粕消费情况

2016—2023年,我国菜籽粕消费量整体呈波动上升的态势。其中,2017年菜籽粕消费量与2016年相比略有增长(6.3%),随后的两年中,菜籽粕消费量均有小幅下降。从2020年开始,一直保持整体上升的趋势。2023年我国菜籽粕消费量为1 423.8万t,同比增长10.2%。同时,2023年菜籽粕消费量也是历年来最高的年份(专题图6-11)。

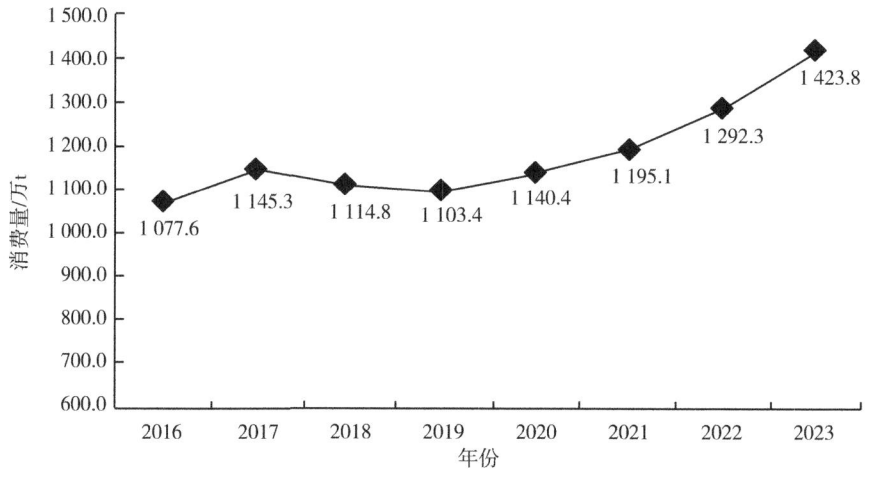

专题图6-11　2016—2023年我国菜籽粕消费量变动趋势

(数据来源:美国农业部)

4. 菜籽粕进口情况

我国近10年(2014—2023年)的菜籽粕进口量如专题图6-12所示。2014—2015年,菜籽粕进口量呈现下降的趋势,随后在2016年开始呈现逐年增长的趋势,其中,2016年、2017年增长幅度最大,分别是前一年的4.2倍和1.9倍。从2021年开始,菜籽粕进口量增加幅度虽然开始减缓,但在数量上依然在增长。2023年,我国菜籽粕进口量为237.0万t,这也是历年来进口量最高的年份(专题图6-12)。

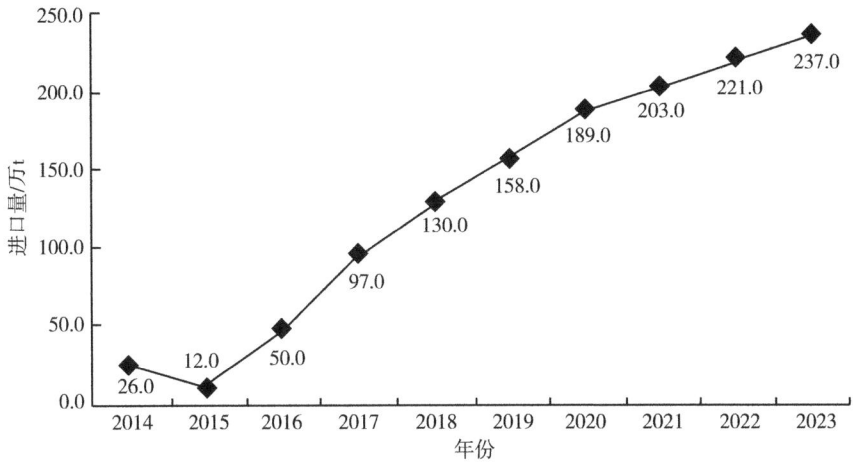

专题图 6-12 2014—2023 年我国菜籽粕进口量变动趋势

（数据来源：国家粮油信息中心）

5. 菜籽粕出口情况

我国近 10 年（2014—2023 年）的菜籽粕出口量如专题图 6-13 所示。2014年，我国菜籽粕出口量为 0 万 t，2015 年菜籽粕出口量大幅增加到 11.4 万 t，随后在 2016 年大幅降低到 1.2 万 t。2017—2019 年，菜籽粕出口量呈现出很小范围的波动，2020 年则降低。从 2021 年开始直至 2022 年，菜籽粕出口量逐渐增加，2023 年，菜籽粕出口量再次降低到 1.0 万 t（专题图 6-13）。

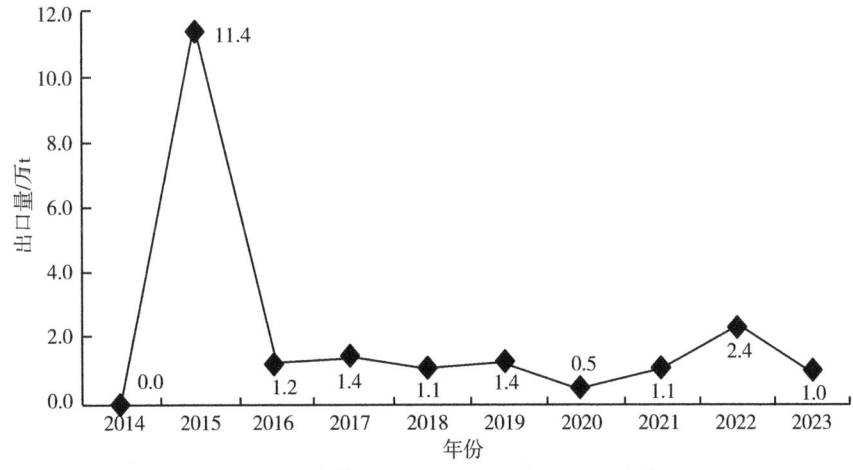

专题图 6-13 2014—2023 年我国菜籽粕出口量变动趋势

（数据来源：美国农业部）

（四）新冠疫情对 2023 年油菜加工产业的影响

新冠疫情期间，由于交通限制和劳动力短缺，油菜籽的种植和收获受到一定影响。尽管如此，湖北等地凭借地理气候条件优越、科研平台齐备等优势，仍然保持了较高的产量。油菜加工企业在新冠疫情期间面临原材料供应不稳定的问题。然而，整体来看，油菜加工企业的开工率有所上升，菜籽油和豆油的供应量增加，显示出一定的抗风险能力。近两年全球贸易秩序回稳及餐饮消费逐步复苏，为菜籽油加工、贸易及消费带来积极变化。

尽管新冠疫情带来了诸多挑战，但我国油菜产业依靠科技创新实现了逆势增长，单产、总产、面积、含油量和双低品质"五齐升"，为国际大变局中的"稳油保供"作出了重要贡献。同时，政府加大了对油菜产业的支持力度，推动油菜产能提升工程，进一步增强了油菜加工产业的发展潜力。预计未来几年内，菜籽油行业市场规模将继续增长。

总之，虽然新冠疫情对 2023 年油菜加工产业带来了一定的冲击，但通过科技创新和政策支持，油菜加工产业仍展现出较强的韧性和发展潜力。

二、油菜加工产业发展成效

一是油菜籽加工产能明显增高。在 2023 年 1—11 月，油菜籽的开机率和压榨量都超过了 2022 年的同期水平。11 月下旬之后，油菜籽的加工开机率和压榨量虽然缓慢增加，但仍略低于 2022 年的同期水平。1 月中旬至 2 月末，油菜籽的开机率和压榨量快速上升，随后出现波动性下降，至 8 月初时降至最低点，分别为 17.8% 和 8.9 万 t，之后又开始波动上升。总体来看，2023 年油菜籽加工的产能波动幅度比 2022 年更为显著。

二是油料绿色高效提质加工关键技术进一步促进了油菜籽产地加工技术的转型升级和提质增效。针对我国油料产后损失严重、过度加工导致油脂和饼粕质量差、资源利用率和效益低等产业技术瓶颈，中国农业科学院油料作物研究所油料品质化学与加工利用创新团队研发出了油料绿色高效提质加工关键技术，创建了广适高效混流式油料产地干燥和提质预处理技术装备，突破了油料产后损失严重的产业瓶颈，其中，新型油料产地干燥系统与现有通用干燥设备相比节能 40% 以上；通过创建细胞微膨化提质、低残油低温压榨和物理精炼技术装备，建立了高品质食用油与优质饼粕绿色高效联产新型工艺，实现了传统制油工艺的变革和提质增效；创建了高效酶菌协同发酵和精深加工技术，开发出发酵菜粕、发酵豆粕、DHA和β-胡萝卜素等系列高值化产品。

三是湖南省油菜产业协会成立。2023年1月17日，湖南省油菜产业协会第一次会员代表大会在长沙召开，选举产生了协会第一届理事会及领导成员。湖南是油菜生产大省，面积常年居全国首位、产量居全国第三位。近年来，湖南省委、省政府深入贯彻落实党中央、国务院指示精神，牢牢扛稳油料大省政治责任，将油菜产业作为重点支持打造的十大农业千亿产业之一。依托农业农村部稻油轮作、菜籽油大县、早熟油菜优势特色产业集群等项目，湖南省油菜产业快速发展，初步形成了"湖南菜籽油"省级区域公用品牌、"一县一特"特色品牌、企业品牌体系。

第二节　重要技术发展情况

一、成果"油料绿色高效提质加工关键技术及应用"于2023年入选湖北省实验室首批亮点科技成果

针对我国油料产后损失严重、过度加工导致油脂和饼粕质量差、资源利用率和效益低等产业技术瓶颈，团队研发出了油料绿色高效提质加工关键技术，创建了广适高效混流式油料产地干燥和提质预处理技术装备，突破了油料产后损失严重的产业瓶颈，其中，新型油料产地干燥系统与现有通用干燥设备相比节能40%以上；通过创建细胞微膨化提质、低残油低温压榨和物理精炼技术装备，建立了高品质食用油与优质饼粕绿色高效联产新型工艺，实现了传统制油工艺的变革和提质增效；创建了高效酶菌协同发酵和精深加工技术，开发出发酵菜粕、发酵豆粕、DHA和β-胡萝卜素等系列高值化产品。该技术获得2022年度中国农业科学院杰出科技创新奖，并于2023年入选湖北省实验室首批亮点科技成果。

技术已在全国油料主产区的60家企业转化应用，开发出系列高品质用油和饼粕精深加工产品，新增产值超100亿元，社会效益显著，为促进油料产业绿色高质高效发展、助力乡村振兴和健康中国战略实施提供了有力技术支撑。

二、庆油 3 号入选 2023 年度重庆十大科技进展

2024 年 1 月 18 日，由重庆市农业科学院联合重庆中一种业有限公司选育的庆油 3 号成为我国油菜当家品种，入选 2023 年度重庆十大科技进展，是农业领域唯一入选的科技成果。庆油 3 号是重大突破性油菜品种，其含油量达到 49.96%，一举创造了我国冬油菜含油量的最高纪录，具有含油量高、产量高、抗病抗逆性强、品质优良、适应性广、丰产稳产性好等特点，2023 年入选全国农业主导品种和国家农作物优良品种推广目录，推广面积稳居全国第二位，在长江流域冬油菜区累计推广近 2 000 万亩，成为全国油菜当家品种。庆油 3 号成功培育并大面积推广应用，为保障国家食用油安全、助力农业增效和农民增收发挥了重要支撑作用，是具有农业科技重庆辨识度、全国影响力的典型案例。

三、陕西省杂交油菜研究中心两项成果获 2023 年度陕西省科学技术奖

陕西省杂交油菜研究中心"油菜高含油量种质资源与育种技术创新及应用""油菜绿色高效丰产关键技术创新与应用"分别荣获 2023 年度陕西省科学技术进步奖一等奖、二等奖。

"油菜高含油量种质资源与育种技术创新及应用"主要包含甘蓝型油菜特高含油量种质资源的创制、育种技术及机理研究；绿色高效油菜化学杂交剂 SX-1 的发明及其推广应用；配套杂交制种机械装备及集成技术的研发和应用 3 项内容。该项目成果提高了杂交油菜制种的质量和效率，促使杂交油菜制种向着高产、高效、低成本的方向发展。保障了种子供应，促进了高油品种的大面积推广。"油菜绿色高效丰产关键技术创新与应用"旨在通过良田、良种、良法、良机、良制配套创油菜高产，带动大面积均衡增产，探索出一条油菜单产提升的技术新路径。该项目通过推广高产高油油菜新品种、油菜全程机械化生产、油菜化肥农药减施增效、病虫草绿色防控和精准调控等关键新技术及油菜绿色高效生产技术"12345"新模式，带动油菜单产提升、效益提高，促进油菜生产向高质高效转变，为促进我国油料产业高质量发展、保障我国食用油安全贡献了智慧和力量。

四、华中农业大学学者发布"油菜界的 TAIR"——BnIR（油菜多组学数据库）

2023 年 3 月 21 日，华中农业大学的研究人员发布了"油菜领域的 TAIR"——BnIR（油菜多组学数据库）。此项研究收集并整合了甘蓝型油菜的基因组、转录组、变异组、表观遗传组、表型组及代谢组 6 类组学数据，建立了首个全面的油菜多组学数据库——BnIR，为油菜遗传育种的研究提供了重要的数据资源与分析平台。与其他已有的数据库相比，BnIR 是第一个综合性的油菜多组学数据库，它不仅包含了目前为止最丰富的多种组学数据，还整合并开发了多个组学数据检索与分析工具，能够帮助研究者迅速获取并分析相关信息，为油菜研究者提供了一站式数据检索、获取和挖掘服务。

五、我国建成全球最大油料作物种质资源库

2023 年，中国农业科学院油料作物研究所依托其管理和运行的国家油料作物种质资源中期库，安全保存了油菜、花生、芝麻、向日葵、蓖麻、红花和苏子 7 种油料作物的资源，共计 4.43 万份，其中，国外引进资源 8 374 份。目前，该中期库是全球最大的油料作物种质资源库，保存的资源数量最多、种类最齐全。

第三节 头部企业分析

一、益海嘉里金龙鱼粮油食品股份有限公司

益海嘉里金龙鱼粮油食品股份有限公司在全国拥有 70 多个已投产生产基地、100 多家生产型企业，主要涉足油籽压榨、食用油精炼、专用油脂、油脂科技、中央厨房、粮油科技研发等产业。公司旗下拥有"金龙鱼""欧丽薇兰""胡姬花""香满园"等知名品牌。

二、中粮油脂专业化公司

中粮油脂是中粮集团核心主业之一，年压榨能力约 2 600 万 t，精炼能力超 700 万 t，灌装能力超过 500 万 t。中粮油脂专业化公司是"福临门"牌小包装

油、"福掌柜"牌中包装的生产商,还有"四海""喜盈盈"等多个知名粕类品牌。

三、海南澳斯卡国际粮油有限公司

海南澳斯卡国际粮油有限公司总投资 35 亿元,占地面积 208 亩。公司拥有年加工 100 万 t 菜籽/大豆生产线、年加工 30 万 t 油脂精炼生产线和年加工 16 万 t 包装油生产线。可实现年外贸进出口量约 160 万 t,产值约 50 亿元,利税 5 亿元。

四、道道全粮油股份有限公司

道道全粮油股份有限公司旗下拥有"道道全""菜子王""金菜王""海神"等食用油知名品牌。"道道全"是全国菜籽油销量领先品牌,"菜子王"是全国浓香风味菜籽油代表品牌。

五、山东鲁花集团有限公司

山东鲁花集团有限公司食用油年生产能力 150 万 t。主要的菜籽油产品有鲁花低芥酸浓香菜籽油、鲁花低芥酸特香菜籽油等。

六、云南滇雪粮油有限公司

云南滇雪粮油有限公司年压榨油料能力 15 万 t,灌装能力 20 万 t,油脂油料仓储能力 10 万 t。高原双低菜籽油是其中主要的菜籽油产品。

七、江苏金洲粮油集团

江苏金洲粮油集团建有 6.5 万 t 标准粮仓、15 万 t 油脂仓储罐区,拥有年加工菜籽 30 万 t 的压榨生产线、年加工各种非转基因油脂 25 万 t 的精炼油生产线、年灌装 30 万 t 的 9 条小包装全自动生产线。

八、江苏佳丰粮油工业有限公司

江苏佳丰粮油工业有限公司 2023 年营业收入 290 661 万元。公司引进国内外先进的生产设备，拥有日压榨 500 t 原料生产线一条，日精炼 150 t、350 t 生产线各一条，日脱蜡 350 t 生产线一条，日灌装包装油 200 t 生产线一条。

九、湖北省粮油集团有限公司

湖北省粮油集团是湖北综合经营实力最强的省属国有粮油集团。2023 年，集团粮油经营规模达 800 万 t，实现营收 206 亿元，位列年度中国农业企业 500 强第 75 位、中国农业企业粮油行业 20 强第 9 位，荣获中国菜籽油加工 10 强，拥有"楚江红""二度梅""楚花香""中昌"等多个知名品牌。

十、成都市新兴粮油有限公司

成都市新兴粮油有限公司拥有国内先进的油菜籽全自动生产线和先进完善的检测设备，公司年加工油菜籽能力约 55 万 t，年浸出菜籽饼能力约 30 万 t，年精炼菜籽油能力约 30 万 t，油菜籽贮存能力 8 万 t。

第四节　产业发展存在的问题

一、油菜加工企业规模小且竞争力弱

目前，我国油菜籽行业布局较为分散，油菜籽加工企业普遍规模较小，以中小企业为主，知名品牌较少，大部分企业设备落后，劳动生产率较低，市场竞争力较弱。虽然有些地区依托现有骨干企业形成了日处理油菜籽 400 t 及以上的企业，但整体来看，大型油菜加工企业的数量仍然较少。因此，未来需培育更多的大型油菜加工企业。

二、油菜籽加工技术整体仍处于初加工范畴，深加工水平落后

目前，油菜加工产业中，主要产品仍然是菜籽油，也就是说，加工技术整体仍处于初加工范畴，深加工水平落后。因此，需要不断推动油菜籽加工产能的提升，加大支持油菜籽产地进行深加工，进一步完善油菜籽加工副产品的综合利用技术，以提高油菜籽加工企业的深加工水平。在发展优良食用菜籽油产品的基础上，通过开发深加工产品来延伸油菜产业链，并扩展菜籽油在工业领域的应用，

同时推广油菜秸秆、菜籽饼粕等转化为高营养价值的优质精饲料，切实提高油菜籽深加工水平。

三、对高油酸油菜籽发展的关注度不够

众所周知，高油酸含量的食用油脂具有很多优点，具体包括稳定性强、不易氧化、保质期长及在高温烹饪中不易冒烟和损耗少等，所以，非常适合在家庭烹饪中使用，也非常适合在存放时间较长的快餐产品和糕点类产品中使用。因此，包括高油酸菜籽油在内的高油酸食用油脂的开发现在已经成为了全球油脂行业领域内的热门话题，并且必然将是未来发展的趋势。目前，我国在浙江、湖北等地已经开始了积极推进高油酸油菜籽种植，但是，整体来说力度仍然显得不足。为此，需关注高油酸油菜籽的发展，为生产高油酸菜籽油做好充分准备。

四、菜籽油产品的多元化程度不够

目前，市场中的菜籽油产品较为单一，多元化程度不够。随着消费者对健康、可持续及有机食品需求的增长，油菜加工产业需要尽快适应市场变化，提供更多健康和高品质的菜籽油产品。如果行业无法及时调整产品结构和市场定位，就可能会面临很大的竞争压力。因此，各油菜加工产业相关的高等院校、科研机构和大中小型企业都应该密切关注油菜加工产业相关的科技创新与研发成果，积极高效地开发有机、绿色、营养和特色的优质菜籽油产品，与此同时，还需开发适合不同人群需求的菜籽油新产品，特别是针对婴幼儿、老年人、亚健康、慢性病等各个方面健康需求的菜籽油产品。

五、社会化服务体系不健全

油菜加工产业的发展需要强大的社会化服务体系支撑，包括科技支持、保险制度等。然而，目前这些服务尚不完善，特别是在农村劳动力缺乏的情况下，进一步加剧了油菜产业发展中的困难。因此，需要完善基础设施建设，健全社会化服务体系。

第五节　产业发展趋势

一、菜籽粕市场需求向好，价格走势将浮动上升

自 2023 年 6 月以来，菜粕进入了季节性需求高峰，同时，由于菜籽及菜籽粕到港量减少，菜籽粕的供需基本面逐步收紧，为价格上涨打下了良好的基础。在替代品方面，豆粕曾出现阶段性供应紧张的情况，从而推动了豆粕现货价格的上涨，进一步带动菜籽粕的期货和现货价格走强。国庆节过后，随着水产养殖进入淡季，菜籽粕的需求开始下降，同时，菜籽到港量显著增加，豆粕与菜粕的价差进一步扩大，菜籽粕价格的持续下滑促进了其对豆粕的替代作用。预计未来菜籽粕的市场价格将会上涨。

二、油菜精深加工水平及国产油菜籽竞争力将进一步提升

未来将继续推动油菜产业技术向绿色、高效和低能耗的方向发展，提升油菜籽加工工艺的灵活性，完善油菜行业标准和质量评价体系，规范油菜加工生产环节，充分发挥市场力量调节菜籽油的加工能力，进一步降低成本，提高利润。未来也将挖掘国产油菜籽的加工潜力，在优质原料生产区域培育重点龙头企业，增强品牌影响力，提升国产油菜籽在市场上的竞争力，从而促进整个产业链的高质量发展。随着科技的不断发展，油菜籽在种植、收割和加工等领域的技术也将持续改进。同时，随着全球环保意识的强化，生物柴油等新兴行业也将为油菜籽行业带来新的发展机会。

三、数智技术将在油菜加工产业中得到积极应用

粮油加工企业逐步向自动化、数字化和智能化转型将是未来发展的趋势。中央经济工作会议强调，"要大力推进新型工业化，发展数字经济，加快推动人工智能发展"，并提出"广泛应用数智技术、绿色技术，加速传统产业转型升级"。因此，具备条件的大型菜籽油加工企业将在不久的将来积极采用智能设备，建设智能工厂，实现生产的数字化和智能化，以促进菜籽油加工业的高质量发展和高水平的安全性。

专题七　2023年肉品加工产业发展情况

第一节　产业现状与发展成效

我国是肉类生产与消费大国，2023年，生产总量达9 641万t，同2022年比上涨8.48%，其中，猪肉、牛肉、羊肉产量分别为5 794万t、753万t、531万t，同比分别增长4.57%、4.87%、1.14%（专题图7-1、专题图7-2）。近年来，随着居民生活水平的不断提升，肉品的需求量逐渐增加，带动肉类产量持续增长。2022年我国肉品产量达到1 789万t，同比增长2.81%，需求量达到1 743.1万t，同比增长2.47%。市场规模则由2015年的4 350.7亿元增长至2022年的5 908.68亿元，复合增长率为7.95%。我国肉品产业在技术创新和产业升级方面取得了显著成效，通过引进先进技术和设备，提高了生产效率和产品质量；通过加强研发与创新，开发出更多符合消费者需求的新产品；通过优化产业链布局和资源配置，提升了产业整体竞争力。在食品安全方面，我国政府加大了对肉品产业的监

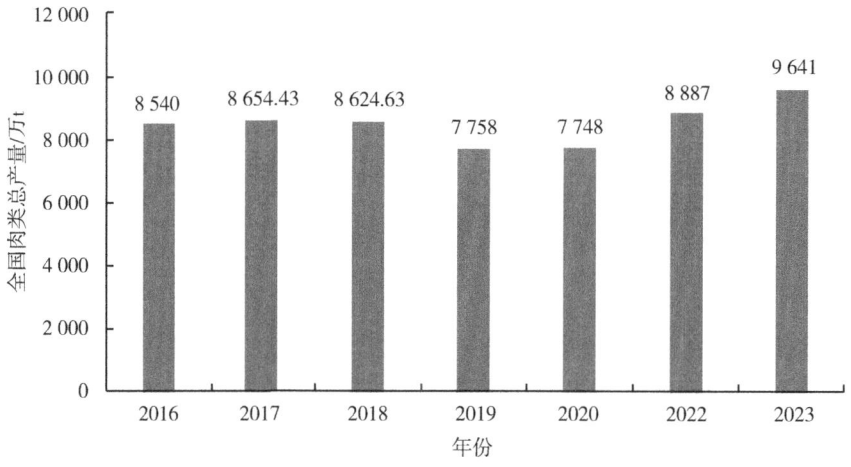

专题图7-1　2016—2023年全国肉类总产量

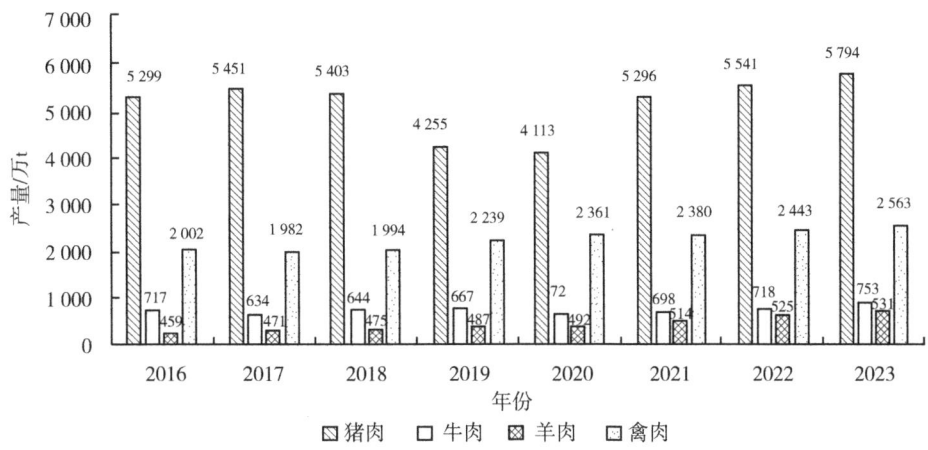

专题图 7-2　2016—2023 年猪、牛、羊和禽肉产量

管力度，出台了系列保障食品安全和质量控制的政策措施。同时，企业也加强了内部管理和质量控制体系建设，确保产品符合国家和行业标准要求。我国肉品产业的市场竞争格局呈现出区域品牌多而散的特点，产业集中度还相对较低。然而，随着市场竞争的加剧和消费者对品质要求的提高，一些具有品牌优势、产品质量过硬的企业逐渐脱颖而出，成为行业内的领军企业。随着环保意识的提高和可持续发展的要求，我国肉品产业也在积极推进绿色生产和环保措施，通过采用环保技术和设备、减少废弃物排放和污染、提高资源利用效率等方式，旨在实现产业的可持续发展。

一、2023 年肉类产业发展概况

1. 生猪出栏保持增长，存栏有所下降

2023 年，全国生猪出栏 72 662 万头，比上年增加 2 668 万头，增长 3.8%。2023 年生猪出栏连续第 5 年增长，生猪全年出栏创近 5 年新高，2023 年一、二、三、四季度生猪出栏分别为 19 899 万头、17 649 万头、16 175 万头、18 939 万头，同比分别增长 1.7%、3.7%、4.7%、5.4%，增幅逐季扩大，每个季度出栏量都是处于 4 年来同期出栏最高水平。2023 年末，全国生猪存栏 43 422 万头，比上年末减少 1 833 万头，下降 4.1%。其中，能繁母猪存栏 4 142 万头，减少 248 万头，下降 5.7%。

2. 牛羊生产稳定发展

2023年，全国肉牛出栏5 023万头，比上年增加184万头，增长3.8%；牛肉产量753万t，增加35万t，增长4.8%。2023年末，全国牛存栏10 509万头，比上年末增加293万头，增长2.9%。2023年，全国羊出栏33 864万只，比上年增加240万只，增长0.7%；羊肉产量531万t，增加6万t，增长1.3%。2023年末，全国羊存栏32 233万只，比上年末减少404万只，下降1.2%。

3. 家禽生产加快发展

家禽生产加快发展，禽肉禽蛋产量增加。2023年，家禽出栏168.2亿只，比上年增加6.9亿只，增长4.2%；禽肉产量2 563万t，增加120万t，增长4.9%。2023年末，全国家禽存栏67.8亿只，比上年末增加0.1亿只，增长0.2%。

4. 进出口量保持平稳

2023年，中国肉类（包括杂碎）进口数量为738.2万t，相比2022年同期减少了2万t，同比下降0.3%；出口方面，2023年中国出口肉类（包括杂碎）44万t，同比增长8.2%。猪肉和禽肉进口量下降，牛羊肉进口量持续增长（专题图7-3）。

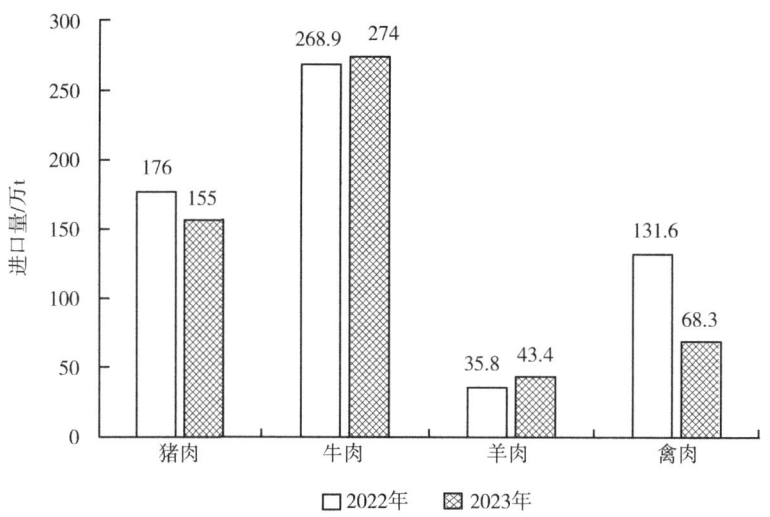

专题图7-3 2022—2023年中国猪、牛、羊和禽肉进口量

二、肉类加工产业发展成效

1. 肉类加工市场发展规模持续扩大

近年来，我国肉制品行业市场规模持续扩大，2021年达到1.96万亿元，而

2022年超过2.0万亿元，达到2.03万亿元，近5年复合增长率为3.20%；截至2023年前三季度，我国肉制品行业相关上市企业中，河南双汇投资发展股份有限公司营收461.93亿元，同比增长0.04%，净利润为40.07亿元；山东龙大美食股份有限公司营收101.06亿元，同比下降11.75%，净利润为0.49亿元；山东得利斯食品股份有限公司营收23.13亿元，同比增长18.13%，净利润为0.28亿元。目前，畜禽肉制品加工业已构建起完善的产业生态体系，该体系以集约化的生产模式为基石，着力发展新型肉类加工技术，不仅显著提升了生产效率与产品质量，还确保了产品的多样性与安全性。随着消费者对健康和营养的关注度不断提升，肉制品的市场需求将会进一步增加，肉类加工市场发展规模有望持续扩大。

2. **肉类加工产业链结构完善**

我国肉类加工产业链逐步完善，呈现出一体化、智能化、环保化的发展趋势。企业通过向养殖、屠宰及销售环节延伸，实现产业链纵向一体化，并普及智能制造和数据管理技术，提升生产效率和产品标准化水平。同时，绿色生产和循环经济模式的引入减少了资源消耗与浪费。为保障食品安全，企业加强全程可追溯和严格的质量控制。随着品牌建设和国际市场布局的推进，中国肉类加工行业在全球竞争力显著提升，向集成化和可持续方向发展。

3. **预制菜技术创新与品质持续提升**

消费者对预制菜品质的高要求，催生了预制菜行业对新技术的巨大需求，随着预制菜品研发水平和冷链物流技术的不断进步，预制菜的口感、色泽、质量、营养价值等实现升级，且品类越来越丰富。在预制菜生产加工过程中，除了运用传统的预制菜加工技术，还逐渐使用先进的食品生产加工技术，最大程度保留产品的品质与营养价值。近年来，冷链物流技术和设备逐步完善，保证食材在运输、仓储环节的品质和新鲜程度，满足消费者对口感和体验的高品质要求，助力预制菜市场规模扩张。此外，2024年六部委发文《关于加强预制菜食品安全监管 促进产业高质量发展的通知》，首次在国家层面明确预制菜范围，对预制菜原辅料、预加工工艺等进行界定，明确规范预制菜"不添加防腐剂"。随着加工技术创新和国家政策扶持，预制菜肴产业前景可观。

第二节 重要技术发展情况

2023年，肉品科研聚焦前沿基础理论和技术设备，在蛋白质磷酸化和乙酰化修饰对宰后糖酵解限速酶活性的协同调控机制、冷鲜肉精准保鲜数字物流关键技术、传统熏烧烤肉制品绿色工业化加工关键技术、畜禽屠宰副产品高值化全组分利用技术等领域，取得了重大进展。

一、蛋白质磷酸化和乙酰化修饰对宰后糖酵解限速酶活性的协同调控机制

糖酵解过程对肉品质具有重要影响，而肉品质的优劣直接关系到整个肉类产业的经济效益。糖酵解酶在宰后能量代谢过程中扮演着关键角色。团队前期研究已表明，蛋白质的磷酸化和乙酰化修饰均能显著影响糖酵解酶的活性。然而，温度变化对这两种修饰的具体影响尚未明确。为探讨这一问题，团队首次系统解析了不同降温速度下糖酵解酶的活性、磷酸化与乙酰化水平，揭示了降温速度通过调节糖酵解酶的磷酸化与乙酰化修饰进而影响肉品质的机制。研究结果显示，不同降温速度处理后，乳酸脱氢酶的活性逐渐升高，而其他糖酵解酶的活性则呈现先升高后降低的趋势。同时，糖酵解酶的磷酸化水平在宰后最初阶段先升高后降低，而除乳酸脱氢酶外，其他糖酵解酶的乙酰化水平亦表现出类似的变化规律。通过这一研究，团队明确了降温速度对糖酵解酶磷酸化和乙酰化修饰的调控作用，进一步阐明了糖酵解过程对肉品质的影响。

二、冷鲜肉精准保鲜数字物流关键技术

首次发现并揭示了能量代谢酶翻译后修饰控僵直理论，突破品质保持传统认知，发现影响畜禽肉品质的关键在宰后早期丙酮酸激酶、醛缩酶等能量代谢关键酶翻译后修饰水平；揭示了超快速降温促进磷酸化、抑制乙酰化水平，下调能量代谢关键酶活性而延缓糖酵解、破坏肌质网释放 Ca^{2+} 激活钙蛋白酶而抑僵直保质的机制，提出畜禽宰后采用 15 ℃/h 以上的冷却速度处理 1~1.5 h 可显著抑僵直保质策略，突破了钙蛋白酶促成熟保质理论的局限。研发了静电场辅助冰温/超冰温、冷鲜肉专用高阻隔/贴体/热收缩/活性包装靶向抑菌保鲜技术，破解了生鲜肉易腐败、货架期短的难题；研发了基于 CO_2 单级/复叠制冷的多温区冷库成套技术和精准控温智能立体冷库，解决了仓储过程损耗大、能耗高、智能化程度低的问题；研创了"云智冷"物联网监控平台和生鲜肉多品质近红外监测仪等仓储物流技术与装备，研发了冷鲜肉品质与环境因子信息智能感知技术，利用近

红外无损监测技术同步在线检测 12 个肉品质参数，解决了在线检测监测技术缺乏、监控不精准、智能化程度低的问题；开发了集仓储物流实时状态分析、历史数据查询、制冷系统控制于一体的智能管理系统，实现仓储物流过程智能管控，满足了不同场景生鲜畜禽肉品控需求。

三、传统熏烧烤肉制品绿色工业化加工关键技术

首次系统揭示了传统肉类菜肴风味增益与伴生危害物消减的氧自由基、活性羰基协同调控新机制，确证了炖煮、炒烤和熏制三大类典型传统肉类菜肴的特征风味物质与关键伴生危害物并构建数据库，定位了氧自由基、活性羰基协同调控风味物质与伴生危害物形成的分子"开关"，阐明了传统肉类菜肴加工过程以热对流、热传导、热辐射耦合的传质传热规律；研创了静电场辅助低温高湿解冻、脉冲变压腌制调质、过程减菌灭菌等精准预制加工技术，破解了预制加工过程品质控制难的突出难题；挖掘了炖煮、炒烤、熏制传统工艺，构建了基于"原料肉-风味辅料"化学反应定量计算与人机交互品评确证的多层次虚实交互数字模型，创建了定量卤煮、"过热蒸汽+"一体化炒烤、烟熏液无烟熏制与定量糖熏等传统工艺数字转换技术，产能提高 3 倍；研创了美拉德反应增香、天然香辛料赋香、过热味多酚抑制、高阻隔包装、铝基无氢自加热等风味与伴生危害物靶向调控技术；研创了数字脉冲变压腌制装备、一体化定量炖煮装备、过热蒸汽连续炒烤装备和数控生烟糖熏装备等核心装备，集成配套了工业化加工生产线，开发出即食、即热、即烹、即配四大类 200 余种新产品。

四、畜禽屠宰副产品高值化全组分利用技术

突破骨血脂皮副产品加工新技术，研发新型硫酸软骨素粉剂、血红蛋白肽粉、胶原蛋白抗菌膜等新产品。基于骨中含量丰富的硫酸软骨素等多种功能性成分，初步揭示了硫酸软骨素促进细胞增殖机制，发明了具有促进肌肉细胞增殖的硫酸软骨素高效制备方法，研发了富含硫酸软骨素的功能性粉剂新产品；综述了血红蛋白及其水解产物的脱色工艺和风味改善方法，揭示了血红蛋白及其水解产物的结构特性与生物活性，研建了新型血红蛋白酶 A 酶解脱色技术与 γ-谷氨酰转肽酶抑苦增鲜技术，开发了血红蛋白肽粉等产品；揭示了不同来源脂肪酸对大脑认知改善的影响规律，优化了单甲基支链脂肪酸的提取工艺，研发了基于

HPLC-MS/MS 的新型单甲基支链脂肪酸异构体检测新技术；揭示了羊皮胶原蛋白理化与结构特性，创制了基于高压-超声-酶解的羊皮胶原蛋白提取新技术，研发了胶原蛋白抗菌膜等新产品，提高了畜禽皮产品的功能效益。

第三节　头部企业分析

对我国肉类加工上市企业进行分析，选择全产业链企业河南双汇投资发展股份有限公司和山东得利斯食品股份有限公司作为头部企业代表，进行详细分析。

一、河南双汇投资发展股份有限公司

1. 基本情况

河南双汇投资发展股份有限公司（以下简称"双汇发展"）成立于1998年10月，于1998年12月成功上市，主营业务为屠宰业和肉类加工业，经过数十年的发展，不断完善全产业链，目前，公司业务已覆盖饲料业、养殖业、包装业等多领域，已成为我国肉类行业的龙头企业，是我国肉制品行业的佼佼者。

2. 经营模式

公司已经构建了覆盖线上、线下的全渠道销售模式，线上销售以天猫、京东等平台为主，开设品牌旗舰店进行"双汇""Smithfield"等系列产品的销售，线下以经销商代理为主进行销售。公司生鲜产品主要通过特约店、商超、酒店餐饮、加工厂和农贸批发等渠道销售，包装肉制品主要通过AB商超、CD终端、农贸批发、餐饮等渠道销售。截至2023年12月末，公司共有经销商23 570家，对比年初净增加3 632家，增幅18.22%，其中，长江以南6 785家，对比年初增幅5.00%，长江以北16 785家，对比年初增幅24.55%。与经销商的货款结算方式主要是先款后货，对部分符合条件的客户给予一定的应收账款额度内的账期授信。

3. 销售业绩

2023年实现营业总收入600.97亿元，较2022年减少24.83亿元，同比下降3.97%（专题图7-4）。

2023年双汇发展屠宰业务实现收入309.7亿元，占营业收入比例为51.71%，同比下降7.45%；肉制品业务实现营业收入264.1亿元，占营业收入比例为

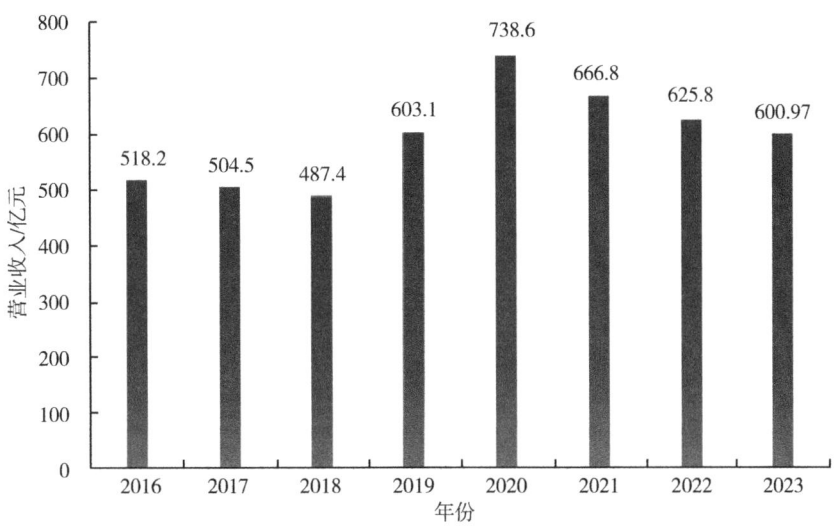

专题图 7-4　2016—2023 年双汇发展营业收入

44.1%，同比下降 2.85%。2023 年双汇发展包装肉制品销售量 150.64 万 t，同比下降 3.57%，毛利率 31.66%，比上年增长 1.24 个百分点。

二、山东得利斯食品股份有限公司

1. 基本情况

山东得利斯食品股份有限公司（以下简称"得利斯"）2010 年 1 月成功登陆深交所中小板，是以生猪屠宰、冷却肉、低温肉制品、调理食品加工为主的大型食品专营企业。得利斯坚持打造以肉制品精深加工为核心的全链条绿色产业体系，以立足屠宰业务、发力低温肉制品、延伸预制菜的战略布局，山东、吉林基地以生猪屠宰、肉制品加工为主，北京、陕西基地以肉制品加工为主。

2. 经营模式

公司实行以销定产经营模式，采用直销与经销、线上与线下相结合的销售模式，通过直营、大客户、经销商、专卖店及商超等多渠道针对性覆盖目标消费客群。2023 年，得利斯大客户渠道与经销商渠道营业收入较高，分别为 14.10 亿元、14.40 亿元。2023 年得利斯经销商数量达 1 451 家，呈稳步增长趋势，地区分布情况如专题表 7-1。

专题表 7-1 2023 年得利斯在全国经销商分布

地区	2022 年 12 月 31 日	2023 年 12 月 31 日	增减变动数量
山东省内	649	623	-26
东北地区	163	214	51
华北地区	140	185	45
西北地区	111	51	-60
华东地区	132	174	42
其他地区	130	204	74
合计	1 325	1 451	126

3. 销售业绩

2023 年，得利斯营业收入 30.92 亿元，较 2022 年增加 0.17 亿元，同比增长 0.55%（专题图 7-5）。食品加工业营业收入为 29.92 亿元，是主要收入来源，占比为 96.77%。其中，冷却肉及冷冻肉营业收入为 14.10 亿元，占比为 45.60%，低温肉制品、牛肉系列产品、速冻调理产品和牛肉贸易类营业收入分别为 2.68 亿元、3.09 亿元、3.44 亿元、4.78 亿元，比例分别为 8.66%、9.99%、11.12% 和 15.46%。得利斯各类产品毛利率差异较大，加工程度较高的产品如低温肉制品、即时休闲产品的毛利率较高，分别为 32.5%、26.0%（专题图 7-6）。

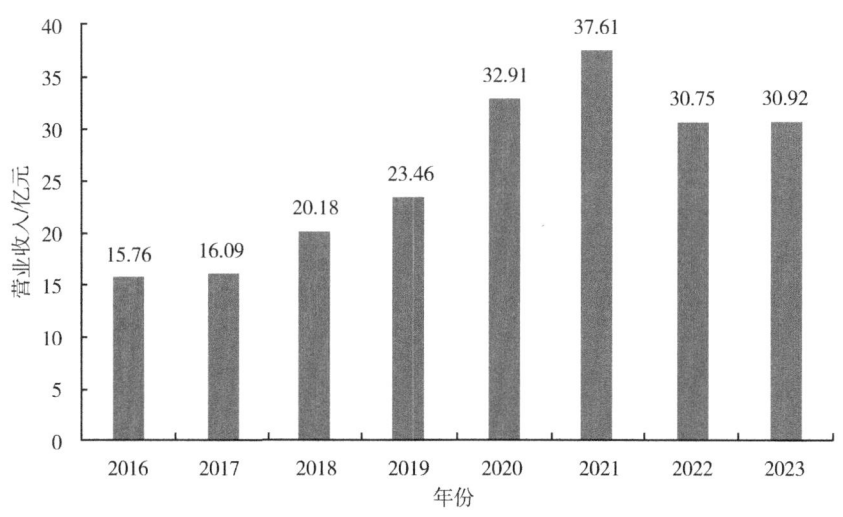

专题图 7-5 2016—2023 年得利斯营业收入

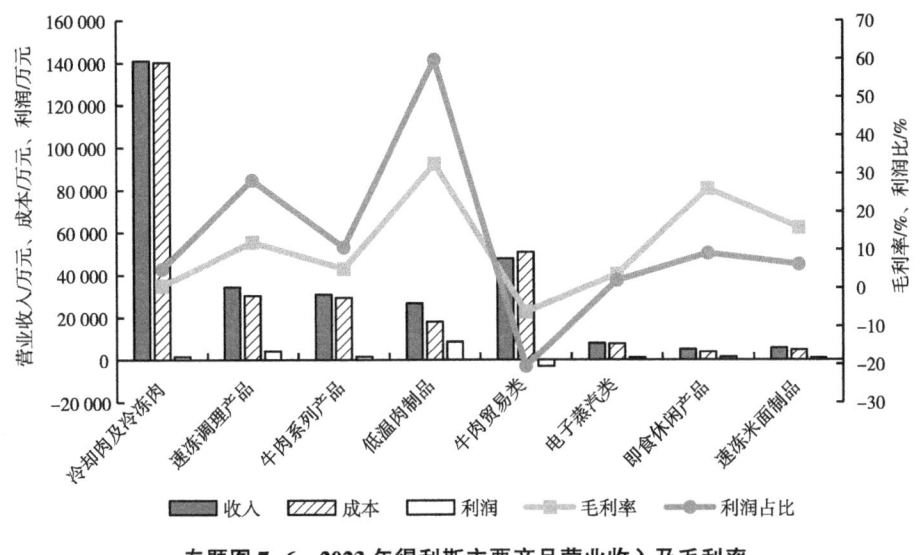

专题图 7-6　2023 年得利斯主要产品营业收入及毛利率

第四节　产业发展存在的问题

一、产业结构不合理，精深加工有待拓展

我国肉制品产业已基本建立起以现代肉类加工业为核心，涵盖畜禽养殖、屠宰及精深加工、冷藏贮运、批发配送、商品零售及相关服务的完整产业链。当前的肉品产业存在"三多三少"的问题，即高温肉制品多、低温肉制品少，初级加工多、精深加工少，老产品多、新产品少。尽管近年来肉制品行业技术和设备不断更新，研发能力有所提高，但在一些关键技术和设备方面仍然存在短板，这限制了高品质、高附加值的深加工肉制品的研发和生产。相对来说，我国肉制品行业发展动力不足，限制了肉品产业的整体竞争力和盈利能力。

二、全链条冷链物流保鲜效率较低，技术装备有待提升

肉品加工产业在全链条冷链物流中面临多重问题亟待解决。首先，保鲜效率较低，导致产品品质下降，影响市场竞争力。其次，现有的技术装备水平不足，无法满足高标准的冷链需求。此外，冷链物流各环节的温控不稳定，使得肉品在

运输和贮存过程中容易变质。再次，管理流程不够优化，冷链操作中的协同和监控存在不足。最后，行业整体对技术创新和设备升级的投入不足，制约了冷链系统的现代化发展。这些问题共同制约了产业的进一步提升，亟须通过技术改进和管理优化来应对挑战。

三、预制菜肴加工技术匮乏，创新能力与水平亟待提高

预制菜肴风味、滋味、色泽等品质在预处理、预烹调过程得到适度发育，通过先进的减菌、包装、冷链物流技术使预制菜肴品质得以保持，通过消费端适宜的复热技术使预制菜肴的风味等品质实现最大程度的发育和再现。因此，预制菜肴工业化亟待突破新型减菌、风味发育与保持、新型包装、数字冷链仓储物流四大关键技术。由于烹饪原料复杂、手法多元，传统中式肉类菜肴的预制标准化的难度较其他国家更大。目前，中国的肉类菜肴精深加工技术相对落后，需要更多地注重产品的传统化、卫生化和方便化，以及加工环节的质量控制和原料的综合高效利用，促使中式肉类预制菜肴加工技术向智能化、自动化迈进。

四、科技人才缺乏且分布不均，技术应用不足

肉制品行业普遍面临的一大挑战在于科技人才短缺。技术人才不足加剧了研发工作的复杂性与挑战性，还影响了产品品质与竞争力；而地域分布不均导致不同地区企业间的技术发展水平不同，技术鸿沟显著。此外，科研与实际应用的脱节也是制约行业进步的重要因素，尽管科研领域不断涌现出新颖且具潜力的成果，但由于转化机制的不畅或应用能力的局限，这些创新难以迅速有效地融入实际生产，限制了整个行业向高效优质方向发展的速度。因此，解决肉制品行业科技人才短缺、促进人才均衡分布及加强科研成果与实际生产的无缝对接，是推动肉制品加工行业持续健康发展的关键所在。

第五节　产业发展趋势

一、创新我国肉品加工理论体系

我国肉品加工产业正逐步向创新理论体系发展，致力于通过科学研究和技术

创新来提升加工效率和产品质量。传统加工理论已无法满足现代市场的高标准需求，推动加工理论的创新成为产业发展的必然趋势。这包括引入先进的生物技术、精准控制加工环境及优化工艺流程等，例如，利用生物技术，通过特定酶制剂的应用加速肉类嫩化，提升口感和品质，同时延长保质期，减少腐败风险。在加工环境控制方面，应用严格的温湿度调节和冷链技术，有效抑制微生物生长，确保肉品在生产到运输各环节中的新鲜度和安全性。工艺流程的优化则通过引入自动化和智能化设备，提高生产效率和产品的一致性，减少资源浪费和成本，以实现更加稳定和高效的生产。

二、推动产业链优化与整合

推动产业链的优化与整合已成为我国肉品加工产业发展的重要趋势。面对日益激烈的市场竞争，产业链上下游的协同合作和资源整合显得尤为关键。通过优化供应链管理、引入智能化生产设备及加强冷链物流的衔接，各环节的效率得到提升，资源配置更加合理。同时，产业链的整合不仅有助于降低成本，还能提升整体竞争力和抗风险能力，为企业在市场中赢得更多机会。这一趋势表明，未来肉品加工产业的发展将更加注重全产业链的协调与优化，推动整体行业迈向高质量发展。

三、完善肉类品质评价体系

肉类品质评价不仅是确保消费者健康安全、维护产品品质的基石，更是提升品牌影响力的关键。构建一个全面而精细的肉类品质评价体系是推动肉类加工产业高质量发展的重要任务。科学、规范的质量评价标准、先进的检测技术和方法，全链条可追溯数据系统与透明的交易机制，这些多维度综合措施的实施，不仅能够为消费者提供安全、优质的肉类产品，还能为企业提供明确的生产指导和质量保障依据，助推肉类加工产业向更高层次发展。

四、促进产业技术创新

随着我国人口红利消退及老龄化加剧，劳动力短缺已成为社会各界面临的挑战。肉类加工行业向高度自动化、智能化转型的趋势不可逆转。针对肉类特性的工业机器人研发，全面精细的自动化生产监控系统建设是推进肉类加工产业技术创新的关键。无人工厂的建设，不仅能有效缓解人力成本上升的压力，提升生产效率，还减少了人为干预，促进了生产的智能化、绿色化及高效化，是打造肉类加工产业技术创新的新模式。

五、推进绿色环保可持续发展

现代肉品产业的发展趋势是基于原料生态、标签清洁、加工简洁、过程环保、产品健康和安全可控的绿色生态化。全面推行绿色设计、绿色制造、绿色建造，健全统一的肉类绿色产品标准、认证、标识体系，大力发展绿色供应链，推进肉品产业全链条节约减损。开展畜禽屠宰、肉制品、肉类预制菜等重点行业和重点产品资源效率对标提升行动，树立产业发展绿色导向，加快低碳零碳负碳关键核心技术攻关，推动产业链供应链低碳转型。

六、推动营养健康肉制品的全面发展

随着健康饮食概念的普及，肉品产业需要推出更多健康、营养的肉制品。我国亟待开展肉品营养健康基础理论和关键技术研究，阐明肉品营养成分、活性因子之间的协同作用及其健康效应，突破特殊膳食食品、特殊医学用途配方食品、功能食品、个性化食品等营养健康肉制品制造技术，在精准营养与个性化肉制品制造领域实现跨越式发展，实现传统营养肉制品智能化制造，促进产业转型升级。

专题八　2023年蛋制品加工产业发展情况

第一节　产业现状与发展成效

据国家统计局最新发布的数据，2023年，我国禽蛋产量为3 563万t，同比增长3.10%。山东、河南、河北、辽宁、江苏禽蛋产量位于全国前五名；2023年，我国鸡蛋消费结构仍以鲜鸡蛋为主，蛋制品消费占比较低，现阶段我国鸡蛋的加工比例仅为5%~7%，而日本、美国与欧盟的蛋制品消费在鸡蛋消费中的占比分别为50%、33%、25%。

鸡蛋出口贸易创历史新高，对象为中国香港和中国澳门。2023年度，加工蛋出口总量为29 480.31 t，同比增长5.66%；出口总额为9 988.22万美元，同比增长11.48%；出口均价为3.39美元/kg，同比增长5.51%。干蛋黄出口总量为634.23 t，同比增长8.96%；出口总额为606.46万美元，同比增长11.75%；出口均价为9.96美元/kg，同比下降9.40%。蛋清粉进出口大幅下降，出口总量为229.06 t，同比下降51.08%；出口总额为353.92万美元，同比下降47.64%；出口均价为15.45美元/kg，同比增长7.03%；进口总量为0.53 t，同比下降78.29%；进口额为3.95万美元，同比下降51.15%。

一、2023年蛋品加工产业发展概况

我国加工比例低最关键的原因在于国内外市场的差异和消费习惯的不同。西方国家的餐饮习惯以面包、蛋糕、蛋挞等烘焙食品为主，推动了蛋品加工企业将烘焙产业作为主要销售渠道。此外，国外消费者对便捷食品的需求较高，乐于购买各类蛋液产品。相比之下，我国禽蛋消费仍以家庭消费为主，壳蛋消费占据主导地位，这种消费习惯的差异直接影响了蛋品加工领域的扩张。

鸡蛋和牛奶同为优质的动物蛋白来源，但是，两者的产值却有极大的差距；就我国而言，年产值达百亿级别的乳制品加工企业不低于5家，而全球蛋制品加

工企业累计销售额仅不到百亿元（不含传统蛋制品）。比较发现，乳制品之所以能够发展如此大的规模，不仅是消费者对牛奶消费的重视，更重要的是，牛奶采用了全资源利用路线，进而开发出了系列高附加值食品（酸奶、奶粉、稀奶油等）和营养添加剂产品（乳铁、乳清分离蛋白等）。因此，蛋制品企业要想发展成百亿规模，同样需要根据营养组成设计适用于蛋制品的全资源利用路线，实现从低值原料向高值终端产品的转变。目前，我国蛋品加工企业主要分为三类：Mini 工厂（主营全蛋液）、中型工厂（主营蛋液、蛋粉）、大型工厂（主营蛋液、蛋粉、溶菌酶/免疫球蛋白等深加工产品、卤蛋/溏心蛋/蛋皮等预制食品）。而且，中/大型工厂基本实现了设备模块化控制自动化，可根据生产需要即用、自动调节，适应不同规模产品的生产。

液蛋蛋粉大宗配料初级加工技术现状与产业情况。据统计，自 2011 年起至今，我国蛋液市场规模复合增速达 12%、蛋粉市场规模复合增速达近 10%，2021 年我国境内（不含港、澳、台地区）液体蛋制品总产量约 28 万 t，蛋粉总产量约 2.3 万 t。在蛋液产品中，45% 为蛋白液，30% 为全蛋液，25% 为蛋黄液；在蛋粉产品中，50% 为蛋白粉，37% 为蛋黄粉，仅 13% 为全蛋粉。2023 年，我国共计约有 27 家蛋品加工企业，在鸡蛋深加工方面，主要是分离蛋清的液体蛋制品和蛋黄的固体蛋制品。目前，随着蛋粉需求企业的不断增多，蛋粉应用范围的不断扩大，对蛋粉的一些功能性质的要求也变得更为严格，如蛋粉性能、成分的含量甚至外观形状等。这使得过去单一的蛋粉已经无法满足顾客的多元需求，因此，对功能性蛋粉的研发已迫在眉睫，如凝胶型蛋粉、乳化型蛋粉、起泡型蛋粉、分散型蛋粉等。并且，专用型蛋粉产品作为食品配料可应用到不同食品中，如焙烤行业专用蛋粉、冰淇淋专用蛋粉、制革专用蛋粉、造纸专用蛋粉等。

禽蛋活性组分高端配料精深加工的技术与市场需求。随着国民营养健康水平成为世界各国发展的战略重心，优质蛋白质创新工程已然变成国民营养健康战略的硬支撑。鸡蛋富含蛋白质、脂肪、卵黄素、卵磷脂等人体必需物质，还含有多种生物活性，包括抗菌活性、抗病毒活性、免疫调节活性和抗癌活性，这表明鸡蛋及其成分在人类健康与疾病防治中有重要作用，具有极高的利用价值。目前国际上被广泛研究，可作为医药、功能食品的关键原料。近年来，许多国家在鸡蛋健康功能因子提取制备方面有了突破性的进展，这为开拓我国蛋品资源加工新途径，挖掘鸡蛋健康功能因子，开展鸡蛋健康食品制造关键技术研究，开发出具有新型功能的健康食品，提高蛋品的高附加值，实现农业资源高效利用提供了很好的研究方向。与此同时，开发蛋源活性蛋白质高端食品配料不仅是实现蛋品产业高值发展的主通道，也是促进国民营养健康战略发展的一大发力点。

二、禽蛋加工产业发展成效

一是蛋产品以出口为主，保持净出口格局。2023 年，蛋产品仍然以出口鲜蛋为主，主要出口到中国香港和中国澳门。与 2022 年的不同体现在进口方面，2023 年有了少量进口，2022 年没有进口，但并未对贸易顺差形成影响，净出口格局继续保持。据海关总署数据，2023 年蛋产品出口总额为 3.41 亿美元，同比增长 13.04%，出口 16.68 万 t，同比增长 18.37%，创历史新高，其中，种用禽蛋、鲜蛋、加工蛋分别出口 0.01 万、13.25 万、3.42 万 t；加工蛋进口 0.1 t，总额为 1.64 万美元，与往年一样，进口额低、量少。

二是消费升级趋势明显，鸡蛋品牌化加速，电商平台逐渐拓展蛋品销售新渠道。随着我国鸡蛋消费升级与消费观念的改变，人们更倾向于消费有品质保障的品牌产品，中高端鸡蛋市场具备广阔的潜在市场空间。高净值消费者与年轻人群在日常消费上的高标准，使"绿色、安全、营养、健康"的高品质鸡蛋热销。可生食、无菌蛋、非笼养鸡蛋及各种功能性鸡蛋逐渐被消费者认可。蛋白粉、溏心蛋、蛋黄酱、醋蛋液等加工蛋品消费流行，融入消费者生活更多场景，扩大了鸡蛋市场的需求。同时，随着数商兴农等政策支持和互联网技术发展，农产品电商缓解了农产品供给与流通时面临的"小生产"与"大市场"之间的结构性矛盾。

第二节 重要技术发展情况

一、禽蛋产业智能化、数字化应用取得重大突破

福建光阳蛋业有限公司在国家数字农业试点项目的支持下，以需求为导向，务实推进数字蛋鸡养殖的建设，取得了可喜的成效。2021 年 6 月 1 号，全球首台商用蛋鸡养殖机器人"木鸡郎 4"在光阳蛋业渔溪蛋鸡养殖基地投入实质性运行，标志着我国蛋鸡养殖机器人开发和应用工作已走在世界前列；2022 年公司再获"国家数字畜牧业创新中心示范基地"称号。通过机器人的巡检，识别死

鸡、病鸡、弱鸡和绝产鸡，帮助饲养员及时把不该饲养的鸡全部清理出来，达到省工、省料、减少疫病传播的风险。当前，机器人对死鸡的识别率可以达到99%以上，高于人工检出率并有效地减少饲养员日工作时间2 h以上；全产蛋期对结产鸡和弱鸡检出率达到3%。饲养员和管理人员通过手机、大屏等显示终端，随时随地通过前端机器人的定时和不定时的巡检，同步观察了解机舍内的现场状况，大幅减少了工作人员进入鸡舍的频次。此外，机器人巡检绘就的温度、湿度、有害气体环境云图，可以作为进一步对养殖环境进行提升改进的可靠依据；死鸡分布云图、行为异常云图等巡检数据为评估并进一步提升养殖水平，形成重要的数字支撑。同时，数字平台以应用物联网、互联网等最新技术为基础，集成了数据采集、数据规范、工作任务、报警中心、数据决策、溯源查证等功能。全面管理养殖场七要素：鸡、料、蛋、水、电、疫、环境，让管理更加标准化、规范化、透明化；数字平台链接养殖场的各类设备数据，打破设备形成的数据孤岛及"黑匣子"，让原本需要极高经验的工作转化为日常标准工作，提高人力成本效率。养殖场记录无纸化程度提高70%以上；通过预报警及时、准确通知处置现场异常，整体生产事故风险下降30%以上。机器人、数字化饲养系统、数字化鸡蛋分选系统和前端各种传感器采集的数据流集成到数字平台，通过进一步的分析和数字挖掘，为实现更精准养鸡奠定了数字基础。

二、蛋液/蛋粉大宗配料高效加工关键技术与产业化示范取得进展

①DHA营养强化型蛋黄粉加工关键技术研发与应用。针对天然蛋黄中甘油三酯、胆固醇含量高、n-3多不饱和脂肪酸含量低等问题，实现蛋黄及蛋黄制品绿色脱脂、营养强化技术的创新。采用超声波辅助乙酸乙酯进行温和脱脂，在低温下实现甘油三酯选择性去除，甘油三酯脱除率达到62%，磷脂含量提高了75%，蛋白质含量提高了79%。减少约50%的溶剂用量；建立了多级乳化技术制备高稳定性包载DHA蛋黄微胶囊乳液，研究了藻油添加量及均质制备方式对乳液稳定性的影响，制备出高稳定性的DHA蛋黄乳液；针对DHA蛋黄粉溶解分散性不佳的问题，明晰了温度和压力对DHA蛋黄粉包封率、形态感官、水合能力和贮存稳定性的内在关联，优化了真空低温喷雾干燥工艺，与冷冻干燥相比，DHA蛋黄粉的溶解度提高了46%，水分散性提高了37%，开发出低脂高分散型、营养强化型蛋粉基料。②热稳定专用蛋黄液加工关键核心技术与应用。针对蛋黄液耐热性差，只能在较低温度下进行加热杀菌的问题，利用复合酶解的方法，优

化了酶的种类、添加量、配比及反应条件，对蛋黄液的理化指标、微观结构、热稳定性和乳化性能进行了综合评价。制备了热稳定性、乳化性能好的酶解蛋黄液，与传统的加工方式相比，复合酶解蛋黄液在加热温度≥80℃，加热时间≥20 min 时，仍然能保持很好的流动性，实现不变性凝固。并且技术易于工业化生产，可推动蛋品加工企业向规模化方向发展，提高蛋品的附加值。③高起泡专用蛋清液加工关键技术与应用。针对工业生产过程中蛋黄"污染"蛋清导致其起泡特性下降的工业化难题，解析蛋黄影响蛋清蛋白起泡特性的规律、机制和关键组分，并采用酶解技术解决蛋清起泡性下降的问题，有效改善焙烤食品的口感和质构，拓宽液体蛋清在食品中的应用场景。采用脂肪甘油三酯脂肪酶对蛋黄残留体系进行酶解，可以将蛋黄残留体系的发泡能力从65.33%提高至228%，接近新鲜蛋清（265%）。使用脂肪甘油三酯脂肪酶酶解后的蛋黄残留-蛋清体系制备蛋糕在质构上优于用商业酶处理的蛋糕，并且外观、口感和色泽与用基于新鲜蛋清制作的蛋糕相当。这项研究不仅揭示了酶解对蛋黄残留体系发泡特性的机制影响，还为提高充气型专用蛋液品质提供了新思路。

三、专用型蛋源食品配料创制及其加工关键技术研发与集成取得良好进展

①专用型蛋源食品配料绿色加工关键技术研发及应用。针对鱼糜制品、肉制品和烘焙食品对蛋源食品配料凝胶性、起泡性和乳化性的个性化需求，优化不同种类蛋源食品配料微波杀菌、超声波灭菌等非热杀菌及包装工艺，并建立相应的技术标准；系统分析原料蛋收储、蛋源食品配料生产及成品贮运等关键环节中微生物状况，建立微生物变化全链条预测模型，明确微生物污染关键控制点，创建专用型液蛋、蛋粉等蛋源食品配料加工关键环节品质快检技术体系；将专用型蛋源食品配料原料预处理技术、非热杀菌技术、包装工艺等集成应用，创建适用于不用种类蛋源食品配料的绿色加工关键技术体系。②专用型蛋源食品配料全链条质量安全控制关键技术研究与集成应用。模拟专用型蛋源食品配料贮运和销售过程，并系统跟踪检测贮运和销售环节特定腐败菌的增殖状况，确定"从产品到餐桌"整个过程中专用型蛋源食品配料腐败危害关键控制点，将蛋源品质安全控制技术、专用型蛋源食品配料绿色加工技术与包装、贮运技术集成应用，研发覆盖蛋源食品配料生产加工、贮运与销售环节的质量安全控制关键技术并集成应用。③基于微生物群体感应的专用型蛋源食品配料品质劣变机制研究。分析不同种类

蛋源食品配料由原料到贮运销售其凝胶性、起泡性、乳化性等加工适用性及感官品质、挥发性盐基氮、脂肪酸含量等变化规律；监测大肠杆菌、沙门氏菌、志贺氏菌、金黄色葡萄球菌等主要致腐菌的种类、数量变化，分析感应信号分子（AHLs）生成量与菌体增殖之间的关系，明确产AHLs的主体菌类，构建不同种类蛋源食品配料特定腐败微生物的生长预测模型；通过AHLs生成量与特定腐败菌增殖和腐败特征变化的相关性分析，明晰群体感应效应对蛋源食品配料品质变化的影响；探析不同种类专用型蛋源食品配料功能性变化与蛋白质、脂肪降解之间的关系，阐明不同种类蛋源食品配料品质劣变机制。

四、鸡卵黄免疫球蛋白的产业化提取纯化与活性保护关键技术取得进展

鸡卵黄免疫球蛋白的产业化提取纯化与活性保护关键技术。卵黄免疫球蛋白（IgY）具有稳定性好、免疫应答性强、生产成本低等优点。作为关键功能因子，IgY市场需求巨大。产业化生产IgY受到两个因素的限制：一是IgY提取困难，工业化制备技术不成熟；二是作为热敏性蛋白质，IgY活性保留问题。常规的水稀释法稀释比例较高（一般8~10倍），存在耗水量大、产品纯度低、对后续工序负荷重等问题。研究发现，冻融处理将促进脂蛋白的聚集，有助于促进脂蛋白的去除。与传统水稀释法相比，冻融-水稀释法可显著降低稀释倍数，不需要静止可直接进行分离操作，缩短了提取周期，并且产品的得率和纯度不受影响。为了保留IgY的活性，工业上常采用真空冷冻干燥，存在高成本高能耗的问题。喷雾干燥相比于冷冻干燥极具成本效益和经济优势，但是会损伤蛋白活性。拟探究喷雾干燥过程中IgY活性保护的科学难点，通过添加干燥保护剂增强IgY的热稳定性，实现对特异性IgY的活性保护。针对产业化生产中存在的问题，利用冻融预处理促进脂蛋白分离，再结合水稀释法提取IgY，通过膜浓缩技术组合干燥技术可实现对IgY的产业化生产，突破工业化生产中抗体得率低、效价下降及耗水耗能高等产业难点。

五、蛋壳膜高值化利用关键技术研发及新产品创制取得进展

①蛋壳膜高效分离制备与原料品质控制关键技术研究。蛋壳膜主要存在于禽蛋加工副产物蛋壳内层，由于蛋膜与蛋壳乳锥层蛋白结构的相互交联，难以实现蛋壳

膜与蛋壳的高效分离。常规的水分离法耗水量大、分离效率低、容易产生大量的蛋壳钙残留，同时，蛋壳膜易污染蛋壳残留的粪污、病菌等有害物，影响蛋膜原料的安全与高附加值应用。项目拟综合机械场、密度场与酸法处理相结合，高效提升蛋壳膜的分离效率与产品纯度，并通过超微粉碎、非热杀菌等技术，在不损失蛋壳膜营养成分的基础上，提升蛋壳膜原料的安全品质与加工品质。②蛋壳膜功能性蛋白、多糖与活性肽的提取制备及作用机制研究。蛋壳膜富含溶菌酶、胶原蛋白、卵转铁蛋白等及透明质酸、硫酸软骨素等功能性蛋白和多糖，具有良好的抗菌、防腐、抗氧化、抗衰老等功效活性，具有极大的开发利用价值，但蛋壳膜功能性组分的开发利用较低，主要集中在蛋壳膜总水解物的提取，拟建立蛋壳膜功能性蛋白与多糖提取的关键技术，实现功能性组分的高效制备与利用。同时，蛋壳膜是功能性活性肽的良好来源，可用于开发抗氧化肽与骨关节健康促进肽。拟通过蒸汽爆破、超高压、超声波、微波等新兴技术联合定向设计的多酶组合实现高活性抗氧化与骨关节健康促进肽的高效释放，并通过体外、细胞与体内模型系统探究活性肽的构效关系与作用机制，为蛋壳膜开发功能性组分与活性肽应用于功能性配料与功能性食品的开发提供关键技术与理论基础。③蛋壳膜营养健康型功能性食品的创制。基于蛋壳膜的丰富营养成分，国外已大量开发用于功能性食品，但在国内还是空白，亟待开发蛋壳膜营养健康型功能性食品，缩小国内外加工水平差距。目前，国内已公示蛋壳膜水解物作为新食品原料征求意见，开发蛋壳膜功能性食品将成为禽蛋精深加工下一步重要的经济增长点。拟通过配方与工艺优化研究以蛋壳膜功能性蛋白、多肽及蛋壳膜水解物为核心成分的营养健康型功能性食品的创制，同时，突破多种新型来源蛋壳膜原料的加工制备关键技术。设计建立蛋壳膜加工与功能性食品中试生产线，集成蛋壳膜原料处理、加工与功能性食品创制关键技术，实现高值化蛋壳膜加工关键技术转化与应用示范。

六、禽蛋智能快速腌制与控制系统取得突破

"禽蛋智能快速腌制与控制系统"是传统蛋制品咸蛋，皮蛋生产的一个革命性的技术创新，一改传统蛋制品腌制环节受制于气候、环境、经验等不可控因素的影响，通过实时采集腌制过程的动态参数，智能控制温度、料液浓度和腌制时间，实现传质渗透进度的可控性，达到低盐、穿心、起砂、出油等消费者期望的品质；同时，采用带框或带托盘腌制，泵送循环，机械密封和AGV智能输送，使生产过程高效、省力，并实现腌制液循环利用，节能减排。

第三节　头部企业分析

我国蛋制品加工企业包括传统蛋制品加工与现代蛋制品加工企业。传统蛋制品加工企业包括福建光阳蛋业股份有限公司、湖北神丹健康食品有限公司、广东开平旭日蛋品有限公司等。现代蛋制品加工企业包括湖北神地农业科贸有限公司、浙江艾格生物科技股份有限公司、大连绿雪蛋品发展有限公司、苏州欧福蛋业有限公司、吉林金翼蛋品有限公司、北京德青源农业科技股份有限公司、北京正大蛋业有限公司、大连韩伟食品有限公司、江苏天成蛋业有限公司、江苏康德蛋业有限公司、安徽荣达食品有限公司、黑龙江中农兴和生物科技股份有限公司等 32 家公司。

一、福建光阳蛋业股份有限公司

现有福建福清、江西南昌、湖北监利 3 个专业蛋品加工厂，年加工蛋品能力 6 万 t，带领 4 250 户蛋农，饲养蛋禽 350 万羽，成为农业产业化国家重点龙头企业、全国农产品加工业出口示范企业、国家蛋品加工技术研发分中心。"光阳"商标被认定为中国驰名商标，借助企业所处的港口区位优势，顺利销往美国、加拿大、韩国、日本、南非、东南亚、澳大利亚、欧盟和中国港澳地区，同类产品出口量全国第一。

二、四川凤集食品集团有限公司

凤集食品集团有限公司成立于 2018 年 7 月，是一家以"缔造蛋品业世界冠军！"为愿景，秉承"奉献令人赞叹的好蛋品，让生活与产业更美好！"为使命，从种鸡繁育、鸡苗孵化、青年鸡培养、蛋鸡饲养、鸡蛋生产、品牌蛋销售、蛋制品深加工及休闲食品销售运营为一体的蛋鸡全产业链的食品集团公司。集团注重"黄天鹅"品牌鸡蛋的研发与运营，致力打造蛋品业的世界冠军品牌。同时，集团进军蛋鸡产业链深加工项目，打造的"大师小点"蛋制品休闲食品品牌，已在高端休闲食品领域崭露头角，深受消费者的好评。"黄天鹅"品牌成功打造中国鸡蛋第一品牌，致力于聚集全球顶级产业资源，专注高品质鸡蛋的生产与销售。目前，在四川、广西、浙江等全国 7 个地区布建基地，市场覆盖北上广深及成都、西安等 10 余个城市。建立全球首家可生食鸡蛋研究院，成功定义国内高品质鸡蛋标准，成为引领国内蛋品行业未来发展升级方向的蛋品品牌，连续获得品牌鸡蛋全国销量第一。

三、四川圣迪乐生态食品股份有限公司

初创于 2001 年，是一家集种鸡养殖、繁育、蛋品生产、加工为一体的现代农牧生态食品公司。圣迪乐在全国设立 21 个分子公司，建有十七大自有基地，蛋鸡养殖规模逾 1 500 万羽，排名全球第 12 位，中国第 2 位，形成基本覆盖全国的蛋品销售网络。2022 年，尼尔森发布的全国现代渠道包装鲜鸡蛋市场零售指数报告中，圣迪乐在高端价位（1.5 元/枚以上）的销售额和销售量市场份额双双稳居全国第一。

四、正大集团（中国）公司

在中国设立企业 600 多家，下属企业遍布所有省份，员工 10 万人，2023 年总营业额 1 800 亿元，是中国外商投资规模最大、投资领域最多的跨国企业集团之一。正大蛋业目前已拥有 300 万及以上蛋鸡工厂共 6 家，规模 2 060 万只，年产高品质鸡蛋 38 万 t，占全国规模化、工业化养殖规模的 23%。

五、北京德青源农业科技股份有限公司

是中关村自主创新示范区的国家高新技术企业、农业产业化国家重点龙头企业，中国最大的蛋鸡养殖和蛋品生产企业。从 2000 年创立至今，德青源在全国 14 个省份的 19 个现代化农场全面建成后，蛋鸡总存栏达到 6 000 万只以上，日产蛋量超过 5 000 万枚，年产鸡蛋达到 140 亿枚，稳定行业龙头地位，企业将步入百亿规模，成为全球最大的蛋鸡企业。

六、湖北神地农业科贸有限公司

是从事绿色蛋鸡养殖和利用生物技术对鸡蛋进行综合开发、精深加工的企业，实现鲜鸡蛋、蛋粉、蛋液、蛋壳、蛋膜的全产业链循环高值化利用。依托钱场村 40 万羽全自动养殖场优势，湖北神地年产鲜蛋 6 500 t。公司先后被认定为

农业产业化国家重点龙头企业、国家蛋品加工技术研发专业中心、高新技术企业、中国驰名商标企业、湖北省家禽业协会会长单位、湖北省蛋品精深加工技术研发中心。

七、广东开平市旭日蛋品有限公司

是一家集现代化蛋鸭生态养殖、高品质蛋品加工和融合饲料生产、蛋禽屠宰及种禽饲养服务于一体的现代化农业产业发展出口型省级农业龙头企业。2023年，企业的工业总产值达4.6亿元，较2022年上涨23%，2023年销售收入达5.05亿元，比2022年增长36%，跑出了高质量发展的"加速度"。产品市场主要分布在中国香港、澳门地区及欧美、澳大利亚、新加坡、日本、韩国等国家，加工蛋类出口占省内市场的70%，占国内市场的50%。2022年，公司扩建熟咸蛋生产线、皮蛋车间，新建鹌鹑蛋生产工作车间，扩产能、提质效，为实现企业高质量发展"蓄能"。

八、苏州欧福蛋业有限公司

是丹麦国际知名的蛋品供应商-OVODAN Group在中国的成员企业，成立于2004年，是中国国内首家生产杀菌蛋液类产品的公司。目前，在中国拥有3家集研发、生产、销售为一体的独立公司，分别是苏州欧福、天津太阳和广东欧福，是中国北交所第一家上市的外资股、蛋品股。生产的产品包括了蛋液、蛋粉、预制蛋品及功能性蛋制品等，还可以根据客户的需求研发生产定制蛋类产品。业务覆盖全国各地，并出口至欧洲、东南亚国家及中国港澳地区。近年公司蛋液产品在国内市场占有率保持在19%左右，年产量位居国内蛋品加工行业前列。

九、盐津铺子食品股份有限公司

成立于2005年，2017年在深圳证券交易所A股中小企业板上市，被媒体誉为"休闲零食自主制造第一股"，"盐津铺子"商标，被认定为中国驰名商标。2023年，公司实现营业收入41.15亿元，同比增长42.22%，实现净利润5.05亿元，同比增长67.76%，扣非后净利润4.76亿元，同比增长72.84%，报告期内经营活动产生的现金流量为6.64亿元，同比增长56.04%。蛋类零食营收增速达594.52%，为3.19亿元（上年同期仅为4 590万元），占总营收比例7.75%。

十、大连绿雪蛋品发展有限公司

是目前亚洲最大的蛋制品加工企业之一，总投资 1.2 亿元，公司引进丹麦 SANOVO 公司的蛋粉生产设备和生产工艺，并且引进加拿大的生产设备及技术。年产牌蛋粉超 4 400 t。

第四节　产业发展存在的问题

我国禽蛋产业虽产量大、产值高，但经济效益较低，种业受限，龙头企业不强、品牌不响、产业链不长、精深加工水平低。

一、社会发展带动饮食习惯改变，产品加工类型转型升级不够

大众对食品的要求从"吃饱"转化到"如何吃好"，过去大批量机械化生产的商品，逐渐遇到瓶颈，面临着随市场转变产品类型的问题。大批量机械化生产，因而不可避免地忽略了产品风味与营养，不符合当前消费者对产品的评判标准，将一些产品的生产，回归到"延长生产周期，提高产品风味，保持产品营养"，迫在眉睫。

二、针对市场精细化的变化，专用型蛋源食品配料开发不够

禽蛋蛋清与蛋黄中蛋白质含量高、种类丰富，具有营养价值高、容易被消化吸收等优点，同时，因其具有凝胶性、起泡性、乳化性等加工特性而被广泛用于鱼糜制品、肉制品和烘焙食品中。为保证食品安全、便于后续加工，同时，较好保留禽蛋蛋白质的凝胶性、起泡性等功能特性，并便于贮运，国外多将禽蛋加工成蛋清液/粉、蛋黄液/粉、全蛋液/粉等功能型配料以用于后续加工。目前，我国禽蛋产品仍以鲜蛋、咸蛋、皮蛋等初加工产品为主，专门适用于烘焙食品、鱼糜和肉制品及面制品的蛋源食品配料品类较少，且品质较差，同时，产品贮运期间品质劣变明显，显著制约了蛋品深加工与蛋源食品配料的销售及应用。

三、副产物开发利用不够

随着市场需求的改变,现有产品加工中出现新的副产物,要利用副产物提升现有产品附加值。咸鸭蛋是蛋品加工尤其是鸭蛋加工的重要品类,食品加工中常取咸鸭蛋中的蛋黄用作月饼、粽子、糕点等食品的馅料,咸鸭蛋清蛋白质含量和组成与新鲜鸭蛋清相比无显著差异,易被人体吸收利用,是一种全价的优质蛋白质。但由于咸鸭蛋清含盐量较高(咸蛋清因含盐量高达7%~12%,蛋清粉中高达35%),利用难度大,多被蛋品加工企业遗弃。此操作一方面使咸鸭蛋清中丰富的高质量蛋白质被大量浪费;另一方面咸鸭蛋清降解、腐败会对环境产生严重污染。利用咸鸭蛋蛋清制备抗骨质疏松、促骨骼肌生成生物活性肽,可提升咸蛋清经济与营养附加值,实现咸蛋加工副产物综合利用,本研究对提高蛋品精深加工水平、延长蛋品产业链具有重要意义。

随着液蛋、蛋粉、白煮蛋、剥壳卤蛋等产品的出现,蛋壳成规模出现,污染环境的同时,也是一种资源的浪费。禽蛋壳膜富含胶原蛋白、透明质酸与硫酸软骨素等功能活性成分,营养价值丰富,具有极高的开发利用价值。我国蛋品加工业每年可产生蛋壳膜副产物达300万t以上,由于缺乏高值化利用技术研究与应用,目前主要丢弃,产生了极大的环境污染与资源浪费问题。当前蛋壳膜高值化加工利用主要存在蛋壳膜分离制备困难、易污染、溶解性低难降解、功能活性成分提取技术落后、活性成分稳态化保持等产业共性技术难题,亟待开展蛋壳膜高值化利用关键技术研发与产业化应用,拓展其应用领域,以延长蛋品加工产业链,实现蛋膜废弃物变废为宝,减少环境污染与资源浪费问题,促进禽蛋产业可持续绿色健康发展。

第五节 产业发展趋势

一、新型蛋制品迎来发展契机,蛋品加工具备广阔发展空间

在预制蛋品的商业化运用上,随着人们对于便捷、标准化食品的需求日益增加,在蛋液蛋粉大宗配料加工关键技术方面,产业未来关注蛋粉乳化性能、耐高温性能、风味增香,功能成分的含量富集,甚至外观性状等,开发功能性蛋粉

(凝胶型蛋粉、乳化型蛋粉、起泡型蛋粉、分散型蛋粉等；烘焙行业专用蛋粉、冰淇淋专用蛋粉、乳饮料用蛋粉、咸蛋黄口味蛋粉、制革专用蛋粉、造纸专用蛋粉等）；液蛋（长保质期产品开发）。在蛋源高端配料加工关键技术方面，关注鸡蛋生产过程功能性营养素富集；提取工艺精细化（超临界流体萃取技术、酶技术、超微粉碎技术、离子交换技术等）；功能提取物（溶菌酶、免疫球蛋白、卵磷脂、蛋黄油、卵磷脂 DHA 粉、特异性抗体因子、活性钙）；蛋壳膜胶原蛋白、唾液酸和透明质酸；蛋壳钙转化等。

二、以生产加工促进消费升级，蛋品品牌化建设不断深化

鸡蛋消费场景不断丰富，追求营养成为消费新方向。追求健康、营养逐渐成为消费者关注的新方向，鸡蛋市场的高端化趋势愈发明显。各种主打高品质、更健康、更安全的鸡蛋产品陆续出现，不仅突显鸡蛋的安全、美味和健康优势，还为鸡蛋赋予了更多的卖点。当前，新型蛋制品如有助于关节修复的蛋壳膜、易吸收的蛋白粉等产品显示出巨大的市场发展潜力，受到市场强烈关注和积极反馈。"以加工促养殖""以加工补养殖"推动消费升级，特别是通过加工和深加工产品来丰富消费者的消费场景，激发消费欲望。同时，采用区域公用品牌、企业产品品牌、产业技术品牌等多元化品牌战略，挖掘市场消费潜力，增加行业和企业的盈利能力与利润空间，推进产业可持续、高质量发展。

专题九　2023年乳制品加工产业发展情况

第一节　产业现状与发展成效

2023年，中国奶业生产能力继续提高，产业综合素质持续增强，质量安全水平高位再提升，国产品牌美誉度和国际竞争力逐步增强。原料奶生产、乳制品加工、进出口、产品质量等方面都取得了较好业绩，但受消费端低迷的影响，生鲜乳产量仍阶段性过剩，乳制品加工企业面临生鲜乳过剩和去库存压力，奶业面临的形势较为严峻。

原料奶生产情况

奶类产量：全国奶类产量4 281.3万t，同比增长6.3%，这是我国原料奶产量连续第4个年头增幅超过6%（2022年6.8%、2021年7.1%、2020年7.5%）。其中，内蒙古792.6万t，同比增长8.0%，占全国总产量的18.88%；河北571万t，同比增长4.6%，占全国总产量的13.63%；宁夏430.6万t，同比增长25.70%，占全国总产量的10.06%。

奶价：据农业农村部公布的内蒙古、河北等10个主产区生鲜奶平均价格监测：6月均价3.88元/kg，比2022年6月均价4.16元/kg，下降6.7%；12月均价3.67元/kg，比2022年12月4.12元/kg，下降了10.9%；2023年全年均价为3.84元/kg，比2022年4.16元/kg，下降了7.7%。

质量：原料奶质量稳定优秀。据国家奶牛产业技术体系监测数据，2023年辐射场产能明显提升，单产达到10.7 t，乳脂率3.93%，乳蛋白率3.28%，细菌数2.85万，体细胞19.4万。中国奶牛养殖水平已步入全球奶牛高产国家行列。

乳制品生产情况

2023年1—12月，全国规模以上乳制品企业654家，主营业务销售总额4 621亿元，同比增长2.57%，高于食品制造业平均2.55%的增速，在食品制造业七大行业中处第2位；利润总额394亿元，同比增长12.21%；销售收入利润率为 8.53%，2022 年为 8.16%，2021 年为 8.02%；产成品存货 126 亿元，同比增长-9.04%，占销售总收入的 2.73%，2022 年为 2.96%，2021 年为 2.16%；亏损企业亏损总额 40 亿元，亏损额与利润总额的比值为 1∶9.85，2022 年为 1∶14.87，2021 年为 1∶5.22。

2023 年 1—12 月，全国规模以上企业乳制品产量 3 055 万 t，同比增长 3.08%，其中，液体乳 2 860 万 t，同比增长 2.79%（2022 年 2.38%、2021 年 9.68%、2020 年 3.28%）；乳粉 87.18 万 t，同比增长-1.38%（2022 年 0.08%、2021 年 1.76%、2020 年-9.43%）；其他固态乳制品（炼乳、干酪、奶油等）产量约 108 万 t。

进出口情况

进口：2023 年 1—12 月，全国共进口各种乳制品 302.21 万 t，金额 122.2 亿美元，同比分别减少 10.4% 和 12.8%。按金额测算，各种乳制品在总进口金额中所占比例：婴幼儿配方乳粉（高级婴配粉）33.85%，乳粉 23.04%，稀奶油 8.14%，干酪 7.63%，乳清粉 6.81%，奶油 6.50%，液体乳 4.40%，酪蛋白 4.34%（专题表 9-1）。

专题表 9-1　2023 年乳制品进口情况

品名	数量/万 t	金额/亿美元	价格/（美元/t）	数量、金额同比增/%	
				数量	金额
乳粉	77.71	29.23	3 762	-24.89	-33.96
干酪	17.82	9.68	5 431	22.55	25.93
奶油	13.06	8.25	6 315	-8.66	-11.25
稀奶油	26.40	10.33	3 905	3.59	7.42
乳清粉	66.31	8.64	1 302	9.37	-10.62
婴配粉	23.79	42.95	18 052	-15.11	5.32
液体乳	54.94	5.58	1 016	-23.89	-23.89
乳糖	17.96	2.03	11 304	40.23	11.36
酪蛋白	4.22	5.51	13 046	14.63	15.28

我国是世界上乳制品进口大国，2023 年，进口乳制品折合鲜奶约 1 732 万 t，相当于国内牛奶总产量的 47.5%。进口乳制品金额折合人民币，相当于国内全行业营业总收入的 19.5%。2023 年，进口量占世界乳品贸易总量（按 2021 年 9 930 万 t 乳当量计）的 21.4%。

从进口来源国看，2023 年，乳制品进口量前六位的国家依次是新西兰、美国、德国、澳大利亚、荷兰、法国，进口量分别是 118.40 万 t、35.39 万 t、31.45 万 t、19.23 万 t、18.86 万 t、14.21 万 t，分别占总进口量的 40.9%、12.2%、10.9%、6.6%、6.5%、4.9%，其他国家共 52.06 万 t，占 18.0%（专题图 9-1）。

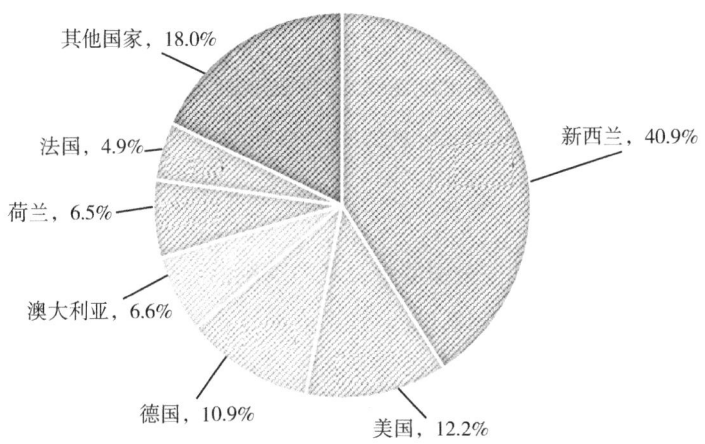

专题图 9-1　2023 年中国进口乳制品来源国

出口：2023 年 1—12 月，乳制品出口合计 5.78 万 t，折合生鲜乳 42.4 kg，金额 2.63 亿美元，同比分别增长 35.1% 和 36.2%。虽然出口的数量和金额较上年有较大幅度的增长，但仍然是中国乳制品销售的弱项。按金额测算，出口仅相当于进口的 2.2%；各类产品所占份额：婴幼儿配方乳粉 57.33%，乳粉 18.51%，液体乳 8.09%，发酵乳 4.91%，奶油 3.29%，炼乳 1.80%（专题表 9-2）。

专题表 9-2　2023 年乳制品出口情况

品名	数量/万 t	金额/亿美元	价格/（美元/t）	数量、金额同比增/%	
				数量	金额
婴配粉	63 724	16 241	25 488	31.73	26.80
乳粉	13 830	5 243	37 914	227.84	183.87
液体乳	25 470	2 292	900	6.61	0.19
发酵乳	6 754	1 400	2 073	9.80	11.26
奶油	2 094	933	4 456	-2.13	-0.05
炼乳	2 654	510	192	3.89	-8.80
酪蛋白	308	367	11 898	-35.75	-32.52

抽检情况

依据国家市场监督管理总局发布的公告，2023 年，共抽检乳制品 109 698 批次，不合格 146 批次，合格率 99.87%；共抽检婴幼儿配方乳粉 8 453 批次，不合格 6 批次，合格率 99.93%；这在国家监督抽检的 34 类食品中合格率是最高的，产品质量稳定优秀。

一、2023 年乳制品加工产业发展概况

随着消费升级的到来，以及国民健康意识的普及，尤其是新冠疫情以来，国民健康意识普遍提高，对于乳制品的需求也在持续增长。2023 年，全国奶产量 4 281.3 万 t，同比增长 6.3%；奶牛养殖规模化率 76%，同比提高 4 个百分点。生鲜乳质量安全保持在较高水平，生鲜乳抽检合格率 100%，乳蛋白平均含量达 3.28%、乳脂肪达 3.91%，主要营养和卫生指标比肩发达国家。我国年人均乳制品消费量折合生鲜乳为 42.4 kg，比 2022 年增长 0.4 kg。经过多年发展，奶类产品种类不断丰富，除了液态奶外，还有乳粉、奶酪、黄油、奶油、炼乳等各类乳制品。我国乳品消费以液态奶为主，近年来，黄油、奶酪等干乳制品消费快速增长，消费结构日趋多元，从"喝奶"向"吃奶"转变的趋势逐步显现。

奶业是农业现代化的标志性产业，也是助力健康中国建设不可或缺的基础性产业。国务院办公厅印发的《关于推进奶业振兴保障乳品质量安全的意见》明确奶业发展目标，到 2025 年，奶业实现全面振兴，基本实现现代化。

1. **行业保持稳定发展态势，市场需求趋于多样化、高端化发展**

我国乳业发展自 2018 年至今已步入成熟初期（专题图 9-2）。经历行业洗牌和产品提质期后，乳制品市场供给端革新成果卓然，奶源质量、产品种类与生产工艺逐步与国际水平接轨；新冠疫情冲击后我国经济环境缓慢复苏，带动消费市场稳中有增。总的来看，行业发展的总量增速较前期略有放缓，但结构优化有望持续。

2. **数字化战略，降本增效进程加速**

近几年，全球性通胀蔓延，原料、人工、运输等成本上行，乳品行业的运营方式作出了变革，数字化改造成为降本增效的首选。据统计，已经完成数字化改造的企业，盈利能力比行业平均水平高出 30% 左右。蒙牛、伊利等乳企头部企业很早就制定了数字化战略，并率先完成升级改造，是行业可供参考借鉴的完整转型样本。此外，飞鹤也制定了 "3+2+2" 数字化战略，新乳业也提出了 "新鲜每一天，数字每一环" 的愿景。乳品行业要实现高质量发展，创新是第一动力。当

| 成长期 | 快速发展期 | 恢复期 |
| (1949—1988年) | (1999—2008年) | (2009年至今) |

- **成长期（1949—1988年）**
  新中国成立初期，中国奶牛数量仅有12万头、产奶量20万t、乳制品0.1万t，行业处于百废待兴的状态。随着改革开放的深入，人民生活水平不断提高，牛奶消费开始普及，乳制品行业逐渐形成产业化。

- **快速发展期（1999—2008年）**
  1999年起，中国乳制品行业发展进入"黄金十年"，人们对乳制品的需求出现极大的提升，其中主要细分领域液态乳市场以年均60%的增长速度保持快速增长，中国乳制品行业进入快速发展期。此阶段乳制品行业的产品种类仍然较单一，且市场出现价格竞争现象，导致乳制品企业竞相压低生鲜乳收购价格，但与此同时行业制订的收奶标准却在不断提升，致使生鲜乳的收购质量不断下降，引发了一系列食品安全问题的爆发，包括大头娃娃事件、三聚氰胺事件等。

- **恢复期（2009年至今）**
  三聚氰胺事件后，中国政府连续出台多项政策法规以规范乳制品行业，监督管理部门也加大力度对中国各类乳制品进行严格的全面检查，2009年至今，农业部（2018年更名为农业农村部）持续对生鲜奶监测三聚氰胺指标，每年组织全国42家质检中心对全国奶站进行两次全覆盖监测，累计达19万批次，连续9年抽检合格率100%。此阶段中国乳制品企业开始关注产业链的均衡发展，包括加大奶源投入力度、推广规模化养殖等。同时，伴随居民收入的提高及电商平台的兴起，居民对乳制品的需求趋向多样化、高端化，乳制品企业也愈加注重营销渠道的建设，未来全产业链的均衡发展将引领乳制品行业进入新一轮快速增长期。

专题图 9-2　乳品行业发展结构

前，消费者对于乳制品的品质、营养、口感等要求不断提高，这就倒逼企业加大研发投入，不断推陈出新。同时，互联网和大数据技术的发展，也为乳品行业带来了数字化转型的契机。乳品企业纷纷探索线上线下融合的新零售模式，利用大数据分析消费需求，优化产品结构和营销策略。数字化也为优化供应链管理、提高生产效率提供了新思路。未来，乳品行业前沿趋势，将是创新驱动和数字赋能并举，推动行业迈向高端化、智能化、国际化。

3."双碳"之风盛行，可持续创新

在"双碳"目标的引领下，国内乳企开始寻找绿色发展道路，积极提升能源的使用效率，促进可持续发展，智慧管理、低碳管理、新能源技术等不断应用于奶业生产实践，零碳工厂、零碳产品加快培育，绿色低碳成为奶业发展新的风向标。

全国奶业在种养结合、绿色循环等方面取得重大进展，综合生产能力持续增强，全国规模牧场粪污处理设施装备配套率接近100%，粪污综合利用率超过76%。通过数字化技术，牧场实现了对能源、水资源等的精细化管理，提高了资源利用效率，减少了环境污染，进一步推动了奶业的可持续发展。

奶业的节能减排工作，生产端同样重要。从乳品包装来看，企业的竞争已经从各种博人眼球的包装转换到"无包装""无标签"，纷纷在低碳包装上做出尝试，乳品包装回收再利用也成为企业在绿色节能减排上的重要工作之一。

创新低碳牧场，践行绿色生产，打造绿色包装，实现低碳运输，中国奶业正不断探索可持续发展路径,助力国家实现"双碳"目标。业内人士指出,奶业绿色可持续发展将是必然趋势,在该趋势下,行业规模化、集约化、一体化及市场集中程度将进一步提高,这也将增加中国奶业在国际市场上的竞争力。

4. 婴幼儿乳粉行业:竞争加剧与新国标推动市场重塑

2023年,中国婴幼儿乳粉行业受到激烈市场竞争和行业新规的双重影响,企业业绩普遍承压。中国飞鹤、澳优和健合集团的净利润均出现了不同程度的下降,反映出婴幼儿配方乳粉行业在需求疲软的背景下,整体规模同比出现双位数下降的严峻形势。

飞鹤在2023年的财报中显示,其毛利下降了9.5%,主要受到行业竞争压力增大的影响。澳优自有配方羊乳粉销售额的减少,则归因于市场萎缩、渠道库存调整及旧包装产品的促销策略。健合集团因婴幼儿配方乳粉业务的下降,导致其婴幼儿营养及护理用品业务销售额下降了11.7%。

面对婴幼儿乳粉市场的减量竞争,各大企业通过稳定价格、控制库存和规范发货等措施来维持市场秩序。随着婴幼儿配方乳粉新国标的落地,行业加速了淘汰与整合,为头部企业带来了新的发展机遇。伊利在2023年半年报中坦言,未通过配方注册制的乳粉企业加大促销、清理库存,使整个婴儿粉行业出现了双位数以上的下滑,但伊利的婴儿粉业务表现远好于行业平均水平,成人粉更是保持了稳定的双位数增长。老配方产品的减少预计将进一步提升行业的集中度。

2023年2月实施的婴幼儿配方乳粉新国标,为二次配方注册提供了依据,也对企业的生产、研发和检验能力提出了更高的要求。乳业专家宋亮指出,目前婴幼儿配方乳粉市场的集中度已经非常高,前十家企业的市场占有率超过70%。新国标实施后,行业将进一步优中选优,中小企业将面临更大的退出压力,龙头企业的优势将更加显著。根据国家市场监督管理总局的数据,新国标实施一年以来,共批准了1 127个配方注册,包括境内926个和境外201个,同时有441个配方未能通过注册或审评。一些研发实力较弱或市场竞争力不足的企业主动退出了婴幼儿配方乳粉行业,国内外共有约20家企业未提出或撤销了注册申请,这一趋势也加速了行业格局的重塑。

在调整过渡期,各大乳粉企业也在积极应对。飞鹤启动了"脑发育战略",加快研究成果转化,同时,获得了加拿大首张婴幼儿配方乳粉生产执照,深化其国际化布局。澳优在2023年第二季度整合了原有的两大配方牛乳粉事业部,配方羊乳粉的销售收入在下半年取得了21.2%的增长。健合集团则持续加码成人营养和宠物营养业务，相关业务的毛利率均有所提升。贝因美2023年的净利润增长了126.97%，主要得益于减少产品折扣和高毛利品类的销售增长。

5. 奶酪行业：增速放缓与市场整合加剧

中国奶酪行业在连续多年跑赢乳业大盘后，2023年，面临显著的下行压力。根据尼尔森的数据，2020—2022年，中国奶酪零售端的销售额增速逐年放缓，分别为29.5%、3.5%和3.5%。进入2023年，行业遭遇了物流不畅、原材料价格上涨、市场竞争加剧、消费疲软等多重因素的影响。妙可蓝多在2022年经历了5年来的首次净利润下降，2023年业绩进一步下滑。根据国内乳品加工和贸易数据测算，2023年中国居民液态奶消费占比约为78.1%，而奶酪消费仍然处于较低水平。2022年，中国人均奶酪消费量（按折原奶计）仅为1 kg，远低于国际人均消费水平的近20 kg。

《中国奶产品质量安全研究报告（2024年）》指出，2023年，中国进口的大包粉、婴幼儿配方乳粉、奶油同比分别减少了25.0%、16.0%和8.6%。与此同时，中国的乳制品出口却呈现增长趋势，共计出口各类乳制品5.8万t，同比增长30.7%。总体来看，国产奶通过实施优质乳工程，提升了质量安全水平，带动了创新发展，并取得了显著成效，从而增强了核心竞争力，提升了消费者信心，有效推动了奶业的持续健康发展。

妙可蓝多的财报显示，2023年业绩下滑主要受到原材料市场行情波动和汇率波动的影响。伊利在其半年报中也指出，由于消费复苏乏力，以奶酪棒为代表的儿童再制干酪市场增速放缓，而市场上尚未出现新的大单品，导致整个行业的增速下降。此外，家庭快消品消费受到囤货场景消失和户外消费场景回归的影响。尽管过去5年奶酪市场保持了30%的年均复合增长率，但奶酪在家庭乳制品消费中的占比仍不足2%，如何进一步拓展市场成为关键。

自2020年价格战以来，奶酪市场经历了两轮洗牌。2021—2022年，至少一半品牌退出市场。面对原料成本上涨和持续的价格战，中小品牌基本难以为继，行业格局逐渐清晰。未来，突破性品类的发掘将成为行业发展的关键。为应对行业周期，妙可蓝多提出了从以奶酪棒为主的1.0时代迈向以家庭餐桌为主导的2.0时代的战略，计划在未来3~5年推出更多适应多元消费场景的产品。伊利则在业绩说明会上表示，随着餐饮和烘焙业的恢复，其奶酪业务在企业渠道实现了增长，未来将继续探索盈利模式，并推出更多深加工奶酪制品。

蒙牛副董事长卢敏放在2023年业绩发布会上指出，蒙牛的奶酪业务规模已超过乳粉，成为收入的重要增长点，包括自有奶酪业务和合并妙可蓝多带来的增长。尽管消费端的奶酪增长遇到挑战，企业端的增长却非常迅速。随着市场的进一步整合，蒙牛对2024年奶酪业务的坚实增长基础充满信心。

总的来说，中国奶酪行业在面临市场压力的同时，也在积极探索新的增长点。通过提升产品质量、寻找突破性品类和多元化产品布局，行业内的主要企业正在努力应对市场挑战，并为未来的发展奠定基础。

6. 液态奶行业：高端化，营养强化、场景需求方面更细分

液态奶行业近年来呈现出高端化、营养强化和场景需求细分的发展趋势。液态奶的高端化是乳品行业的一个大趋势，但与以往主要在奶源品种、产地、蛋白含量等维度的竞争不同，2023年的液态奶产品在原料组合上更加丰富，并开始围绕更多特殊人群进行营养强化和细分。作为重要的蛋白质补充途径，2023年的液态奶表现出全面的品质升级趋势，其中，蛋白质品质的提升尤为显著。随着中式养生风潮的兴起，红枣、黑芝麻、南瓜等养生元素也被应用到乳品中。

2023年，国内乳企在营养和功能化产品上的投入显著增加，并取得了一定成果。伊利的液态奶增长主要来自"健康+功能"赛道，其中金典有机纯牛奶系列零售额较上年保持双位数增长，金典低温鲜牛奶系列零售额较上年增长了54.6%，创新性产品收入占总收入比例提升至16.8%。光明乳业在2023年开发并上市了63个新产品，包括致优原生DHA鲜牛奶和光明轻盈UFIT即食型益生菌粉等。新乳业2023年液态奶收入达到97.6亿元，同比增长11.2%，这主要得益于近年来其"鲜活+创新"战略的调整。财报显示，2023年其鲜奶业务同比实现双位数增长，其中高端产品增长40%，常温有机奶品类增长超过50%。

随着消费需求越来越细化，消费者对乳制品提出了更加具体的需求，针对特定人群和场景的产品也成为乳企竞争的主要方向。2023年，Foodaily（每日食品）跟踪到的乳品新产品中，配方优化和营养强化成为乳企在产品研发中的关注重点。消费者越来越追求个人健康，更倾向于购买有助于提高自护力和减轻身体负担的产品。在重要的消费需求推动下，功能性乳品呈现多样化发展趋势，各乳企在日常营养补给和精细化营养方向持续发力，针对特定人群和场景的产品成为市场竞争的重要方向。

二、乳制品加工产业发展成效

2023年，中国奶业生产能力继续提高，产业综合素质持续增强，质量安全

水平高位再提升，国产品牌美誉度和国际竞争力逐步增强，主要表现在以下几个方面。

一是乳品量质持续双升。全国奶类产量4281.3万t，同比增长6.3%；乳制品产量3055万t，同比增长3.08%。全国生鲜乳抽检合格率100%；乳制品总体抽检合格率99.87%；生乳中乳蛋白、乳脂肪等质量安全指标达到较高水平；菌落总数、杂质度和体细胞监测平均值分别符合国际和欧盟限量标准；三聚氰胺等重点监控违禁添加物抽检合格率连续15年保持100%。

二是产业素质加快提升。全国存栏百头以上规模养殖比例达到76%，同比提高4个百分点。奶牛平均单产9.4t，较去年增加200kg；规模牧场99%以上配备全混合日粮搅拌车，原料奶生产100%实现机械化挤奶。

三是消费回升态势显现。规模以上乳制品加工企业主营业务收入4620.9亿元，同比增长2.6%，人均乳制品消费量42.4kg，比上一年增涨0.4kg；奶业主产省生乳收购平均价3.84元/kg，同比下降7.7%。

四是民族奶业竞争力持续增强。2023年，国产奶与进口奶抽检数据显示，黄曲霉素M1符合中国、美国及欧盟限量标准，铅、铬、汞、砷等污染物指标合格率100%；国产奶的乳铁蛋白、β-乳球蛋白和糠氨酸等指标均优于进口同类产品。

第二节 重要技术发展情况

一、蒙牛集团"优良乳酸菌种质资源挖掘与产业化关键技术创新及应用"获得2023年度国家科学技术进步奖二等奖

作为乳业国家队和行业龙头，蒙牛多年来坚持自主研发创新，推动科研成果有效转化。针对我国乳制品产业优良国产益生菌缺乏、高活性加工技术落后的"卡脖子"问题，蒙牛联合内蒙古农业大学进行关键技术科研攻关，建立了17000余株的蒙牛菌株资源库，并成功筛选出包括副干酪乳杆菌PC-01在内的多株自主知识产权益生菌菌株，通过校企联合技术攻关最终突破了功能性益生菌靶向筛选技术、高活性益生菌发酵乳制品加工关键技术，实现了高活菌数益生菌乳制品的制备和进口菌株的替代，打造益生菌的"中国芯"。

目前，该项目成果已在蒙牛优益 C 等产品中应用转化，自主菌株 PC-01 实现了产品中活菌数 500 亿 CFU/100 mL 的突破，取得了显著的经济效益和社会效益，并于 2023 年获得中国专利银奖，是目前乳业在专利领域的最高荣誉。而且，实现成果转化的优益 C 系列产品，主打消化和通畅的良好体验，从单一菌株到复合菌株的逐步升级，设计"益生菌+益生元"的双效组合方案，优益 C 畅快更是采用 5 株复合中国专利益生菌配方，以自主菌株作为核心菌株，每瓶含 500 亿活性益生菌，并特别添加两大膳食纤维，0 蔗糖 0 脂肪，功能强体感优。相关产品上市以来，受到消费者广泛好评，市场份额持续增长，并作为全球首创引领行业突破变革的细分品类，推动了益生菌行业的创新发展。

二、飞鹤旗下儿童营养品牌茁然斩获最佳奶酪奖、成人营养品品牌爱本牛初乳乳粉荣获最佳功能性乳制品大奖

飞鹤以杰出的产品和技术创新实力，在 2023 年度世界乳品创新奖评选中，荣获 2 项大奖、5 项提名奖、4 项推荐奖，其中，旗下儿童营养品牌茁然斩获最佳奶酪奖、成人营养品品牌爱本牛初乳乳粉荣获最佳功能性乳制品大奖。世界乳品创新奖由全球乳业大会主办方 Zenith Global 和英国权威行业媒体 Foodbev Media 共同发起，是全球乳制品行业最具影响力的创新产品评选活动之一。奖项评审小组由全球顶尖乳制品科学家、食品科学工程师等知名人士组成，共同对申报的项目进行综合考量。

从本次获奖结果可以看出，飞鹤的全品类创新正在稳步推进，全生命周营养服务的布局成效显著。秉持"用户第一"的理念，飞鹤一直致力于为国人提供更全面、更适合的营养守护，不断拓展产品版图。其中，飞鹤茁然面向 3 岁以上儿童提供营养解决方案，在本次评选中取得了不俗的表现，共有 5 款产品入围。茁然高钙奶酪棒获最佳奶酪奖，即将上市开售的茁然嚼乳粉乳酪（茁然高钙芝士三角奶酪）获提名奖。此外，飞鹤旗下专注成人自护力的成人营养品品牌爱本也有 2 款产品入围大奖，爱本牛初乳乳粉成功摘得最佳功能性乳制品桂冠，爱本乳铁蛋白配方乳粉获得了该类别的提名奖。爱本牛初乳乳粉，由爱本联合权威机构研发，针对国人健康体质，首创"1+3"自护力配方，创新融入被誉为"21 世纪免疫之王"的牛初乳，同时，含有乳铁蛋白、水解乳清蛋白、100 亿益生菌，全面守护成人自护力。此次获得最佳功能性乳制品大奖也标志着爱本对成人乳粉的功能性引领。

三、伊利荣膺"IDF 乳品创新奖"

伊利荣膺国际乳联（IDF）2023 年度 IDF 乳品创新奖——可持续包装创新、以食品安全和消费者营养为核心的新品创新研发两项大奖。

世界乳业峰会由国际乳联举办，是全球规格最高、规模最大的乳品行业盛会，被视为全球乳业发展的风向标，颁发 IDF 乳品创新奖是世界乳业峰会的重要环节。该奖项旨在鼓励乳品行业创新，推动行业落实可持续发展目标，是全球乳业最具影响力和权威性的奖项，代表了年度行业发展的最高荣誉。

伊利荣获的两项 IDF 乳品创新奖中，用行动告白地球——金典无印刷无油墨环保包装获得可持续包装创新奖，产品采用纯白瓶身，去除传统包装的油墨印刷，仅用激光打印必要的生产日期信息；瓶盖原料来自甘蔗，外箱由回收奶盒制成，每 10 万个外箱可减少约 260 kg 塑料的使用，大幅减少原材料消耗。金典无印刷无油墨环保包装设计精巧，没有使用任何油墨，还能实现回收利用，兼顾美观与环保，一经亮相便从众多产品中脱颖而出。

第三节　头部企业分析

国内乳制品行业起步较早，先后经历了质量危机、行业洗牌、转型调整等发展阶段，已成为较为成熟的食品产业，市场化程度较高，行业竞争激烈。目前，我国已形成了少数全国性乳企、数个区域性乳企及众多地方性乳企并存的市场格局，行业两大龙头企业为伊利和蒙牛，市场占有率合计达到 43%。行业内主要企业市场份额如下（专题图 9-3）。

2023 年，37 家上市、挂牌乳企营收合计约为 4 620.9 亿元，同比增加 2.57%；总利润 394.4 亿元，同比增加 12.21%。伊利（1 261.79 亿元）、蒙牛（986.24 亿元）、光明（264.85 亿元）、飞鹤（195.32 亿元）、优然牧业（186.94 亿元）稳居前五。从营收增幅看，均瑶健康（65.71%）、骑士乳业（32.55%）、南方乳业（14.60%）、天润乳业（12.62%）、新希望乳业（9.80%）位列前五。尽管整体营收可观，但乳制品行业正面临需求增长放缓的压力。

就盈利而言，十大"赚钱"乳企几乎都是全国性巨头、区域强品牌。除伊利

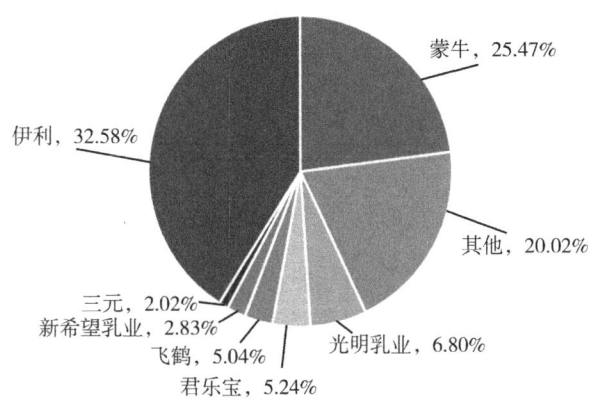

专题图 9-3　行业内主要企业市场份额

(104.29亿元)、蒙牛 (48.09亿元)、光明 (9.67亿元) 传统三巨头外,乳粉企业飞鹤 (33.90亿元)、健合集团 (5.82亿元) 分列第三、第六位。较为特殊的是,退市后转入新三板的科迪乳业,2023年,因破产重整收益增加及经营利润增加,取得17.13亿元净利润,位列第四,不过其扣非净利润为4 606.76万元。其他4个席位分别由新希望乳业、三元、李子园、南方乳业等区域乳企占据。

上游奶企在奶价下行和需求放缓的背景下,普遍陷入增收不增利状态,只有现代牧业和中国圣牧实现盈利。12家亏损乳企中,奶牛养殖企业占据8席。另外4家亏损乳企中,西部牧业下属乳制品生产企业为应对激烈市场竞争加大促销力度,营业利润、销售额、毛利率出现下滑,坏账、存货计提减值准备也令业绩雪上加霜。与西部牧业类似,庄园牧场利润受到牛只估值下降、市场投入费用扩大影响。麦趣尔乳制品、烘焙食品业务营收双双下滑,尚未走出丙二醇事件阴影。品渥食品受全球供应链波动、采购成本上升及国内需求复苏偏弱、行业竞争加剧等影响,出现2015年以来首次亏损。

澳亚集团在财报中指出,2023年是十几年来乳制品消费增速最慢的一年,也是奶牛养殖业最具挑战性的一年。全年乳制品销售均价同比下降3.5%,12.53元/kg,主产省份原料奶销售均价同比下降7.9%,3.83元/kg。面对外部不利环境,多数乳企通过产品创新、渠道下沉、发掘特色乳品等方式应对。乳制品消费呈现高端化、功能化、多元化趋势。2023年,伊利功能性品类不断创新,金典鲜牛奶零售额增长54.6%,成人乳粉市场零售额增长4.7%。燕塘乳业加大新渠道、新市场开拓力度，提出 2030 年实现 50 亿元目标。新希望乳业新品收入连续 3 年保持双位数增长，"24 小时"高端鲜奶系列增速近 40%。

总的来看，乳制品行业在 2023 年面临诸多挑战，但企业通过多种策略寻求突破，未来发展值得期待。

一、伊利

2023 年，伊利实现营业总收入 1261.79 亿元，归母净利润为 104.29 亿元，均再创历史新高，实现连续 31 年稳健增长。液体乳业务实现营收 855.4 亿元，同比增长 0.72%；乳粉及奶制品业务实现营收 275.98 亿元，同比增长 5.09%；冷饮业务实现营收 106.88 亿元，同比增长 11.72%。

伊利的前五名客户销售额为 64.53 亿元，占年度销售总额的 5.13%；前五名供应商采购额为 194.56 亿元，占年度采购总额的 29.55%，其中关联方采购额为 126.38 亿元，占年度采购总额的 19.19%。

乳粉及奶制品业务在 2023 年实现营收 275.98 亿元，同比增长 5.09%。整体乳粉销量已跃升至中国市场第一。婴幼儿配方乳粉零售额市占份额提升至约 16.2%，增速领先行业。金领冠以高增长态势稳居行业龙头，金领冠珍护成为母婴渠道最畅销大单品，塞纳牧增速 50%，问鼎有机乳粉第一。伊利 QQ 星在儿童乳粉赛道摘得品牌力和市占份额双料第一，成人乳粉零售额市场占有率份额提升至 23.3%，连续 9 年稳居行业第一。

权威调研机构尚普咨询授予伊利多项"第一"认证：2023 年度中国大陆乳粉全渠道市场全年销量第一，伊利金领冠塞纳牧斩获中国大陆婴幼儿有机配方乳粉全渠道市场销量第一，伊利 QQ 星儿童乳粉成为中国儿童乳粉销量第一。

2023 年，伊利冷饮业务实现营业收入 106.88 亿元，同比增长 11.72%，连续 29 年稳居全国第一。巧乐兹、冰工厂、伊利牧场等多个品牌份额位居细分品类第一，甄稀品牌连续 3 年保持 50% 以上增长。

多品类协调发展是伊利的战略核心。公司推出了助眠功效型及中式滋补型系列配方乳粉、全球首款控糖功能牛奶、低 GI 系列冰淇淋等产品，取得了超预期的市场热度。同时，伊利强化"一老一少"两大潜力消费市场的精细化运营，将乳粉业务分立为成人营养品事业部和婴幼儿营养品事业部，快速布局全生命周期大健康产业。

伊利通过均衡结构优势、全品类业务领先、市场细分及创新产品，持续引领行业发展，展现出强劲的盈利能力和市场竞争力。未来，伊利将继续投资产品创新和市场拓展，以满足多样化的健康消费需求。

二、蒙牛

蒙牛发布的2023年财报显示，公司收入为986.2亿元，同比增长6.5%；经营利润为61.7亿元，同比增长13.8%。虽然营收有所增长，但净利润却出现了下滑。这主要是由于两方面的原因：一是白奶、鲜奶等奶制品的终端销售不畅，蒙牛主动进行低价促销以消化奶源，导致成本上涨；二是对收购的鲜奶大量进行"喷粉"处理，即液态奶经过灭菌、喷雾干燥等工序制成乳粉状态，费用较高。

2023年，乳品消费短期增速放缓，线上线下渠道重塑，市场竞争愈发激烈。面对外部环境挑战，蒙牛强化业务基本盘，优化业务结构，精细化运营管理，实现了业绩增长。液态奶业务增长显著，特仑苏市场份额优势扩大；低温酸奶业务聚焦美味、营养、功能三大赛道升级创新，实现正增长，并连续19年稳居市场份额第一；鲜奶增速跑赢行业，每日鲜语4.0 g乳蛋白升级品质。

蒙牛在奶酪及妙可蓝多业务上，从"儿童零食"拓展至"成人零食"领域，其间推出了首款自产淡奶油和国内乳企首创发酵黄油等产品。在婴幼儿配方乳粉营养领域，蒙牛推出了应用中国自研母乳低聚糖与MLCT创新成分的瑞哺恩恩至4段配方乳粉。在运动营养领域，推出了国内首款液体蛋白营养补剂迈胜运动蛋白饮。在海外市场，蒙牛冰淇淋业务在东南亚市场发展良好，旗下艾雪利润率大幅提升，居印度尼西亚市场份额第一，并进入越南、泰国、老挝、柬埔寨等市场。

同时，蒙牛开拓线上新零售渠道，常温液态奶线上销售市场份额保持第一，新零售会员体量稳步增长，总量超过7 400万人，并通过数字化工具强化下沉市场的掌控力，年内覆盖乡镇超过2.6万个，覆盖乡镇网点超过80万家；鲜奶板块在永辉、山姆、盒马、京东、淘宝买菜等渠道保持市场份额第一。

2023年，蒙牛通过回购股票提振市场信心，年内股票回购金额共计7.956亿港元。同时，蒙牛回馈股东，2023年将派息比例提升至40%，派发期末股息每股普通股人民币0.489元，合计派发现金股利19.24亿元，同比增加21%。

三、光明乳业

光明乳业曾是国内乳业的龙头企业，2002年成功上市成为"乳业第一股"。

同年，公司在国内乳业中的产销量、销售收入、利税总额、市场占有率等各项指标均排名第一。然而近年来，光明乳业的整体业绩出现下滑。

2023年，光明乳业实现营收264.85亿元，同比下滑6.13%；净利润9.67亿元，同比增长168.19%。虽然净利润超过既定目标，但营收远未达到预期值。公司原定2023年的目标是实现320.5亿元的营业总收入和6.8亿元的净利润，这意味着实际营收与目标相比相差了约55亿元。从盈利能力来看，光明乳业在2023年前的净利润一直保持在3亿~6亿元，显示出整体盈利能力的疲软。

具体来看，2023年光明乳业的液态奶、其他乳制品、牧业和其他收入分别为156.48亿元、73.59亿元、17.57亿元和13.84亿元，同比变动分别为-2.8%、-8.0%、-33.5%和24.8%。这表明光明乳业在其核心业务液态奶和乳制品领域的表现不佳。此外，光明乳业在其上海大本营及其他国内区域的收入也在不断下滑，反映出其市场份额和影响力面临不小挑战。

竞争激烈的国内乳制品市场对光明乳业的营收产生了影响，牧业板块的业绩也因行业供求不平衡而受到扰动。2023年，新莱特实现营收73.61亿元，同比增长6.4%，但净利润为-2.96亿元。亏损主要原因是新西兰通货膨胀、原材料价格上涨、人力成本上升、融资成本增加及前期投资项目集中转固等因素。此外，新莱特对乳粉事业部的长期资产组计提了减值准备。2023年光明乳业净利润的大幅增长主要来自卖地收入，而非自身业务的贡献。

近年来，光明乳业在产品和营销层面积极创新。2023年，公司开始频繁跨界合作，如与太极集团合作推出小藿香雪糕、与英雄联盟联手推出莫斯利安英雄系列酸奶、与正广和合作推出橙汁棒冰及推出乐乐茶联名奶茶等。然而，这些新品和跨界联名活动在市场上并未引起大的反响，企业预算有限是其中一个关键原因。

光明乳业面临的压力不仅限于此。在低温奶市场上，竞争者如蒙牛的"每日鲜语"、伊利的"金典鲜牛奶"、新希望乳业的"24小时鲜牛乳"等产品不断抢占光明乳业的市场份额。面对业绩压力，光明乳业迫切需要一些"新故事"。

第四节　产业发展存在的问题

在乳品产业快速发展的过程中，一些矛盾和问题逐步突显，已成为制约行业持续发展的重要因素，主要包括以下几点。

一、养殖效益下滑，原料奶过剩

近年来，我国奶牛饲养发展较快，原料奶产量增加与乳制品销售市场的扩展不匹配，导致重点产区原料奶富余情况日益加剧。我国奶业面临原料奶过剩、奶牛养殖和乳品加工企业效益下滑等困难。受到新冠疫情、经济形势、人口结构变化等因素影响，液态奶消费下降，但乳企发展速度较快，在保障国内奶源供应的同时，也存在奶源建设过快的问题，"一增一减"导致液态奶供需失衡。

自 2021 年以来，在一些主产区存在程度不同的奶源富余情况。农业农村部畜牧兽医局监测数据显示，2023 年 10 月，生鲜乳成本为 3.73 元/kg，上年同期成本为 3.71 元/kg。按此成本看，部分管理较弱的奶牛养殖场已经开始亏损甚至退出。奶源过剩导致奶价下滑，奶农的经济收益下降。在此次波动中，有稳定合作企业和现金流支撑的养殖场仍可维持运营，通过寻求成本下降空间减轻收益下滑或保证收益。

二、乳制品消费疲软，市场不及预期

乳制品消费恢复不及预期，乳品企业销售情况不佳，反映出乳制品消费增长的内生动力不强。中国奶业目前面临奶源成本上升、消费动力不足、资源配置失衡等问题，导致产业发展进入平台期。2023 年，我国牛奶产量同比增长 6.7%，产量增速依然高于消费增速，表明当前牛奶供应充足，供给增长过快。估计 2023 年全行业大包粉库存在 20 万~25 万 t，原料奶库存消化压力大，进口需求下降，生鲜乳供过于求。

1. 发酵乳

在液体乳产量中所占比例逐年下降，市场萎缩。2019 年发酵乳占比为 33.60%，到 2023 年下降到 23.19%。下降的原因主要包括：传统发酵乳为低温型产品，需要冷链运输和销售，主要在城市销售，发展空间缩小；常温型发酵乳虽然解决了冷链问题，但消费者认为其没有活菌，失去了特有功效，影响选择积极性。

2. 乳粉

乳粉产量呈逐年下降趋势。我国乳粉产量中婴幼儿配方乳粉占比超过 50%，但由于新生婴儿逐年减少，婴幼儿配方乳粉需求下降。2016 年全国新生婴儿 1 786 万，2023 年降为 902 万。2016 年全国乳粉产量为 139.0 万 t，2023 年降为 87.2 万 t，下降了 37.3%。婴幼儿配方乳粉占乳粉总产量的比例由 2016 年的 56.8% 降到 2023 年的 50% 左右。

这些问题反映了乳品产业在快速发展过程中面临的挑战，影响了行业的持续健康发展。

第五节　产业发展趋势

一、新质生产力推动乳制品结构优化

近年来，中国乳制品市场呈现出明显的结构性过剩与短缺现象，液体乳市场趋于饱和，而干酪、奶油、原料乳粉、乳清制品等几乎完全依赖进口，导致行业发展速度放缓。为解决这一问题，必须大力发展新质生产力，优化产品结构。

乳粉类产品：成人配方乳粉的市场前景广阔，重点发展如老年人配方、孕产妇配方、无乳糖配方等特殊人群需求的产品。此外，还应开发功能性配方乳粉，如改善睡眠配方、润舒肠道配方、增强免疫力配方、益生配方等，以满足消费者日益多样化的需求。跨界发展液体乳也是一项值得考虑的策略。

液体乳类产品：在液体乳领域，需重点发展无乳糖纯乳、鲜乳等基础产品。同时，创新风味调制乳和功能强化调制乳，提升产品附加值。益生菌发酵乳和活菌常温发酵乳等功能性产品，也将满足消费者对健康营养的需求。

进口替代产品：在进口依赖较重的领域，需重点发展进口替代产品。例如，婴幼儿配方乳粉生产企业可以通过发展乳清生产来替代进口乳清粉；干酪生产企业可以发展原制干酪，替代进口；酪蛋白生产企业可以增加以生鲜奶为原料的产品，减少对进口的依赖。

二、常温奶行业高端化

未来，国内常温奶行业将以高端化为主要发展方向。在这一趋势下，市场竞争格局也将发生变化。

高端化为主旋律：常温奶市场将朝着高端化方向发展，消费者对高品质产品

的需求将推动行业整体水平的提升。

"双雄"重心转移：伊利和蒙牛作为行业的领军企业，未来的发展重心将有所不同。伊利将更加聚焦婴幼儿配方乳粉市场，而蒙牛则将重视低温奶的发展。这种重心的转移，可能导致二者之间的市场竞争有所放缓，为其他常温奶企业创造了更多的市场机会。

三、奶类消费差距缩小趋势

随着中国经济的持续增长，奶类消费市场仍具有巨大的发展潜力。尽管中国的经济总量已达到较高水平，但奶类消费仍存在较大的提升空间。伴随着中国居民消费水平的增长，人们逐渐从基础需求转向对生活品质的追求，例如，健康膳食和营养均衡等。奶类产品作为重要的营养来源，其消费需求将持续增长。城镇与农村的奶类消费存在较大差距，城镇居民的奶类消费量显著高于农村，表明下沉市场有广阔的发展空间。

专题十 2023年中央厨房产业发展情况

第一节 产业现状与发展成效

随着餐饮行业的蓬勃发展和消费者需求的不断升级,中央厨房作为一种重要的餐饮生产方式,逐渐展现出其独特的发展魅力和市场潜力。根据国家市场监督管理总局《食品经营许可和备案管理办法》中的定义:中央厨房是指由食品经营企业建立,具有独立场所和设施设备,集中完成食品成品或者半成品加工制作并配送给本单位连锁门店,供其进一步加工制作后提供给消费者的经营主体。因此,中央厨房具有标准化作业、集约化管理、工业化生产等产业特征,功能涵盖集中采购、标准化生产、检验检测、冷冻贮藏、供应链信息处理、统一包装、统一配送。

经国家市场监督管理总局(国家标准化管理委员会)批准,由中国饭店协会牵头制定的首批中央厨房推荐性国家标准——《中央厨房建设要求》《中央厨房运营管理规范》已获批发布,2024年10月1日起实施。这两项标准标志着我国中央厨房包括选址布局等硬件方面和经营加工等管理方面的标准化将有据可依,政策红利加速释放给中央厨房发展带来巨大机遇,促进餐饮业高质量发展。

中央厨房的概念是从国外引进,进入21世纪以来,国内餐饮行业的中央厨房在中餐连锁经营背景下越来越受到重视和关注。目前,中央厨房的应用正从快餐业进入正餐业、零售业,应用领域覆盖面逐渐增大,市场规模也持续增长,2023年,我国中央厨房设备市场规模约为253.2亿元,同比上升15.88%。

近些年,国内的中央厨房正处在快速建设和发展阶段,一些大型餐饮连锁企业,如南方航空食品公司、小肥羊、真功夫和肯德基等,其配餐的半成品及成品由中央厨房统一配送,其标准化生产、规模化管理及安全性质检受到大众青睐。从安装量上看,我国中央厨房行业安装量迅速增涨,2023年突破1万套,2014—2023年复增长率达17.65%。

2023年,中央厨房产业展现出了积极的发展态势,成为餐饮行业的一个重要组成部分,这一产业的发展不仅提高了餐饮行业的标准化和效率,还降低了成本,满足了消费者对食品安全和便捷的需求。

一、2023年中央厨房加工产业发展概况

中央厨房将餐饮企业的食品和品牌,从餐厅延伸到了家庭餐桌,渗透到了人们的日常生活当中。据统计,我国中央厨房设备市场规模从2015年的21.4亿元增长至2021年的185.7亿元,2023年,我国中央厨房设备市场规模达到260亿元。中央厨房是未来餐饮业的发展趋势,在餐饮业的普及率将进一步提高,同时,团膳、中央厨房行业也将呈现快速发展势头。未来中央厨房设备市场发展将延续增长态势。

中央厨房最大的好处就是通过集中规模采购、集约生产来实现菜品的质优价廉,在需求量增大的情况下,采购量增长相当可观。2018年,我国中央厨房安装量约5 425套,同比2017年的4 635套增长了17.04%,2023年我国中央厨房安装量突破10 000余套。

随着国内中央厨房行业需求的不断增长,国外中央厨房品牌企业也进入到国内市场。国内中央厨房企业数量将不断增长。2018年我国中央厨房行业产值从2015年的81.5亿元增长至132.2亿元,2023年我国中央厨房行业产值有望达到245.4亿元。预计未来几年是我国中央厨房行业竞争较为激烈的时期。中央厨房生产技术和实用性及智能化将成为中央厨房竞争的核心。

中央厨房通过集中采购、加工与配送,帮助下游餐饮、超市等企业有效降低原材料成本,助力我国餐饮市场蓬勃发展。2022年餐饮行业受新冠疫情影响仍较严重,餐饮市场总收入为43 941亿元,同比下降6.3%,但预制菜的发展让餐饮行业降低了堂食业务减少带来的影响,并为行业提供了新的盈利模式。餐饮行业短期内将缓慢增长,预计2025年市场规模达51 309亿元。餐饮行业作为中央厨房的直接下游行业,市场规模将直接影响整个中央厨房行业的市场。短期来看,中餐标准化浪潮来袭,特别是新冠疫情冲击传统餐饮,推动预制菜站上风口。长期来看,餐饮连锁化加速,外卖兴起,B端亟须降本增效,以及家庭结构小型化、"速食"成消费风潮等因素,倒逼预制菜行业崛起,呈现高景气。

目前,中央厨房在国内餐饮行业的渗透率并不高,不少中小规模企业都没有配备中央厨房,随着中央厨房市场渗透率的提高,整个行业的市场规模也将增

长。但 2018—2021 年，我国连锁餐饮中央厨房渗透率由 72.4% 快速增长至 81.2%。而规模较小的餐企，也在通过建立精益化央厨来落实标准化生产。对标准化要求的提升，使得未来还会有更多的餐饮企业投身央厨建设的大潮中。

从市场结构来看，我国中央厨房仍以连锁餐饮企业自建中央厨房为主，连锁餐饮企业自建中央厨房占我国中央厨房的比例达 61.4%；团体餐饮企业型中央厨房次之，占比达 20.3%；目前，国内第三方型中央厨房占比仍减少，第三方中央厨房占比只有 8.8%。预计未来几年整个中央厨房市场规模仍将处于增长态势，到 2025 年，整个行业市场规模将达到 189.4 亿元。

总之，2023 年，中央厨房加工产业继续保持快速发展态势，主要表现在以下几个方面。一是市场规模扩大。2023 年，随着消费者对食品安全、餐饮品质和便捷性的需求不断增加，中央厨房产业的市场规模持续扩大。越来越多的餐饮企业，尤其是连锁品牌和外卖平台，加大了对中央厨房的投入，以提升供应链效率和产品标准化水平。二是技术创新驱动。2023 年，中央厨房行业加快了技术创新的步伐。物联网（IoT）、大数据分析、人工智能（AI）等先进技术在生产管理、质量控制和物流配送中的应用越来越广泛。这些技术不仅提升了生产效率，还加强了食品安全保障，实现了全链条的可追溯性。三是政策支持。2023 年，政府继续出台相关政策，支持中央厨房产业的发展，例如，国家对食品安全和餐饮质量的严格监管促使企业加大投入，改进加工流程和质量控制。此外，一些地方政府通过减税、补贴等方式鼓励餐饮企业建设和使用中央厨房，以提高区域内餐饮业的整体水平。四是绿色和可持续发展。2023 年，中央厨房产业在绿色发展方面取得了显著进展。环保和节能技术的应用日益普及，例如，能源回收利用、废弃物管理及减少食材浪费等措施得到了广泛实施。这不仅减少了对环境的影响，也提升了企业的社会责任形象。五是行业集中度提升。随着市场竞争的加剧和行业标准的提高，中央厨房产业的集中度进一步提升。一些具有技术优势和规模效应的龙头企业在市场中占据了更大的份额，中小企业则通过合作和资源整合寻求发展机会。六是外卖和预制菜市场的推动。外卖市场的快速增长和预制菜品的流行，也为中央厨房产业带来了新的发展动力。2023 年，越来越多的中央厨房企业开始涉足预制菜品的生产，并通过线上平台直接面向消费者销售。这种模式不仅扩展了业务范围，也提高了产品附加值。七是区域化发展。2023 年，中央厨房产业的区域化发展趋势明显，东部最多，西部次之，中部最少（专题图 10-1 至专题图 10-3）。各地根据自身的产业基础和市场需求，推动中央厨房产业集群的发展。特别是在一线和新一线城市，中央厨房的布局更加密集,以便更好地服务当地市场需求。

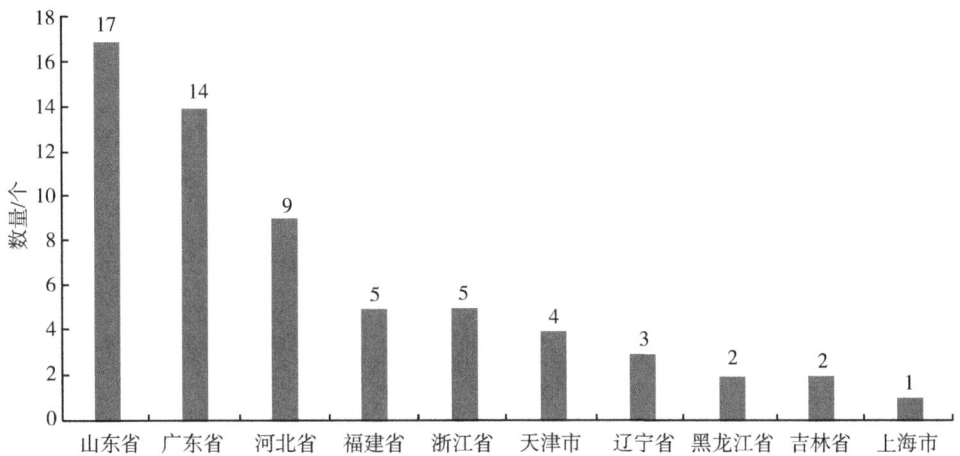

专题图 10-1　东部各省、市中央厨房与预制菜产业园区(集群)

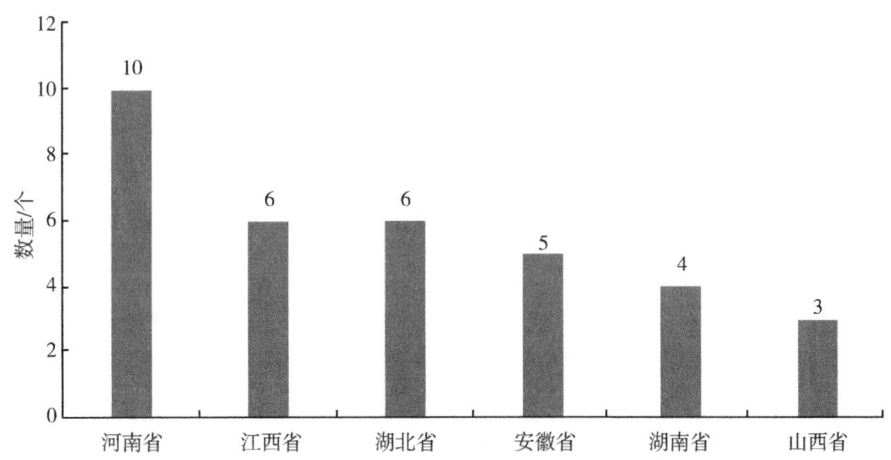

专题图 10-2　中部各省、市中央厨房与预制菜产业园区(集群)

综上,2023 年中央厨房加工产业在市场需求、技术进步、政策支持和行业自律的多重推动下,保持了稳健的增长势头。未来,随着消费者需求的进一步升级和科技的不断进步,中央厨房产业有望在标准化、智能化和可持续发展方面取得更大的突破。

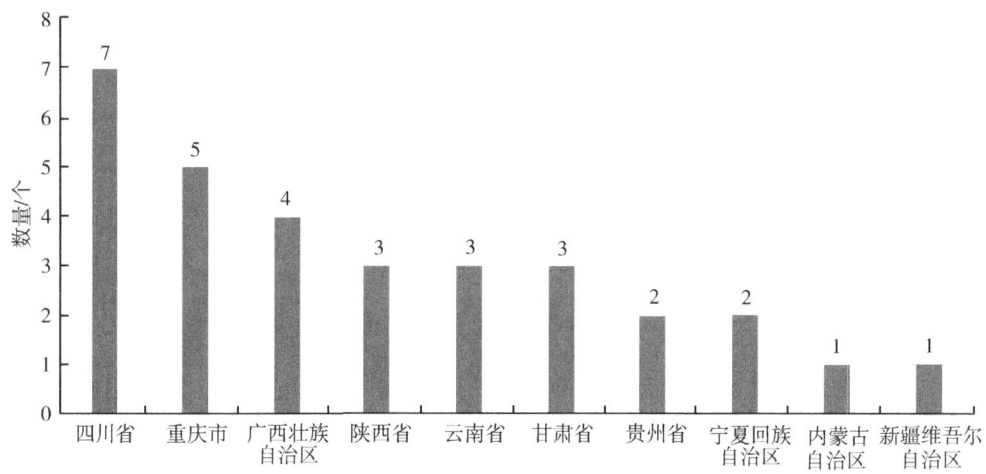

专题图 10-3　西部各省、自治区、直辖市中央厨房与预制菜产业园区（集群）

二、中央厨房产业发展成效

中央厨房产业的发展成效显著，主要体现在以下几个方面。

一是促进农产品加工业的发展。通过建设中央厨房，可以有效推动农产品加工业的扶持力度，如盐城市通过推动方圆食品产业园的建设，促进了农业全产业链的发展。该产业园的建设不仅增加了就业机会，还带动了农民增收、农业增效和农村发展。

二是食品安全保障，提升产业竞争力。中央厨房的标准化采购、集中加工和严格的品控措施，有助于提升食品安全、营养水平。通过现代化的管理系统和追溯技术，企业可以更好地控制生产过程中的卫生和质量标准，降低食品安全风险。这有助于提升团餐企业的整体竞争力，满足消费者对品质、效率和服务的更高要求。

三是标准化与规模化经营，供应链效率提升。中央厨房通过集中生产和标准化流程，大幅提高了餐饮企业的供应链效率。食材的集中采购、统一加工和分配减少了各门店的运营成本，同时，确保了产品的一致性和稳定性。中央厨房的模式使得连锁餐饮企业能够实现规模化和标准化经营。统一的菜品和口味保障了品牌的一致性，有助于企业在市场中的竞争力提升。

四是成本控制与利润提升，实现成本效益最大化。中央厨房通过有效的资源整合和规模效应，能够实现成本效益的最大化。例如，益海嘉里金龙鱼通过打造中央厨房生态圈，让更多农产品从初加工迈向精深加工，破解了产品单一、产值有限的困境。中央厨房使企业能够更好地控制成本，尤其是在原材料采购和劳动成本方面的节省。这不仅提升了企业的利润率，也使得一些中小型餐饮企业能够通过中央厨房获得更高的经济效益。

五是推动乡村产业振兴。中央厨房的建设与发展，与乡村产业振兴紧密结合，通过现代化改造，引进先进的生产设备和技术手段，提高生产效率和产品质量。这不仅提升了乡村建设水平，还实现了团膳央厨产业的现代化和智能化。

六是提升创新与研发能力，应对市场挑战。中央厨房为餐饮企业提供了更大的研发空间，可以更好地进行新品开发和创新。例如，通过数据分析和市场调研，企业可以快速响应消费者需求，推出符合市场趋势的新品。面对市场的新机遇和挑战，中央厨房产业通过不断创新和优化运营管理，如采用团膳商业模式、餐饮连锁模式等，有效应对市场变化，确保了产业的持续健康发展。

七是环境保护与可持续发展。中央厨房通过集中化的生产管理，可以更好地进行废弃物管理和资源利用，降低对环境的影响。此外，节约能源和减少浪费也是中央厨房运营的重要优势之一。

综上所述，中央厨房产业的发展不仅促进了农产品加工业的发展，提升了产业竞争力，实现了成本效益的最大化，还推动了乡村产业的振兴，实现了可持续发展，积极应对了市场的各种挑战。

第二节　重要技术发展情况

中央厨房的技术发展在推动该产业升级和效率提升方面起到了关键作用。以下是中央厨房在重要技术领域的发展情况。

一、自动化与机器人技术

自动化技术在中央厨房中的应用范围不断扩大，从食品原料的处理到成品的包装，自动化设备已成为提高生产效率和降低人力成本的核心手段。机器人技术也逐渐应用于烹饪、切割、搬运等环节，减少人工操作的同时，提升了食品加工的精确性和一致性。

二、智能化管理系统

中央厨房广泛采用智能化管理系统，这些系统利用物联网（IoT）技术对生产流程中的各个环节进行实时监控和数据采集。通过智能化系统，可以实现对库存、生产进度、设备运行状态等的全方位管理，及时调整生产计划，优化资源配置。

三、食品安全追溯技术

随着消费者对食品安全的关注度提升，中央厨房引入了先进的食品安全追溯技术。从原材料的采购、存储，到生产加工和成品配送，中央厨房可以通过二维码、RFID 标签等技术手段实现全程可追溯。这不仅提高了食品安全保障，还增强了消费者的信任感。

四、冷链物流技术

冷链物流技术的发展对中央厨房的食品配送起到了至关重要的作用。高效的冷链物流系统确保了食品从生产到配送全程处于适宜的温度范围，最大程度保留了食品的新鲜度和营养价值。同时，冷链技术的进步也使得中央厨房能够扩展配送范围，服务更广泛的市场。

五、信息化与大数据分析

中央厨房的运营离不开信息化管理系统的支持。通过 ERP（企业资源计划）、MES（制造执行系统）等软件平台，中央厨房可以实现对供应链、生产、销售等环节的精细化管理。同时，大数据分析技术被用于消费者需求预测、库存管理、生产优化等领域，帮助中央厨房提高决策效率和市场响应速度。

六、节能与环保技术

为应对资源消耗和环境污染的挑战，中央厨房在节能与环保技术上也有了显著进展。例如，废水处理设备、节能烹饪设备、废弃物回收利用技术等已经被广泛应用。这些技术不仅降低了中央厨房的运营成本，还符合可持续发展的要求。

七、创新烹饪技术

中央厨房在烹饪技术上不断创新,以满足消费者对高品质和多样化食品的需求。现代烹饪技术,如真空低温烹饪(sous-vide)、分子料理等,逐渐被应用于中央厨房,提升食品的口感、风味和营养价值。这些技术的应用使得中央厨房能够提供更加健康、丰富的餐饮选择。

八、智能设备与厨具

智能设备与厨具在中央厨房的应用正在逐步普及。这些设备通常具有自动化控制功能,可以通过智能系统进行远程监控和操作。例如,智能蒸汽烤箱、智能压力锅等设备,不仅提高了烹饪效率,还能通过精准控制温度和时间,保证食品质量的一致性。

九、定制化食品加工技术

为满足个性化需求,中央厨房在食品加工技术上也出现了定制化趋势。通过3D食品打印技术和精准的配料系统,中央厨房能够根据消费者的不同需求,提供定制化的餐饮解决方案,满足特殊饮食习惯或健康要求。

这些技术的发展不仅提升了中央厨房的生产效率和食品质量,还推动了整个餐饮行业的变革与升级。未来,随着技术的进一步创新和应用,中央厨房将能更好地应对市场需求,推动行业的持续发展。

第三节　头部企业分析

一、深圳中央大厨房

深圳中央大厨房全称为中央大厨房物流配送有限公司,由深圳市农产品股份有限公司与新希望集团共同组建。该公司成立于2011年6月,注册资本为5 000万元。深圳中央大厨房的商业模式核心是实体平台与虚拟平台的融合,通过集约式中央厨房业务,提供统一规范的菜品,满足人们对健康、安全和快捷的需求。该公司的业务范围包括集中采购、集中仓储、集中加工、集中质检、集中包装、集中冷链工艺、集中分销配送、集中信息处理、集中结算、集中研发培训等操作流程，旨在为客户提供经济、高效的大型综合性中央厨房服务。

二、益海嘉里

益海嘉里从提供厨房原材料，汇集成为中央厨房的 B 端服务，益海嘉里已初步构建成面向未来的中央厨房园区服务商综合体，实现原料采购、产品仓储、实验研发、工程维修、物流运输、销售渠道等资源共享，依托益海嘉里米、面、油、调味品等产品优势，实现中央厨房园区统采统配的一站式服务。益海嘉里上游端联合全球原料供应商，实现各中央厨房园区供应链优化、规模化管理，在中央厨房园区内进行预加工、预生产出中式面点、中西式烘焙制品、炸制食品、蒸制产品、汤羹甜品、冷链鲜食、菜肴调理类产品、净菜、肉类预制产品等，进行统一产出调配，构建以粮食类主食为核心的中餐工业化餐饮供应链平台。2022年底，益海嘉里再度投资 10 亿元，在哈尔滨落地中央厨房及产业配套项目，全新打造"丰厨"品牌，规划推出学生餐、营养餐、餐食便当、预制菜、调味酱、净菜、净肉等系列央厨产品。而益海嘉里的首个中央厨房园区——益嘉丰厨（杭州）食品有限公司已投产。

三、千喜鹤集团

千喜鹤集团成立于 1993 年，是一家大型股份制企业，业务范围包括团餐服务、供应链管理、商业连锁、管理咨询、餐饮创业平台、粮油贸易、肉制品加工等。千喜鹤集团早在 20 年前就完成了全国布局，在全国设立了 200 余个管理区，孵化餐饮品牌 200 余个，承担了全军众多的军事院校、大部分的武警院校和 2 700 余家大型企业、地方院校、政府机关及医院等的后勤保障工作，每日为 600 多万人提供一日三餐的饮食服务工作。千喜鹤供应链现专注为全国近 2 500 家餐饮中心提供一站式、全品类、安全及时的供应服务。近年来，千喜鹤加码中央厨房预制菜项目扩张，在山东临朐县、河北晋州市落地中央厨房预制菜产业园项目建设，成为当地推动产业链、供应链、消费链聚合发展的重要产业。

四、郑州千味央厨

郑州千味央厨脱胎于思念食品成立于 2012 年，主营业务为速冻面米制品的研发、生产和销售。起初作为子品牌，与思念食品合用一个工厂，一套营销系统，为餐饮、酒店、食堂提供速冻米面制品的供应解决方案。随着企业和市场发展，千味央厨独立运营，从速冻食品赛道切换到中央厨房赛道，先后成为肯德基、必胜客、德克士、真功夫、永和豆浆等知名餐饮企业和锦江之星酒店、富士康集团战略合作伙伴，成为有较高知名度的餐饮渠道速冻面米制品提供商。千味央厨按照中央厨房标准，开发上市的各类速冻面米产品360余个，其中，安心油条、卡通包、手工挞皮等备受市场青睐，标准化与定制化的融合极大地推动了千味央厨的转型和规模扩大。

五、蜀海

蜀海前身是海底捞餐饮供应链子公司，2007年开始独立运营，2014年蜀海供应链正式成立，2014—2016年蜀海的主要业务来源于海底捞。经过近10年发展，如今蜀海已成长为拥有43个冷链物流中心，10万 m^2 的中央厨房运营面积的头部中央厨房供应链企业。蜀海建立了基于物流网络、交付能力、食品安全管控的供应链交付能力，为行业提供全品类食材供应，协同上游8 000家优质供应商，覆盖全国的冷链物流服务网络，为全国超过4 000家餐饮、零售品牌5万多家店，提供一整套的食材供应链解决方案服务。

六、锅圈食汇

锅圈食汇创立于2017年，成为国内首创的火锅烧烤食材品牌。根据招股书数据，截至2022年12月31日，锅圈食汇已在中国开店9 221家，包括5家自营店及9 216家加盟店。从2020年1月1日开始的3年间，锅圈食汇加盟店数量净增长7 775家，这意味着锅圈食汇每天至少要开出7.1家门店。截至2023年底，锅圈食汇全国签约门店数已突破1万家。锅圈在上海、成都等地建立4个食材研发中心，十大仓储中心，30多个分仓冷配物流网络，连接锅圈食汇终端门店和生产工厂，形成了冷藏、常温、冷冻的标准化物流，能够满足菜品次日达的运力需求。锅圈食汇提出了"社区中央厨房"方向，即通过强大的供应链体系，整合上游原材料工厂、食品工厂，强化对产品能力的把控，为广大消费者提供即时高质的预制食品配送。目前锅圈门店出售的755个SKU食材全部来自自研和自有品牌。在上游合作600多家ODM工厂，200多名买手在全球搜寻源头好食材。

第四节　产业发展存在的问题

中央厨房产业发展存在的主要问题包括选址与布局不合理、管理与运营问题、市场竞争激烈，以及投资与回报的不确定性。

一、选址与布局不合理

中央厨房的选址与布局对于其运营成功至关重要。不合理的选址可能导致交通不便、原材料获取困难等问题，从而影响生产效率和成本控制。此外，如果布局不合理，可能会导致生产流程不畅，增加运营成本。

二、管理与运营问题

中央厨房的运营需要高度标准化和精细化的管理。管理和运营不善可能导致成本失控、效率低下等问题，进而影响盈利能力。此外，中央厨房的物流配送、食品安全控制等方面也需要高度专业化和规范化的管理，否则，很容易引发食品安全事故等风险。

三、市场竞争激烈

随着餐饮市场的竞争日益激烈，中央厨房企业也面临着来自各方面的竞争压力。如果企业无法在市场上形成独特的竞争优势，就很难在激烈的竞争中脱颖而出。

四、投资与回报的不确定性

中央厨房的投资与回报存在不确定性。一些企业可能因为盲目跟风或过度投资，缺乏足够的市场调研和战略规划，导致前期投入过大而后期运营困难，难以实现盈利。此外，中央厨房的盈亏平衡点受到多种因素的影响，包括门店数量、坪效和利润率等，这些因素的不确定性增加了投资风险。

综上所述，中央厨房产业的发展面临着多方面的挑战，包括选址与布局、管理与运营、市场竞争及投资回报等方面的问题。解决这些问题需要企业进行充分的市场调研和战略规划，加强管理与运营的标准化和精细化，积极拓展市场渠道和提升竞争力，以及灵活应对市场变化。

第五节 产业发展趋势

中央厨房产业的发展趋势主要包括智能化、绿色环保、多元化方向。中央厨房通过集约化、标准化的生产模式，实现了餐食的规模化、专业化生产，降低了成本，提高了效率，同时确保了食品的安全和卫生。随着科技进步和消费者需求的变化，中央厨房行业将朝着智能化、绿色环保、多元化方向发展。

一、智能化与自动化

未来，随着人工智能、物联网、机器人技术的发展，中央厨房将变得更加智能化和自动化。自动化生产线、智能设备、数据分析系统将广泛应用于中央厨房的各个环节，从原材料的采购、生产、加工到配送，全面提升生产效率、降低人力成本，并减少人为错误。

二、绿色环保与可持续发展

中央厨房将更加注重绿色环保和可持续发展。未来的中央厨房在能源利用、废弃物管理、水资源管理等方面会有更多的创新。例如，通过使用可再生能源、优化资源利用率及减少食品浪费，来实现环保目标，并响应消费者对可持续发展的需求。

三、个性化与定制化

随着消费者需求的多样化，中央厨房也将逐渐向个性化和定制化方向发展。未来的中央厨房可能会利用大数据和人工智能技术，分析消费者的饮食习惯和偏好，提供更多样化和个性化的餐饮选择。这种定制化服务将成为中央厨房的一大竞争优势。

四、全链条质量控制

为了满足消费者对食品安全和质量的高标准要求，未来的中央厨房将更加注重从源头到餐桌的全链条质量控制。这包括原材料的严格筛选、生产加工的标准化操作，以及配送环节的全程监控，确保食品的安全性和一致性。

五、多元化发展

中央厨房的类型多样，包括连锁餐饮自供型、商超销售型、团餐服务型、电商平台型等，其中连锁餐饮自供型中央厨房占总体市场的较大份额。这种多样性满足了不同消费者的需求，同时，也为中央厨房提供了更广阔的市场空间。此外，随着消费者对食品安全和健康意识的提高，以及餐饮业的持续发展，中央厨房市场的需求将会不断增加。企业数量将会继续增多，市场竞争虽然已经非常激烈，但仍然有越来越多的企业加入到这个行业中来，这将会推动中央厨房市场的进一步发展。

六、区域化与国际化发展

随着中央厨房模式的成功经验积累，未来这一模式可能会从一线城市向二三线城市乃至乡镇地区扩展，满足更广泛的市场需求。此外，具备优势的中央厨房企业可能会探索国际市场，通过跨境合作或投资，在全球范围内推广中央厨房模式。

七、政策与标准的完善

随着中央厨房产业的快速发展，政府可能会出台更多相关政策和标准，规范和促进行业健康发展。这将包括食品安全、环境保护、劳工权益等方面的规范，以确保中央厨房行业在快速发展的同时，能够长期保持良性运作。

未来的中央厨房产业将在技术创新、市场需求变化和政策支持的共同推动下，进入一个更加智能化、高效化、个性化和可持续发展的新时代。

专题十一　2023年天然橡胶加工产业发展情况

第一节　产业现状与发展成效

天然橡胶既是重要的工业原料，也是战略物资，在经济发展和国防领域发挥着重要作用。目前，我国已成为全球天然橡胶第六大产胶国、第一大消费国。2023年我国天然橡胶产量约83.5万t，尽管产量仅占全球总产量的约5.8%，但消费量占全球消费量的46%，显示出我国在天然橡胶消费市场上的重要地位。同时，全球范围内的天然橡胶产量和消费量也在增长，2023年全球天然橡胶产量为1 434.2万t，消费量为1 519.0万t。到2024年，全球天然橡胶的产量和消费量预计将分别达到1 454.2万t和1 567.0万t，显示出天然橡胶市场的持续增长趋势。此外，我国天然橡胶行业的发展还面临着进口依赖的问题。尽管国内产量有所增加，但高端原料及制品的进口依赖仍然较大，存在被"卡脖子"的风险。这表明，在推动国内天然橡胶产业发展的同时，还需要加强技术创新和产业升级，以减少对高端橡胶制品的进口依赖，确保国家的工业和国防需求（数据来源：天然橡胶生产国协会、中国热带农业科学院橡胶研究所）。

一、2023年天然橡胶加工产业发展概况

1. 天然橡胶种植、消费概况

2023年，全球天然橡胶产量为1 434.2万t，增长0.7%。泰国为第一大产胶国，产量为470.7万t；印度尼西亚为第二大产胶国，产量为265.1万t；科特迪瓦为第三大产胶国，产量为170万t；越南为第四大产胶国，产量为129.3万t；印度为第五大产胶国，产量为84.9万t；中国为第六大产胶国，产量为83.5万t；柬埔寨为第七大产胶国，产量为39.2万t；马来西亚为第八大产胶国，产量为34.8万t；缅甸为第九大产胶国，产量为32.1万t；菲律宾为第十大产胶国，产量为19.1万t。2023年，中国为全球天然橡胶第一大消费国，消费约700万t；

印度为第二大消费国，消费 140.8 万 t；泰国为第三大消费国，消费 12.34 万 t；印度尼西亚为第四大消费国，消费 71.71 万 t；越南为第五大消费国，消费 34.9 万 t；马来西亚为第六大消费国，消费 34.1 万 t；斯里兰卡为第七大消费国，消费 9.2 万 t；菲律宾为第八大消费国，消费 3.6 万 t；缅甸为第九大消费国，消费 2.0 万 t（数据来源：天然橡胶生产国协会、中国热带农业科学院橡胶研究所）。

云南、海南是我国天然橡胶主产区，在全国约 1 700 万亩橡胶林中，云南、海南、广东分别种植约 860 万亩、780 万亩、60 万亩。云南的天然橡胶种植主要分布在西双版纳，西双版纳的橡胶林种植面积不到全国的 30%，但年产干胶 33 万 t 左右，产量占全国的 40%。海南天然橡胶种植面积 780 万亩，占全国的 45.9%，其中，民营胶园占全省的比例为 58%。2023 年，海南天然橡胶产量 34.79 万 t，约占全国的 40.5%，其中，民营胶园占全省的比例为 54%。与东南亚国家相比，我国天然橡胶种植自然条件劣势突显。据调查，海南地区天然橡胶直接生产成本 1.6 万元/t 以上；云南自产干胶综合成本也高达 1.5 万元/t，仅割胶和胶园工人工成本已达到约 1.0 万元/t（数据来源：海南农垦网、绿色橡胶产业网）。

2. 天然橡胶消费结构

天然橡胶主要用于轮胎制品、乳胶制品和其他制品（板管带、橡胶零部件、胶鞋胶带等）。从天然橡胶的消费结构来看，轮胎消费占比约 75%，是天然橡胶最大的需求领域；乳胶制品消费占比约 8%；其他制品消费占比为 17%。

2023 年随着新冠疫情防控全面放开，乳胶行业主导产品医疗防护类橡胶手套出现严重的产能过剩，产品大量积压、低价竞争、停工停产。与 2022 年相比，医用防护手套类产量、销量、出口量严重下滑。中国橡胶工业协会统计报表显示，2023 年乳胶行业各项主要经济技术指标工业总产值、产品销售收入、工业增加值、出口交货值、实现利润总额和实现利税总额与 2022 年同期相比均有大幅下降（专题表 11-1），乳胶制品行业面临前所未有的困难和挑战（数据来源：中国橡胶工业协会乳胶分会）。

专题表 11-1 2023 年 1—12 月乳胶行业主要技术经济指标完成情况

指标名称	2023 年 1—12 月	2022 年 1—12 月	同比±%
产品销售收入/亿元	74.85	93.22	-11.69
工业总产值/亿元	72.68	89.09	-9.03
工业增加值/亿元	14.27	12.58	-14.77
出口交货值/亿元	21.56	26.06	-16.32

(续表)

指标名称	2023年1—12月	2022年1—12月	同比±%
实现利润总额/亿元	7.13	7.92	-14.94
实现利税总额/亿元	9.35	11.39	-14.34

二、天然橡胶加工产业发展成效

受国内人工成本高、进口胶等多种因素影响，近年来，国内传统天然橡胶加工企业一直处于低迷状态。产业发展压力推动了新技术研发和进步，特别在2023年表现尤为明显。

一是中国热带农业科学院在航空轮胎专用胶研发方面取得新进展。采用中国热带农业科学院研发的航空轮胎专用天然橡胶试制的19款航空轮胎通过动态实验验证，其中，4款轮胎通过试飞，标志着国产航空轮胎专用胶生产、加工技术取得重要突破。该动态模拟试验在航空胎刹车试验中心进行，在最大负载和最大速度的条件下来验证轮胎胎体结构及材料的适用性。试验后，轮胎与轮辋之间无滑移，轮胎完好无损，12个规格轮胎全部通过了动态试验验证，为下一步试航取证打下了基础（数据来源：中国热带农业科学院橡胶研究所）。

二是国产民航轮胎首次装配波音飞机。大型民航轮胎是影响飞机安全的A类关键零部件，全球只有屈指可数的企业可以研制生产。长期以来，我国民航轮胎主要依靠进口，为解决这一瓶颈难题，桂林蓝宇多年来积极开展民航轮胎设计、制造、检测技术研发，成功研制了基于国产材料、具有完全自主知识产权的国产民航轮胎。此次试飞的民航轮胎，性能完全不亚于国外同类产品。这也是继国产支线飞机ARJ21装配三环牌轮胎试飞成功后，桂林蓝宇在大型民航轮胎科技创新领域取得的又一进展（数据来源：广西日报）。

三是高性能炭黑关键技术开发取得实质性进展。2023年，由青岛黑猫新材料研究院有限公司和北京化工大学共同完成的"高性能炭黑/天然橡胶纳米复合湿法母胶关键技术开发"通过专家鉴定。该技术采用独特的纳米炭黑-天然胶乳体系的共絮凝-脱水-干燥技术，进行了界面调控-网络结构优化-门尼黏度调控，实现了高分散的炭黑/天然橡胶纳米复合湿法母胶高效、低污、低损制备，建成了规模化连续生产示范线。专家一致认为，该技术具有自主知识产权，居国际领先水平，建议加大推广应用力度（数据来源：北京化工大学科学技术发展研究院）。

第二节　重要技术发展情况

一、《特种胶园生产技术规范》农业行业标准发布

由中国热带农业科学院橡胶研究所负责制定的农业行业标准《特种胶园生产技术规范》（NY/T 4296—2023）经农业农村部公告第651号发布，自2023年6月1日起实施。该标准在现有天然橡胶生产科技成果和有关标准与技术规程的基础上，规定了橡胶树特种胶园的术语和定义、胶园选择与抚管、割胶、收胶与贮运、鲜胶乳与生胶质量监控、生产管理和建档立案等技术、管理与质量要求，描述了特种胶园的基本情况和质量管控等生产过程记录的证实方法，适用于对橡胶树特种胶园基础要求和生产技术的符合性判断，并指导我国高性能特种天然橡胶（特种胶）原料的生产（数据来源：中国热带农业科学院橡胶研究所）。

二、中国热带农业科学院橡胶研究所研制的电动割胶刀"登陆"巴西

由中国热带农业科学院橡胶研究所研制的4GXJ-2型便携式电动割胶刀顺利出口巴西，并在当地成功试点应用。4GXJ-2型便携式电动割胶刀技术成果达到国际领先水平，该装备能降低割胶技术难度和劳动强度60%，单株割胶速度可提升1倍，新胶工培训时间缩短60%。截至2023年底，在中国（海南占45%）及世界12个主要植胶国推广1万余台，市场占有率超过70%；培训国内外胶工和技术人员1.2万余人次，累计应用面积超过100万亩（数据来源：中国热带农业科学院橡胶研究所）。

三、"海南橡胶树优质高产新品种选育与产品加工技术研发及集成示范"项目启动

"海南橡胶树优质高产新品种选育与产品加工技术研发及集成示范"启动会在海南召开，为解决海南天然橡胶产业"大而不强"的问题，该项目从高品质胶乳原料生产、高性能专用胶加工技术及应用示范三个层面着手，筛选优质高产

橡胶树新品种，阐明高性能天然橡胶质量形成与调控机制，构建高品质胶乳质量评价体系，研制航空轮胎、高铁减震器及重卡轮胎等专用胶产品，在海南建立高性能专用胶生产及加工示范基地，为实现高端制品用胶国产化提供理论和技术支撑，助力海南自由贸易港建设（数据来源：海南日报）。

四、乳胶制品的工艺技术、产品、设备自动化、智能化等创新层出不穷

橡胶手套泡洗一体机普遍应用在一次性使用橡胶外科手套、橡胶检查手套、家用手套等产品上；正在尝试使用不锈钢手套模具，实现制造环节低碳、节能、环保的目标；新产品如氯丁手套、聚异戊二烯避孕套已经实现小批量上市，用于核工业用途的高级防辐射能力的手套新设备、新工艺试产成功，第一副浸渍型防辐射手套成功下线；聚异戊二烯手套、低蛋白手套自2022年上市以来，已持续形成生产能力（数据来源：中国橡胶工业协会乳胶分会）。

第三节　头部企业分析

国内天然橡胶种植、初加工头部企业主要包括广东省广垦橡胶集团有限公司、海南天然橡胶产业集团股份有限公司、云南天然橡胶产业集团有限公司，现将头部企业的概况整理如下。

一、广东省广垦橡胶集团有限公司

广东省广垦橡胶集团公司是集天然橡胶种植、加工、销售和研发于一体的大型跨国天然橡胶产业集团公司，产业范围除中国本土外，还覆盖泰国、马来西亚、印度尼西亚、老挝、柬埔寨、新加坡等东南亚国家。公司国内天然橡胶基地面积约70万亩，开割42万亩，年产干胶1.68万t；在广东、海南、云南拥有初加工厂12家，产能20万t。在泰国、马来西亚、印度尼西亚、新加坡、柬埔寨和老挝等完成天然橡胶直接投资项目20个，拥有各类经营主体公司共47家。2023年，主营业务收入约130亿元，加工能力130万t，拥有胶园38万亩。

二、海南天然橡胶产业集团股份有限公司

海南天然橡胶产业集团股份有限公司是国内 A 股市场唯一的天然橡胶种植加工类上市公司。目前，公司拥有 341 万亩橡胶园、25 家橡胶基地分公司，20 家橡胶加工厂，初加工产能约 50 万 t。公司初加工产品主要包括全乳胶、子午胶、浓缩胶乳和 20 号标胶，其中，全乳胶、20 号标胶是上海期货交易所认证的交割标的。"宝岛""美联""五指山"牌系列产品多次被评为"中国著名品牌"；"宝岛"牌 5 号标准橡胶、"美联"牌氨保存离心浓缩乳胶被中国质量协会授予"全国用户满意产品"称号。2023 年，完成对合盛农业集团有限公司的并购，成为全球最大的天然橡胶种植、加工、贸易企业，加工量、贸易量等指标位列全球前列，同时强化境外企业经营管理和风险管控。境内外橡胶种植基地 29 个，橡胶种植面积 392 万亩，其中，国内 250 万亩，海外基地分布在喀麦隆、科特迪瓦、马来西亚。境外初加工厂 46 家，全球年初加工产能约 260 万 t。2023 年，实现营业收入 376.87 亿元，同比增长 145.18%，主要因为合并合盛农业集团有限公司，业务规模扩大。公司称通过完成并购，全年实现天然橡胶销售贸易量超 380 万 t。

三、云南天然橡胶产业集团有限公司

云南天然橡胶产业集团有限公司（以下简称"云胶集团"）作为云南省唯一的集橡胶种植、加工、贸易、金融衍生品和电子商务于一体的国有天然橡胶产业集团，现有从业人员 1.6 万人，胶园 50 万亩，橡胶加工厂 48 座，年干胶生产能力超过 50 万 t，年营业收入超百亿元；成功打造产业扶贫"江城模式"；稳步拓展境外罂粟替代种植；"云南省天然橡胶加工工程技术研究中心"落户云胶集团。云胶集团入选云南省产业发展"双百"工程重点培育企业和"绿色食品牌"企业；拥有的"云象""金凤"品牌是上海期货交易所天然橡胶合约指定的交割品牌，享有良好市场声誉；20 号胶顺利入围上海国际能源交易中心首批注册交割品牌，是云南省同行业首家入围企业；纳米白炭黑复合母胶有效填补国内绿色轮胎应用空白；高性能轮胎胶所制成的国产航空轮胎首飞成功；多家企业获得全国民族团结进步模范集体、省级重点龙头企业等荣誉，多人被评选为国家级、省级劳模。

第四节 产业发展存在的问题

一、天然橡胶价格低,导致"弃管""弃割"现象严重

我国是世界上最大的橡胶消费国,橡胶在促进和保障我国国民经济快速发展中发挥着重要作用。但受自然条件因素制约,国内橡胶自给率不到20%,长期依赖国外进口。受全球经济低迷等诸多国内外因素影响,橡胶价格持续下滑,胶农植胶意愿受挫,加之劳动力、农资成本上升,大量胶农改行弃胶,胶园出现弃管、弃割,甚至停产。这无疑给我国橡胶供给安全造成严重威胁(数据来源:中国热带农业科学院橡胶研究所)。

二、割胶工作环境艰苦、人工成本高

人工割胶工作环境恶劣,且需要晚上割胶。同时,由于胶价低迷,割胶收入偏低,很多人不愿意从事割胶工作。新技术的出现为破解"无人割胶"难题带来转机。科研机构、橡胶企业研发出电动割胶刀、"一机一树"割胶机器人等智能设备。目前,割胶机器人还处于前期试用阶段,试用效果较好,"一机一树"割胶机器人可以在手机 App 上下达指令,实现多台机器同时割胶。统计数据显示,一般在凌晨4点左右割胶,能实现产量最大化。机器人割胶产量效果能够达到人工割胶产量的90%以上。目前,割胶机器人研发和制造成本还比较高(数据来源:绿色橡胶产业网)。

三、乳胶制品行业存在产能过剩、低价竞争及进口产品冲击等问题

后疫情时代,医用防护类手套在国际、国内市场的价格竞争已经到了白热化状态。一次性使用橡胶外科手套、橡胶检查手套、丁腈检查手套的价格由于市场因素及企业之间的低价竞争,已经远远低于新冠疫情暴发前的价格。此外,2009年以来,马来西亚、泰国出口我国橡胶检查手套数量逐年快速提升,对我国手套市场带来严重冲击(数据来源:中国橡胶工业协会乳胶分会)。

第五节　产业发展趋势

面对国内天然橡胶自给率严重不足、国内生产要素成本显著高于进口国等多重压力，我国天然橡胶加工产业的可持续发展在于制度、科技等创新，相关建议如下。

一、天然橡胶全产业链联合攻关是促进天然橡胶产业高质量发展的重要手段

天然橡胶产业发展面临诸多挑战，如胶园地力退化、生产潜力呈下降趋势，割胶劳动强度大、机械化智能化程度低，胶乳品质一致性有待提高，材料和制品端尚未充分发展，仓储物流结算及法律与信息服务业发展滞后等。因此，聚焦天然橡胶全产业链发展，找准产业发展的卡点、堵点和难点问题，加大产业带头人培育力度，加速科技成果推广、普及和应用，支撑推动天然橡胶产业发展水平整体跃升，实现农民增收、企业节本增效（数据来源：中国农网）。

二、乳胶制品行业正在向绿色发展转型

作为大量使用热能及高排放的制造业，乳胶制品实现行业双碳目标的压力更大、任务更艰巨。行业要积极应对，在用能方式、环保新技术、新工艺等方面入手，推进产业优化升级，实现产业结构调整，完成从量向质的转变（数据来源：中国橡胶工业协会乳胶分会）。

三、重视特种天然橡胶在高端民用领域的应用，逐步提升自主化研发能力

目前，高端民用天然橡胶原料主要为进口的烟片胶、恒黏胶，存在"卡脖子"的风险。中国热带农业科学院、北京化工大学、云南圣耐普特新材料有新公司等经过多年的持续攻关，已证明国产天然橡胶原料及加工技术可以生产出媲美烟片胶的生胶，因涉及制品配方的调整、动态试验成本高等问题，导致国产特种天然橡胶推广应用较为缓慢。因此，整合特种天然橡胶的研发、生产及用户协同攻关，对于早日实现高端民用天然橡胶的自主化生产具有重要意义。

专题十二 2023年智能化加工装备产业发展情况

第一节 产业现状与发展成效

改革开放以来，我国制造业保持着飞速发展，在工业化和现代化发展的进程中发挥着有力的推动作用。智能化加工装备是一种新型的人机一体化智能系统，在制造过程中分析、推理、判断、构思、决策等智能活动可以同时进行，将工业制造的自动化水平不断向智能化推进在对装备制造业智能化现状进行研究时，应对全国范围内装备制造业智能化研究水平进行总体了解。农产品加工业是我国国民经济与社会发展的基础性、战略性、支柱型产业。我国农产品加工装备国产软硬件占有率低、关键"卡脖子"零部件受制于人，农产品加工装备面临着向数字化、智能化转型升级的巨大挑战。针对上述瓶颈，项目将搭建农产品及加工过程多维信息数字表征识别监测、典型加工工艺数字化转换两大平台，一个多场景柔性虚拟工厂（两大数字平台、一个虚拟工厂），建成国家数字农业装备（智能加工）创新分中心，研发农产品加工数字化技术、智能化装备、智慧包装材料、无人工厂及产业化示范，协同国家数字农业装备创新中心推动国家数字农业创新应用中心建设，为实现农产品加工业转型升级提供数字化支撑。

以人工智能、大数据、互联网等技术为代表的新一代信息技术与农业的深度融合，促使农业进入数字化新时代，引发世界农业第三次科技革命，生产方式正由传统农业向智慧农业变革。据 Research and Markets 预测，2025 年，主要以智能农业装备、智能传感器系统、智能无人机、智能机器人、云计算为主要技术的智慧农业，全球市值将达到 683.89 亿美元。目前，全球都在进行智慧农业的发展布局：美国已走向数字信息为基础的智慧农业，欧洲也正处于从精准化农业 3.0 时代向数字农业 4.0 时代迈进的关键时刻。2017 年，欧洲农机协会（CEMA）提出以"现代信息技术+智能化农业装备为代表的 Farming 4.0。2014 年，日本就启动了"战略创新/创造计划（SIP）"，核心内容也是"信息化技术+智能化装备"。近年来，我国数字经济蓬勃发展，产业规模持续快速增长，已数年稳居世界第二。统计测算数据显示，从2012—2021年，我国数字经济规模从11万亿元增长到超45万亿元，数字经济占国内生产总值比例由21.6%提升至39.8%。

目前，智慧农业主要包括大智慧农业、设施智慧、智能加工和智能信息服务4种。农产品智能加工是我国智慧农业的重要组成部分。我国农产品加工行业经过30年的发展，在主要农产品加工领域初步形成比较齐全的国产化加工技术装备，初步满足加工业基本需求，整体技术水平不断提高，粮油、畜禽加工等设备逐步替代进口、参与国际竞争，为我国农产品加工业的快速发展发挥了重要作用。

一、2023年智能化加工装备产业发展概况

改革开放以来，我国制造业保持着飞速发展，在工业化和现代化发展的进程中发挥着有力的推动作用。全球数字化加工装备产业在经历新冠疫情后的挑战，呈现出强劲的复苏与增长态势。我国作为制造业大国，数字化加工装备产业更是迎来了前所未有的发展机遇，数字化加工装备产业已成为推动制造业高质量发展的关键力量。然而，与国际上工业发达的国家发展状况相比，我国制造业的发展尚未达到先进水平，在国际竞争中缺乏决定性的优势。为顺应时代要求，紧跟科技发展的步伐，国务院印发的战略性文件——《中国制造2025》于2015年5月问世作为行动纲领为推进建设制造强国指明了方向。其中，"智能制造工程"作为文件中提出的五大工程之一，在制造强国的行动纲领中占有重要地位。农产品加工业一头连着农业、农村和农民，一头连着工业、城市和市民，沟通城乡，亦工亦农，是实施乡村振兴战略的动力核心。2021年，农产品加工企业营业收入近25万亿元，是我国制造业第一大产业，位居全球第一；农产品加工业与农业总产值之比接近2.5∶1，对全国工业增长贡献率达24%。但是，农产品加工业与农业总产值比远低于发达国家4∶1的水平，农产品加工转化率比发达国家低近18个百分点，提升技术装备水平是农产品加工业高质量发展的必然趋势。党的十八大以来，习近平总书记多次强调"数据是新的石油，是本世纪最为珍贵的财产。"《数字农业农村发展规划（2019—2025）》《"十四五"数字农业农村建设规划》等国家发展战略，要求全面深化重点产业数字化转型，提升农业生产、农产品加工、销售、物流等各环节数字与智能化水平。2024年中央一号文件更

是提出要推动农产品加工业优化升级，推进农产品生产和初加工、精深加工协同发展，促进就近就地转化增值；推进农产品加工设施改造提升，支持区域性预冷烘干、贮藏保鲜、鲜切包装等初加工设施建设，发展智能化、清洁化精深加工；支持东北地区发展大豆等农产品全产业链加工，打造食品和饲料产业集群。支持粮食和重要农产品主产区建设加工产业园。

农产品加工业是我国民经济与社会发展的基础性、战略性、支柱型产业，横跨农业、工业和服务业三大领域，是加快农业农村现代化的重要抓手，是促进农民增收的重要途径和推进农业现代化、建设农业强国的重要支撑。近年来，农产品加工关键技术装备不断取得突破，制粉、榨汁、畜禽屠宰分割等关键核心装备实现从依靠引进向自主制造转变，自主创新能力明显增强。但我国农产品加工业也存在数字化、智能化水平不高的问题，亟待实现关键核心技术装备自立自强。目前，国内研究机构的科研条件尚不能满足推动农产品加工产业数字化转型升级和发展的需求，尤其是随着大数据、物联网、云计算、人工智能、数字孪生等技术的快速发展，整个农产品加工学科领域在重要感知科学技术、自动化加工装备、智能化生产机器人、高通量智能监测技术与设备和大数据构建、智能算法开发、数据存储等仪器设备严重缺乏，亟须科研建设单位进行科技创新，实现关键核心共性技术和装备的攻关与突破。

我国农产品种类繁多，多达数万种，地域区别、产地差异、农产品品质不同、加工工艺复杂多样。为了满足不同地域特色和加工特性的共性与个性化需求，充分集成利用数字化和智能化技术，充分挖掘农产品原料、加工各环节和产品品质与环境数据源，实现农产品加工中原料、加工工艺、加工设备与目标产品的实时、有效匹配，构建一个适应性强、高度柔性的个性化和数字化品质智能评价模式，为农产品加工业提供强大的数据支持。面对农产品典型加工工艺数字化、智能化难点，先进制造技术、信息技术和智能技术在农产品加工的集成和融合，体现了制造业的智能化、数字化和网络化的发展要求，已成为当今衡量一个国家工业化水平的重要标志。我国应进一步加快粮食加工、中式食品加工、中央厨房及无人工厂等领域的智能制造技术装备发展，提高质量和可靠性，重点推动以预处理、热/冷处理、包装等典型加工工艺单元为重点的智能化转型，培育农产品智能加工生态体系。构建多场景柔性虚拟工厂则是实现农产品加工智能工厂目标的基础。所谓虚拟工厂，是把"现实制造"和"虚拟呈现"融合在一起，通过海量传感器采集实时生产制造过程中的所有实时数据，可实时、快速地反映生产中的任何细节。基于这些生产数据，在计算机虚拟环境中，应用数字化模型、大数据分析、3D 虚拟仿真等方法，可对整个生产过程进行仿真、评估和优化，使虚拟世界中的生产仿真与现实世界中的生产无缝融合，利用虚拟工厂的灵活可变优势，来促进现实生产。未来农产品加工虚拟工厂化有节省空间、扩大生产面积、缩短生产时间、省人、减少库存等优点。

现代信息技术与农业深度融合引发的"农业数字革命"正促使我国传统农业向智慧农业变革，是我国一个重要的战略发展方向。2024 年中央一号文件强调了"数字化赋能乡村振兴"，明确了数字化及电商物流在乡村振兴中的重要作用，同时，提出缩小城乡"数字鸿沟"、消除壁垒，加强农村基础设施建设，推进农村数字经济和数字产业的发展。随着"三农"工作重心转向全面推进乡村振兴，在"三农"工作新阶段，建设和发展数字乡村是实现乡村全面振兴的动力源泉。农产品加工是我国农业生产的重要环节，"智能加工"是目前智慧农业的四大类型之一，抓住农产品加工核心装备的自主创新与技术进步，就抓住了我国农产品加工科技创新的"牛鼻子"。建设农产品智能加工装备分中心是完成国家农业发展的战略任务，推进农业数字化的关键环节，完全符合国家农业发展政策。近年来，开展农产品食用品质、营养品质、加工品质、安全品质评价、农产品采后生理病理机理、贮运环境精准控制机制、加工品质保持原理、加工过程组分互作和品质调控机理、功能成分营养健康机制等基础理论研究，建立起相对完善的农产品加工、质量安全与营养基础理论体系。目前，在农产品原料的加工适宜性、产品品质评价、加工工艺标准化、共性关键装备等方面拥有全国范围内的基础性本地数据，初步形成了农产品加工的标准化技术体系，为进一步开展农产品加工装备的数字化制造奠定了强有力的技术优势。

农产品加工技术与装备数字化是实现农业现代化的突破口。"三农"问题一直是党和国家十分关切的问题，被称为"全党工作的重中之重"。解决"三农"问题的根本途径是因地制宜，依靠科技，加快建立和发展适宜的农产品加工装备体系是加速实现农业现代化的最重要举措之一。加速农产品加工装备的数字化升级，降低农产品加工人力成本，才能大幅度提高农产品附加值，迅速拓展农业功能，提高农业效益，积极推进我国农产品加工业高质量发展。因此，促进农产品加工业高质量发展，大幅度提高农产品附加值，迅速拓展农产品加工业务范围，努力提高农产品加工装备数字化、智能化水平，积极推进我国农产品加工工业化和农业现代化建设，是实现农业现代化的突破口。

农产品加工技术与装备数字化是乡村产业振兴的重要抓手，产业兴旺是乡村振兴的基础，农产品加工业是乡村产业的重要组成部分，一头连着农业、农村和农民，一头连着工业、城市和市民，是离"三农"最近、与百姓最亲的产业。然而，我国农产品加工在贮藏、保鲜、烘干、分级、分切、热加工、包装等环节的产地加工设施简陋、工艺技术落后，造成农产品产后损失严重。据测算，我国生鲜肉、果品、蔬菜的产后损失率分别高达 7%~11%、15%~20% 和 20%~25%，不仅严重侵蚀农业增效、农民增收的基础，也给农产品的有效供给和质量安全带来较大的压力和隐患。只有农业加工装备实现数字化，农产品加工生产效率得到提升，农产品附加值占比才能增加，属于农业的利润空间才能更大，农业的抗风险能力也才会更强。数字化农产品加工业还可以撬动整个农业产业链，深化农产品加工体系，贯通农产品产销通道。

农产品加工技术与装备数字化是推进农业高质量发展的重要引擎，农业现代化是农业农村高质量发展的核心和抓手。我国农产品加工业若要实现 2025 年农产品加工业与农业产值比从 2.3∶1 提高到 2.8∶1、农产品加工转化率从 67.5% 提高到 80% 的目标，必须加快发展农产品加工装备数字化，壮大乡村数字化产业链，推动全产业链数字化升级，使农产品加工业保持持续较快发展，在传统工艺的基础上进行革新，利用研发的数字化新型装备，为农产品加工业配备腾飞的翅膀，为农业转型升级、农民就业增收和农业现代化提供强劲动力，以农产品加工装备数字化撬动农业现代化发展新引擎。

智能化加工装备产业发展应围绕农产品原料、加工各环节和产品品质与环境数据源缺乏的问题，利用"云链融合"技术构建农产品特征品质与指纹表征图谱数据库及全产业链数字化地图，创制数字表征识别监测平台，为多维品质数字表征评价、多源信息数字识别监测与典型加工数字转换提供数据源基础；解决预处理、热/冷处理、包装等典型加工工艺数字化、智能化难点，研建典型工艺数字转换平台，为农产品加工装备数字化、智能化转型升级提供支撑；融合智能传感、人工智能、深度学习、数字孪生等技术，构建自学习、自更新、自反馈的多场景柔性虚拟工厂，形成农产品加工业数字化转型的集成解决方案。目前我国智能化加工装备产业发展任重道远，系统汇聚全国农产品加工典型企业的生产数据，为更精准、更高效的智能加工提供自学习、自更新、自反馈的海量数据源，建立新的标准化智能加工范式；联合全国农产品加工科研机构和头部企业，构建农产品数字加工"全国一张网"，实现品质资源库、工艺信息库和装备知识库互联共享，实时分析农产品加工业发展运行情况，建立农产品数字加工指数，为政府决策提供依据。依托数字加工"全国一张网"，融合农产品原料、加工、产品、环境与人体健康大数据，将智能加工技术与人体健康需求相结合，实现不同人群营养食品的个性化定制服务，更好满足人民日益增长的美好生活需要，为精准营养提供全天候的保障。

二、智能化加工装备产业发展成效

1. 在多维信息数字表征识别监测方面

基于机器视觉和可见/近红外光谱的检测原理，融合光学图谱的多维信息，开展了大宗农产品的内外品质原位、实时、智能化评价技术、方法与装备的研发，建立了多种果蔬内部病害模型，肉品、果蔬、粮食的大区域传感技术检测精度提高了约30%。发明了复杂非均相近红外光谱散射校正、基于等高线分割的果蔬外部多品质同时检测、基于深度学习的牛肉大理石花纹检测、内部品质检测的模型自动化阈值判别等方法。构建了3个系列（果蔬、肉品、粮食）的40个品质评价模型与装备，在相关企业应用示范，取得了显著的经济效益和社会效益。

针对中式肉类菜肴热加工过程变量多、标准化不足、难量化的问题，系统解析了温度、应力、位移等多模态信息与肉类菜肴热加工过程中蛋白质、脂肪、水分等物质组分含量及微观结构的动态变化规律，筛选了响应热加工过程菜肴品质变化的多质点位移、温度场、光学信号等关键特异性多模态指标，明确了热加工环节肉类菜肴品质多模态因子调控网络，阐明了热加工过程多模态因子驱动菜肴品质变化的信号响应机制，研发了菜肴热加工过程多模态信息智能感知技术；实现了基于红外热成像、图像识别、应力传感、路径追踪等方法的热加工烹饪动作、质点位移、应力变化、温度场分布、烹饪轨迹、菜肴色泽、成熟度、营养含量8个模态参数信息的时间与空间双同步采集；构建了基于中心特征提取的多模态特征信息提取与融合算法，建立了柔性基底嵌入式多模态传感量化模型，研建了中式肉类菜肴典型热加工过程加工参数-品质历史数据库，实现了传统技艺的数字化表征。多模态信息融合感知识别精度>85%，长时间测量误差≤25%，双同步感知响应时间≤10 s，为创制智能连续炒制装备提供了支撑。

2. 在农产品预处理方面

基于激光扫描及机器视觉技术，开展了肉品胴体的内外品质原位、实时、智能化无损检测技术、方法与装备的研发。突破了羊胴体近红外无损分级等技术，羊胴体分级效率 5 s/只，准确率由 74.2%提高到 94.3%。基于机器视觉和可见/近红外光谱检测原理，创制了球形果蔬内外品质同时在线检测分选、小麦籽粒质量在线检测与分类、便携式高通量花生品质快速检测、掌上式苹果无损检测、便携式肉品无损检测、台式杧果内部病害无损检测、智能化肉品质在线检测等 10 余种分等分级装备，检测准确率均>90%，满足行业要求。

基于三维激光扫描成像技术，开发了原料肉 AI 刀工 3D 可视化成像算法，搭建了原料肉 3D 可视化成像平台，研发了肉品形态信息智能感知重构技术，可实现对不同部位、不同尺寸去骨原料肉的自动检测、扫描成像、数据分析和体积精准估测，借助机电一体化技术，开发了原料肉自适应整形单元，可实现对不同状态、不同轮廓原料肉的自适应动态整形，使肉品形态趋于规则，基于肉品物性学特性，设计了去骨原料肉定量切片执行机构，承接原料肉 3D 可视化成像平台，可实现对原料肉的尺寸定量及定重切片功能。结合中式厨师刀工经验，创建了中式刀工机器仿生分切指令集，可一机实现肉品的定量切片、切条、切丁功能。

3. 在农产品热/冷处理方面

利用智能传感结合过热蒸汽高效传热、短时湿热灭菌保质、无氧抑制氧化等技术，实现食品短时高温、常压、无氧结合，过热蒸汽杀菌减菌方法，可控温度达到 200℃以上，实现了在常压条件下，过热蒸汽与动态流动层等协同控制，创制了连续式过热蒸汽高效减菌装备，实现了食品物料的短时高效减菌，实现了杀菌减菌模块数据实时采集与上传、存储积累、数据标注与运算等功能，为数字化智能杀菌减菌装备核心控制算法开发提供了数据源支撑，为创制数字化减菌杀菌模块提供了支持。

针对骨加工产业面临的全组分加工技术匮乏资源利用率低、专用加工装备落后适用性差、产品创制滞后高值化产品少三大关键技术瓶颈，开展了可食性骨共产物全组分高值化加工技术与装备的研发，实现了"技术-装备-产品-标准"一体化突破，阐明了原料骨品质特性与加工适宜性，构建了骨营养物质基础数据库；发明了骨营养组分"水-热"选择性同步提取-高效分离-节能浓缩技术与装备，骨蛋白、骨油、硫酸软骨素综合同步提取率达 85%~95%，总矿物质保留率>97%，钙保留率>99%，树脂吸附分离硫酸软骨素纯度达 92.6%，为促进产业升级与提质增效、提高农产品综合利用水平奠定基础。

4. 在农产品热加工炒制技术方面

利用蒸汽式循环流体热加工技术,针对传统菜肴热加工装备采用批次生产、工艺不连续导致菜肴同锅不同熟、同锅不同质、同锅不同味、能耗高、效率低的问题,研发了集管道式物料蒸汽熟化、连续式螺旋样片挤出成形、渐变缓冲式物料传输于一体的核心硬件模块,开发了基于 PLC 多环节耦合、多模块协同、多功能兼容的菜肴热加工智能化控制系统,创制了高通量管道式菜肴热加工装备,设备可精准调控菜肴 3 种形态,平均产能 500 kg/h,是传统夹层锅的 6 倍,热加工效率提高 5 倍,能耗降低 30%,产品品质均一性 90%。

研发了集火候可视化表征、多段分区变速的开放式滚筒锅体、自适应多角度点/位翻炒机构调节、多温区容差式精准温控等硬件模块,突破了基于误差评估、模糊神经网络算法的点/位混合控制方法,建立了工业化烹饪末端模糊位置非线性映射误差补偿值的动态自分析、自更新策略,研发了多感知融合的工业化烹饪力/位混合控制技术,开发了多设备互联多功能协同的集成管控系统,创制了软硬件于一体的工业化菜肴连续式炒菜设备。三段式温差容余精度 2~5℃,控温精度 ±1℃,控制精度超调量 10%,主辅料添加种类 5 种,产能 300~500 kg/h,是传统批次炒锅的 5 倍,菜肴品质均一性 90%。

5. 在多场景柔性虚拟工厂方面

针对农产品研发工艺研发周期长、研发成本高及难以应对消费者多元化需求的缺点,开展了工艺研发-生产数字孪生体构建的研究,以食品生产许可中果蔬汁这一类别为研究对象,分别采用传统机器学习算法(K-最近邻算法、随机森林算法)和深度学习算法构建果蔬汁饮料数字孪生体。研究建立了果蔬汁饮料数据集,其中,果蔬汁饮料配方数据集包含 1 459 条配方信息,工艺数据集包含 139 条工艺信息,感官数据集包含 3 270 条感官信息。所建立的感官⇌配方 & 工艺数字孪生性能良好。复杂配方工艺下所建立的感官预测模型在测试集上 R^2 为 0.75,RMSE 为 0.13;沙棘百香果汁配方及工艺预测模型在测试集上 R^2 为 0.76,RMSE 为 0.16。该孪生体在验证数据集上取得了较为成功的应用,在预测其感官任务上 R^2 达到了 0.82,RMSE 为 0.16,在配方 & 工艺预测任务上 R^2 达到了 0.83,RMSE 为 0.25。本研究建立的数字孪生体可用于沙棘百香果饮料感官到配方 & 工艺的预测,以及配方 & 工艺到感官的预测,为新型饮料评价和设计提供了线索,并为数字孪生在饮料研究中提供应用前景。

第二节 重要技术发展情况

近几年我国智能制造业的发展非常迅速，每年都保持着30%的增长速度，营业收入也逐年增长。目前，我国智能制造业的产值达到万亿规模，并且仍在飞速增长。我国的智能制造领域取得了非常大的进步，同时，一些核心的测控装置也进入了产业化阶段，仪器仪表的发展越来越快，很多技术已经达到了世界先进水平。我国的各大高校及科研院所都在参与智能制造装备的研发，建立起产学研体系，很多重点领域还提供了相关的服务平台，国家也鼓励科技人才进行创新，不断引领我国智能制造向前发展。同时，在一些发达省份成立一些技术薄弱领域联盟，通过人才引进来推动这些技术薄弱领域的发展。一些骨干企业每年也开始提升经费，把大量的经费用以科研，进而积极地推动我国的智能制造装备产业不断完善和发展。

围绕农产品智能加工两大数字平台和一个虚拟工厂，采用数字化信息获取与分析、加工工艺数字重塑与转化、多场景柔性虚拟工厂建模与重构等技术。一要攻克灵敏、高精度的实时精准感知技术，对农产品原料、加工各环节和产品品质与环境数据进行数字表征识别监测；二要突破 AI 处理和自主决策，在预处理、热/冷处理、包装等典型加工工艺过程中，面临复杂环境、多类参数、高效精准地进行加工；三要多场景虚拟作业，通过虚拟方式建模与重塑柔性生产线并指导实际生产，满足智能加工个性化、小批量、品种多、定制化的需求。

一、农产品加工数字化信息获取与分析

针对农产品原料、产品及加工环节的多维信息感知、品质数字化表征、加工环节监测等数字化、智能化程度低的问题，利用声、光、电、磁等技术，采集农产品品质及加工环节的多源信息，为多维品质数字表征评价、多源信息数字识别监测与典型加工数字转换提供数据源基础。

一是利用多模态识别、感知与网络通信技术，采集农产品品质、典型加工环节、加工因子的多源信息，构建声、光、电、磁多维信息感知网络，开发专用信息集成采集系统，打造农产品加工物联网络传输体系，实时、准确、高密度采集加工各环节设备状态数据、工艺参数数据，积累原料、生产线和产品的基础数据。

二是利用数字化表征、机器学习及大数据清洗、处理及转换等技术，将采集的多源信息抽象为特定的数据格式，实现多维度、细颗粒多源数据的数字化表征，构建时空多维信息数据仓库，为品质及加工因子建模提供数字化基础。

三是利用 HADOOP 体系数据仓、SPARK 分析引擎、SPRING CLOUD 微服务集群、TENSORFLOW 的分布式云计算、AI 算法等技术群建立农产品加工装备及工艺参数的云数据中心，开发海量数据分析、处理和实时流失计算系统，创建平台即服务（PaaS）的应用程序基础架构。融合智能传感数字化表征识别及云计算技术，开发农产品多维信息数字表征识别监测平台，为实现农产品典型加工工艺数字化转换提供数据基础。

二、农产品加工工艺数字重塑与转换

针对我国农产品预处理、热/冷处理、包装等典型加工环节装备数字化、智能化程度低的问题，立足自主创新和集成创新，依据我国农产品加工典型加工数字化转换要求，结合农产品加工工艺、经典理论和专家智慧，建立各应用场景的数字化模型，赋能传统农产品加工装备及工艺。

一是采用人工智能算法与智能感知技术，设计新型传感数据采集通信模块协议匹配软件与算法、创建分等分切、热/冷加工、新材料研发等典型环节的空间信息三维智能识别传感系统。

二是以农产品多维信息的农产品加工装备及工艺数据源为基础，采用大数据 AI 处理技术，分析预处理分等分切定位、路径规划与智能识别、热/冷加工过程数字化传热传质动力学分析、不同农产品副产物预处理、高效水热提取技术及工业化连续分离、包装材料通透性、物质迁移性等农产品加工工艺与工程耦合关联，运用聚类分析、逻辑回归、决策树、神经网络等数据分析手段，对农产品加工装备、工艺环节和操作流程进行数据建模形成科学的评价和判别体系，研发数字化转换技术与装备提供核心模型，为工艺流程再造和智能装备研发提供智能设计与制造。

三是采用智能机器人、高精度控制技术与智能化反馈技术，开发预处理、热/冷处理、包装等加工环节智能化转换关键核心模块、装备，创制符合我国农产品典型加工工艺特性的数字化转换平台，为研发多场景柔性虚拟工厂提供技术与装备支撑研制。

三、多场景柔性虚拟工厂建模与重构

在农产品数字表征、多维信息感知、典型加工工艺信息/数字转换及状态监测和信息反馈的基础上，以数字化方式创建物理世界农产品加工工艺与装备的虚拟实体；开发虚拟预测技术，并反馈到物理工厂的生产线，建立农产品加工与装备维护、能耗及物料衡算模型，指导农产品加工物理工厂的运行。

一是利用数字孪生技术，结合3D开发平台Unity、虚拟仿真开发软件，探究典型农产品加工设备3D建模，研究农产品加工全生命周期数据融合、分析与建模算法，构建数字孪生体，以数字化、信物融合的方式建立物理实体对应的农产品加工生产线的数字映射。

二是利用物联网技术，结合原料品质、加工过程的多维信息传感数据，实时采集、监控加工多过程、全链条的信息，以网络接入的方式实现物与物、物与人的泛在连接，实现对原料、过程的动态感知、识别和管理。

三是基于数字孪生、大数据挖掘、物联网技术，构建与物理实体对应的虚拟实体建模技术，在生产线建造之前，完成数字化模型的建模、模拟、反馈，实现对虚拟生产线的考察、评估和监控。

第三节 头部企业分析

一、预制菜肴原料肉数字化低温高湿变温解冻技术及智能化装备

该数字化技术及智能装备应用于合肥美菱股份有限公司、长虹美菱股份有限公司，解决了现有冻肉解冻库解冻速率慢、营养损失大、解冻过程氧化劣变严重等问题，基于肌肉冻结解冻过程中蛋白与水关系变化研究，提出了"态变"与"库-渠"理论，为冷冻肉解冻汁液损失控制提供依据。该技术和装备缩短冻结时间60%，缩短解冻时间40%，降低解冻损失50%，节能、节本效果显著。对比国内外微波解冻、声波解冻、超高压解冻技术，该套技术及装备具有解冻肉品质优良、能耗低、设备生产成本低等优点。目前，控温精度、节能效率、肉品质量还有较大的提升空间，急需一种/一套高精度数字化温度采集模块、精准控温模块，用于达到精准控温、提高效率、改善肉品质量、进一步降低资源损耗等目标。

二、中式酱卤肉制品定量卤制加工关键数字化技术及智能化装备

基于智能定量卤制技术,研发了原料肉品质精准控制、原位酶解与原位美拉德风味增益、风干型酱卤肉制品脱水干燥等关键智能化技术与装备,解决了我国传统酱卤肉制品生产存在的加工损失率高、风味保真难、工业数字化卤制技术落后、核心智能化装备缺乏等共性关键问题,构建了工业化、数字化、智能化的生产技术体系,颠覆了"小锅换大锅"的传统加工方式,实现了"无老汤"精准定量卤制,极大地推动了产业数字化转型及技术革新。该技术具有产品品质稳定,批次间质量差异率低于1%;产品营养损失低,产品出品率提高6%~8%;香辛料消耗量降低20%,利用率提高3倍;安全性高,杂环胺、亚硝胺含量降低57%;节省劳动力70%以上,节能降耗50%以上;绿色环保,无废弃卤汤与料渣排放,实现清洁生产等特点。国家数字农业装备(智能加工)创新分中心先后与江苏超悦农业发展有限公司、江苏卤江南食品有限公司、西藏沃野藏猪开发有限公司及长虹美菱股份有限公司等10余家企业开展该数字化技术合作与转化,累计新增产值140余亿元。与江苏卤江南食品有限公司开展数字化成果示范,建成国内第一条酱卤预制菜肴工业化、数字化、智能化、标准化、连续化加工生产线,达到年产15 000 t酱卤肉制品和5 000 t方便菜肴,实现开票销售3.5亿元,利税3 500万元,2 000家线下门店覆盖长三角地区,经济、社会效益显著。目前该技术的产品国产化程度较高,具有节能绿色、无废料产生的优点,但该技术数字化水平还有待提高,未来将广泛采用工业物联网技术,实现设备、工艺流程的可视化、数字化,进一步节约成本、提高效率。

三、肉类品质数字识别与精准减损技术研发及装备

研建与我国饮食习惯和烹饪加工方式相匹配的肉类品质数字识别与精准减损技术体系,全面提升我国肉类加工仓储物流全链条数字化、智能化水平,实现品质提升、减损降耗、智能升级,助力我国肉类加工科技自立自强。该技术和装备的应用,解决了国内现有技术设备依赖进出口的现状,为肉类产业转型升级提供了科技支撑,科学价值显著;年产300万t以上,产值900亿元以上,经济效益显著;有效带动种植业、养殖业、肉品机械装备、肉品深加工、团餐、预制菜肴等相关产业发展,支撑新业态发展,促进农牧民增收、企业增效、政府增税,社

会效益显著；损耗降至 2% 以下、节省人工 50% 以上、能耗降低 40% 以上，每年可通过减少肉类损耗、能源消耗，实现减排近 100 万 t CO_2 当量，生态效益显著。目前品质评定系统、识别与检测监测技术设备的精度还有待提升，运用高精度数字化传感技术及工业物联网技术，预期提高评定准确率 10% 以上。

第四节　产业发展存在的问题

农产品智能化加工设备产业发展面临的农产品原料及各环节产品品质数据源缺乏、典型加工工艺数字化转换技术不足、数字信息技术与农产品加工制造耦合匹配度低等问题。

一、数字化智能化升级难、成本高

智能加工的发展需要配套的现代服务业作为支撑，从智能技术开发、智能系统设计到智能物流及管理软件都需要相关成熟的服务体系。智能加工的发展需要创新支持，虽然近年来我国科技创新取得了显著成就，但关键核心技术受制于人的局面仍然没有得到根本改变。目前测控装备、各种传感器、仪器仪表、数控系统等技术装备在我国的市场份额低，大型机械核心部件如大压力液压系统等仍需进口。大量关键零部件、系统软件和高端装备都依赖于进口，且进口设备大多存在"水土不服"的问题，这进一步增加了我国对国外的依赖度。我国制造企业开展技术创新的动力不足、活动不够活跃，尚未真正成为技术创新的主体；装备研发设计水平较低，大多是以模仿为主的被动式创新，基础研发能力不足，对些新技术的吸收不够，缺乏核心技术支持，自主创新能力较弱，上述原因导致我国农产品智能加工升级难成本高。

二、科研投入和人才培养不足

智能加工缺乏技术创新性和突破性的重要原因主要有两个。其一是基础研究的投入不足。据统计，我国基础研究比例不足 5%，仅仅是发达国家比例的 1/4。同时，高等学校、科研院所与企业拥有不同的评价机制和利益导向，各自创新活动的目的不明，科研成果转化率（仅为 10%）远低于发达国家（40%），产学研合作创新的有效机制尚未建成。智能制造装备产业划分标准、分类目录等统计体系尚待完善，统计体系和标准体系有待确立，统计工作实施方案和系统管理办法仍需改进。其二是智能加工的专有人才严重不足。培养紧缺型专业人才、创新性科技人才和经济管理人才等的创新性人才基地尚未建成，数字化、智能化、网络化制造装备产业人才的国际化进程仍待加速，持股、技术入股、提高薪酬等更加灵活的技术政策措施仍待推进。目前的人才培养机制仍待优化，鼓励企业创新人才的培养模式，激励高校和科研院所与企业联合培养智能制造装备重点领域的专业型人才、创新型人才和复合型人才的培养方式仍待推广。一方面，当前社会对职业教育的认识不充分，使得在生产和服务一线的高素质劳动者和技术技能人才在社会中的价值和地位没有得到应有的尊重。另一方面，目前整个社会普遍存在就业价值导向的问题，基础教育、职业技能教育、高端技术教育的职业文化理念教育有待于进一步加强，以便为农产品智能加工行业注入更多的活力。

第五节　产业发展趋势

一、传统农产品加工贮运加工装备亟待转型升级

农产品加工业是我国国民经济与社会发展的基础性、战略性、支柱型产业，横跨农业、工业和服务业三大领域，是加快农业农村现代化的重要抓手，是促进农民增收的重要途径和推进农业现代化、建设农业强国的重要支撑。我国农产品加工行业经过30年的发展，在主要农产品加工领域初步形成比较齐全的国产化贮运加工技术装备，初步满足加工业的基本需求，整体技术水平不断提高，粮油、畜禽加工等设备逐步替代进口、参与国际竞争，为我国农产品加工业的快速发展发挥了重要作用。例如，制粉、榨汁、畜禽屠宰分割等关键核心装备已实现从依靠引进向自主制造转变，自主创新能力明显增强。但我国农产品加工业整体水平依然与国际先进水平相差较大，与农产品加工业的规模化、自动化和精细化要求还远远不相匹配。我国农产品加工具有原料丰富、工艺复杂、场景多样等特点，导致技术与装备缺乏有效互动，限制了我国农产品加工智能化发展。

党的十八大以来，习近平总书记多次强调"数据是新的石油，是本世纪最为珍贵的财产"。《数字农业农村发展规划（2019—2025年）》《"十四五"数字农业农村建设规划》等国家发展战略，要求全面深化重点产业数字化转型，提升农

业生产、农产品加工、销售、物流等各环节数字与智能化水平。因此，大力发展农产品智能化贮运及加工装备，提升我国农产品加工业的科技创新水平，推动农产品加工业数字化智能化转型升级，完全符合国家农产品加工产业的发展政策。

二、农产品贮运加工装备的数字化智能化是研究热点

近年来，我国数字经济蓬勃发展，产业规模持续快速增长，已数年稳居世界第二。统计测算数据显示，从2012—2021年，我国数字经济规模从11万亿元增长到超45万亿元，数字经济占国内生产总值比例由21.6%提升至39.8%。

随着数字化技术与农产品加工技术装备的深度融合，依托农产品原料、加工各环节和产品品质与环境数据源，运用数字孪生技术，获得海量可激活数据，实现农产品加工典型单元的装备制造数字化、智能化突破，对提升我国农产品加工业装备制造水平、推动农产品加工业转型升级具有划时代意义。

目前，国内众多研究机构纷纷向农产品加工产业装备的数字化、智能化转型升级布局，尤其是随着大数据、物联网、云计算、人工智能、数字孪生等技术的快速发展，整个农产品加工学科领域在重要感知科学技术、自动化加工装备、智能化生产机器人、高通量智能监测技术与设备和大数据构建、智能算法开发、数据存储等仪器设备严重缺乏，亟须科研建设单位进行科技创新，实现关键核心共性技术和装备的攻关与突破。